COMMENTAIRE

SUR

LA LOI DES SUCCESSIONS.

IMPRIMERIE DE Mme JEUNEHOMME-CRÉMIÈRE,
RUE HAUTEFEUILLE, N° 20.

COMMENTAIRE

SUR

LA LOI DES SUCCESSIONS,

FORMANT LE TITRE PREMIER

DU LIVRE TROISIÈME DU CODE CIVIL.

PAR M. CHABOT DE L'ALLIER,

Commandeur de l'ordre royal de la Légion d'Honneur,
conseiller à la Cour de cassation, inspecteur-général
des Ecoles de droit.

CINQUIÈME ÉDITION.

TOME PREMIER.

A PARIS,

Chez NÈVE, LIBRAIRE DE LA COUR DE CASSATION,
SALLE NEUVE DU PALAIS DE JUSTICE, N° 9.

—

1818.

COMMENTAIRE

SUR

LA LOI DES SUCCESSIONS [1].

OBSERVATIONS PRÉLIMINAIRES.

1. LA succession est la transmission des biens
et des charges d'une personne morte naturellement ou civilement, à une ou plusieurs autres

---

(1) (*Note de l'auteur.*) Mon premier ouvrage *sur les
Successions*, fut composé pour un journal judiciaire.
Chaque mois, je devais fournir la matière de trois ou
quatre feuilles d'impression ; et comme j'avais d'autres oc-
cupations obligées, souvent mon travail était fait avec trop
de précipitation. Lorsqu'ensuite j'examinais d'autres articles de la loi, j'apercevais des erreurs, ou des équivoques, dans ce qui était déjà imprimé, mais il n'était
plus possible de les réparer, et il s'y joignait encore une
quantité considérable de fautes typographiques. D'après
cette explication, il paraîtra sans doute moins étonnant
que l'ouvrage, qui parut d'ailleurs presque immédiatement après l'émission de la loi nouvelle sur les successions
et qui fut le premier commentaire sur cette loi, contienne

personnes qui prennent sa place, et qu'on désigne sous le nom d'*héritiers*.

On appelle aussi *succession* la chose même qui est transmise aux héritiers, c'est-à-dire le patrimoine du défunt.

Ainsi, le mot *succession* s'applique, soit à la *manière* dont le patrimoine du défunt est déféré et transmis à d'autres personnes, soit à l'*objet* même qui est transmis.

On dit, dans le premier sens, qu'une succession est en ligne descendante, c'est-à-dire, qu'elle est transmise aux descendans du défunt; dans le second sens, qu'elle est considérable, ou modique, ou grevée de dettes.

---

un trop grand nombre d'erreurs et d'incohérences. Jusqu'à présent, il a été réimprimé dans le même état, et sans aucune espèce de changemens, parce que j'avais reconnu la nécessité de le refaire en entier, et que déjà j'avais commencé un nouveau travail sur un nouveau plan. Mais diversés circonstances m'ont forcé d'interrompre ce travail ; et comme on a pensé que, jusqu'au moment où il pourra être publié, une autre édition de mon premier ouvrage pourrait être utile, j'ai voulu qu'au moins on ne retrouvât pas dans cette édition nouvelle autant d'erreurs que dans les précédentes, et j'y ai fait provisoirement plusieurs corrections : elle contiendra même des additions considérables ; mais on n'y trouvera pas encore tout ce que doit faire désirer l'importance de la matière.

Dans le premier sens, on ne comprend que le mode et les règles de la transmission des biens ; dans le second, le mot *succession* se confond avec les mots *hoirie*, *hérédité*, et ne s'applique qu'aux biens et aux charges, indépendamment de toute idée transmission.

2. Les successions sont déférées par la volonté de l'homme, ou par la disposition de la loi.

Les successions, déférées par la volonté de l'homme, sont celles dont les personnes décédées avaient disposé par des institutions d'héritiers, c'est-à-dire, en nommant elles-mêmes les personnes qu'elles ont voulu être leurs héritiers.

Ces institutions peuvent être faites, ou par les contrats de mariage des institués, ou par des testamens. Celles qui sont faites par des contrats de mariage, s'appellent *contractuelles ;* les autres s'appellent *testamentaires*.

Au défaut d'institution d'héritiers, les successions sont déférées et transmises par la loi, aux personnes qu'elle désigne, et suivant les règles qu'elle établit.

On les appelle, en conséquence, *légitime*, A LEGE, parce qu'elles sont réglées par la loi seule.

On les appelle encore *successions ab intestat*, dénomination qui dérive du latin *ab intestato*, ou *non testato*, parce qu'elles n'avaient lieu, suivant le droit romain, que lorsqu'il n'existait pas

1.

de testament, ou que celui qui existait, n'était pas valabe, ou n'était pas accepté.

Le premier titre du 3e livre du Code civil, ne traite que des successions *ab intestat ;* c'est dans le titre II, intitulé *des Donations et des Testamens*, qu'il est traité des successions contractuelles et des successions testamentaires.

Cependant, quoique le commentaire que j'entreprends, ne porte spécialement que sur le titre *des Successions ab intestat*, j'aurai à traiter beaucoup de questions qui seront communes aux trois espèces de successions, et notamment sur les partages et sur le paiement des dettes.

3. La succession *ab intestat* comprend tous les biens de l'hérédité, dont il n'y a pas eu de disposition valable de la part du défunt, et dont en conconséquence la transmission est réglée par la loi seule.

Ainsi, le défunt est-il décédé sans avoir fait de disposition valable? la loi agissant seule sur la totalité de la succession, la succession entière est *ab intestat*.

Le défunt avait-il disposé valablement de la totalité de ses biens, sans qu'il y ait de personnes auxquelles la loi attribue une *réserve*? il n'y a pas de succession *ab intestat*.

Le défunt n'avait-il disposé valablement que d'une portion de ses biens? l'autre portion dont il n'a pas été disposé, ou dont la disposition n'est pas valable, forme seule, en définitif, la succession *ab intestat.*

Il faut ajouter cependant que, dans le cas même où il y a disposition valable, si les personnes au profit de qui elle a été faite, n'ont pas, la capacité de l'accepter, ou ne l'acceptent pas les biens qu'elle comprenait, tombent aussi dans la succession *ad intestat.*

4. Lorsqu'un homme est décédé, sans avoir valablement disposé de tous ses biens, ou lorsque sa disposition reste sans effet, en totalité ou en partie, par l'incapacité ou répudiation des personnes à qui elle a été faite, il faut nécessairement que la loi règle la transmission des biens dont il n'y a pas eu de disposition valable, ou dont la disposition reste sans effet: autrement, ces biens seraient vacans et sans maître.

Dans tous ces cas, la loi supplée la volonté de l'homme; elle dispose à sa place, et lui donne des héritiers.

5. Comment transmet-elle les successions? Quelles sont les personnes qu'elle appelle à succéder, et dans quel ordre les appelle-t-elle? Comment et à quelles conditions les successions sont-elles appréhendées par les héritiers qui sont appelés?

Tels sont les objets principaux de la matière des successions. Je vais présenter rapidement quelques observations générales qui pourront en préparer l'intelligence.

6. D'abord, la loi détermine l'époque à laquelle s'ouvre une succession, parce que les héritiers appelés à la recueillir, sont ceux qui, précisément à l'époque où elle s'ouvre, sont les premiers dans l'ordre établi par la loi pour succéder, et que c'est toujours à cette époque que sont fixés les qualités et les droits des héritiers.

Les successions s'ouvrent par la mort naturelle et par la mort civile;

Par la mort naturelle, dès le moment où elle arrive; par la mort civile, dès le moment où elle est encourue suivant la loi.

S'il y a des doutes sur la survie de l'une ou de l'autre des personnes qui ont péri dans un même événement, comme dans un naufrage, dans un incendie, et qu'il soit nécessaire de déterminer la survie pour l'une de ces personnes, afin de connaître les héritiers de l'une et de l'autre, elle est déterminée par la loi, d'après les présomptions les plus naturelles et les plus vraisemblables.

7. Lorsqu'une succession est ouverte, les biens qui en dépendent, se trouveraient vacans et à l'abandon, si la loi n'y avait pas pourvu. Pour qu'ils ne restent pas sans maître qui puisse les administrer et les conserver, la loi en saisit, à l'ins-

tant même de la mort, les héritiers qu'elle appelle à succéder.

Elle a voulu, d'ailleurs, que ces héritiers remplissent immédiatement la place de la personne à laquelle ils succèdent, et qu'il n'y eût ni interruption ni lacune dans la propriété des biens.

Les héritiers sont saisis de plein droit, et sans qu'il soit besoin à cet égard d'aucun acte de leur volonté.

Dès-lors, ils peuvent administrer les biens, quoiqu'ils n'aient pas encore accepté la succession.

8. La loi exige des qualités particulières sans lesquelles on ne peut être admis aux successions *ab intestat*.

Le défaut de ces qualités produit l'incapacité de succéder; il empêche d'être héritier, celui-là même qui se trouve appelé le premier dans l'ordre établi par la loi.

La qualité principale pour succéder, c'est qu'il faut nécessairement exister au moment de l'ouverture de la succession; mais il suffit, pour qu'un enfant ait la capacité de succéder, qu'il soit *conçu* au moment où la succession s'ouvre, pourvu qu'ensuite il naisse viable.

9. La loi prononce, en outre, l'indignité de succéder, contre l'héritier appelé, qui s'est rendu coupable d'un crime ou d'une offense grave contre la personne ou la mémoire du défunt; mais, comme cette indignité est une peine, elle ne peut

avoir lieu que pour les causes qui sont déterminées par la loi elle-même.

10. Quels héritiers doivent être appelés par la
loi aux successions *ab intestat?*

La simple raison naturelle répond de suite, que
les biens dont le défunt n'avait pas disposé, doivent
être dévolus aux membres de sa famille. Ce serait
violer les droits du sang et le vœu de la nature,
que de transporter ces biens à des familles étrangères au défunt.

Aussi, chez toutes les nations civilisées, la législation a établi, en règle générale, que les membres
de chaque famille avaient le droit de se succéder
les uns aux autres.

En France, le régime féodal faisait souvent succéder les seigneurs, au préjudice des familles;
mais sa suppression a restitué aux familles la plé-
nitude de leurs droits.

11. Cependant ce n'est qu'aux parens *légitimes*
du défunt, que la loi confère le titre et les droits
d'héritier.

Les parens légitimes sont ceux qui sont issus de
mariages valables suivant la loi, ou contractés *de
bonne foi*, soit par les deux époux, soit par l'un
d'eux seulement.

Les enfans nés hors mariage, qui ont été légitimés valablement par le mariage subséquent de
leurs père et mère, sont considérés comme s'ils

étaient issus de ce mariage, et conséquemment réputés légitimes.

La loi assimile encore aux enfans légitimes, les enfans qui ont été légalement adoptés ; mais les adoptés, ne sont admis à succéder qu'aux adoptans, et non pas aux autres membres de la famille.

12. Les parens légitimes du défunt ne doivent pas être *tous* appelés indistinctement et conjointement à sa succession ; tous ne peuvent pas y avoir des droits égaux.

Ils se divisent en trois classes ou lignes principales, qu'on ne peut confondre : savoir, la ligne des descendans, la ligne des ascendans, la ligne des collatéraux ; et, dans chaque ligne, les uns se trouvent à des degrés plus proches de parenté avec le défunt, les autres à des degrés plus éloignés.

Entre ces divers parens, la loi devait-elle régler *arbitrairement* l'ordre dans lequel les uns seraient appelés à succéder, par préférence aux autres ? Ne devait-elle pas, au contraire, le régler conformément à l'ordre même des affections naturelles et légitimes du défunt dont elle transmet les biens ? Ne devait-elle pas disposer ainsi qu'il est présumable que le défunt aurait disposé lui-même, s'il eût exprimé sa volonté ?

« La *loi sur les successions*, disait M. le conseiller d'état *Treilhard*, en présentant, au nom du gouvernement, le titre qui nous occupe, est *le testa-*

ment présumé de toute personne qui décède sans avoir valablement exprimé une volonté différente. Il importe de se pénétrer de toutes les affections naturelles et légitimes, lorsqu'on trace un ordre de successions : on dispose pour tous ceux qui meurent sans avoir disposé; la loi présume qu'ils n'ont eu d'autre volonté que la sienne : elle doit donc prononcer, comme eût prononcé le défunt lui-même au dernier instant de sa vie, s'il eût pu ou voulu s'exprimer. Tel est l'esprit dans lequel doit être méditée une bonne loi sur cette matière. Que chacun descende dans son propre cœur, il y trouvera gravé en caractères ineffaçables le véritable ordre de succéder. »

13. Pour l'application de cette règle, il faut d'abord déterminer, entre les trois lignes de parenté, l'ordre de succéder : car ces trois lignes ne sont pas égales dans l'ordre de la nature. L'affection naturelle et légitime de l'homme n'est pas la même pour ses collatéraux, pour ses descendans et pour ses ascendans.

Il faut distinguer ensuite, dans chaque ligne, les divers parens dont elle se trouve composée, pour déterminer également entr'eux l'ordre dans lequel ils doivent être respectivement appelés à recueillir les successions qui sont déférées à leur ligne : car tous les parens de la même ligne ne sont pas égaux dans l'ordre de la nature. L'homme n'a pas naturellement la même affection pour ses

parens éloignés, que pour ses parens plus proches
dans la même ligne.

14. En ce qui concerne l'ordre de préférence
à établir entre les trois lignes, il serait bien inutile de s'occuper à prouver que la ligne des descendans du défunt doit être préférée à celle de ses
ascendans et à celle de ses collatéraux.

Il est également incontestable qu'en suivant
l'ordre de la nature. la ligne des ascendans doit
être, en général, préférée à celle des collatéraux.

Cependant les frères et sœurs du défunt, étant
issus immédiatement du même sang que lui,
peuvent réunir son affection plus fortement encore que les ascendans au-dessus du degré de
père et de mère.

Il y a donc des cas où les ascendans doivent
être préférés aux collatéraux, d'autres où les collatéraux, dans la classe des frères et sœurs du
défunt, doivent obtenir la préférence sur certains
ascendans; d'autres encore où les uns et les autres
doivent être appelés conjointement.

15. Il résulte des distinctions qui viennent d'être
établies, que, pour savoir si un parent doit être
admis à succéder au défunt, il faut d'abord examiner à qu'elle ligne il appartient.

S'il n'est pas de la ligne qui doit être préférée,
il est exclu par les parens de cette ligne.

S'il appartient à la ligne qui doit obtenir la préférence, il faut examiner ensuite à quel degré

il est parent du défunt. S'il se trouve à un degré plus éloigné que d'autres parens de la même ligne, il est exclu par eux. En règle générale, les parens plus proches obtiennent la préférence sur les parens plus éloignés.

16. Cependant cette règle, d'après laquelle la succession est déférée au parent le plus proche dans la ligne préférée, a été modifiée par trois exceptions.

La première résulte du bénéfice de *représentation*, accordé par la loi à tous les descendans en ligne directe du défunt et à tous les descendans de ses frères ou sœurs.

La représentation est un droit en vertu duquel les enfans prennent la place de leur père, ou mère, qui est prédécédé, montent à son degré, entrent dans ses droits, et sont en conséquence admis à recueillir la succession à laquelle il aurait été appelé, s'il eût vécu, lorsque la succession s'est ouverte.

Qoiqu'ils soient de leur chef, c'est-à-dire, *personnellement*, à des degrés plus éloignés que d'autres parens, cependant comme ils montent au degré le plus prochain, en représentant leur père ou mère prédécédé, ils excluent tous les autres parens qui, de leur chef ou par représentation, ne se trouvent pas au même degré.

La deuxième exception résulte d'une disposition de la loi, qui veut que toute succession, échue à des descendans ou à des collatéraux, soit divisée *par moitié* entre les parens *paternels* du défunt, c'est-à-dire ses parens du côté de son père, et ses parens *maternels*, c'est-à-dire les parens du côté de sa mère. Dans ce cas, la succession est divisée en deux parts égales, dont l'une appartient à la ligne paternelle, et l'autre à la ligne maternelle ; ce n'est donc pas le parent le plus proche du défunt, qui a seul toute l'hérédité : la loi appelle à succéder conjointement le parent le plus proche dans la ligne paternel, et le parent le plus proche dans la ligne maternelle, quoique l'un puisse être à un degré plus proche du défunt que l'autre.

La troisième exception résulte de la préférence qui est accordée aux frères ou sœurs du défunt, ainsi qu'à tous leurs descendans, sur tous les autres parens collatéraux.

A quelque degré que se trouvent les descendans des frères ou sœurs, soit germains, soit consanguins, soit utérins, ils excluent tous les autres collatéraux et de la ligne paternelle et de la ligne maternelle.

La loi présume que le défunt avait naturellement plus d'affection pour toute la postérité de ses frères ou sœurs, que pour ses autres collatéraux.

17. Au reste, la loi ne considère ni la nature ni l'origine des biens, pour en régler la succesion.

Tous les biens qu'avait le défunt, soit meubles ou
immeubles , soit ceux qu'il avait acquis ou ceux
qui lui étaient échus par succession , soit ceux qui
lui étaient venus de ses parens paternels, ou ceux
qu'il avait hérités de ses parens maternels, tous, en
un mot, sans aucune distinction , sont confondus
dans sa succession, et appartiennent au mêmes
héritiers.

18. Entre les divers parens du défunt, la loi
n'admet de distinction, ni entre les mâles et les
filles, ni entre les aînés et les puînés . ni entre les
enfans issus de divers mariages ; elle les appelle
tous également à succéder, suivant l'ordre general
qu'elle a tracé, et n'établit entr'eux aucune inégalité de droits.

19. Les parens qui sont au-delà du douzième
degré, ne sont pas admis à succéder.

Après le douzième degré, la parenté se trouve
si éloignée, qu'on a pu la considérer comme
n'existant plus réellement ; et il arrive d'ailleurs
très-rarement que le défunt ne laisse pas de parens à des degrés plus proches.

20. Pour le cas où le défunt n'a laissé ni parens
successibles, ni enfans adoptés, ou que ceux qu'il
a laissés ont renoncé à sa succession, ou ont été
déclarés indignes de lui succéder, il fallait bien déterminer à quelles autres personnes serait déférée
la succession.

Elle est déférée à l'enfant naturel du défunt,

par lui légalement reconnu, ou, si cet enfant était prédécédé, à ses descendans.

Au défaut d'enfans naturels légalement reconnus, et de descendans d'eux, la succession est déférée au conjoint survivant du défunt, pourvu qu'il n'y ait pas eu entre eux de divorce qui ait rompu leur mariage.

Au défaut des uns et des autres, aucun individu n'ayant de droit à succéder, c'est à l'Etat, c'est-à-dire, à la société entière, que la succession est abandonnée.

21. Les successions déférées aux enfans naturels reconnus ou à leurs descendans, au conjoint survivant, ou à l'Etat, sont des successions irrégulières.

Ceux à qui elles sont déférées, n'ont pas le titre et la qualité d'*héritiers ;* ils ne sont que de simples *successeurs:* la saisie légale des biens ne leur est pas accordée, et il faut qu'ils soient envoyés en possession par la justice.

22. L'enfant naturel n'est pas déchu de tous droits dans la succession du père, ou de la mère, qui l'a reconnu, quoiqu'il y ait des parens légitimes et successibles: la loi lui accorde une portion de biens, dont la quotité est plus ou moins forte suivant la qualité des héritiers; mais il ne la prend pas en qualité d'héritier, et il n'exclut aucun des parens légitimes qui se trouvent aux degrés successibles.

23. L'héritier qui est appelé par la loi à une succession, n'est pas tenu de l'accepter, il peut y renoncer, s'il le juge convenable. Nul n'est héritier, qui ne veut.

Il peut aussi n'accepter la succession que *sous bénéfice d'inventaire*, c'est-à-dire, en faisant constater, dans les formes prescrites, l'actif et le passif de la succession, pour n'être obligé au paiement des dettes et des charges que jusqu'à concurrence de la valeur des biens.

Lorsqu'il accepte purement et simplement, il est tenu indéfiniment des dettes et des charges, quelle qu'en soit la quotité.

On verra comment se fait l'acceptation pure et simple, ou sous bénéfice d'inventaire; comment se fait la renonciation, et quels en sont les effets

24. Lorsqu'il y a plusieurs héritiers qui sont appelés à succéder conjointement, et qui ont accepté, il doit être procédé entr'eux au partage de la succession, suivant leurs droits respectifs La loi règle par des dispositions précises,

1º Quand et par qui l'action en partage peut être formée ;

2º Quelle doit être la forme du partage, et comment il est statué sur les contestations auxquelles il peut donner lieu, soit lorsque tous les héritiers sont majeurs et présens, soit lorsqu'il y a, parmi les héritiers, des mineurs, des interdits, ou des absens.

3º Dans quel cas et comment ceux des héritiers, qui ont reçu du défunt des libéralités, sont tenus d'en faire le rapport à la masse de la succession ;

4º Comment les héritiers légitimes sont tenus soit entr'eux, soit avec les héritiers institués ou les légataires, au paiement des dettes et des charges de la succession; comment ils en sont tenus à l'égard des créanciers, et comment ceux qui ont été forcés de payer au-delà de leur part, ont recours contre les autres;

5º Quels sont les effets du partage et comment s'exerce, s'il y a lieu, la garantie des lots ;

6º Dans quel cas et comment peut être admise l'action en rescision du partage.

LIVRE IIIᵉ DU CODE CIVIL.

TITRE Iᵉʳ.

Des successions.

CHAPITRE PREMIER.

De l'Ouverture des Successions, et de la Saisine des Héritiers.

ARTICLE 718.

LES successions s'ouvrent par la mort naturelle et par la mort civile.

1. Il était nécessaire de régler d'abord comment s'ouvrent les successions, pour que l'on pût savoir quand il y aurait une hérédité que pourraient venir réclamer les personnes appelées par la loi à la recueillir.

Les successions s'ouvrent par la mort naturelle et par la mort civile.

Lorsqu'un homme décède, ses biens et ses droits se trouveraient sans propriétaire et sans maître, s'ils n'étaient pas immédiatement conférés à d'autres personnes. Pour qu'ils ne restent pas vacans, la succession est ouverte par le décès, c'est-à-dire, qu'au moment même où l'homme cesse d'exister, ses biens et ses droits sont transmis aux personnes qui doivent lui succéder ; la succession n'est en effet autre chose que la transmission des biens et des droits de la personne qui n'existe plus, à une ou plusieurs autres personnes qui sont appelées à la remplacer.

Il en est de même à l'égard de la personne qui est morte civilement.

L'article 25 du Code civil, dit expressément que, par la mort civile, le condamné perd la propriété de tous les biens qu'il possédait. Il est donc également nécessaire de transmettre ces biens à d'autres personnes, pour qu'ils ne restent pas sans maître : et aussi, l'article 25 ajoute que la succession du condamné mort civilement, est ouverte au profit de ses héritiers, auxquels ses biens sont dévolus, de la même manière que s'il était mort naturellement.

2. Il importe encore de savoir à quelle époque précise s'ouvre une succession : car la même personne pouvait avoir, à des instans très-rapprochés, des héritiers différens.

Tel, par exemple, qui aurait été exclu d'une succession par un parent plus proche en degré, si la succession s'était ouverte avant-hier, sera héritier, si la succession ne s'ouvre qu'aujourd'hui et qu'hier soit décédé, sans laisser de descendans habiles à le représenter, le parent plus proche qui aurait succédé, s'il eût survécu.

C'est au moment même où il arrive une mort naturelle, que s'ouvre la succession du défunt, et que commence le droit de ses héritiers.

Les biens qu'avait le défunt ne devant pas rester vacans, ils sont transmis, par la loi, à l'instant même où le défunt a cessé de vivre; ils sont transmis immédiatement de ses mains dans celles de ses héritiers, et il en résulte que les héritiers sont ceux qui, au moment même de la mort, se trouvent appelés à succéder dans l'ordre établi par la loi. A ce moment, leurs qualités sont fixées, et leur droit à la succession est acquis.

Ainsi, la place que le défunt laisse vacante, est aussitôt remplie par ceux qui sont appelés à lui succéder; les biens que la mort lui enlève, la loi les confère sur-le-champ à ses héritiers : il n'existe donc de lacune ni dans la propriété, ni même dans la possession.

Mais lorsqu'il y a mort civile, la succession n'est pas ouverte du moment où a été prononcée la condamnation judiciaire qui emporte mort civile; elle n'est ouverte que du moment où la mort civile a été encourue, et produit ses effets conformément aux articles 26 et 27 du Code.

3. Il n'y a de succession ouverte, que lorsqu'il arrive une mort, naturelle ou civile. On ne

peut succéder aux personnes qui sont encore vivantes : *Nulla viventis est hereditas.*

4. Il peut s'élever deux difficultés principales sur l'ouverture d'une succession par mort naturelle.

La mort peut être vraisemblable, mais incertaine et non prouvée.

La mort peut être constatée, mais sans que l'époque précise soit déterminée et puisse être établie.

En règle générale, tant qu'il n'y a pas de preuve qu'une personne soit décédée, sa succession ne doit pas être réputée ouverte.

Cependant, lorsqu'une personne s'est absentée ou a disparu, sans qu'on ait su depuis long-temps de ses nouvelles, sans qu'il soit possible de découvrir si elle existe encore, le sort de ses héritiers présomptifs, de ses légataires et de tous ceux qui peuvent avoir, sur ses biens, des droits subordonnés à la condition de son décès, ne doit pas être perpétuellement incertain et précaire; en conséquence, le Code a fixé, dans le titre IV du 1er livre, une époque à laquelle la succession de l'absent serait présumée ouverte, de manière que tous les ayant-droit pourraient obtenir l'envoi en possession définitive des biens.

Il y a deux cas où, la mort étant constatée, son époque précise peut être incertaine, et où il serait cependant nécessaire de la connaître.

Le premier est celui où des personnes qui étaient appelées respectivement à se succéder, ont péri dans un même événement, sans qu'on puisse découvrir quelle est celle qui est décédée la dernière.

Le second est celui ou l'heure à laquelle la mort a eu lieu, n'a pas été indiquée dans l'acte de décès.

J'examinerai ces deux cas dans mes observations sur l'article 720.

ARTICLE 719.

La succession est ouverte par la mort civile, du moment où cette mort est encourue, conformément aux dispositions de la section II du chapitre II du titre *de la Jouissance et de la Privation des Droits civils.*

Pour l'intelligence entière de cet article, il faudrait expliquer en quoi consiste la mort civile, dans quel cas elle a lieu, à quelle époque elle commence, quand et comment elle peut cesser : mais cette matière importante, qui est l'objet d'un titre particulier du Code, exigerait une trop longue discussion, et doit être traitée séparément.

Il suffira de dire, en ce moment, pour ce qui concerne l'ouverture des successions, que, lors-

qu'une condamnation judiciaire, qui est de nature à emporte la mort civile, a été prononcée
contradictoirement, elle emporte la mort civile,
suivant l'art. 26 du Code, à compter du jour de
son exécution, soit réelle, soit par effigie, mais
que, si elle a été prononcée *par contumace*, elle
n'emporte la mort civile qu'après les cinq années
qui suivent l'exécution du jugement par effigie, et
pendant lesquelles le condamné peut se représenter; qu'ainsi ce n'est qu'après l'expiration de ces
cinq années de grâce, accordées au condamné
pour purger la contumace, et lorsqu'il ne s'est
pas représenté, ou qu'il n'a pas été saisi et con-
titué prisonnier dans ce délai, que la mort civile
est définitivement encourue, et produit ses effets;
d'où il suit que, suivant l'article 719, ce n'est
qu'à l'expiration des cinq années, et non pas au
moment de la condamnation, ni au moment de
l'exécution du jugement, qu'est ouverte la succession du condamné par contumace.

ARTICLE 720.

Si plusieurs personnes respectivement appelées à la succession l'une de
l'autre, périssent dans un même événement, sans qu'on puisse reconnaître laquelle est décédée la première, la pre-

somption de survie est déterminée par les circonstances du fait, et, à leur défaut, par la force de l'âge ou du sexe.

1. Lorsque des personnes qui sont *respectivement* appelées à se succéder dans l'ordre légal, périssent par le même accident, comme dans un naufrage, dans un incendie, dans la ruine d'un bâtiment, il importe de savoir quelle est celle qui est décédée la dernière, et qui a conséquemment succédé aux autres, si en définitif les unes et les autres ne devaient pas avoir les mêmes héritiers.

Supposons, par exemple, que Pierre et Paul, frères *utérins*, et qui sont appelés à se succéder entièrement l'un à l'autre , parce qu'ils n'ont ni descendans, ni père ni mère, ni frères ou sœurs, ni descendans de fréres ou de sœurs, aient péri dans un même événement.

Si Pierre est décédé le dernier, sa succession comprendra celle de Paul, puisqu'il a été seul héritier de son frère; de sa succession une moitié appartiendra à son plus proche parent *maternel ,* qui aurait bien été aussi l'héritier de Paul; mais l'autre moitié appartiendra à son plus proche parent *paternel,* qui est étranger à Paul, puisque Pierre et Paul n'avaient pas le même père.

Si, au contraire, c'est Paul qui a survécu à Pierre, sa succession, dans laquelle sera confondue celle de Pierre, sera divisée par moitié entre son plus proche parent maternel et son plus proche parent paternel ; mais ce parent paternel de Paul est étranger à Pierre.

Au premier cas, le parent paternel de Paul n'aura rien ; au second cas, ce sera le parent paternel de Pierre, qui sera exclu.

Il importe donc essentiellement pour l'un et l'autre de ces deux parens paternels, que l'on sache quel est celui de Pierre et de Paul, qui a survécu.

2. La preuve de la survie de l'un d'eux, par une indication personnelle et individuelle, peut résulter, ou de déclarations faites par les témoins de l'événement, ou d'un procès-verbal dressé par les autorités locales, ou de mentions insérées dans les actes de décès.

Mais si ces moyens manquent, et qu'il n'en existe d'ailleurs aucun autre qui constate, d'une manière certaine, quelle est celle des personnes péries dans le même événement, qui est décédée la dernière, alors, et dans la nécessité où l'on se trouve de déterminer la survie pour l'une d'elles, il faut bien se contenter à cet égard de simples présomptions ; et en conséquence l'article 720 dispose que la présomption de survie est déterminée par les circonstances du fait, et, à leur défaut, par la force de l'âge ou du sexe des personnes qui ont péri ensemble.

3. On doit bien remarquer que la présomption

qui est admise *en premier ordre*, est celle qui peut résulter des circonstances du fait, et que ce n'est même qu'à son défaut que l'article admet la présomption qui résulte de la force de l'âge ou du sexe.

Il faut donc, dans cette matière, considérer d'abord les circonstances particulières de l'événement qui a causé la mort ; il faut examiner s'il n'en résulte pas la présomption que l'une plutôt que l'autre des personnes péries dans cet événement, est décédée la dernière ; et il suffit que la survie de l'une soit indiquée par les circonstances, comme étant la plus vraisemblable, ou même la moins incertaine, pour qu'elle doive être admise dans le doute.

Ainsi, lorsqu'un incendie a commencé de nuit par le premier étage d'une maison, il est présumable que la personne qui s'y trouvait couchée, a été ateinte par le feu, et est morte avant celle qui été couchée au second étage, ou au troisième.

On peut également présumer que le soldat qui était à l'avant-garde dans une bataille, a été tué avant celui qui était à l'arrière-garde.

La personne qui, lors de la ruine d'un bâtiment, a été vue dans l'endroit qui a été détruit le dernier, doit être présumée avoir survécu aux autres personnes qui ont péri dans ce bâtiment, parce qu'il est certain qu'elle existait dans un mo-

ment où il était incertain si les autres existaient
encore

. . Celle qui, à raison d'une infirmité grave, était
dans l'impossibilité de fuir le danger, doit être
aussi présumée avoir péri avant celle qui a pu,
pendant quelques instans, se soustraire au péril.

. Dans tous les cas, l'appréciation des circonstances rentre dans le pouvoir discrétionnaire
donné aux tribunaux sur tout ce qui ne concerne
que des faits. La loi ne pouvant ni prévoir toutes
les hypothèses, ni établir une règle générale qui
pût également s'appliquer à tous les cas, elle a
laissé aux juges à décider, d'après leurs lumières
et leur conscience, si, des circonstances qui sont
connues, il résulte des présomptions suffisantes
pour déclarer la survie de l'une plutôt que de
l'autre des personnes qui ont péri dans le même
événement.

. 4. Lorsque les circonstances particulières de
l'événement ne sont pas connues, ou qu'elles ne
sont pas de nature à donner une présomption suf-
fisante de survie, alors cette présomption ne peut
plus résulter que de la force de l'âge ou du sexe
des personnes qui ont péri ensemble; et comme il
est vraisemblable que, dans un danger commun,
la personne qui était la plus forte, soit à raison de
son âge, soit à raison de son sexe, a pu se soustraire plus long-temps au danger, cette vraisem-
blance doit, à défaut de toute autre circons-

tance, faire décider en sa faveur la présomption de survie.

On verra, dans les trois articles suivans, comment est calculée la différence de l'âge et du sexe, pour établir la présomption.

5. On demande si la disposition de l'article 720 s'applique au cas où deux personnes, respectivement appelées à la succession l'une de l'autre, seraient morte, non pas dans le même événement, mais le même jour, sans qu'il fût indiqué dans les actes de décès, ni à quelle heure chacune d'elles serait décédée, ni laquelle serait décédée la première.

Il paraît d'abord sans difficulté, que s'il n'était pas possible de *prouver*, soit par témoins, soit de toute autre manière, quelle est des deux personnes mortes le même jour, celle qui est décédée la dernière, la présomption de survie devrait être déterminée par les circonstances qui pourraient être connues. Puisqu'il est nécessaire que la survie soit déterminée en faveur de l'une des deux, pour savoir à quels héritiers doivent être dévolues les deux successions, il faut bien, à défaut de preuve précise, se contenter ou d'une semi-preuve, ou de ce qui est le plus vraisemblable.

Mais, dans le cas particulier dont il s'agit, si les circonstances sont inconnues, ou si elles ne donnent aucune notion relative à la survie, faudra-t-il admettre les présomptions qui ne sont fondées que sur la différence des forces physiques, calculée en raison de la différence des âges ou des sexes ? Je ne le pense pas.

Il est bien évident que ces différences de forces, d'âge et de sexe, bonnes à considérer, lorsqu'il s'agit de deux personnes qui, *dans le même évé-nement*, avaient à se défendre contre un danger commun, deviennent indifférentes et nulles, lorsqu'il s'agit de deux personnes dont chacune a succombé, ou par maladie, ou par un accident qui lui était particulier.

Cependant il faut bien admettre une présomption quelconque; et la seule qui me paraisse admissible dans ce cas, est celle qui résulte de l'ordre même de la nature, c'est-à-dire, que le plus jeune doit être présumé avoir survécu au plus âgé.

Cette présomption fut souvent admise *in subsidium* par les législateurs, pour les cas où toutes les autres manquaient.

Elle fut admise par les lois romaines.

Elle l'a été par une loi du 20 prairial an 4, dont la disposition est en ces termes : « Lorsque des ascendans, des descendans et autres personnes qui se succèdent de droit, auront été condamnés au dernier supplice, et que, mis à mort dans une même exécution, il devient impossible de constater leur prédécès, le plus jeune des condamnés sera présumé avoir survécu. »

Enfin elle a été adoptée par le Code civil lui-même, pour le cas où la présomption de survie ne peut résulter de la différence de l'âge ou du sexe; l'article 722 porte qu'en ce cas la présomption de survie, qui donne ouverture à la succession dans l'ordre de la nature, doit être admise, et qu'ainsi le plus jeune est présumé avoir survécu au plus âgé.

6. On demande encore si les présomptions de survie, qui sont admises par les articles 720, 721 et 722 du Code, peuvent être invoquées, non-seulement par les héritiers respectifs des personnes qui ont péri *dans le même événement*, mais encore par les donataires à cause de mort, légataires ou créanciers de ces personnes péries ensemble, et même par les créanciers des héritiers de l'une ou de l'autre.

Il faut répondre que les dispositions des trois articles sont générales et sans exception ; qu'elles n'ont pas été faites pour les héritiers seulement; que leur texte n'annonce pas qu'elles doivent être restreintes dans les seuls intérêts personnels des héritiers, et qu'il y a mêmes motifs pour les appliquer aux donataires à cause de mort, aux légataires et aux créanciers.

Si les héritiers de la personne en faveur de laquelle la présomption de survie est admise par la loi, se servent eux-mêmes de cette présomption pour recueillir sa succession et celles des autres personnes qui ont péri avec elle, dans le même événement, comment donc pourraient-ils s'opposer à ce que cette présomption profitât également aux donataires, aux légataires et aux créanciers? Peuvent-ils, d'ailleurs, prendre la succession, sans être tenus d'en acquitter les charges et les dettes?

S'ils ne se présentent pas pour succéder, soit qu'ils trouvent la succession onéreuse, soit parce qu'ils n'ont pas d'intérêt à la réclamer, lorsqu'ils ne sont pas héritiers à réserve et qu'il y a un donataire ou légataire universel, soit enfin parce qu'ils colludent avec les héritiers de l'autre personne décédée dans le même événement, peuvent-ils donc, par leur propre fait, porter préjudice aux intérêts et aux droits des donataires, des légataires et des créanciers de la personne dont la survie est établie par la loi-même?

Quant aux créanciers des héritiers, n'ont-ils pas, suivant l'article 1166 du Code, la faculté d'exercer tous les droits et actions de leurs débiteurs?

7. Faut-il également appliquer les dispositions des articles 720, 721 et 722, aux cas où, soit le testateur et le légataire, soit le donateur et le donataire, non respectivement appelés à se succéder dans l'ordre légal, ont péri dans le même événement, sans qu'il y ait de preuve de la survie de l'un d'eux?

Dans mon premier ouvrage *sur les Successions*, j'ai soutenu la négative, et je la soutiens encore ; mais il m'était échappé, par méprise (1), de confondre le testament et la donation, et il faut, au contraire, en distinguer avec soin la nature et les effets, pour arriver à une juste solution de la question proposée.

Remarquons d'abord que l'article 720 n'établit les présomptions légales de survie qu'à l'égard des personnes qui sont *respectivement* appelées à la succession l'une de l'autre, et qui périssent dans un même événement : or, ce n'est point là le cas de la question proposée. Entre le testateur et le légataire, entre le donateur et le donataire, il s'agit, non pas de régler la successibilité, mais de déterminer si le legs, ou le don, qui a été fait à l'un d'eux, est valable.

Remarquons encore que l'article qui établit des présomptions légales de survie, est placé au titre des successions *ab intestat*, et qu'il n'a pas été répété au titre *des donations et des testamens*.

En troisième lieu, pourquoi, dans le cas où des personnes respectivement appelées à se succéder, ont péri ensemble, les articles 720, 721 et 722 ont-ils admis des présomptions de survie, qui sont si incertaines et souvent si contraires à

(1) *Voyez* là note qui est au bas de la page 1.

la vérité du fait ? C'est qu'il était *absolument in-dispensable* que la loi établit des présomptions telles qu'elles, puisqu'autrement on n'aurait pu savoir à quels héritiers les successions des personnes péries dans le même événement, devaient être déférées : on voit dans tous les discours prononcés par les orateurs du gouvernement et par les orateurs du tribunal, que ce fût là le seul motif qui fit admettre ces présomptions.

Mais la nécessité de les admettre, n'existe point pour le cas où, soit le testateur et le légataire, soit le donateur et le donataire, ont péri dans le même événement : il y a des règles certaines pour déterminer, dans ce cas, a qui doivent passer les biens ; le Code civil y a pourvu par des dispositions précises.

'S'agit il d'un testament ? la disposition testamentaire n'étant qu'un simple projet pendant la vie du testateur qui peut constamment la révoquer, cette disposition n'étant consommée et ne se réalisant qu'au moment où le testateur décède, et se trouvant ainsi caduque, suivant la disposition formelle de l'article 1039 du Code civil, si celui en faveur de qui elle a été faite n'a pas survécu au testateur, il en résulte que les héritiers du légataire ne peuvent, en son nom et de son chef, réclamer l'exécution de la disposition et obtenir la délivrance de la chose léguée, à moins qu'il ne soit préalablement établi que le légataire, soit universel, soit à titre universel, soit à titre particulier, a survécu au testateur.

Mais à la charge de qui doit être cette preuve?

Il est évident, puisque la condition de la survie du légataire est une condition sans laquelle le testament n'a pas eu d'*existence définitive* et ne peut produire d'effet, que c'est à ceux qui en demandent l'exécution, à prouver l'événement de la condition nécessaire pour donner effet au testament.

Mais, au contraire, s'agit-il d'une donation faite par contrat de mariage à l'un des époux, dans les termes des articles 1082, 1084 et 1086 du Code, donation que l'article 1089 déclare caduque, si l'époux donateur survit à l'époux donataire et à sa postérité? Dans ce cas, pour que les héritiers du donateur qui serait mort dans le même événement que le donataire, puissent faire prononcer la caducité de la donation et reprendre les biens donnés, il faut qu'ils prouvent que le donateur a survécu au donataire décédé sans postérité. S'ils ne font pas cette preuve, il n'y a pas lieu à prononcer la caducité, et la donation doit être maintenue, puisque l'événement qui pouvait la faire résoudre, n'est pas constaté.

Il en doit être de même pour le cas où une donation entre-vifs a été consentie avec la clause du retour en faveur du donateur, s'il survivait au donataire : pour que le retour puisse être réclamé, il faut également que les héritiers du donateur prouvent qu'il a survécu au donataire.

La différence qui existe entre les deux derniers cas relatifs à une donation , et le premier relatif à un testament, consiste en ce que le droit du légataire ne commence et ne s'acquiert qu'au décès du testateur, et qu'au contraire, le donataire est *saisi de son droit dès le moment de la donation*, sauf néanmoins à ne *l'exercer* qu'au décès du donateur, s'il s'agit d'une donation à cause de mort ; et de cette différence essentielle , il suit nécessairement que c'est aux héritiers du légataire à prouver qu'il a survécu au testateur, pour qu'ils puissent exercer le droit qui ne se serait ouvert en faveur du légataire que par le prédécès du testateur, et qu'au contraire, c'est aux héritiers du donateur à prouver qu'il a survécu au donataire, pour qu'ils puissent faire déclarer caduc, ou révoqué, le droit dont le donataire était saisi et propriétaire dès le moment de la donation.

Mais, dans aucun de ces cas, il n'est nécessaire pour la transmission des biens donnés ou légués, d'avoir recours aux présomptions légales de survie ; établies par l'art. 720 ; la transmission se trouve réglée d'une autre manière et par d'autres dispositions du Code.

Si les héritiers du légataire ne prouvent pas

3.

qu'il a survécu, les biens qui avaient été légués, sont transmis par la loi aux héritiers du testateur. Si les héritiers du donateur ne prouvent pas qu'il a survécu au donataire, les biens qui avaient été donnés, sont transmis aux héritiers du donataire.

Le droit romain et l'ancienne jurisprudence avaient consacré cette opinion, au moins quant aux donations.

C'est la décision expresse de la loi 8, *ff. de Rebus dubiis.*

Aussi, Cujas, Barthole, Duplessis, Lebrun, et presque tous les anciens auteurs, excepté Ricard, professaient constamment que, si l'héritier de l'une des deux personnes péries dans le même événement, soutenait que la donation faite par la personne à laquelle il succédait, était censée révoquée par le prédécès de l'autre personne qui était donataire, c'était à lui de le prouver.

Automne rapporte un arrêt par lequel le parlement de Bordeaux jugea qu'un mari donateur et une femme donataire étant morts dans un même événement, la donation devait avoir son effet, et n'était pas censée révoquée par le prédécès supposé de la femme, nonobstant la faiblesse du sexe.

Il y a même décision dans la loi 16, *eodem titulo*, pour une dot constituée par une mère à sa fille, avec stipulation que la mère reprendrait la dot, si sa fille mourait avant elle. La loi porte que, la mère et la fille étant mortes ensemble, les héritiers de la mère ne pouvaient exiger la restitution de la dot, parce qu'ils ne pouvaient prouver que la mère eût survécu.

On oppose une décision contraire, *quant aux institutions testamentaires*, et on la puise dans la loi 9, au même titre, qui supposant, dans le paragraphe IV, qu'un père est mort avec son fils pubère qu'il avait institué son *seul* héritier, décide que le fils est censé avoir survécu.

Mais, pour être convaincu que cette loi, en admettant même qu'elle ait établi un principe général, et non pas seulement une exception pour un cas particulier, ne pourrait pas se concilier avec notre législation actuelle, il suffit de remarquer que, chez les romains, c'était presque toujours la faveur de la cause, qui déterminait la présomption de survie, et qu'en conséquence, comme les institutions testamentaires jouissaient de la plus grande faveur, comme les Romains tenaient beaucoup à avoir des héritiers de leur choix, on prenait, dans le doute, le parti qui tendait à maintenir l'institution. Tel fut évidemment le motif de la loi citée, où l'on voit en effet qu'il s'agissait d'un fils qui avait été seul institué héritier, en sorte que, si l'institution n'avait pas été maintenue par faveur, le pere serait mort sans héritier de son choix.

Et ce qui prouve bien que tel fut le motif de la loi, c'est qu'on trouve une autre décision, en sens

absolument contraire, dans la loi 18 du même
titre, mais sur une espèce où le testateur ne mourrait plus sans un héritier de son choix. Cette
espèce est celle où deux frères institués, qui avaient
été substitués l'un à l'autre, ont péri ensemble :
la loi décide que les deux successions sont déférées *ab intestat*, à moins qu'il ne soit constaté
que l'un d'eux a survécu ; mais toujours, dans ce
cas, l'auteur de la substitution a eu un héritier de
son choix.

Ce qui le prouve encore, c'est que la loi 17,
au même titre, décide, à l'égard des simples legs,
d'une manière différente que l'a décidé la loi 9,
pour les institutions : elle déclare formellement
que, si le légataire est mort avec le testateur, les
héritiers du testateur ne sont pas tenus de la
prestation du legs, à moins que le prédécès du
testateur ne soit prouvé ; et la raison de différence
entre ces deux lois, c'est que les simples legs
n'étaient pas aussi favorisés que les institutions ;
c'est que leur caducité n'empêchait pas que le
testateur eût un héritier de son choix, et qu'au
contraire, elle débarrassait cet héritier de l'ac-
quittement des legs.

D'après cette distinction, il est évident que ce
sont les lois 17 et 18, et non la loi 9, qui peuvent
se concilier avec notre législation actuelle, puisque
cette législation préfère toujours les héritiers du
sang, puisqu'elle ne considère plus les institu-

tions testamentaires comme on les considérait dans le droit romain ; puisqu'elle ne reconnaît plus aucune espèce de différence entre les institutions et les simples legs ; qu'aux termes de l'article 1002 du Code, elle les confond et leur attribue les mêmes effets ; et qu'enfin elle permet de faire de simples legs ; sans qu'il soit besoin d'instituer des héritiers, et en laissant les successions *ab intestat.*

On oppose que, pour les dispositions contractuelles ou testamentaires, il peut y avoir même nécessité que pour les successions *ab intestat*, d'admettre les présomptions légales de survie, établies par les articles 720, 721 et 722. Si deux personnes, dit-on, se sont mutuellement instituées héritières, chacune par un testament séparé, et qu'elles périssent ensemble, sans qu'on puisse découvrir laquelle est décédée la première, il faudra bien alors décider la question de survie par les présomptions légales : autrement, il faudrait déclarer les deux testamens caducs, ce qui ne peut être admis, puisque l'un des testateurs ayant nécessairement survécu à l'autre, il y a nécessairement l'un des deux testamens, qui ne se trouve pas caduc et qui doit être exécuté.

Je réponds que les deux testamens se trouveront en effet caducs, l'un comme l'autre, et par le même motif, parce qu'il sera également impossible, soit aux héritiers de l'un des légataires, soit aux héritiers de l'autre, de prouver que

celui qu'ils représentent a survécu au testateur,
et qu'à défaut de cette preuve, de part ou d'autre,
l'exécution de l'un des deux testamens ne peut pas
plus être demandée que l'exécution de l'autre.
A l'égard de l'un, comme à l'égard de l'autre,
l'événement de la condition qui seule peut leur
donner effet, n'étant pas constaté, ils doivent l'un
et l'autre subir le même sort.

Mais il n'est pas nécessaire que l'un des deux
testamens soit exécuté. Quoiqu'ils ne le soient ni
l'un ni l'autre, les biens ne resteront pas vacans,
comme ils le seraient, s'il était question de successions *ab intestat.* Les héritiers légitimes des
deux testateurs sont là pour recueillir les successions, et il en résultera seulement que les biens
des deux testateurs, au lieu d'être entièrement
déférés, par voie de succession testamentaire, à
l'héritier nommé par l'un d'eux, seront déférés,
par voie de succession *ab intestat,* aux héritiers
de l'un et de l'autre, comme s'il n'y avait pas eu
de testament. C'est la conséquence inévitable de
ce que, pour donner l'exécution à l'un plutôt
qu'à l'autre des testamens, il faudrait nécessairement savoir quel est celui des testateurs, qui est
mort le premier, et qu'à défaut de toute preuve
sur la survie de l'un ou de l'autre, les deux testamens se trouvent soumis à la même incertitude
sur l'événement qui seul pourrait les valider,
doivent également demeurer sans effet.

Il en serait de même pour le cas où deux époux, qui, par leur contrat de mariage, se seraient fait un don réciproque, *en faveur du survivant*, auraient péri dans le même événement. La survie de l'un ni de l'autre ne pouvant être prouvée, les héritiers de l'un ni de l'autre ne pourraient réclamer la chose donnée au survivant.

Vainement encore on se réduirait à dire qu'au moins les principes précédemment établis ne peuvent s'appliquer au cas où un légataire *universel*, institué par une personne qui ne laisse pas d'héritiers à réserve, a péri dans le même événement que le testateur; qu'en effet, lorsqu'il n'y a pas d'héritier à réserve, un légataire universel est, aux termes de l'art. 1006 du Code civil, saisi, de plein droit, de tous les biens composant la succession du testateur; qu'il n'a donc rien à demander, puisqu'il est saisi par la loi elle-même; que, si les héritiers légitimes du testateur veulent le dépouiller des biens dont il est saisi, ce sont eux qui se trouvent les demandeurs; que c'est donc à eux qu'il faut appliquer la maxime, *actori incumbit onus probandi*, et qu'ainsi, pour justifier leur demande contre les héritiers du légataire universel qui a péri dans le même événement que le testateur, ce serait à eux de prouver que le testateur a survécu au légataire.

Cette objection ne serait vraiment qu'une subtilité dans laquelle on mettrait d'abord en fait

constant ce qui serait précisément en question ;
car la question, dans ce cas, serait de savoir si
le légataire universel a été réellement saisi de
la succession ; et comme il ne peut en avoir été
saisi, que s'il a survécu au testateur, il faudrait
toujours que les héritiers du légataire universel,
pour justifier qu'il a été réellement saisi, établissent le fait qu'il n'est décédé qu'après le testateur. Ce fait doit être constant, il doit être pré-
existant, pour que la saisine ait eu lieu en faveur du
légataire ; ce n'est donc qu'en prouvant ce fait,
que les héritiers du légataire peuvent soutenir et
faire reconnaître, par la justice, que le légataire
a été saisi ; et la preuve de ce fait qui est uniquement dans leurs intérêts, se trouve évidemment à
leur charge.

Les héritiers légitimes du testateur n'ont besoin
que de la seule disposition de la loi, pour être
saisis de la succession, et pour avoir le droit de
la revendiquer contre les tiers-détenteurs ; et au
contraire, le légataire universel n'étant saisi par la
loi qu'à la condition qu'il aura survécu au testateur, ses héritiers doivent prouver d'abord l'événement de cette condition, pour justifier qu'il a
eu la saisine, et ce n'est conséquemment qu'en
faisant cette preuve, qu'ils peuvent, du chef du
légataire, réclamer ou conserver la succession du
testateur.

ARTICLE 721.

Si ceux qui ont péri ensemble, avaient moins de quinze ans, le plus âgé sera présumé avoir survécu.

S'ils étaient tous au dessus de soixante ans, le moins âgé sera présumé avoir survécu.

Si les uns avaient moins de quinze ans, et les autres plus de soixante, les premiers seront présumés avoir survécu.

1. On ne pouvait pas déterminer avec une exactitude rigoureuse, ni graduer, pour chaque année de la vie de l'homme, les présomptions de survie qui peuvent résulter de la force de l'âge : on s'est borné à diviser le temps de la vie en trois périodes, et pour chacune d'elles on a consulté ce que l'expérience indique le plus généralement.

La première comprend les quinze premières années de la vie ;

La seconde commence à la seizième année , et finit au moment où la soixantième est accomplie ;

La troisième comprend tout le reste de la vie , après soixante ans révolus.

2. Pendant la première, il est certain que les

forces physiques de l'enfant se développent et
vont toujours en croissant, sauf les accidens ex-
traordinaires qu'on ne peut pas calculer dans une
règle générale; en conséquence, si ceux qui ont
péri ensemble, avaient moins de quinze ans, le
plus âgé est présumé avoir survécu, parcequ'il
avait plus de force, et qu'il a pu se soustraire plus
long temps au danger.

3. On verra dans l'article suivant quelles présomptions ont été admises pour la seconde période.

4. Quant à la troisième qui ne s'ouvre qu'a-
près la soixantième année, il est certain que c'est
l'époque où les forces de l'homme commencent
à décroître, et qu'ensuite elles vont toujours en
diminuant, sauf quelques exceptions bien rares,
c'est donc, entre personnes au-dessus de l'âge de
soixante ans, la moins âgée qui doit être présumée avoir survécu dans un danger commun,
puisqu'elle devait être moins faible que les autres.

5. Mais si les deux personnes, péries dans le
même événement, se trouvaient, l'une dans l'âge
où les forces physiques ne sont pas entièrement
acquises, c'est-à-dire, avait quinze ans, et l'autre
dans l'âge où les forces commencent à décroître,
c'est-à-dire, après soixante ans, comment pourrait-on décider, par comparaison, quelles sont
les forces respectives de l'une et de l'autre, pour
déterminer la présomption de survie en faveur de

l'une, plutôt qu'en faveur de l'autre? Chercherait-on à graduer dans chaque période, et pour chaque année, les proportions de l'accroissement ou de la diminution des forces? Ne serait-ce pas se livrer à de vaines hypothèses et à une foule de détails, qui ne peuvent entrer dans une loi?

Il a paru plus convenable, pour éviter toutes les erreurs et toutes les difficultés, d'établir une règle générale, d'après laquelle, entre personnes dont les unes ont moins de quinze ans, et les autres plus de soixante, les premières sont présumées avoir survécu. On présume qu'il est arrivé, ce qui est dans l'ordre de la nature, que les plus jeunes sont mortes les dernières.

Il en résulte cependant que, dans un événement commun, l'enfant de six mois est censé avoir survécu à l'homme de soixante et un ans, quoique celui-ci eût évidemment plus de force pour se soustraire au danger; mais l'impossibilité d'établir pour tous les cas et pour tous les âges, des présomptions qui ne fussent pas trop arbitraires, trop incertaines, et trop souvent contraires à la vérité, a fait préférer la présomption générale qui est conforme à l'ordre de la nature.

Dans toutes les matières où le fait sur lequel devrait porter la décision, reste inconnu et ne peut être constaté, il suffit, pour les intérêts de la société en général, que le législateur ait établi une règle positive qui prévienne tous les débats.

6. Il faut remarquer que l'art. 721, pour établir les présomptions de survie entre les personnes qui avaient moins de quinze ans ou plus de soixante, n'admet aucune distinction relative à la différence des sexes, et qu'ainsi le sexe de ces personnes ne doit pas être considéré, pour déterminer quelle est celle qui doit être présumée avoir survécu.

ARTICLE 722.

Si ceux qui ont péri ensemble, avaient quinze ans accomplis et moins de soixante, le mâle est toujours présumé avoir survécu, lorsqu'il y a égalité d'âge, ou si la différence qui existe n'excède pas une année.

S'ils étaient du même sexe, la présomption de survie, qui donne ouverture à la succession dans l'ordre de la nature, doit être admise : ainsi le plus jeune est présumé avoir survécu au plus âgé.

1. L'article précédent a déterminé les présomptions de survie entre les personnes qui ont moins de quinze ans, ou plus de soixante : l'article 722 les détermine entre les personnes qui ont plus de quinze ans et moins de soixante.

. Pendant cette période de la vie, les forces physiques ont été considérées comme étant à peu près égales; on n'a donc pas admis de présomptions de survie, résultantes de la force de l'âge, et c'est encore l'ordre de la nature que l'on a suivi.

Ainsi, entre personnes qui ont péri dans le même événement, et qui toutes avaient plus de quinze ans accomplis et moins de soixante ans terminés, c'est la plus jeune qui est présumée avoir survécu à la plus âgée.

2. Cependant on a établi une distinction entre les personnes des deux sexes, et la présomption de survie a été déterminée en faveur des mâles, lorsqu'il y a égalité d'âge, ou que la différence qui existe n'excède pas une année. On a pensé que, dans ces deux cas, les mâles devaient être présumés avoir eu plus de force pour échapper à un danger commun.

Ainsi, lorsqu'une femme âgée de cinquante-huit ans, et un homme qui a seulement une année de plus, ont péri dans le même événement, ce n'est pas la femme qui, suivant la règle générale établie dans la première partie de l'article 722, est présumée, comme la plus jeune, avoir survécu a l'homme qui est plus âgé : par exception à la règle, c'est en faveur de l'homme que la présomption de survie est admise, pourvu que la différence qui existe entre l'âge de l'homme et l'âge de la femme, n'excède pas une année.

3. On n'a prévu, ni dans l'article 721, ni dans l'article 722, le cas où l'une des personnes, péries dans le même événement, avait moins de quinze ans, et l'autre plus de quinze, mais moins de soixante.

Il est hors de doute que celle-ci doit être présumée avoir survécu, parcequ'elle avait plus de force : cela résulte nécessairement et de la disposition de l'article 720, qui porte que la présomption de survie doit être déterminée par la force de l'âge, et de tous les motifs qui ont fait admettre les distinctions établies dans les articles 721 et 722.

4. Ces articles ne s'expliquent pas non plus à l'égard des deux jumeaux péris dans le même événement.

Suivant l'ancienne jurisprudence, on décidait, conformément à la loi *Arescula*, *ff.* de *Statu hominum*, que l'enfant qui était sorti le premier du sein de la mère, était réputé l'aîné, et l'on s'en rapportait au témoignage des parens, s'ils avaient écrit sur leur journal, ou ailleurs, lequel des deux jumeaux était né le premier.

S'il n'y avait aucune preuve sur ce fait, on regardait comme l'aîné celui qui avait toujours été en possession de cette qualité dans la famille; et, au défaut de la possession exclusive, le plus fort et le plus robuste était regardé comme l'aîné, par argument tiré de la loi *Si fuerit* 10 , *sub finem* , *ff. de Rebus dubiis.*

Le Code civil n'ayant rien disposé sur cette matière, les tribunaux ont le droit d'y statuer, ainsi qu'ils le jugent convenable d'après les circonstances. L'ancienne jurisprudence, ainsi que les lois romaines, ne peuvent plus être invoquées que comme raison écrite.

Si les actes de naissance des deux jumeaux constatent lequel des deux enfans est sorti le premier du sein de sa mère, il n'y a pas de difficulté : celui qui est né le premier, doit être considéré comme l'aîné. Ce serait se livrer à une discussion oiseuse, que de s'occuper de la question de savoir s'il a été conçu le premier.

Si les actes de naissance ne font pas connaître celui des deux jumeaux, qui est né le premier, c'est aux tribunaux à juger, d'après les circonstances, celui qui doit être réputé l'aîné, ou qui, à raison de ce qu'il était le plus robuste, doit être censé avoir survécu.

ARTICLE 723.

La loi règle l'ordre de succéder entre les héritiers légitimes : à leur défaut, les biens passent aux enfans naturels ;

ensuite à l'époux survivant ; et s'il n'y en a pas , à l'Etat.

1. On a vu précédemment que c'est la loi seule qui confère, qui transmet et qui règle les successions *ab intestat*, et qu'en conséquence ces successions s'appellent légitimes, *a lege*.

Par la même raison, on appelle héritiers *légitimes* ceux à qui la loi défère ces successions.

Elle les défère, 1° aux parens du défunt ; 2° aux enfans adoptés par le défunt.

Mais, parmi les parens du défunt, elle n'appelle comme héritiers que les parens *légitimes*, et ceux qui, étant nés hors mariage, ont été valablement *légitimés*, conformément aux articles 331, 332 et 333 du Code civil.

Les parens légitimes sont ceux qui sont issus de mariages civils valablement contractés et légalement prouvés, conformément au titre *du Mariage*.

Néanmoins, suivant les articles 201 et 202 du Code, les enfans issus de mariages qui ensuite ont été déclarés nuls, sont réputés légitimes et habiles à succéder, si le mariage avait été contracté *de bonne foi* par les deux époux, ou par l'un d'eux seulement.

Dans le présent titre, il n'est question que des parens légitimes ; cependant presque toutes ses dispositions s'appliquent également aux enfans légitimés et à leurs descendans. Il en est aussi plusieurs qui s'appliquent aux enfans adoptés ; j'aurai soin de les faire remarquer.

2. La loi n'appelle pas *tous* les parens du défunt à lui succéder *conjointement ;* elle établit entr'eux un ordre d'après lequel les uns sont appelés par préférence aux autres ; et l'on a vu que cet ordre est réglé sur la présomption la plus vraisemblable et la plus naturelle des affections du défunt.

L'article 723 se borne à dire que cet ordre est réglé par la loi ; c'est dans le chapitre III que se trouvent les règles par lesquelles cet ordre est établi.

3. Au défaut d'héritiers légitimes, c'est-à-dire, lorsqu'il n'en existe pas, ou que ceux qui existent, sont inconnus et ne se présentent pas, ou qu'ils n'ont pas les qualités requises pour succéder, ou qu'enfin ils ont renoncé, il est équitable que les biens du défunt soient dévolus aux autres personnes qui lui étaient étroitement unies, soit par les liens du sang, quoique sans parenté légitime, soit par une légitime affection.

Ainsi, la loi appelle, d'abord les enfans naturels du défunt, ensuite l'époux survivant. Sans doute, les uns et les autres méritent la préférence sur le fisc : *Fiscus post omnes.*

Mais ils ne sont pas appelés avec le titre et la qualité d'*héritiers*, et l'on verra qu'ils n'en ont

4.

pas tous les droits ; ils ne sont que de simples successeurs. Aussi, l'article 723, en les appelant aux successions, emploie ces expressions : *Les biens passent* aux enfans naturels, ensuite à l'époux survivant ; et pour distinguer encore les successions qui leur sont abandonnées, au défaut d'héritiers légitimes, le Code les appelle *successions irrégulières*.

Enfin, s'il n'y a ni enfans naturels, ni époux survivant, c'est l'État qui est appelé à recueillir les biens du défunt : ce qu'aucun individu n'a le droit de réclamer, appartient à la société toute entière.

C'est dans le chapitre IV qu'il est traité des successions irrégulières.

ARTICLE 724.

Les héritiers légitimes sont saisis, de plein droit, des biens, droits et actions du défunt, sous l'obligation d'acquitter toutes les charges de la succession : les enfans naturels, l'époux survivant et l'État doivent se faire envoyer en possession par justice, dans les formes qui seront déterminées.

1. La succession est la transmission de l'hérédité, et l'hérédité comprend tout ce qui appar-

tenait au défunt. *Hœreditas nihil aliud est quàm successio in universum jus quod defunctus habuerit. L. 62, ff. de Reg. jur.*

Ainsi los héritiers légitimes succèdent à tous les biens, à tous les droits, à toutes les actions du défunt, et ils en sont même saisis de plein droit, suivant l'article 724.

Voyons comment ils y succèdent, comment ils en sont saisis, et à quelles conditions.

2. Les héritiers légitimes succèdent à tous les biens dont le défunt était propriétaire, quels que soient la nature et l'origine de ces biens, sans aucune distinction. —

Ils succèdent même à ceux dont le défunt n'avait pas la possession au moment de sa mort, et conséquemment ils succèdent aux biens dont le défunt avait, pour le temps de sa vie, cédé l'usufruit à des tiers, ainsi qu'à ceux dépendant d'une succession qui lui était échue et qu'il n'avait pas recueillie.

Mais ils ne succèdent pas aux biens dont le défunt n'avait qu'une simple possession, qu'un simple usufruit, pendant sa vie : *Morte amitti usum fructum non recipit dubitationem.*

Ils ne succèdent pas non plus, aux biens dont le défunt n'avait qu'une propriété résoluble, si l'événement résolutoire est arrivé. Ainsi, lorsque dans une donation entre-vifs le donateur a stipulé le droit de retour à son profit, pour le cas où le donataire décéderait avant lui, les héritiers du donataire ne succèdent pas aux biens donnés, si le donateur a survécu ; celui-ci reprend les biens.

3. Les héritiers légitimes du défunt succèdent à tous ses droits, comme à tous ses biens, et de la même manière, c'est-à-dire, lorsqu'ils n'étaient pas limités à sa personne, et qu'ils n'ont pas été éteints par sa mort.

Ainsi, le droit qu'avait le défunt de demander la nullité ou la rescision d'une vente par lui consentie, ne s'étant pas éteint par sa mort, passe à ses héritiers ; mais le droit de reprendre les choses données, accordé par l'art. 747 du Code civil à l'ascendant donateur, étant un droit qui est limité à la personne de l'ascendant, ne passe pas à ses héritiers, à moins qu'il ne fût ouvert avant le décès du donateur.

4. Puisque les héritiers légitimes ont les droits du défunt, ils doivent avoir aussi ses actions ; car les actions ne sont que les moyens d'exercer et de faire exécuter les droits.

Ils en sont également saisis dès le moment du décès ; et en conséquence ils peuvent former immédiatement toutes les actions que le défunt avait le droit de former lui-même, ou suivre celles qu'il avait formées.

5. L'héritier légitime ne peut avoir l'actif de la succession, sans être tenu de supporter le passif, c'est-à-dire, qu'il ne peut recueillir les biens

et les droits, sans être obligé d'acquitter les charges. *Hœredes onera hœreditaria agnoscere placuit. L. 2. C. de. Hered. act.*

Le défunt ne peut laisser à ses héritiers plus de droits qu'il n'en avait lui-même; il ne peut laisser ses biens et ses droits, que tels qu'ils sont, et conséquemment avec leurs charges. *Nemo plus commodi hœredi suo reliquit quàm ipse habuit. L. 120, ff. de Reg. jur.*

Aussi l'art. 724 dispose expressément que les héritiers légitimes ne sont saisis des biens, droits et actions du défunt, que sous l'obligation d'acquitter toutes les charges de la succession.

6. Cependant il ne faut pas conclure de la disposition de cet article, qu'en vertu de la simple saisine légale, et au moment de l'ouverture de la succession, l'héritier présomptif se trouve obligé à l'acquit des dettes et des charges de l'hérédité; il n'y est réellement obligé, que lorsqu'il a accepté la qualité d'héritier; car il peut renoncer à cette qualité, et s'il répudie la succession, il n'en doit pas supporter les charges.

Il peut même, ainsi qu'on le verra dans la suite, ne s'obliger au paiement des charges, que jusqu'à concurrence des biens qui composent l'hérédité en n'acceptant la succession que sous bénéfice d'inventaire.

Ainsi l'art. 724 ne fait qu'établir en principe, que les biens, droits et actions du défunt ne

peuvent être recueillis, que sous l'obligation d'acquitter toutes les charges de la succession; et
ce principe est ensuite appliqué, suivant que la
succession est acceptée purement et simplement
ou sous bénéfice d'inventaire.

Ce sera sur l'article 870, que j'expliquerai
quelles sont les diverses charges d'une succession.

7. La saisine commence à compter du moment
même où la succession est ouverte, et non pas
seulement à compter du moment où elle est acceptée.

Les coutumes avaient dit à cet égard, *le mort
saisit le vif, son hoir plus proche habile à lui succéder;* et cette maxime, d'après laquelle c'était le
mort qui était censé mettre lui-même son héritier
en possession de ses biens, exprimait parfaitement
que l'héritier était saisi au moment même du décès, et sans qu'il fût besoin d'aucun acte de sa
part.

l'art. 724 du Code civil dispose, non pas précisément dans les mêmes termes, mais dans le
même sens, que les héritiers légitimes sont saisis
de plein droit des biens, droits et actions du
défunt.

Ainsi, c'est la loi elle-même qui saisit les héritiers, c'est-à-dire, qui les met en possession de
l'hérédité, puisqu'elle dispose qu'ils sont saisis
de plein droit.

Et c'est au moment même de l'ouverture de la

succession, qu'elle les saisit, puisqu'elle ne fixe aucun délai après cette époque, et que les expressions qu'elle emploie, *sont saisis de plein droit des biens du défunt*, désignent évidemment une saisine immédiate au moment même du décès.

8. De ce que la saisine s'opère par le fait seul de la loi, et qu'elle a lieu au moment même du décès, il résulte, 1º que les héritiers sont saisis avant même qu'ils soient instruits de l'ouverture de la succession, puisqu'aucun acte de leur volonté n'est nécessaire à cet égard : *sui autem hœredes fiunt autiam ignorantes ;* 2º que les mineurs et les interdits sont également saisis, parce qu'ils sont capables de succéder, et quoiqu'ils ne puissent exprimer leur volonté ; 3º que les indignes sont également saisis jusqu'à ce que l'indignité ait été légalement prononcée, parce qu'ils ont conservé jusqu'alors la qualité d'héritier que leur a donnée la loi.

9. L'héritier légitime est saisi, non-seulement de la part qui lui revient de son chef dans la succession, mais encore des portions qui lui accroissent par les renonciations de ses co-héritiers.

Et, en effet, comme l'héritier qui renonce, est censé n'avoir jamais été héritier (article 785), que la part du renonçant accroît à ses co-héritiers (article 886) ; et qu'ainsi la renonciation a un effet qui remonte à l'époque de l'ouverture de la succession, il s'ensuit nécessairement que les co-

héritiers du renonçant sont censés avoir été héritiers pour le tout, à compter du moment où la
succession s'est ouverte, et qu'en conséquence
ils doivent être considérés comme ayant été, dès
ce moment, saisis de la totalité des biens.

Par là même raison, lorsque tous les héritiers
du degré le plus proche, qui sont appelés à succéder, renoncent à la succession, comme leurs
renonciations ont un effet rétroactif, les parens
du degré subséquent ; auxquels la succession est
dévolue suivant l'article 786, sont présumés avoir
été saisis dès le moment de l'ouverture de la succession, comme s'ils avaient été alors les héritiers
les plus proches.

10. L'héritier légitime n'est pas seulement saisi
de la propriété des biens et des droits du défunt ;
il en a, de plus, la possession, et conséquemment
il a le droit de les administrer. Cette administration est même l'objet principal de la saisine : c'est
pour que les biens et les droits du défunt ne
restent pas à l'abandon, et ne soient pas exposés à
se perdre ou à se détériorer, que la loi en saisit,
dès le moment même du décès, les personnes
qu'elle appelle à succéder, et leur confère ainsi le
pouvoir de les administrer.

Néanmoins, tant que l'héritier n'a que la saisine légale, c'est-à-dire, tant qu'il n'a pas accepté
la succession, il n'a que le droit de faire, pour
les intérêts de l'hérédité, les actes purement con-

servatoires, de surveillance et d'administration provisoire. (Article 779.)

La possession qu'il a des biens, ne lui donne pas même le droit d'en percevoir les jouissances et d'en faire les fruits siens; il n'a ce droit qu'en acceptant la succession, qu'en se portant héritier définitif; mais lorsqu'il accepte, comme l'effet de son acceptation remonte à l'époque de l'ouverture de la succession, tous les fruits échus depuis cette époque jusqu'à son acceptation, lui appartiennent, sauf les droits des tiers qui auraient possédé de bonne foi.

11. L'un des principaux effets de la saisine, c'est de donner, à l'instant même, à l'héritier du défunt, le droit de transmettre à ses propres héritiers la succession qui lui est échue; en sorte que, cet héritier ne mourût-il qu'une minute après celui auquel il aurait été appelé à succéder, ses héritiers personnels auraient le droit de recueillir la succession dont il était saisi en mourant, et en seraient saisis comme lui.

Peu importerait qu'il n'eût pas accepté la succession, et que même il n'eût pas connaissance qu'elle était ouverte, ou qu'elle lui appartenait: on a vu que c'était indépendamment de sa volonté et par la seule disposition de la loi, qu'il était saisi, dès le moment de l'ouverture de la succession.

Mais en transmettant la succession à ses héritiers, il la leur transmet avec la faculté qu'il aurait eue lui-même de l'accepter ou de la répudier. (Article 781.)

12. La saisine légale cesse par la renonciation que fait l'héritier présomptif.

Ce n'était que comme habile à succéder, comme appelé par la loi à la qualité et aux droits d'héritier, qu'il jouissait du privilége de la saisine légale ; il doit donc le perdre, lorsqu'il renonce à la qualité et aux droits d'héritier.

La saisine à bien pu lui être déférée par la seule disposition de la loi, et sans qu'il fût besoin d'un acte exprès de sa volonté ; mais aussi sa volonté contraire peut la faire cesser, et il lui suffit de renoncer à la succesion, parce qu'en répudiant la qualité d'héritier, il en rejette tous les effets.

Mais les actes conservatoires, de surveillance et d'administration provisoire, qu'il a légalement faits jusqu'à sa renonciation, restent valables, et de mêmes sont valables les actes que des tiers ont légalement faits contre lui, en sa qualité d'administrateur de la succession.

13. La saisine légale appartient-elle aux héritiers légitimes, dans tous les cas, et par préférence aux héritiers que le défunt s'est donnés par contrats de mariage, ou par testamens ?

Ni les légataires à titre particulier, ni les légataires à titre universel, ne sont saisis des biens qui leur ont été légués ; ils sont tenus d'en demander

la délivrance aux héritiers légitimes, qui ont seuls
la saisine de toute la succession, (Articles 1011
et 1014.)

Lors même qu'il y a des légataires universels,
les héritiers légitimes qui ont droit à la réserve légale, c'est-à-dire, les descendans ou les ascendans
du défunt, ont seuls la saisine de tous les biens, et
les légataires universels sont tenus de leur demander la délivrance de la quotité des biens, qui reste
après la réserve, quoique cette quotité soit ordi-
nairement plus considérable que la portion réservée aux héritiers légitimes. (Article 1004.)

Il n'y a donc qu'un seul cas où la saisine n'appartient pas à des héritiers légitimes ; c'est celui
où il n'y a pas de parens, habiles à succéder ; qui
aient droit à la réserve légale, et où il se trouve
des légataires de l'universalité des biens meubles
et immeubles du défunt. Dans ce cas, les légataires universels sont seuls héritiers, et ils ont la
saisine de la succession (article 1006.) Les parens
légitimes n'ayant rien à prétendre sur les biens,
puisqu'ils n'ont pas de réserve à réclamer, et qu'en
conséquence il n'y a pas réellement de succession *ab intestat*, il n'existait aucun motif pour
leur donner la saisine.

Quant aux biens que le défunt avait donnés par
actes *entre-vifs*, comme ils ne font pas partie de
sa succession, puisque la propriété en avait été

conférée actuellement et irrévocablement aux donataires dès le moment de chaque donation, les
héritiers légitimes ne peuvent en avoir la saisine.

Néanmoins, lorsqu'aux termes de l'article 920,
il y a lieu à réduction des donations entre-vifs,
pour former la réserve légale des descendans ou
des ascendans du donateur, les héritiers légitimes,
qui ont droit à cette réserve, ont la saisine de
tous les biens qui doivent la composer, et les jouissances leur en sont dues à compter du décès du donateur.

Il en est de même à l'égard des donations faites
par contrats de mariages, conformément aux articles 1082 et 1093 du Code civil. Ceux des biens
compris dans ces donations, qui ne sont pas sujets à
retranchement pour la réserve légale, ne tombent
pas dans la succession *ab intestat*, puisqu'ils ont
été donnés d'une manière irrévocable; et quoique
cette espèce de donation ne produise d'effet réel
qu'au moment du décès du donateur, quoiqu'elle
ne comprenne que les biens dont à cette époque le
donateur se trouve propriétaire, il n'en est pas
moins certain que le donataire, ayant été saisi irrévocablement, dès le moment de la donation,
du droit de prendre les biens qui se trouveraient
au décès, ces biens qu'il prend en vertu de la donation, n'entrent pas dans la succession *ab intestat*, et qu'ainsi les héritiers légitimes ne peuvent

en être saisis. C'était la règle généralement admise dans l'ancien droit, à l'égard des institutions contractuelles.

14. Le testateur a-t-il le pouvoir de priver de la saisine légale ses héritiers légitimes, en ordonnant que ses légataires auront, à compter de son décès, la possession des choses qu'il leur a léguées et qu'ils seront dispensés d'en demander la délivrance?

C'est la loi elle-même qui investit les héritiers légitimes de la possession immédiate des biens du défunt, et ils ne peuvent être privés, par la disposition de l'homme, d'un droit qu'ils tiennent de la volonté du législateur.

C'est la loi elle-même qui impose à tous les légataires l'obligation de demander aux héritiers légitimes, la délivrance, sous la seule exception énoncée dans l'art. 1006, et conséquemment rien ne peut les dispenser de cette obligation.

Il n'est pas permis à l'homme de déroger aux lois qui intéressent l'ordre public, et la loi qui règle les successions *ab intestat*, est d'ordre public.

Le législateur a bien voulu permettre au testateur de conférer à ses légataires la *jouissance*, dès le moment de son décès, des choses léguées et disponibles; mais il a fait à cet égard une disposition expresse dans l'article 1015, et il eût falu également une disposition formelle pour autoriser le testateur à dispenser de l'obligation de demander la délivrance. Cette autorisation n'ayant pas été donnée, l'obligation subsiste toujours en vertu de la loi, et conséquemment le testateur ne peut en dispenser.

15. La saisine légale est un privilége ; c'est une faveur accordée aux héritiers du sang, c'est un droit conféré par la loi aux parens légitimes qu'elle appelle, en premier ordre, aux successions.

Les autres successeurs n'en jouissent pas, lors même qu'au défaut, soit de parens légitimes, soit de légataires, soit de donataires, ils sont appelés à recueillir la totalité des biens. Il faut, dans tous les cas, qu'ils soient envoyés en possession par la justice.

Ainsi les enfans naturels du défunt, même reconnus légalement, l'époux survivant et l'Etat ne sont jamais saisis, de plein droit, des biens, droits et actions du défunt. On verra sur les articles 769 et suivans, comment et à quelles conditions ils peuvent obtenir la possession.

16. Mais de ce que les enfans naturels et l'époux survivant ne sont pas saisis légalement des biens qu'ils sont appelés à recueillir, il ne s'ensuit pas que, s'ils meurent avant d'avoir obtenu la possession de ces biens, et même sans l'avoir demandée, ils ne transmettent pas à leurs héritiers les droits qui leur étaient acquis. On transmet à ses héritiers, non seulement les biens dont on a la posses-

sion, mais encore tous ses droits et toutes ses actions.

En mourant, l'enfant naturel, ou le conjoint survivant, n'avait pas, il est vrai, la possession actuelle des biens; mais il avait le droit de la demander, et le droit à la propriété lui était également acquis, dès le moment du décès, en vertu de la seule disposition de la loi : il a donc pu les transmettre à ses héritiers.

C'est ainsi que, suivant les termes de l'art. 1014, le légataire transmet son droit à ses héritiers, quoiqu'il meure avant d'avoir formé la demande en délivrance de la chose qui lui a été léguée.

CHAPITRE II.

Des qualités requises pour succéder.

Pour être admis à succéder, il ne suffit pas toujours de se trouver le premier dans l'ordre de successibilité, établi par la loi entre les parens du défunt; il faut encore avoir les qualités personnelles et particulières que la loi exige pour qu'on puisse jouir du droit de succéder.

Le défaut de ces qualités produit l'incapacité.

Mais, lors même qu'on a la capacité, on peut encore être privé de la succession, pour cause d'indignité.

Et déjà l'on voit qu'en matière de succession il ne faut pas confondre l'incapacité avec l'indignité.

I.

5

L'incapacité, qui provient du défaut des qualités requises pour succéder, empêche d'être héritier.

L'indignité, au contraire, provenant d'une faute commise par celui qui se trouve appelé à succéder et qui en a la capacité, fait que cet héritier, déjà saisi dès le moment du décès, est privé de la succession par une juste peine de sa faute, et cesse d'être héritier.

On verra, dans les articles 725 et 726, quelles sont les causes d'incapacité; dans les articles 727, 728 et 729, quelles sont les causes d'indignité, et quels en sont les effets, soit à l'égard des indignes, soit à l'égard de leurs enfans.

ARTICLE 725.

Pour succéder, il faut nécessairement exister à l'instant de l'ouverture de la succession.

Ainsi, sont incapables de succéder,

1° Celui qui n'est pas encore conçu;

2° L'enfant qui n'est pas né viable;

3° Celui qui est mort civilement.

1. Succéder, c'est acquérir, c'est devenir propriétaire des biens et des droits qui composent une hérédité: or, il ne se peut pas qu'une per-

sonne ait acquis et soit devenue propriétaire, avant qu'elle ait existé, c'est-à-dire, avant qu'elle ait commencé à vivre.

Succéder à une personne, c'est la remplacer : or, il ne se peut pas qu'une personne qui n'existe plus, soit remplacée par une autre qui n'existe pas encore.

Il n'y a que les morts auxquels on succède; il n'y a que les vivans qui succèdent aux morts.

2. C'est au moment même de l'ouverture de la succession qu'il faut exister, pour être capable de succéder : car la succession est déférée au moment où elle est ouverte; elle est déférée irrévocablement aux héritiers qui existent alors.

La mort, l'ouverture de la succession et la dévolution de l'hérédité s'opèrent au même instant; il n'y a pas entr'elles le moindre intervalle de temps; elles sont indivisibles.

Nos coutumes l'avaient énergiquement exprimé par la maxime, *le mort saisit le vif;* et l'on a vu que la même disposition se retrouve, en d'autres termes, dans l'art. 724 du Code.

3. Ainsi, le petit-fils ne pourrait venir à la succession de son aïeul, s'il n'existait pas à l'instant où cet aïeul est décédé.

Il serait exclu par tous les autres parens successibles, quelque éloigné que fût leur degré; il serait même exclu par le fisc, puisqu'il n'a pu être héritier.

5.

Il serait indifférent qu'il n'y eût pas d'héritiers légitimes et que les héritiers irréguliers n'eussent pas demandé l'envoi en possession avant l'existence du petit-fils. Le droit des héritiers irréguliers était acquis depuis l'ouverture de la succession et n'a pu être détruit par un événement postérieur.

4. Cependant il n'est pas nécessaire que l'enfant soit *né*, c'est-à-dire, qu'il soit sorti du sein de sa mère, pour être capable de succéder. Il suffit qu'il soit *conçu* au moment où s'ouvre la succession.

Avant de naître, l'enfant est vivant dans le sein de sa mère. Il existe, il vit, dès l'instant de sa conception, et dès cet instant il jouit de la capacité de succéder.

Il serait contre le vœu de la nature, qu'un enfant fût privé des successions échues dans l'intervalle de sa conception à sa naissance: aussitôt qu'il est conçu, on le considère comme étant né, lorsqu'il y va de son intérêt.

Ainsi, lorsqu'un mari décède, laissant sa femme enceinte, l'enfant, qui est conçu, étant capable de succéder, on nomme, pour les intérêts de cet enfant, un curateur qu'on appelle *curateur au ventre*, et qui est chargé d'administrer ses droits jusqu'à sa naissance.

Mais on verra bientôt que cet enfant, capable de succéder dès le moment de sa conception, ne succède réellement que lorsqu'il naît et qu'il naît viable.

5. Il peut s'élever des doutes sur la réalité ou sur l'époque de la conception.

Lorsqu'après l'ouverture d'une succession, une femme déclare qu'elle est enceinte d'un enfant qui serait habile à recueillir l'hérédité, cette déclaration peut être contestée par tous ceux qui ont intérêt à la contredire; et, dans le cas de contestation, les tribunaux peuvent ordonner qu'il sera constaté par des gens de l'art, si la femme est réellement enceinte.

Lorsque l'enfant ne prend naissance que plus de neuf mois après l'ouverture de la succession, il peut être douteux qu'il fût réellement conçu au moment où la succession s'est ouverte; et ici se présente la question relative aux naissances tardives.

Quel peut être, à compter du moment de la conception, le terme le plus reculé de la naissance? peut-il s'étendre au-delà de neuf mois?

Que de débats se sont élevés sur cette question!

D'après les opinions les plus éclairées, et les plus vraisemblables, le Code civil a fixé le terme des naissances les plus tardives à trois cents jours au plus depuis la conception; on en trouve la preuve dans l'article 315, qui dit expressément que la légitimité de l'enfant né trois cents jours après la dissolution du mariage, *pourra être contestée*, Il est bien évident que le Code n'aurait pas admis à contester la légitimité de cet enfant, s'il n'avait pas adopté et consacré l'opinion qu'il ne peut pas y avoir plus de trois cents jours d'intervalle entre la conception et la naissance.

Ainsi, lorsqu'un enfant est né plus de trois cents jours après l'ouverture d'une succession à laquelle il aurait été appelé, s'il eût existé, et que les parties intéressées contestent qu'il fût conçu au moment où la succession s'est ouverte, il ne doit pas être admis à succéder : autrement la faculté accordée par le Code civil, de contester l'existence de cet enfant au moment de l'ouverture de la succession, se trouverait absolument illusoire, Comment, en effet, serait-il possible aux contestans de prouver la non existence de l'enfant ? Il faudrait donc rentrer dans toutes les discussions, dans toutes les disputes qui avaient lieu sur cette matière ; et même après les trois cents jours, il n'y aurait plus de terme où l'on dût s'arrêter plutôt qu'à tout autre. Mais évidemment le Code civil a entendu établir une règle fixe, évidemment il a entendu déclarer que le terme des naissances tardives ne pourrait excéder trois cents jours ; et l'on ne peut d'ailleurs en douter, en lisant avec attention la discussion qui a eu lieu au conseil d'état, sur l'article 315.

Ainsi l'ont jugé la cour royale de Grenoble, par arrêt du 12 avril 1809, et la cour royale d'Aix, par arrêt du 8 janvier 1812.

Tel est aussi l'avis de M. *Toullier*, doyen de la faculté de droit de Rennes, dans son excellent ouvrage qui a pour titre *le Droit civil français* tome II, page 156.

Telle est encore l'opinion de M. *Proudhon*, doyen de la faculté de droit de Dijon, page 28, tome II, de son *Cours du Droit français*, dont la suite est attendue avec impatience.

6. Quant aux naissances précoces, il y avait aussi beaucoup de débats, cependant on finit par reconnaître assez généralement qu'un enfant peut naître viable dans le commencement du *septième mois* de la conception ; et d'après cette opinion, il est dit dans l'article 314 du Code que l'enfant est légitime et ne peut être désavoué, s'il est né après le cent soixante dix-neuvième jour depuis la célébration du mariage.

Il n'est donc pas certain que l'enfant, qui est né dans l'intervalle du cent quatre-vingtième jour jusqu'au trois centième depuis l'ouverture de la succession, fut conçu, lorsque la succession s'est ouverte.

Sans doute, on doit bien décider, *en faveur de l'enfant*, que, s'il n'y a pas eu plus de trois cents jours d'intervalle depuis l'ouverture de la succession jusqu'à la naissance il doit être *pré-*

sumé conçu au moment où la succession s'est ouverte, mais la preuve est admissible contre cette présomption : en la rejettant indéfiniment, on s'exposerait à une foule de méprises et d'injustices.

C'est aux gens de l'art que cette preuve doit être confiée. Le plus souvent ; ils sont en état de juger, en examinant l'enfant et la mère, au moment de la naissance, quelle est l'époque à laquelle remonte la conception ; seulement, s'il y a des doutes, c'est en faveur de l'enfant qu'il faut décider.

7. On vient de voir que, pour la capacité de succéder, il suffit d'être conçu au moment de l'ouverture de la succession ; cependant, pour que cette capacité soit complète, pour qu'elle se réalise et produise son effet, c'est-à-dire pour que l'enfant conçu soit définitivement capable de succéder, pour qu'il succède réellement, enfin *pour qu'il recueille la succession*, il faut qu'il *naisse;* s'il ne naît pas, ou en d'autres termes, s'il n'est pas vivant en sortant du sein de sa mère, il est censé n'avoir pas vécu pour succéder, et il ne succède pas.

C'était dans l'espoir de sa naissance, dans l'espoir qu'il profiterait de la succession qui était ouverte, qu'on le considérait comme capable de succéder dès l'instant de sa conception, et qu'on le réputait né pour ses intérêts; mais si cet espoir est trompé ; s'il ne naît pas pour succéder réellement la présomption qui avait été admise en sa faveur, manque dans ses motifs et dans son objet; elle se trouve détruite par la réalité.

Et en effet, l'article 725 déclare incapables de succéder, non pas seulement celui qui n'est pas encore conçu, mais encore l'enfant qui ne naît pas viable; ce qui exprime bien clairement que, pour être capable de succéder, il ne suffit pas d'être conçu, mais qu'il faut encore naître, et même naître viable.

Le véritable esprit de cet article, est donc que, pour être capable de succéder, il n'est pas nécessaire d'être né avant l'ouverture de la succession, mais qu'il suffit, lorsqu'on naît viable, d'avoir été conçu, avant que la succession fût ouverte.

8. Il peut y avoir des doutes sur la naissance d'un enfant. A quels signes peut on reconnaître s'il était vivant, ou mort, lorsqu'il est sorti du sein de sa mère?

Il est certain qu'il était vivant, s'il a crié. C'est là un signe infaillible, d'après l'avis général des anatomistes et des médecins.

Mais ce signe n'est pas le seul qui puisse constater la naissance, quoique l'enfant soit mort immédiatement. La loi 3, *C. de posthumis*, avait expressément décidé qu'il n'était pas nécessaire que l'enfant eût jeté des cris pour qu'il fût réputé avoir vécu; et l'on trouve dans l'ancienne jurisprudence plusieurs arrêts qui, sur d'autres signes, ont reconnu la naissance de l'enfant.

La vie d'un enfant qui est sorti du sein de sa mère, peut être manifestée par des mouvemens répétés de l'un ou de plusieurs de ses membres et par une respiration complète.

Cependant ce serait une erreur de considérer comme signe de vie, toute espèce de mouvement dans le corps d'un enfant qui sort ou vient de sortir du sein de sa mère. (Ricard, *Traité des dispositions conditionnelles*, tome II, chapitre V, n°s 100 et suivans.)

La preuve de la vie de l'enfant est, dans tous les cas à la charge de ceux qui ont intérêt qu'il ait vécu, et qu'en conséquence il ait succédé.

9. On ne doit pas considérer quelle a été la durée de la vie de l'enfant, pour décider qu'il a joui de la capacité de succéder depuis le moment de sa conception. Il suffit qu'il soit né, c'est-à-dire, qu'il ait vécu, après qu'il a été sorti du sein de sa mère, et lors même qu'il serait décédé immédiatement après sa naissance, pour qu'il ait eu la capacité, non-seulement de recueillir, mais encore de transmettre les successions qui lui sont échues depuis le moment de sa conception jusqu'à celui de sa mort, pourvu que d'ailleurs il soit né viable.

Ainsi, l'enfant qu'on tire par force du sein de sa mère, même après qu'elle est morte, est habile à lui succéder, et lui succède réellement, pour peu qu'il lui ait survécu.

10. Déjà il a été dit que, pour la capacité de succéder, ce n'est pas encore assez que l'enfant naisse, mais qu'il faut qu'il naisse *viable*, et qu'en effet l'art. 725 déclare positivement que l'enfant, qui ne naît pas viable, est incapable de succéder.

L'enfant n'est pas viable, lorsqu'il est né à un temps de la grossesse où, suivant l'ordre de la nature, il n'est pas encore assez formé pour qu'il puisse conserver la vie qu'il vient de recevoir.

Peu importe qu'il ait vécu pendant quelques instans après sa naissance. S'il n'avait pas atteint la perfection nécessaire pour conserver la vie, s'il était physiquement impossible qu'il restât vivant, il n'est pas né viable; et comme il ne peut pas succéder réellement, c'est-à-dire, profiter un jour de la succession, il est réputé n'avoir pas vécu pour la capacité de succéder; on le considère comme s'il n'était pas né.

11. Mais à quelle époque de la grossesse l'enfant peut-il naître viable?

Je ne rapporterai pas toutes les discussions qui se sont élevées sur cette matière. Il suffira de faire remarquer qu'il résulte de la disposition de l'article 314 du Code civil, que l'enfant qui est né avant le cent quatre-vingtième jour de la conception, n'est pas légalement présumé viable.

En effet, cet article n'autorise le mari à désa-

vouer l'enfant qui est né avant le cent quatre-
vingtième jour du mariage, qu'après que l'enfant
a été déclaré viable, et il est évident que cette déclaration préalable aurait été inutile, si le législateur avait présumé viable l'enfant né avant le cent
quatre-vingtième jour de sa conception.

C'est aux gens de l'art à décider si un enfant
est né viable, en calculant, d'après son état au
moment de sa naissance, quelle a été l'époque de
sa conception. On assure que la médecine a des
moyens de discerner, par l'inspection du cœur
et des progrès de l'organisation de l'enfant mort
peu de temps après sa naissance, s'il s'est écoulé
plus ou moins de cent quatre-vingts jours depuis
sa conception.

12. La preuve de la viabilité de l'enfant doit-elle
être à la charge de ceux qui ont intérêt qu'il ait
été viable pour succéder? Ne doit-elle pas être
plutôt à la charge de ceux qui contestent la viabilité de l'enfant et qui soutiennent qu'il n'a pas
été capable de succéder?

Pour résoudre cette question, il suffit d'ob-
server qu'en règle générale, tout individu obtient,
en naissant, la capacité de succéder; qu'il l'obtient même dès le moment de la conception; que
le cas de non viabilité est une exception à la
règle, et qu'il faut que toute exception soit jus-
tifiée, pour que la règle ne reçoive pas son application.

L'incapacité qui déroge au droit commun des hommes, ne se présume pas; c'est à celui qui veut s'en prévaloir, à prouver qu'elle existe réellement.

Ainsi, lorsqu'un enfant est né et qu'il a vécu pendant quelques instans, la présomption de droit est en faveur de sa viabilité.

Il en résulte que, si l'enfant a été inhumé sans que les hommes de l'art aient constaté son état, et si l'on ne peut plus, en l'exhumant, réparer utilement cette omission, il faut décider que l'enfant, qui a vécu, a été capable de succéder.

13. Suivant les anciens principes, il ne suffisait pas encore qu'un enfant fût né viable et qu'il eût donné des signes de vie non équivoques, pour avoir la capacité de succéder; il fallait, de plus, qu'il fût né avec une figure humaine, et qu'on ne pût le ranger, ni dans la classe des monstres, ni dans celle des prodiges. *Non sunt liberi, qui contrà formam humani generis converso more procreantur; veluti si mulier monstrosum aliquid aut prodigiosum enixa sit. L.* 14, *ff. de Statu hominum.*

Mais Bourjon, dans le *Droit commun de la France,* faisait remarquer avec raison que l'enfant qui avait l'essentiel de la figure humaine, jouissait de tous les droits d'enfant, quoiqu'il eût d'ailleurs quelque chose de difforme, et que la privation d'une parfaite conformation ne le dépouillait pas de l'humanité.

. Lebrun faisait encore remarquer, dans son *Traité des Successions*, liv. 1, chap. 4, sect. 1, que suivant la loi *Quæret aliquis*, 5, *ff. de Verb. sig.*, l'enfant ne devait passer pour monstrueux, que lorsqu'il prédominait en lui des caractères qui effaçaient ceux de l'humanité, *qualem visu vel vagitu novum non humanæ figuræ sed alterius magis animantis;* que hors cela, les vices du corps les plus notables n'empêchaient pas que l'enfant ne fût réputé dans l'ordre de la nature;... que la tête, qui est le siége de l'entendement, étant la plus noble partie de l'homme, en faisait aussi le principal caractère; que c'était pourquoi, si la nature s'avisait d'assortir une tête d'animal avec un corps humain, cette production était réputée monstrueuse; mais que, si à un corps humain la nature avait agencé des pieds de chèvre, pourvu que la tête fût de l'homme, on estimait que le part ne laisserait pas d'être légitime et serait capable de succéder. *Si non integrum animal editum sit, cum spiritu tamen, an adhuc testamentum rumpat, et hoc tamen rumpit*, dit la loi *quod dicitur*, 12, §. 1, *ff. de lib. et posth.*

Le Code civil ne dit rien à cet égard; mais comme il ne déclare capable de succéder que l'enfant qui est né viable, on ne peut pas supposer qu'il ait entendu comprendre dans cette dénomination, *enfant né viable*, les monstres qui sont désignés par les lois romaines. *Non sunt liberi.*

14. L'article 725 déclare encore incapable de succéder, celui qui est mort civilement.

L'article 25 avait déjà dit que le condamné, qui se trouve frappé de mort civil, ne peut plus recueillir aucune succession.

Le droit de succéder est un droit civil, et ce droit est au nombre de ceux dont la mort civile opère l'exclusion.

Mais l'incapacité de succéder ne commence, que lorsque la mort civile est encourue, conformément aux articles 26 et 27, et il faut encore que la mort civile soit encourue avant l'ouverture de la succession à laquelle se trouve appelé le condamné, puisque c'est au moment même de l'ouverture de la succession, que les qualités des héritiers sont fixées, et que c'est en conséquence à cette époque qu'il faut considérer la capacité de succéder.

Ainsi, lorsqu'un homme a été frappé d'une condamnation contradictoire, qui est de nature à emporter mort civile, s'il lui écheoit une succession avant l'exécution, soit réelle, soit par effigie, du jugement de condamnation, il jouit encore de la capacité de recueillir cette succession, parce qu'il n'est pas encore mort civilement.

Le condamné par contumace est également

capable de succéder, pendant les cinq années de grâce, puisque la mort civil n'est encourue contre lui qu'après ces cinq années, lors même que, pendant ce délai, il ne s'est pas représenté, ou qu'il n'a pas été saisi et constitue prisonnier.

15. La dernière disposition de l'article 725 ne prononce l'incapacité de succéder que contre les morts civilement ; et ces expressions, *morts civilement*, ne désignent, dans le langage de la loi, que les individus contre lesquels il est intervenu des condamnations judiciaires emportant mort civile : cependant l'incapacité doit être encore appliquée aux individus qui ont été privés des droits civils, par la perte de la qualité de Français.

Puisque le droit de succéder est un droit civil, c'est une conséquence nécessaire que les individus qui sont privés des droits civils en France, par la perte de la qualité de Français, sont incapables de succéder en France.

Article 726.

Un étranger n'est admis à succéder aux biens que son parent, étranger ou Français, possède dans le territoire du royaume, que dans les cas et de la manière dont un Français succède à son parent possédant des biens dans le pays de cet étranger, conformément aux dispositions de l'art. 11, au titre *de la Jouissance et de la Privation des Droits civils.*

1. Il s'agit de savoir dans quels cas et comment les étrangers peuvent être admis à succéder en France, soit à des Français, soit à des étrangers.

Pour bien entendre la disposition de l'art. 726 sur cette matière, il faut remonter aux lois anciennes qu'elle a abolies, ou modifiées.

Depuis plusieurs siècles, les étrangers, qu'on appelait *aubains, alibi nati*, etaient déclarés incapables de succéder en France.

Le régime féodal avait même fait admettre en principe, qu'ils étaient également incapables de *transmettre,* soit *ab instestat,* soit par testamens, et même à leurs parens régnicoles, les biens de leurs successions qui étaient situés en France.

Seulement il était reçu, par exception, qu'ils pouvaient transmettre ces biens à leurs enfans ou descendans, qui avaient la qualité de regnicole. Hors ce cas, les biens appartenaient au roi, ou aux seigneurs dans la justice desquels ils se trouvaient situés.

Ce droit exercé par le roi, ou par les seigneurs s'appelait *droit d'aubaine.*

Les gouvernemens étrangers ne manquèrent pas d'établir, par réciprocité, le même droit

1.

dans leurs états sur les successions des Français.

Mais, sous les règnes de Louis XV et de Louis XVI, la plupart des puissances de l'Europe convinrent avec la France de l'abolition réciproque du droit d'aubaine.

Il y eut cependant avec quelques-unes de ces puissances, une réserve réciproque d'un droit à percevoir, sous le titre de *droit de détraction*, sur les successions des étrangers.

L'assemblée constituante alla plus loin. Par un décret du 6 août 1790, elle abolit le droit d'aubaine et le droit de détraction, sans aucune condition de réciprocité.

Cependant, comme ces droits ne portaient que sur les successions des étrangers, leur abolition n'empêchait pas que l'étranger ne restât toujours incapable de succéder aux Français, pour les biens situés en France, de même que le Français restait incapable de succéder aux étrangers, pour les biens situés hors de France.

L'assemblée constituante, voulant relever les étrangers de toute espèce d'incapacité quant aux successions échues en France, dans l'espoir que les gouvernemens étrangers en useraient de la même manière à l'égard des Français, rendit, le 28 avril 1791, un autre décret, qui disposa que les étrangers, quoique établis hors de France, seraient capables de recueillir en France les successions de leurs parens même Français.

Ce décret n'exigea , pas plus que le précédent, la condition de réciprocité.

Mais du défaut de cette condition , il résultait que tout étranger, sans habiter la France, pouvait recueillir la totalité d'une succession laissée en France, soit par un étranger, soit par un Français, quoique le gouvernement auquel il appartenait, ne fît pas jouir les Français de la réciprocité dans les mêmes cas.

Cela était-il juste ? cela était-il dans les intérêts de la France ?

Telles furent les premières considérations qui se présentèrent au conseil d'état, lorsqu'il s'occupa de cette matière , pour la régler dans le Code civil.

Après une longue et savante discussion où la question fut examinée dans tous ses rapports civils et politiques, le conseil d'état fut convaincu qu'il était dans les véritables intérêts de la France et même dans les intérêts de tous les peuples, qu'il y eût entre les gouvernemens une condition de réciprocité sur les droits civils dont les étrangers pourraient jouir dans chaque pays.

Le système de réciprocité est, en effet, le moyen le plus efficace d'amener les divers gouvernemens à accorder, dans leur pays, aux étrangers la jouissance de tous ou de certains droits civils, pour que ces droits soient également accordés à leurs propres sujets dans les autres pays.

6.

Tels ont été les motifs de l'art. 11 du Code civil, qui est conçu en ces termes : « L'étranger jouira en France des mêmes droits civils que ceux qui sont ou seront accordés aux Français, par les traités de la nation à laquelle cet étranger appartiendra. »

C'est par les mêmes motifs qu'a été fait l'article 726, qui établit le droit de successibilité en faveur de l'étranger, conformément aux dispositions de l'art. 11.

Mais, sur l'interprétation de ces deux articles, il s'est élevé deux questions principales, dont il est important de donner la solution.

2. Pour qu'un étranger soit admis à succéder en France, est-il nécessaire que le droit réciproque de successibilité ait été établi par des *traités* faits entre la France et la nation à laquelle appartient cet étranger, c'est-à-dire, que le droit soit établi *d'état à état ?*

Ou bien suffit-il que les Français se trouvent admis à succéder par les *lois* particulières du pays de cet étranger ?

Pour résoudre cette question, il suffit de savoir comment et dans quel esprit a été fait l'art. 11.

Le conseil d'état l'avait, d'abord, arrêté en ces termes : « L'étranger jouira en France des mêmes droits civils, que ceux qui sont ou seront accordés aux Français *par les lois ou les traités* de la nation à laquelle cet étranger appartiendra. »

Mais le tribunat demanda, dans ses observations sur cet article, qu'on ne s'arrêtât qu'aux traités, « afin, dit-il, que la législation française, à l'égard des étrangers, ne dépendît pas de la *législation particulière* des étrangers, à l'égard des Français. »

Cette observation ayant été adoptée, les mots, *par les lois*, furent retranchés de l'article, qui fut définitivement rédigé et inséré dans le Code, ainsi qu'il suit : « L'étranger jouira en France des mêmes droits civils, que ceux qui sont ou seront accordés aux Français *par les traités* de la nation à laquelle cet étranger appartiendra. (1) »

Il est donc certain qu'en définitif le législateur a voulu que les étrangers ne fussent admis à jouir en France des droits civils, qu'en vertu de traités faits avec leurs gouvernemens pour établir la réciprocité, et non pas seulement en vertu des lois particulières de ces gouvernemens.

_____

(1) Il faut même remarquer que ce fut parce qu'on se borna à rayer de l'article proposé ces mots, *les lois*, ou, que l'article contient cette rédaction qui n'est pas exacte, *par les traités de la nation*. Sans doute il eût été plus correct de dire, *par les traités faits entre la France et la nation*; mais la rédaction, telle qu'elle est, n'en est pas moins très-claire. Les lois particulières d'une nation ne sont pas ses traités, et l'on n'a jamais entendu par traités, que les conventions faites entre deux ou plusieurs nations, entre deux ou plusieurs gouvernemens.

Il résulte donc nécessairement de la disposition de l'article 11, qu'un étranger ne pourrait jouir, en France, de ceux des droits civils, dont un Français aurait la jouissance dans le pays de cet étranger, *d'après les lois de ce pays*, si d'ailleurs il n'existait pas entre les deux gouvernemens un traité qui eût établi la réciprocité, quant a la jouissance de ces droits.

Et c'est ainsi que s'en expliquèrent les orateurs du gouvernement et du tribunat, lors de la discussion qui eut lieu sur l'art. 11, devant le corps législatif.

Tout ce qui vient d'être dit sur cet article, s'applique évidemment à l'art. 726, qui accorde aux étrangers, sous la condition de réciprocité, le droit de succéder en France.

Le droit de succéder est un droit civil, et conséquemment il est soumis, pour la jouissance qui en est accordée aux étrangers, à la condition qui est exigée, par l'article 11, pour tous les droits civils, sans exception.

Il n'est pas besoin d'ailleurs de recourir à cette induction, puisqu'il est textuellement écrit dans l'art. 726, que l'étranger n'est admis à succéder en France, que conformément aux dispositions de l'art. 11. C'est précisément comme si on avait dit dans l'art. 726, que l'étranger ne peut jouir en France du droit de succéder, qu'autant que ce même droit a été accordé aux Français par les traités faits entre la France et la nation à laquelle cet étranger appartient.

Pour établir l'opinion contraire, on se fonde spécialement sur un avis du conseil d'état, approuvé par le chef du gouvernement, le 4ᵉ jour complémentaire de l'an 13, qui a été rendu sur la question de savoir si l'étranger, prisonnier de guerre en France, peut valablement y contracter mariage, et qui décide qu'un pareil mariage doit produire les effets civils quant à l'état de la femme et des enfans; mais que les conventions matrimoniales, en tout ce qui touche la successibilité, ne produisent d'effet en faveur de ces étrangers prisonniers de guerre, qu'autant *que les lois du pays dont ils sont sujets*, accorderaient les mêmes avantages aux Français qui se marient en pays étranger.

Il résulte très clairement, dit-on, de la seconde disposition de cet avis du conseil d'état, que le gouvernement français a reconnu lui-même que les droits d'un étranger en France, quant à la successibilité, dépendaient des lois faites dans son pays, pour la successibilité des Français.

Je réponds que cet avis du conseil d'état, loin d'affaiblir la règle établie par les art. 11 et 726, ne fait, au contraire, que la confirmer.

En effet, c'est un acte du gouvernement, qui, pour un cas particulier, a bien voulu accorder aux étrangers, prisonniers de guerre en France, les mêmes droits de successibilité, que ceux qui, dans leur pays, seraient accordés aux Français; d'où il suit que ce n'est pas des lois de leur pays que ces étrangers, prisonniers de guerre, tiennent le droit de succéder en France, mais qu'ils le tiennent expressément de l'acte et de la bienveillance du gouvernement français.

Dans le sens qu'on voudrait donner aux articles 11 et 726 du Code, et s'il était vrai qu'il résultât des termes et de l'esprit de ces articles, que les étrangers ont le droit de succéder en France, *en vertu de la réciprocité simple*, c'est à-dire, lorsque les lois de leur pays accordent aux Français la successibilité et quoiqu'il n'existe pas à cet égard de traité entre les deux gouvernemens, l'avis du conseil d'état aurait été absolument inutile pour déterminer, à l'égard des étrangers prisonniers de guerre, qu'ils auraient les droits de successibilité en France, suivant les lois de leur pays; et puisqu'on a jugé qu'il fallait une disposition particulière pour leur accorder ce droits, c'est donc parce qu'on a été convaincu qu'ils ne pouvaient les avoir, malgré la réciprocité simple, en vertu des art. 11 et 726.

Ainsi, cet avis du conseil d'état, qui n'a été rendu que sur un cas particulier, qui a eu pour objet de retenir en France les prisonniers de guerre, en favorisant leurs mariages, ne peut être considéré que comme contenant une exception pour le cas sur lequel il a statué.

Ainsi, loin d'avoir aboli la règle établie par la loi, il n'a fait que la confirmer : *exceptio firmat regulam*.

Et ce qui prouve bien encore qu'il doit être restreint au cas particulier sur lequel il a statué, c'est qu'il ne se trouve pas au Bulletin des lois, et qu'il aurait dû y être inséré, s'il avait eu pour objet de changer ou seulement d'interpréter les dispositions des art. 11 et 726.

Aussi, postérieurement à cet avis du conseil d'état, la cour de cassation a décidé formellement par deux arrêts, l'un du 22 janvier 1806, l'autre du 14 août 1808, que la réciprocité, exigée par ces articles, ne pouvait résulter que de traités faits entre les états.

Le premier arrêt, intervenu sur une contestation entre deux Américains, concernant la question de savoir si un étranger pouvait, à raison d'un contrat passé en France avec un autre étranger, être assigné par celui-ci devant un tribunal français, a dit, entr'autres motifs, pour la négative : « Attendu que le principe de la réciprocité invoquée, n'est point applicable à l'espèce, les traités entre les deux états n'ayant rien statué à cet égard. »

Le second arrêt porte dans ses motifs, qu'il résulte des art. 726 et 912, qu'une parfaite réciprocité est une condition nécessaire des droits qu'un étranger peut exercer en France, pour recueillir une succession, et que cette réciprocité est exigée *de nation à nation.*

3. Il faut maintenant examiner dans quels cas et de quelle manière, des étrangers peuvent être admis à des successions ouvertes en France, lorsque la réciprocité se trouve établie par des traités faits entre leur gouvernement et le gouvernement français.

L'art. 726 du Code civil, ne se borne pas à dire qu'un étranger est admis à succéder en France, conformément aux dispositions de l'art. 11 : il ajoute qu'un étranger n'est admis à succéder aux biens qu'un parent, étranger ou français, possède dans le territoire du royaume, que dans le cas et de la manière dont un Français succède à son parent possédant des biens dans le pays de cet étranger.

Ces mots, *que dans les cas et de la manière dont un Français succède,* méritent une attention particulière. Ils prouvent que l'art. 726 n'exige pas seulement une réciprocité *d'état à état,* conformément à l'art. 11, mais qu'il exige encore, ainsi que l'a formellement décidé un arrêt de la cour de cassation du 24 août 1808, *une réciprocité individuelle de sujet à sujet ;* c'est-à-dire,

1º Qu'un étranger ne peut être admis à recueillir une succession en France, que dans le cas où un Français serait admis, dans le pays de cet étranger et d'après les lois de ce pays, a y recueillir une succession *de même ordre ;*

2° Qu'un étranger ne peut avoir, dans une succession ouverte en France, que les mêmes droits, quant à la *quotité* et *l'espèce* de biens, que ceux qui seraient accordés à un Français dans le pays de cet étranger;

Et sans que, dans aucun cas, un parent étranger puisse avoir, dans une succession ouverte en France, d'autres droits que ceux qu'y aurait, en vertu des lois françaises, un parent français qui serait dans la même ligne et au même degré.

Il est, en effet, incontestable que nos législateurs, en établissant le principe de la réciprocité, en le proposant à tous les gouvernemens. étrangers, n'ont pu vouloir que l'étranger fût admis à succéder en France, dans les cas où un Français ne serait pas admis à succéder dans le pays de cet étranger; qu'ils n'ont pu vouloir qu'un étranger eût plus de droits dans une succession ouverte en France, que n'en aurait un Français dans une succession du même ordre, qui serait ouverte dans le pays de cet étranger; qu'ils n'ont pu vouloir qu'un étranger eût le droit de succéder en France, conformément aux lois de son pays, et non suivant les lois françaises; qu'enfin ils n'ont pu vouloir qu'un étranger eût dans une succession ouverte en France, d'autres droits que ceux qu'aurait eus un Français, qui se serait trouvé au même degré de parenté que cet étranger.

D'une part, il n'y aurait pas réellement de réciprocité, c'est-à-dire, égalité de droits entre les sujets des deux gouvernemens, si un étranger était traité plus favorablement en France, que ne le serait un Français dans le pays de cet étranger; il faut donc qu'indépendamment de la réciprocité d'état à état, qui donne la successibilité, il y ait encore une réciprocité individuelle de sujet à sujet, qui règle le droit de l'étranger en France, à la mesure du droit accordé aux Français dans le pays de cet étranger.

D'autre part, on ne pouvait étendre la réciprocité en faveur des étrangers, jusqu'à leur conférer le droit de succéder en France, d'après les lois de leur pays.

Il y aurait eu d'abord cet inconvénient grave que, pour régler une succession ouverte en France, à laquelle des étrangers auraient été appelés concurremment avec des Français, il eût fallu appliquer en même temps et les lois étrangères et les lois françaises, et que souvent il eût été impossible de les concilier, puisqu'elles se trouvent souvent contraires.

D'ailleurs, c'est une maxime de droit public, que les immeubles doivent être régis par les lois de l'état où ils sont situés; et, en conséquence, l'art. 3 du Code civil a dit expressément que les immeubles, même ceux possédés par des étrangers, sont régis par la loi française.

Quant au mobilier, comme il est censé se trouver dans le domicile du défunt, d'après l'adage *mobilia ossibus personœ inhœrent*, on a reconnu, dans toutes les législations, qu'il doit être régi par les lois du domicile.

On ne pouvait donc, sans violer toutes ces règles du droit public, faire régir par des lois étrangères les successions ouvertes en France, soit pour le mobilier, soit pour les immeubles situés en France.

Aussi le mot *loi* a-t-il été supprimé dans l'article 11 du Code civil, afin que la législation française, à l'égard des étrangers, ne dépendît pas de la législation particulière des étrangers à l'égard des Français; on n'a donc pas voulu que les étrangers pussent exercer en France les droits civils, conformément aux lois de leur pays, et conséquemment, c'est uniquement d'après les lois françaises, que les étrangers doivent être admis à succéder en France.

Enfin, c'est avoir accordé à l'étranger tout ce que la réciprocité peut exiger, que de lui avoir donné le droit de venir à une succession ouverte en France, comme y viendrait un Français qui se trouverait au même degré de parenté. Un étranger ne peut pas être traité en France avec plus de faveur, que ne le serait un Français lui-même.

Peu importe que l'étranger dût avoir plus, d'après les lois de son pays. Les lois étrangères ne doivent pas avoir la préférence sur les lois françaises, pour les successions ouvertes en France

Une autre raison encore prouve qu'on ne blesse point la réciprocité d'état à état, stipulée par les traités, en exigeant la réciprocité de sujet à sujet, pour les successions ouvertes en France, puisqu'il est certain que le Français qui jouit du droit de succéder dans un pays étranger, en vertu de la réciprocité d'état à état, n'est pas admis à succéder dans ce pays suivant les lois françaises, qu'il n'y exerce pas plus de droits qu'un regnicole, et qu'enfin il y est également soumis à la réciprocité de sujet à sujet.

Il sera utile de faire l'application à quelques cas particuliers, des diverses propositions qui viennent d'être énoncées.

1º On a dit qu'un étranger, quoiqu'il jouisse du droit de succéder en France, en vertu de la réciprocité d'état à état, ne peut cependant être admis à recueillir une succession ouverte en France, si un Français n'était pas admis à une succession *du même ordre*, ouverte dans le pays de cet étranger. En voici un exemple.

Un Français, ou un étranger, décédé en France, laisse pour héritiers un frère *germain* français, et un frère *utérin* étranger, qui est sujet d'un pays où le droit romain est en vigueur.

D'après notre droit, le frère utérin doit avoir le quart des biens de la succession ; et, sous ce rapport, puisque la succession doit être réglée par le droit français, il semblerait que le frère utérin étranger dût avoir le quart de l'hérédité.

Mais, comme un frère utérin français, appelé à succéder dans le pays de cet étranger, y serait exclu, *d'après les lois du pays*, par le frère germain étranger, de même le frère utérin étranger sera exclu en France par le frère germain français.

C'est la loi de la réciprocité. L'étranger n'a point à se plaindre de ce qu'il est traité en France, de la même manière que le serait un Français, dans son pays.

Par la même raison, un étranger ne pourrait, *par droit de représentation*, succéder à son *petit-neveu* décédé en France, si la législation de son pays bornait le droit de représentation au degré de neveu, puisqu'un Français, s'il avait besoin du secours de la représentation, ne serait pas admis à succéder à son petit-neveu décédé dans le pays de cet étranger.

2°. On a dit qu'un étranger ne peut être admis à prendre dans une succession ouverte en France, que les biens qui sont de *même nature* que ceux auxquels un Français serait appelé à succéder dans le pays de cet étranger, et qu'il ne doit également prendre que *la même portion*, soit dans chaque nature de biens, soit dans la masse de l'hérédité.

Supposons, par exemple, que, dans un pays étranger, les immeubles qui dépendent de successions collatérales, soient exclusivement affectés aux mâles, à l'exclusion des filles, et qu'une étrangère fût appelée à une succession collatérale ouverte en France.

Comme une Française ne serait pas admise à prendre part aux immeubles dépendant d'une succession collatérale ouverte dans le pays de cette étrangère, de même cette étrangère n'aurait rien à réclamer dans les immeubles de la succession collatérale ouverte en France.

Supposons encore qu'un étranger, sujet d'un pays régi par le droit romain, soit appelé à succéder à son enfant décédé en France, concurremment avec quatre autres de ses enfans, qui ont acquis la qualité de Français.

D'après l'article 751 du Code civil, il devrait obtenir le quart de la succession; mais comme, dans un pareil cas, un père français, appelé à succéder dans le pays de cet étranger, n'aurait qu'un cinquième de la succession de son fils, le père étranger sera également, et par récriprocité, réduit à ce cinquième.

3. On a dit qu'un étranger ne peut être admis à succéder en France, que conformément aux lois françaises, et non suivant les lois de son pays.

Ainsi, comme je l'ai fait remarquer plus haut, le frère germain étranger n'exclura pas le frère utérin français, dans une succession ouverte en France, quoique, d'après les lois de son pays, il dût succéder exclusivement à son frère utérin; obligé de se soumettre à la loi française, il devra laisser prendre par son frère utérin le quart de la succession.

Dans une succession en ligne ascendante, ou en ligne collatérale, l'étranger qui ne sera parent du défunt que dans la ligne paternelle, ou dans la ligne maternelle seulement, ne prendra part que dans la moitié des biens, affectée à sa ligne, conformément à l'article 733 du Code civil, quoiqu'il eût droit, d'après la législation de son pays, à prendre part dans les deux lignes, et que même, comme parent le plus proche du défunt, il eût le droit d'exclure tous les autres parens.

Il sera exclu suivant les lois françaises, par un enfant que le défunt aurait legalement adopté.

Il sera tenu, suivant les lois françaises, de délivrer aux enfans naturels légalement reconnus par le défunt, ou à leurs descendans, les droits déterminés par les art. 757 et 759 du Code.

Il sera tenu, suivant la loi française, d'exécuter les dispositions que le défunt aurait faites valablement, soit par donation, soit par testament.

Il sera incapable ou indigne de succéder,

1. 7.

dans les cas déterminés par les articles 725 et 727 du Code.

Il jouira du bénéfice de la représentation, comme il est réglé par la loi française, pourvu que, dans son pays, et dans une succession de même nature, un Français soit également admis à jouir du droit de représentation.

Il en sera exclu dans les cas où la loi française ne l'admet pas, lors même que, dans ces cas, elle serait admise par les lois de son pays.

4º On a dit encore que l'étranger doit être exclu d'une succession ouverte en France, lorsqu'un Français qui serait *au même degré de parenté*, serait exclu lui-même par la loi française.

C'est encore là un des corollaires du principe, que les successions ouvertes en France doivent être régies par la loi française.

Il serait d'ailleurs absurde qu'un étranger pût jouir de plus de droits en France, que le regnicole lui-même.

Ainsi, un étranger, qui serait oncle d'une personne décédée en France, et qui, d'après la loi de son pays, exclurait le petit-neveu du défunt, se trouvera cependant exclu en France par le petit-neveu français, de même que l'oncle français serait exclu lui-même, en vertu de l'art. 750 du Code civil.

En un mot, il faut toujours, dans cette matière, remarquer avec grand soin que, par l'article 726, le législateur a voulu deux choses :

La première, qu'un étranger ne fût admis à succéder en France, que dans les mêmes cas et de la même manière dont un Français serait admis à succéder dans le pays de cet étranger;

La seconde, que l'étranger n'eût dans une succession ouverte en France, que les mêmes droits qu'aurait sur cette succession un Français lui-même qui serait dans la même ligne et au même degré de parenté.

La première de ces conditions ne doit pas être séparée de la seconde; en telle sorte que l'étranger ait toujours sur une succession ouverte en France, des droits absolument semblables à ceux qu'aurait un Français dans une semblable succession ouverte dans le pays de cet étranger, si on appliquait au Français les lois particulières à ce pays.

Au contraire, la première condition est soumise à la seconde, en ce sens que l'étranger, quelles que soient les lois de son pays, ne peut jamais, ni être appelé à une succession ouverte en France, ni prendre part dans cette succession, que suivant l'ordre et de la manière déterminés par la loi française, et que jamais il ne peut avoir plus de droits que n'en aurait eus le Français qui se serait trouvé dans la même ligne, et au même degré de parenté que lui.

Sans la première condition, il n'y aurait pas de réciprocité réelle dans les résultats, et la nécessité de la seconde condition dérive évidemment,

7.

1° du principe que les successions ouvertes en France, devant être régies par la loi française, ne peuvent aucunement dépendre des législations particulières aux gouvernemens dont les sujets sont admis, d'après les traités, à succéder en France ; 2° de ce que le mot *lois* a été rayé de l'article 11, afin que, suivant les expressions du tribunal, la législation française, à l'égard des étrangers, ne dépendît pas de la législation particulière des étrangers, à l'égard des Français.

Les deux conditions devant être également exécutées dans les pays étrangers, à l'égard des Français, la réciprocité se trouve parfaitement établie, sans violation des traités qui ne font qu'admettre en termes généraux le droit de successibilité réciproque, et en se conformant d'ailleurs aux maximes de droit public, qui assurent dans chaque état l'exécution de ses lois particulières.

Il y a cependant une exception aux diverses propositions qui viennent d'être établies; mais elle résulte des principes mêmes qui ont été invoqués, C'est pour le cas où des immeubles dépendant d'une succession *ouverte en France*, se trouvent *situés dans un pays étranger*. Dans ce cas, le droit et le mode de succéder à ces immeubles, doivent être réglés suivant les lois de ce pays, d'après la maxime qui veut que les immeubles soient régis par la loi du pays où ils sont situés.

Ainsi tout ce qui a été dit précédemment,

quant aux successions ouvertes en France, ne doit être appliqué qu'à ceux des immeubles dépendant de ces successions, qui se trouvent situés en France.

4. Lorsqu'un étranger décède en France, et que ses parens étrangers ne peuvent être admis à lui succéder, parce qu'il n'exsiste pas, entre leur gouvernement et la France, de traité qui établisse la réciprocité, à qui doit appartenir la succession?

En règle générale, et sauf les deux exceptions dont il sera parlé dans les deux numéros suivans, la succession doit appartenir aux parens *regnicoles* de l'étranger décédé, et ce n'est qu'au défaut de parens regnicoles à l'un des dégrés successibles, que la succession est dévolue à l'état, par droit d'aubaine ou de déshérence.

Ni l'article 726, ni aucun autre article du Code, ne privent les Français du droit qui leur est conféré par la nature, de succéder aux étrangers, leurs parens, qui sont décédés en France.

L'article 726 ne dispose qu'à l'égard des étrangers, sur le droit de succéder en France.

D'ailleurs, le droit d'aubaine, en vertu duquel l'état succédait aux étrangers, fut principalement établi pour empêcher que les richesses nationales ne fussent transportées en pays étranger, et ce motif n'existe plus, lorsque la succession de l'étranger décédé en France est recueillie par des parens regnicoles.

Il est vrai que, dans cette matière, comme dans beaucoup d'autres, la force et les abus du système féodal avaient prévalu sur les droits de la nature, et que, suivant l'ancienne jurisprudence, tous les parens regnicoles de l'étranger décédé en France, à l'exception seulement de ses descendans, étaient exclus de sa succession, au profit des seigneurs hauts justiciers; mais le système féodal est entièrement aboli en France.

Ce qui tranche toute difficulté, c'est que le droit d'aubaine qui avait été supprimé, pour tous les cas et sans exception, par le décret de l'assemblée constituante du 6 août 1790; n'a été rétabli, par l'art. 726 du Code, sur les successions des étrangers décédés en France, que contre les étrangers qui ne peuvent invoquer le droit de réciprocité, conformément à l'art. 11.

5. Cependant il y a une exception à la règle, que des étrangers ne peuvent succéder en France, sans la condition de réciprocité.

Cette exception est relative aux successions des ministres des puissances étrangères, qui décèdent en France.

C'est un principe du droit des gens, qui a été constamment observé en France, et auquel on ne doit pas supposer que le Code civil ait voulu déroger, que toutes les personnes qui sont envoyées par les puissances étrangères près de notre gouvernement, et qui résident en France, avec le caractère public, soit d'ambassadeur, soit de ministre, soit de résident, soit d'envoyé, soit de consul, soit de secrétaire de légation, ou sous tout autre titre de même nature, sont exemptes du droit d'aubaine, pour tous les objets mobiliers qui peuvent leur appartenir.

Et en effet, elles demeurent toujours sujettes des puissances qui les ont envoyées, et leur résidence en France ayant pour objet un service public qui est dans l'intérêt des gouvernemens respectifs, il est juste que, par une exception particulière, leur mobilier ne soit soumis, quant à la transmission par succession, qu'aux lois de leur pays où elles sont censées avoir toujours conservé leur domicile.

Ainsi, lorsqu'elles décèdent en France, elles transmettent leurs successions mobilières, soit *ab intestat*, soit par testamens, à leurs héritiers, ou légataires, étrangers, sans que le droit d'aubaine puisse être exercé.

Mais il n'en est pas de même à l'égard des immeubles, situés en France, qui se trouvent dans leurs successions, parce qu'il a été dit, d'une manière générale, et sans exception aucune, dans l'art. 3 du Code civil, que les immeubles, *même ceux possédés par des étrangers*, sont régis par la loi française, et que d'ailleurs il n'est pas nécessaire que les envoyés étrangers, pour exercer leurs fonctions en France, y acquièrent des immeubles.

Sous le rapport de ces acquisitions, ils ne peuvent pas être considérés comme ayant un caractère public ; ils ne peuvent l'être que comme simples particuliers.

Par la même raison, ils ne peuvent pas plus avoir que les autres étrangers, le droit de recueillir en France les successions, même mobilières, de Français ou d'étrangers, s'ils ne peuvent invoquer en leur faveur la double condition de réciprocité.

L'exemption du droit d'aubaine n'a lieu qu'à l'égard de leurs propres successions, et seulement quant aux meubles et effets mobiliers.

Elle s'étend à toutes les personnes de leur suite.

6. Au nombre des étrangers qui, pour être admis à succéder en France, ont besoin de la double condition de réciprocité, il ne faut pas comprendre les étrangers qui, par autorisation du roi, ont été admis à établir leur domicile en France.

L'art. 13 du Code civil dispose que l'étranger, qui aura été admis par autorisation du roi à établir son domicile en France, y jouira *de tous les droits civils*, tant qu'il continuera d'y résider.

Cet étranger a donc le droit de recueillir une succession qui est ouverte en France, s'il réside en France au moment où la succession est ouverte, puisque le droit de succéder est un droit civil.

Article 727.

Sont indignes de succéder, et, comme tels, exclus des successions,

1° Celui qui serait condamné pour avoir donné ou tenté de donner la mort au défunt;

2° Celui qui a porté contre le défunt une accusation capitale, jugée calomnieuse;

3° L'héritier majeur, qui, instruit du meurtre du défunt, ne l'aura pas dénoncé à la justice.

1. Quoiqu'on soit appelé à une succession, comme l'héritier le plus proche, et qu'on soit capable de succéder, on est cependant exclu de la succession, si l'on s'est rendu indigne de succéder au défunt.

On est indigne de succéder au défunt, lorsque, dans les cas déterminés par la loi, on s'est rendu coupable envers lui, ou envers sa mémoire, d'un crime, ou d'une injure grave.

Dans ces cas, on perd la succession qu'on avait acquise, et lors même qu'on l'avait recueillie; on est dépouillé de la qualité d'héritier qu'on tenait de la nature et de la loi; on est tenu de restituer tout ce qu'on avait recueilli en cette qualité.

2. Dans le droit romain, il y avait plusieurs causes qui faisaient encourir l'indignité; elles avaient même été étendues par la jurisprudence, d'une manière indéfinie. Les tribunaux réglaient, d'après les faits et selon les circonstances, ce qui devait suffire pour rendre indigne.

Le Code civil a fait cesser l'arbitraire qu'avait introduit cette jurisprudence; il précise les cas où l'indignité est encourue, et il n'en admet que trois.

Hors ces trois cas, l'indignité ne peut donc être prononcée par les tribunaux; car elle est une peine, puisqu'elle est une véritable exhérédation, et c'est une règle fondamentale en législation, que les peines ne peuvent être prononcées que dans les cas expressément déterminés par la loi, sans qu'on puisse étendre les dispositions pénales d'un cas à un autre, même pour cause d'analogie.

3. Au premier rang des indignes, on a dû placer celui qui a été condamné pour avoir donné ou tenté de donner la mort au défunt. La nature se soulève à cette idée que le meurtrier, ou l'assassin, pût légalement recueillir les dépouilles de sa victime.

Les lois romaines avaient même poussé la sévérité sur ce point, jusqu'à déclarer indistinctement indigne tout auteur de l'homicide du défunt, sans avoir aucun égard aux circonstances du fait de l'homicide, sans examiner si l'auteur du fait était réellement coupable, et lors même qu'il s'était trouvé dans le cas d'une légitime défense.

Mais il est évident que cette rigueur était extrême et injuste, puisqu'elle embrassait l'innocent comme le coupable, puisqu'elle punissait pour un homicide involontaire, comme pour un meurtre prémédité. Telle était l'opinion de Pothier, dans son *Traité des Successions*, p. 76.

L'art. 727 du Code civil ne déclare indigne de succéder, que celui qui serait *condamné* pour avoir donné ou tenté de donner la mort au défunt; et de cette disposition résultent plusieurs conséquences qui vont être expliquées.

4. L'auteur d'un homicide commis *involontairement*, n'est pas indigne de succéder à la personne homicidée.

L'homicide involontaire n'est pas un crime. Le Code pénal ne prononce de peines criminelles que contre les homicides volontaires qu'on appelle *meurtres*, et qui deviennent *assassinats*, lorsqu'ils ont été commis avec préméditation ou de guet-à-pens.

Il est vrai cependant que, suivant l'art. 319 du Code pénal, quiconque, par maladresse, imprudence, inattention, négligence, ou inobservation des réglemens, a commis involontairement un homicide, ou en a été involontairement la cause, doit être puni d'un emprisonnement de trois mois à deux ans, et d'une amende de cinquante francs à six cents fr. : or, l'on voudra peut-être en conclure que l'auteur d'un homicide involontaire se trouve compris dans la disposition de l'art. 727 du Code civil, puisqu'il est condamné à une double peine d'emprisonnement et d'amende, pour avoir, quoique involontairement, donné la mort, et que l'art. 727 dit généralement, et sans désigner l'espèce de condamnation ou de peine, que celui qui a été condamné pour avoir donné la mort au défunt, est indigne de lui succéder.

Mais il est bien évident que l'auteur de l'homicide involontaire, qui n'est condamné qu'à une peine d'emprisonnement et d'amende, n'est pas condamné précisément pour avoir donné la mort, mais uniquement pour le fait de maladresse, d'imprudence, d'inattention ou de négligence, qui a causé accidentellement la mort.

Il est bien évident encore que le législateur n'a eu l'intention de prononcer l'indignité, qui est une peine grave, que contre celui qui s'est rendu *coupable* de la mort du défunt, c'est-à-dire, qui a eu la volonté d'homicider, et non pas contre celui qui n'est coupable que d'une simple maladresse, d'une simple imprudence, qui peut échapper à l'homme le plus honnête, et qui n'est pas en soi assez grave pour opérer l'exhérédation.

5. Il est également certain que l'indignité n'a pas lieu dans les cas suivans :

1° Si celui qui a donné ou tenté de donner la mort au défunt, était en état de démence au moment de l'action, ou a été contraint par une force à laquelle il ne pouvait résister;

2° Lorsque l'homicide était ordonné par la loi et commandé par l'autorité légitime;

3° Lorsque l'homicide était commandé par la nécessité actuelle de la légitime défense de soi-même, ou d'autrui.

Dans tous ces cas, les art. 64, 327, 328 et 329 du Code pénal disposent qu'il n'y a ni crime ni délit; il n'y a donc pas de coupable; il ne peut donc y avoir condamnation, et conséquemment l'art. 727 du Code civil est inapplicable.

6. L'auteur de l'homicide même volontaire, n'est pas coupable, s'il avait moins de seize ans au moment de l'action, et s'il est jugé qu'il a agi sans discernement; car on ne peut être coupable sans avoir eu la volonté de l'être; et l'on n'a pas cette volonté, lorsqu'on manque du discernement nécessaire à cet égard.

Aussi, l'article 66 du Code pénal, porte que, lorsque l'accusé aura moins de seize ans, il sera acquitté, s'il est décidé qu'il a agi sans discernement.

On ne peut donc lui appliquer la disposition

de l'art. 727 du Code civil, puisqu'il n'est pas condamné.

7. L'homicide commis volontairement, commis avec discernement, commis hors les cas prévus par les art. 64, 327, 328 et 329 du Code pénal, est néanmoins excusable,

1º Suivant l'art, 321 du même Code, s'il a été provoqué par des coups ou violences graves envers les personnes ; .

2º Suivant l'art. 322, s'il a été commis, en repoussant, pendant le jour, l'escalade ou l'effraction des clôtures, murs ou entrée d'une maison, ou d'un appartement habité, ou de leurs dépendances;

3º Suivant l'art. 324, lorsque, dans le cas d'adultère prévu par l'art. 336, le meurtre a été commis par l'époux sur son épouse, ainsi que sur le complice, à l'instant où il les surprend en flagrant délit dans la maison conjugale.

Mais, dans ces trois cas, peut-on dire qu'il n'y a pas lieu à prononcer l'indignité contre l'auteur de l'homicide?

La question est assez difficile.

Voilà ce qu'on peut dire pour faire appliquer la peine d'indignité.

. Pour le cas dont il s'agit, le Code pénal ne dit pas qu'il n'y a pas de crime; il ne dit pas que l'auteur de l'homicide sera acquitté ; seulement l'art. 336 dispose que la peine qui aurait dû être prononcée, à raison du crime, s'il n'y avait pas eu d'excuses, sera réduite à un emprisonnement d'un an à cinq ans, et qu'en outre le coupable pourra être mis, par l'arrêt ou jugement, sous la surveillance de la haute police pendant cinq ans au moins et dix ans au plus.

Entre l'homicide involontaire et l'homicide qui n'est qu'excusable, il y a une très-grande différence, qui doit amener des résultats différens.

Pour que l'homicide soit considéré comme involontaire, il faut qu'il soit bien prouvé qu'il y a eu, de la part de son auteur, absence *totale* de la volonté de donner la mort, au lieu que, dans chacun des cas désignés par les art. 321, 322 et 324, on suppose nécessairement que l'auteur de l'homicide a eu la volonté de donner la mort, ou du moins il n'est pas prouvé qu'il n'ait pas eu cette volonté; car, s'il était prouvé que réellement il n'a pas eu cette volonté, l'homicide ne serait pas seulement excusable; il devrait être rangé dans la classe des homicides involontaires, ou dans celle des homicides commis par la nécessité actuelle de la légitime défense de soi-même ou d'autrui, et conséquemment il n'y aurait pas de crime.

Or, ne suffit-il pas que l'auteur d'un homicide ait eu la volonté de le commettre, pour qu'il ne doive pas être admis à succéder à la personne qu'il a homicidée?

Sans doute, il n'y a pas eu, dans le cas dont il s'agit, une volonté pleine et absolue de commettre l'homicide, puisqu'il a été commis à la suite de provocations si violentes, ou de faits tellement graves, que le meurtrier n'a pas eu, au moment de l'action, toute la liberté d'esprit nécessaire pour agir avec une mûre réflexion. Aussi la loi excuse, en compâtissant à la faiblesse humaine, elle modère la peine, mais elle ne la remet pas entièrement, et il n'en est pas moins vrai que le meurtrier est condamné réellement pour avoir donné la mort, ce qui lui rend applicable la disposition de l'article 727 du Code civil; au lieu que, dans le cas d'un homicide involontaire, l'auteur n'est pas condamné pour le fait même de l'homicide, mais pour le fait de maladresse, d'imprudence, ou de négligence, qui a causé accidentellement l'homicide.

Cest ainsi que Bâcon a très-ingénieusement distingué *la nécessité coupable*, qui donne lieu à l'excuse, de *la nécessité absolue*, qui ne présente aucun caractère de culpabilité.

Pour l'opinion contraire, on peut répondre que, dans le 1er paragraphe de l'art. 727 du Code civil, le législateur n'a eu évidemment l'intention d'infliger la peine de l'indignité qu'à celui qui s'est rendu coupable du meurtre du défunt et qui a été condamné comme tel; mais qu'on ne peut pas dire, avec vérité, que celui

qui n'a tué le défunt, que parce qu'il y a été provoqué, contraint, ou entraîné par des causes jugées
légitimes, et qui en conséquence est excusé par la
loi elle-même, doive être considéré comme coupable d'un meurtre proprement dit; qu'à la vérité,
par des motifs de sûreté publique, la loi a voulu
qu'il lui fût infligé une peine; mais que cette peine
est si légère, puisqu'elle ne consiste qu'en un
simple emprisonnement d'un an à cinq ans, qu'elle
ne peut pas être considérée comme la peine d'un
meurtre; que ce n'est donc pas réellement comme
coupable d'un meurtre, qu'il se trouve condamné
à un simple emprisonnement; que, d'ailleurs, puisque la loi a modéré la peine *corporelle* à un emprisonnement qui n'est qu'une peine *correctionnelle*
suivant l'art. 40 du Code pénal, on ne peut pas supposer qu'elle ait voulu laisser subsister la peine
d'indignité, et qu'en effet il serait souverainement
injuste que l'homicide excusé par la loi, parce
qu'il a eu des causes légitimes, fût puni tout aussi
sévèrement, sous le rapport de l'indignité, que
l'homicide qui a été commis volontairement, sans
provocation aucune, et même que l'homicide qui
a été commis avec préméditation.

Je préfère la seconde opinion, parce qu'elle
est la seule équitable, parce qu'elle me paraît
conforme à l'esprit du législateur. On ne peut
pas d'ailleurs raisonnablement soutenir qu'elle
s'écarte du texte de la loi; car il est évident que

le meurtrier qui, dans les cas d'excuse admis par la loi, a été condamné à une simple peine correctionnelle, n'a pas été condamné comme étant réellement coupable d'un meurtre. Il est plus malheureux que coupable ; il n'a pas eu la volonté libre et entière de tuer, puisqu'il n'a été poussé, entraîné et peut-être même forcé au fait de l'homicide, que par un crime qu'a commis ou voulait commettre contre lui la personne qui a succombé.

8. Il ne suffirait pas, pour que l'héritier fût déclaré indigne, que, dans le procès criminel intenté contre lui, des témoins eussent déposé qu'il a réellement donné ou tenté de donner la mort au défunt, ni même qu'il en eût fait l'aveu. Il faut que la justice l'ait déclaré coupable du crime, et l'ait condamné comme tel.

Ainsi, l'héritier qui mourrait dans le cours du procès, à la veille même du jugement, et quoiqu'il parût certain, d'après les preuves acquises, qu'il eût été condamné, ne serait pas atteint par l'indignité ; il mourrait avec la qualité d'héritier ; il transmettrait la succession, et ses héritiers recueilleraient de son chef.

Tout accusé doit être légalement présumé innocent, jusqu'à ce qu'il ait été condamné. Les aveux qu'il a faits, les charges survenus et les préventions élevées contre lui, peuvent ne pas suffire pour le convaincre du crime qui lui est

imputé. Il n'y a que le jugement de condamnation qui constate que l'accusé est coupable ; et
d'ailleurs nulle peine ne peut être prononcée
contre celui qui n'est pas encore condamné
comme coupable.

Aussi, l'art. 727 ne prononce l'indignité que
contre l'héritier qui est condamné.

9. Lorsque l'héritier, qui a été condamné pour
avoir donné ou tenté de donner la mort au
défunt, a obtenu des lettres de grâce, ou de com-
mutation de peine, il n'en reste pas moins indigne
de succéder au défunt, lors même que ces lettres
lui auraient été accordées avant la demande en
déclaration d'indignité ; elles n'éteignent ou ne
modifient que les peines prononcées par le Code
pénal ; mais elles n'éteignent pas le crime, et c'est
pour le crime que l'héritier doit être déclaré
indigne. Il suffit, aux termes qe l'art. 727, qu'il ait
été condamné, pour que l'indignité soit encourue contre lui.

10. De même, la prescription de la peine ne
fait pas cesser l'indignité.

Cette prescription produit bien l'effet d'exemp-
ter de la peine prononcée par le jugement de condamnation, mais elle n'anéantit par ce jugement ;
mais elle ne restitue pas au condamné les biens et
les droits que la condamnation lui avait enlevés.

L'art. 30 du Code civil, dit expressément que
la prescription de la peine ne réintègre pas le

8.

condamné dans ses droits civils, *pour l'avenir*; à plus forte raison, elle ne le réintègre pas, *pour le passé*, dans la jouissance des droits civils dont il a été exclu par la condamnation; elle ne peut donc avoir l'effet de lui faire restituer la succession qu'il a perdue, en vertu de la condamnation prononcée contre lui.

11. Lorsqu'une personne, qui a été homicidée par l'un de ses héritiers présomptifs, a déclaré, avant de mourir, qu'elle lui pardonnait, et que même, par un acte formel, elle a défendu à ses autres héritiers, de poursuivre l'indignité du meurtrier, cette indignité peut elle être néanmoins provoquée, et doit-elle être prononcée?

Des motifs différens peuvent avoir déterminé la personne homicidée à pardonner le crime et à vouloir que l'indignité ne soit pas prononcée; mais quels qu'ils soient, ils ne peuvent prévaloir sur la disposition de la loi. C'est la loi elle-même qui prononce l'indignité, soit comme un supplément de peine contre le meurtrier, soit comme une convenance d'honnêteté publique, et conséquemment il n'a pu être au pouvoir du défunt d'en faire la remise, puisqu'elle est indépendante de sa volonté.

La défense qu'il aurait faite à ses autres héritiers légitimes, de provoquer l'indignité, ne pourrait même les obliger légalement. Les héritiers légitimes ne tiennent leurs droits que de la disposition de la loi; ils ne tiennent rien de la volonté du défunt, et il s'ensuit que la volonté du défunt ne peut les empêcher d'exercer un droit que la loi leur confère.

Une semblable défense faite par le défunt à ses héritiers contractuels ou testamentaires, ne pourrait, non plus, les obliger légalement : elle serait, dans ce cas, une condition *contraire à la volonté de la loi*, et conséquemment elle devrait être réputée non écrite, suivant l'art. 900 du Code civil.

12. Est encore indigne de succéder, celui qui a porté une accusation contre le défunt.

Mais, pour que l'indignité soit prononcée dans ce cas, il faut, aux termes de l'art. 727, qu'il y ait ces deux circonstances réunies ; que l'accusation ait été capitale, et qu'elle ait été jugée calomnieuse ; et de plus, comme l'article ne parle que d'accusation, il en résulte que l'injure la plus grave, faite ou prononcée contre le défunt, mais sans accusation en justice, ne suffirait pas pour faire prononcer l'indignité, lors même qu'elle aurait été jugée calomnieuse.

Toutefois, pour qu'il y ait accusation, il n'est pas nécessaire qu'il ait été rendu plainte en justice; il suffit qu'il ait été fait une simple dénonciation : l'accusation, proprement dite, n'appartient qu'au ministère public.

13. Pour qu'une accusation soit considérée comme capitale, suffit-il qu'elle soit assez grave,

pour qu'en la supposant établie, elle eût pu faire condamner l'accusé à une peine *infamante ?* Ne doit-on, au contraire, considérer comme accusation capitale, que celle qui aurait fait condamner l'accusé *à la peine de mort ?*

Il est bien vrai que les mots, *peine capitale*, ne s'appliquent, dans le langage ordinaire, qu'à la peine de mort ; mais en résulte-t-il nécessairement que les mots, *accusation capitale*, ne doivent également s'appliquer qu'à une accusation dont la preuve opérerait la condamnation à mort ?

Dans les lois romaines, ces mots, *accusation capitale*, s'appliquaient, non seulement à l'accusation de laquelle pouvait résulter une condamnation à mort, mais encore à celles dont pouvait résulter la perte de l'état civil ou du droit de cité. *Appellatio capitalis*, dit la loi 103, *ff.de Verb. sign.*, *mortis vel amissionis civitatis intelligenda est.*

On doit croire que les mêmes expressions ont été entendues et employées dans le même sens par les rédacteurs du Code civil. Il répugnerait évidemment à tous les principes de la morale, à tous les principes d'honnêteté publique, qu'un homme fût admis par la loi à être l'héritier de celui qu'il aurait assayé, par une accusation calomnieuse, de faire condamner à des peines infamantes ; et l'on ne peut pas supposer que le législateur ait poussé jusque-là l'indulgence.

La Novelle 115 admettait pour cause légitime d'exhérédation, toute dénonciation faite contre le défunt, en matière criminelle : *Si in criminalibus causis accusaverit.*

14. Il ne suffirait pas encore, pour être déclaré indigne de succéder au défunt, qu'on eût porté contre lui une accusation capitale ; il faut que l'accusation soit calomnieuse.

Celui qui a rempli ses devoirs envers la patrie, envers le prince, en accusant le coupable d'un crime, ne peut pas être puni par la loi. Son action n'a même rien de contraire aux principes de la morale et de la religion. Il est dans les intérêts et les principes de la morale et de la religion, que les crimes et leurs auteurs soient connus et punis.

L'accusation ne devient donc coupable, que lorsqu'elle est calomnieuse.

Et encore ne suffit-il pas qu'elle soit réellement calomnieuse, pour qu'elle produise l'indignité ; il faut de plus, aux termes de l'art. 727, qu'elle ait été déclarée calomnieuse par un jugement rendu contre l'accusateur.

Une accusation calomnieuse est un délit, et ce délit donne lieu, non seulement à des dommages-intérêts envers l'accusé, mais encore à des peines correctionnelles, suivant les art. 371, 373 et 374 du Code pénal. Or, ce délit, comme tous les autres, ne peut être constaté que par une instruction faite contre le prévenu, et il ne peut en résulter de peines, qu'en vertu d'un jugement qui déclare que le prévenu est coupable.

15. De la nécessité d'un jugement qui ait déclaré l'accusation calomnieuse, il résulte que le défunt a pu faire grâce à l'accusateur, de la peine d'indignité, en n'exerçant pas, dans les trois ans à compter de l'accusation, une action tendante à faire déclarer cette accusation calomnieuse. Après les trois ans, l'action se trouverait prescrite, aux termes de l'art. 638 du Code d'instruction criminelle.

Pourquoi l'accusé n'aurait-il pas le pouvoir de pardonner l'offense qu'il a reçue? Comment pourrait-on le contraindre à en poursuivre la punition? Et lorsque le délai pendant lequel la poursuite peut avoir lieu, est expiré avant son décès, comment ses héritiers pourraient-ils être recevables à intenter une action qu'il n'aurait plus lui-même le droit d'intenter?

Il suffit, en un mot, que l'art. 727 du Code civil, ait exigé, à l'égard de l'indignité, que l'accusation ait été jugée calomnieuse, pour que l'indignité ne puisse être prononcée, lorsqu'il n'y a pas eu de jugement, et que la loi ne permet plus qu'il en soit provoqué.

Mais, s'il y a eu un jugement qui ait déclaré l'accusation calomnieuse, ou sur une action formée, dans les trois ans, par l'accusé, ou même sur une plainte rendue dans le même délai par le ministère public, alors l'accusé n'a plus le pouvoir de remettre la peine de l'indignité, qui est encourue et qui est prononcée par la loi. Ici s'appliquent tous les motifs énoncés au n° 11.

16. La troisième cause d'incapacité, admise par le Code civil, a lieu contre l'héritier majeur qui, étant instruit du meurtre du défunt, ne l'a pas dénoncé à la justice.

On doit affection et reconnaissance à la mémoire de celui dont on recueille la succession, et ce serait y manquer essentiellement que de ne pas dénoncer le meurtre dont il aurait été victime.

Les lois anciennes voulaient même que l'héritier intentât, en son nom, l'action criminelle, et qu'il la suivît jusqu'à sentence définitive; mais l'art. 727 du Code se borne à lui imposer l'obligation de dénoncer le meurtre à la justice; il n'a donc qu'à faire une simple dénonciation à un officier compétent, sans être tenu de rendre plainte.

Il n'est pas même nécessaire qu'il dénonce nominativement les coupables, puisque la loi ne lui impose l'obligation que de dénoncer le meurtre. C'est aux juges à rechercher les auteurs du crime.

17. L'indignité n'est prononcée que contre l'héritier qui est majeur, et qui ne dénonce pas; elle n'a donc pas lieu contre l'héritier qui est

mineur au moment de l'ouverture de la succession, parce qu'en effet cet héritier n'est pas en état d'agir, et qu'il n'est pas présumé avoir les connaissances nécessaires pour sentir ses devoirs et veiller à ses intérêts.

Mais il me paraît être dans l'esprit de la loi, que, lorsque l'héritier mineur est parvenu à sa majorité, il doit, sous peine d'être déclaré indigne, dénoncer le meurtre à la justice, s'il y a encore possibilité de constater le crime et d'en faire punir les auteurs.

18. L'héritier ne peut être tenu de dénoncer le meurtre, que lorsqu'il en est instruit.

Lorsque le crime a été commis avec éclat, et qu'il est notoirement connu, l'héritier, qui est présent sur les lieux, en est censé instruit.

Mais si le crime a été commis secrètement, dans le cas, par exemple, où il y a eu empoisonnement; ou si l'héritier était absent, il est possible que, même pendant un long-temps, cet héritier ait ignoré le crime.

. C'est aux tribunaux à décider sur ce point, d'après les circonstances et les faits qui sont constatés.

19. L'art. 727 ne fixe pas le délai dans lequel l'héritier majeur, qui est instruit du meurtre du défunt, doit en faire la dénonciation. Peut-on en conclure, ou que l'héritier est tenu de faire la dénonciation immédiatement après l'ouverture de

la succession, ou qu'au contraire il peut toujours la faire dans un délai illimité?

Sans doute, il serait trop rigoureux que l'héritier fût déclaré indigne et privé de la succession, parce qu'il aurait différé, pendant un court délai, la dénonciation, et qu'il aurait été prévenu à cet égard par un autre parent plus éloigné dans l'ordre de succéder, que la cupidité aurait rendu plus actif. Il ne doit encourir l'indignité que dans le cas où il y aurait eu de sa part une négligence manifeste et une insouciance évidente à remplir l'obligation qui lui était imposée.

Mais, du moment où il est réellement en retard, la peine de l'indignité peut être provoquée contre lui, et il ne serait plus recevable, après l'action intentée, à faire la dénonciation du meurtre, pour écarter l'action et se soustraire à la peine, sur-tout s'il s'était déjà mis en possession de la succession.

Son premier devoir était de dénoncer le meurtre du défunt, et ce n'était qu'en le remplissant qu'il pouvait conserver la qualité d'héritier. S'il a mis plus d'empressement à ses intérêts personnels qu'à venger la mort du défunt, s'il ne s'est occupé qu'à recueillir la succession, sans s'occuper de l'obligation qui lui était imposée, il doit être puni de sa négligence.

20. Dans aucun des cas déterminés par l'article 727, l'indignité n'est encourue de plein droit; elle doit être prononcée par les tribunaux, sur

une demande formée contre l'héritier qu'on veut faire exclure de la succession.

Cet héritier doit être admis à se défendre et à prouver, ou qu'il n'est pas coupable du fait qu'on lui impute, ou que la disposition de la loi ne lui est pas applicable.

Ce n'est même qu'a compter du jugement qui le déclare indigne, qu'il cesse d'être héritier et qu'il perd la saisine que la loi lui avait déférée.

21. L'indignité peut être provoquée par les parens du défunt, qui sont appelés à succéder concurremment avec celui qui s'est rendu indigne, ou qui sont les premiers en ordre pour succéder après lui, et qui ont intérêt à ce qu'il ne suc-cède pas.

Elle peut l'être par les héritiers irréguliers, lorsqu'il n'y a pas d'autres parens légitimes que ceux qui se sont rendus indignes.

Les donataires et légataires *universels* peuvent aussi provoquer l'indignité de l'héritier légitime qui vient demander la réserve légale, lorsqu'il n'y a pas d'autres héritiers qui aient droit à cette réserve.

Mais les créanciers du parent qui serait appelé à succéder, en remplacement de l'indigne, ne peuvent, ni en son nom, ni à sa place, exercer l'action en indignité, lorsqu'il garde le silence.

Suivant l'art. 1166 du Code civil, les créanciers peuvent bien exercer les droits et actions de leur

débiteur; mais l'article en excepte nominativement les droits qui sont exclusivement attachés à
la personne du débiteur, et l'on doit considérer
le droit de provoquer l'indignité de l'héritier le
plus proche, comme exclusivement attaché à la
personne et dépendant uniquement de la volonté
de l'héritier en second ordre.

On ne serait pas d'ailleurs fondé à dire que
l'héritier en second ordre, qui ne veut pas provoquer l'indignité, renonce, en fraude de ses créanciers, à une succession *qui lui soit échue*.

22. L'indignité entraîne-t-elle la révocation des
hypothèques et des aliénations *à titre onéreux*,
qui ont été consenties par l'héritier, *avant* le jugement qui l'a déclaré indigne?

Si les personnes au profit desquelles ont été
consenties les hypothèques et les aliénations,
étaient de *bonne foi* lors des actes, c'est-à-dire, si
elles ne connaissaient ni les faits, ni les condamnations qui devaient faire déclarer l'héritier indigne, il ne peut y avoir lieu contre elles à la
révocation des hypothèques ou des aliénations,
lors même qu'il serait certain que l'héritier aurait
agi frauduleusement et dans le dessein de prévenir
les effets de l'indignité. Dans ce cas, celui qui
a fait prononcer l'indignité, n'a d'action en restitution que contre l'héritier seul qui a été déclaré
indigne.

Le parent du défunt, appelé par la loi à succéder, est toujours saisi de la successoin, dès l'instant où elle est ouverte; il en est saisi de droit et de
fait : de droit, en vertu de l'art. 724 du Code civil,
puisqu'il est l'héritier dans l'ordre établi par la loi;
de fait, parce qu'en vertu de la disposition de la
loi, il est, au moment même de l'ouverture de la
succession, mis en possession des biens qui la
composent.

S'il accepte la succession, dès-lors il en devient
le maître, et il peut en disposer à son gré.

Or, la saisine et la propriété restent dans les
mains de l'héritier jusqu'au jugement qui l'a
déclaré indigne; ce n'est qu'en vertu de ce jugement qu'il est dépouillé de la qualité d'héritier,
qu'il est exclu de la succession, et qu'il perd
conséquemment le droit de succéder.

Comment donc pourrait-il se faire que ce jugement eût la force d'anéantir des hypothèques ou
des aliénations, qui auraient été antérieurement
consenties à des tiers de bonne foi.

Pour traiter valablement avec un héritier, sur
les biens de la succession, il suffit de s'être assuré
qu'il est réellement héritier, et qu'en cette qualité
il a le droit de disposer de ce qui fait l'objet
du traité.

L'indignité est un cas très-rare. Les faits qui la
constituent sont presque toujours secrets; ils

peuvent être ignorés, et les tiers qui ont été de bonne foi, ne doivent pas être victimes de leur ignorance à cet égard.

23. La même décision doit-elle être appliquée aux aliénations *à titre gratuit*, consenties par l'héritier, avant le jugement qui l'a déclaré indigne? Le donataire peut-il également exciper de sa bonne foi, pour s'opposer à la révocation de la disposition qui a été faite en sa faveur? Non, sans doute.

Le donataire ne peut acquérir que les droits qu'avait le donateur; il ne peut profiter de la fraude qui a été commise par le donateur qu'il représente, et conséquemment, lorsque le droit exercé par le donateur se trouve résolu, la résolution frappe sur la donation et sur le donataire. *Soluto jure dantis, solvitur jus accipientis.*

La différence qui existe à cet égard entre l'acquéreur à titre onéreux et l'acquéreur à titre gratuit, résulte principalement de la différence de leurs intérêts. Le premier *certat de damno vitando*; le second *certat de lucro captando.*

Cette distinction a été établie dans plusieurs lois romaines.

ARTICLE 728.

Le défaut de dénonciation ne peut être opposé aux ascendans et descendans du meurtrier, ni à ses alliés au même degré, ni à son époux ou à son épouse, ni à ses frères ou sœurs, ni à ses oncles et tantes, ni à ses neveux et nièces.

1. L'art. 727 déclare indigne de succéder, l'héritier majeur qui, instruit du meurtre du défunt, ne l'a pas dénoncé à la justice.

Mais il eût été contre la morale et l'honnêteté publiques, que les parens du meurtrier, à des degrés très-prochains, fussent obligés de dénoncer le meurtre, sous peine de perdre la succession; il eût été trop cruel de les placer dans l'alternative, ou de sacrifier leurs propres intérêts, ou d'étouffer les sentimens de la nature et du sang.

Aussi l'art. 728, faisant une juste exception, dispose que le défaut de dénonciation ne peut être opposée aux proches parens qu'il désigne. Ces parens ne sont donc pas indignes de succéder, quoiqu'ils n'aient pas fait la dénonciation; le troisième paragraphe de l'art. 727 ne doit pas leur être appliqué.

2. Ces mots de l'art. 728, *ni à ses alliés au même degré*, ont fait naître une question. Ne doivent-ils être appliqués qu'aux alliés du meurtrier, dans la ligne ascendante, ou dans la ligne descendante? Ou bien, doivent-ils être encore appliqués aux alliés du meurtrier, aux

degrés de frère ou de sœur, d'oncle ou de tante, de neveu ou de nièce?

Pour ne les appliquer qu'aux alliés du meurtrier dans les lignes ascendante et descendante, on dit,

1° Qu'ils ont été placés dans l'article, immédiatement après les mots, *ascendans ou descendans du meurtrier;* que, si l'on avait voulu les appliquer aux alliés dans les mêmes degrés que tous les *autres* parens dénommés *dans la suite* de l'article, on ne les aurait placés qu'à la fin de la disposition, et qu'évidemment la place dans laquelle ils ont été insérés, indique qu'on a voulu en restreindre l'application aux alliés dans les lignes ascendante et descendante;

2° Que les lois romaines ne dispensaient de l'obligation de dénoncer le meurtre du défunt, que le père, la mère, les enfans, le mari et la femme de la personne qui avait commis le meurtre; et que les auteurs du Code civil, en étendant cette dispense aux frères et sœurs, oncles et tantes, neveux et nièces du meurtrier, n'ont pas voulu, sans doute, l'étendre encore aux alliés dans les mêmes degrés.

Je réponds, d'abord, qu'après avoir dit, dans l'art. 727, que le défaut de dénonciation ne pouvait être opposé aux ascendans et descendans du meurtrier, si on n'avait voulu appliquer cette disposition qu'aux alliés du meurtrier dans les

I. 9

lignes ascendante et descendante, il eût fallu
dire, *ni aux alliés dans les mêmes lignes*, et
cependant on a dit, *ni aux alliés au même degré*, quoiqu'on n'eût désigné jusqu'alors *aucun
degré*, et qu'au contraire on eût désigné en masse,
et sans distinction de degré, tous les ascendans
et tous les descendans.

En second lieu, pour être convaincu que l'application ne doit pas être restreinte, ainsi qu'on
le propose, il suffit de savoir comment a été faite
la rédaction de l'art. 727.

Celle qui fut d'abord arrêtée au conseil d'état,
était ainsi conçue : « Le défaut de dénonciation
ne peut être opposé aux ascendans et descendans
du meurtrier, ni à ses alliés *en ligne directe*, ni à
son époux ou à son épouse, ni à ses frères ou
sœurs, ni à ses oncles et tantes, ni à ses neveux et
nièces. »

La section de législation du tribunat, à qui
cette rédaction fut communiquée, fit l'observation
suivante :

« La section pense que, dans cet article, il
convient de supprimer ces mots, *ni à ses alliés en
ligne directe*, et de placer ceux-ci *à la fin de la
disposition*, « *ni à ses alliés aux mêmes degrés*. »
On ne voit pas, en effet, pourquoi le défaut
de dénonciation qui, suivant l'article, ne peut
être opposé aux alliés du meurtrier en ligne
directe, pas plus qu'à ses ascendans et descendans,

pourrait l'être à ses alliés en ligne collatérale, dans les degrés de frère ou sœur, oncle ou tante, neveu ou nièce, lorsque d'après la même disposition on ne peut opposer à ceux-ci le défaut de dénonciation. Dans toutes les lois, soit relatives au mariage, soit relatives aux témoins en matière civile ou criminelle, les alliés sont toujours placés sur la même ligne que les parens, pour être admis ou exclus comme eux ; il suffit qu'ils soient au même degré. L'alliance les identifie avec la famille. »

Cette observation fut adoptée, puisqu'on substitua dans l'article, aux mots *ni à ses alliés en ligne directe*, ces autres expressions proposées par la section du tribunat, *ni à ses alliés aux mêmes degrés ;* mais au lieu de les placer *à la fin de l'article*, comme l'avait demandé la section, on les inscrivit, par inadvertance, à la même place où se trouvaient les mots qu'on supprimait.

L'erreur commise dans ce placement, est évidente, et l'intention qu'a eue le législateur ne peut être équivoque. Je n'hésite donc pas à dire que l'article doit être entendu et appliqué, comme s'il était écrit en ces termes : « Le défaut de dénonciation ne peut être opposé aux ascendans et descendans du meurtrier, *ni à ses alliés en ligne directe*, ni à son époux ou à son épouse, ni à ses frères ou sœurs, ni à ses oncles et tantes, ni à ses

9.

neveux et nièces, *ni à ses alliés aux mêmes degrés.* »

ARTICLE 729.

L'héritier exclu de la succession pour cause d'indignité, est tenu de rendre tous les fruits et les revenus dont il a eu la jouissance depuis l'ouverture de la succession.

1. L'héritier jouit de l'hérédité, tant que l'indignité n'est pas prononcée par les tribunaux : comme héritier légitime, il a été saisi par la loi de tous les biens de la succession ; mais lorsque l'indignité a été prononcée contre lui, il doit perdre tous les avantages, tous les bénéfices que lui avait procurés une qualité dont il s'est rendu indigne : c'est une juste peine de sa faute.

Il est donc tenu de rendre, non-seulement tous les biens de la succession, ou le prix des ventes faites à des tiers de bonne foi, mais encore tous les fruits et autres revenus dont il a eu la jouissance, et même tous les capitaux et tous les intérêts qu'il a reçus, soit des débiteurs de la succession, soit de toute autre manière.

Il doit être considéré comme un possesseur de mauvaise foi, même avant la demande en indignité, et conséquemment il ne doit rien conserver de ce qu'il a eu par une possession frauduleuse *Neque enim bonæ fidei possessores ante controversiam illatam videntur fuisse, qui debitum officium pietatis scientes omiserunt. L. I. C. de is quib. ut indig.*

2. L'indigne est tenu de restituer les fruits, intérêts et arrérages qu'il a reçus, même depuis plus de cinq ans avant la demande en déclaration d'indignité.

Il ne peut invoquer la disposition de l'art. 2277 du Code civil, qui porte que tout ce qui est payable par année ou à des termes périodiques plus courts, se prescrit par cinq ans.

La prescription ne peut jamais être opposée par celui dont la mauvaise foi est constatée.

L'article 549 du Code civil dit expressément que le possesseur ne fait les fruits siens, que dans le cas où il possède de bonne foi, et que, dans le cas contraire, il est tenu de rendre les produits avec la chose.

Le principe *fructibus augetur hœreditas*, s'applique à tous les cas où le possesseur de l'hérédité est de mauvaise foi.

ARTICLE 730.

Les enfans de l'indigne, venant à la succession de leur chef, et sans le secours de la représentation, ne sont pas exclus pour la faute de leur père ; mais celui-ci ne peut, en aucun cas, réclamer, sur les biens de cette succession, l'usufruit que la loi accorde aux pères et mères sur les biens de leurs enfans.

1. Si des enfans se trouvent appelés, *de leur chef*, à une succession dont leur père est privé pour cause d'indignité, ils n'en sont pas exclus pour la faute de leur père ; mais s'ils avaient besoin de représenter leur père pour arriver à la succession, ils seraient exclus, parce qu'en règle générale on ne peut appréhender une hérédité, comme représentant une personne qui est vivante, et qui d'ailleurs a perdu tous les droits qu'elle avait sur la succession.

Tel est le véritable sens de la première disposition de cet article.

En effet, il n'est pas dit que les enfans de l'indigne viennent de leur chef, et sans le secours de la représentation, à la succession dont leur père est exclu, ce qui signifierait qu'ils prennent sa place et montent à son degré pour succéder, comme il aurait succédé lui-même, s'il ne s'en était pas rendu indigne.

L'article dit, au contraire, que les enfans de l'indigne, *venant* à la succession de leur chef, et sans le secours de la représentation, c'est-à-dire,

*lorsqu'ils viennent de leur chef et sans représen-
tation*, ne sont pas exclus par la faute de leur
père; ce qui signifie évidemment que, s'ils peuvent venir de leur chef à la succession, ils ne sont
pas exclus, par la faute de leur père, d'une hérédité à laquelle ils sont personnellement appelés,
sans avoir besoin de le représenter; mais que, si
de leur chef ils se trouvent à un degré trop éloigné, et qu'ils ne puissent être appelés comme héritiers, qu'en représentant leur père, en prenant
sa place, et en montant à son degré, ils se trouvent exclus, comme il le serait lui-même.

Les lois romaines, et notre ancienne jurisprudence attestée par Lebrun, excluaient les enfans
de l'indigne, du droit de prendre la succession,
lors même qu'ils venaient de leur chef, et quoiqu'ils n'eussent pas besoin du secours de la représentation pour être héritiers.

Cette rigueur était excessive et injuste, puisqu'elle punissait les enfans de la faute de leur
père. Le Code civil ne l'a point adoptée; mais,
en conservant les droits personnels des enfans, en
les admettant à succéder, lorsqu'ils viennent de
leur chef, le Code civil n'a pas voulu les appeler
comme représentant l'indigne; il les a exclus dans
tous les cas où ils ne pourraient venir à la succession, que par représentation de la personne
même qui a perdu tous ses droits sur cette succession. Ne serait-il pas révoltant que le représen-

tant de l'assassin fût appelé à succéder à la personne assassinée? On ne peut d'ailleurs représenter une personne vivante.

Il en résulte que, si l'indigne était seul héritier, comme le parent le plus proche du défunt, ses enfans peuvent venir de leur chef; mais que, s'il avait des cohéritiers qui fussent, de leur chef, ou par représentation, au même degré que lui, ses enfans sont exclus.

Ceci deviendra plus sensible par des exemples.

TABLEAU Ier.

ALEXANDRE.

PIERRE.   PAUL.

JÉRÔME.   GILBERT.   AMABLE.   FRÉDÉRIC.

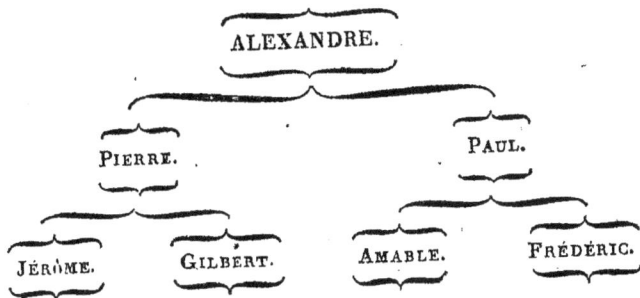

Si *Pierre* est déclaré indigne de succéder à son père, *Paul* prendra seul toute la succession d'*Alexandre*. *Jérôme* et *Gilbert*, qui sont les enfans de l'indigne, ne viendront pas à la succession de leur aïeul, parce qu'ils ne peuvent y être appelés de leur chef, n'étant parent du défunt qu'au second degré, et que leur oncle *Paul* se trouve au premier degré qui a toujours la préférence, lorsqu'il n'y a pas de représentation. Ils ne pourraient monter à un degré égal à celui de leur oncle, qu'en représentant *1 ierre* leur père; mais ils ne peuvent représenter celui qui s'est rendu indigne.

En supposant même que *Paul* fût décédé avant *Alexandre*, les enfans de *Pierre*, déclaré ingne, se trouveraient encore exclus par les enfans de *Paul*; ceux-ci montent au premier degré de parenté, en représentant leur père, et les enfans de *Pierre*, ne pouvant le représenter, resteraient au second degré.

TABLEAU II.

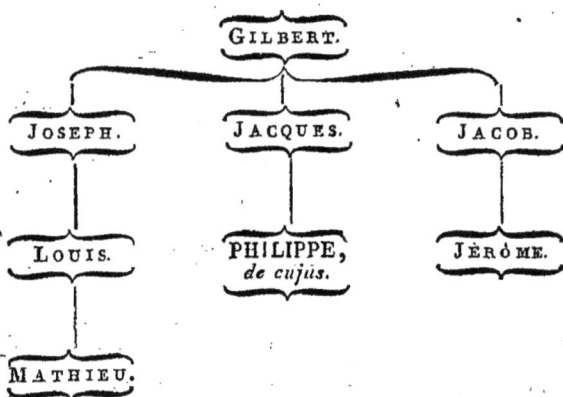

Philippe décède sans enfans, après la mort de ses ascendans et de *Joseph* son oncle; il a pour seul héritier, dans la ligne paternelle, *Jacob*, qui etait aussi son oncle.

Si *Jacob* a été déclaré indigne de succéder à *Philippe*, *Jérôme* son fils ne se trouvera pas exclu, puisqu'il n'y a pas d'autre parent plus proche que lui; mais comme il sera au même degré que *Louis* son cousin germain, il viendra de son chef à la succession de *Philippe*, et partagera, par moitié avec *Louis*, la portion attribuée à la ligne paternelle. Si *Louis* était décédé avant *Philippe*, *Jérôme* se trouverait seul le parent le plus proche de *Philippe*, et aurait conséquemment lui seul toute la portion de la ligne paternelle, à l'exclusion de *Mathieu*, qui serait à un degré plus éloigné.

La raison de la différence qui existe entre cet exemple et le précédent, c'est que, dans le premier exemple, *Amable et Frédéric* représentaient *Paul* leur père, la représentation étant admise en faveur des neveux du défunt; au lieu que dans le second exemple, *Joseph* ne peut être représenté, dans la succession de *Philippe* son neveu, ni par son fils, ni par son petit-fils, la représentation n'étant admise, en ligne collatérale, qu'en faveur des descendans *des frères ou sœurs du défunt*, ainsi que je l'expliquerai par la suite; et voilà pourquoi *Louis*, ne pouvant monter, par la représentation, au degré de son père, se trouve être à un degré aussi éloigné de *Philippe*, que

Jérôme son cousin germain : alors celui-ci vient de son chef, et n'est pas exclu par l'indignité prononcée contre son père, puisqu'il n'a pas besoin de le représenter pour arriver à la succession.

2. Suivant la seconde disposition de l'art. 730, l'héritier déclaré indigne ne peut, en aucun cas, réclamer sur les biens de la succession dont il a été exclu, l'usufruit que la loi accorde aux pères et mères sur les biens de leurs enfans. Il est juste qu'il ne profite, en aucune manière, des biens d'une succession dont il est déclaré indigne.

Mais comme son indignité n'est pas absolue, comme elle ne s'applique qu'à la succession même dont il a été déclaré indigne, il en résulte que, si la personne qui a recueilli la succession à sa place, meurt naturellement ou civilement, et qu'il se trouve son héritier, il peut recueillir dans la succession de cette personne les biens qui composaient la première, dont il a été exclu comme indigne. On ne pouvait admettre une interdiction perpétuelle qui aurait confondu des successions distinctes, et aurait violé la règle générale suivant laquelle, *hœreditas adita non est ampliùs hœreditas, sed patrimonium hœredis.*

3. Quoique l'indigne ait été un moment héritier, et que le patrimoine de l'héritier pur et simple se confonde, à l'égard des créanciers de

la succession, avec le patrimoine du défunt, les créanciers de la succession ne pourraient cependant, après que l'indignité aurait été prononcée, exercer leurs droits sur le patrimoine de l'héritier déclaré indigne, et cet héritier lui-même ne perdrait pas les droits qu'il avait *personnellement* contre la succession, quoiqu'il y eût eu confusion pendant qu'il était héritier. Perdant cette qualité, il doit rentrer absolument dans le même état où il se trouvait avant d'être héritier.

Telle était la jurisprudence en France, et le Code Civil n'y a pas dérogé.

La loi *indigno* 8 et la loi *eum qui* 18, § *bonis ff. de his quæ ut indign.* voulaient, au contraire, qu'on ne restituât point à l'indigne les actions qui avaient été confuses en sa personne.

Mais c'était là une peine que la loi romaine avait ajoutée à l'indignité, et il suffit que le Code civil ne l'ait pas prononcée, pour qu'elle ne doive par avoir lieu.

Elle était d'ailleurs injuste, puisqu'en privant l'héritier indigne du bénéfice de la succession, il était contre l'équité de lui en laisser les charges. *Incommoda sequuntur commoda.*

CHAPITRE III.

Des divers Ordres de Succession.

SECTION PREMIÈRE.

Dispositions Générales.

ARTICLE 731.

Les successions sont déférées aux enfans et descendans du défunt, à ses ascendans et à ses parens collatéraux, dans l'ordre et suivant les règles ci-aprés déterminés.

1. On a vu que, conformément au vœu de la nature, c'est aux parens légitimes du défunt, que la loi défère la succession *ab intestat.*

On a vu que tous les parens du défunt ne sont pas conjointement appelés à lui succéder, mais que la loi détermine un ordre d'après lequel les uns sont appelés par préférence aux autres.

C'est de cet ordre que nous allons maintenant nous occuper.

2. D'abord, les parens sont divisés en trois classes ou lignes principales, celles des enfans et autres descendans du défunt, celle des ascendans, et celle des collatéraux.

Mais, dans chacune de ces lignes, tous les parens qui la composent, n'ont pas des droits égaux.
En règle générale, celui qui est au degré le plus
proche du défunt, doit être préféré, conformément à l'ordre même de la nature, aux parens
qui se trouvent à des degrés plus éloignés.

Il fallait donc, avant tout, déterminer comment se composent, comment se distinguent les
diverses lignes et les divers degrés de parenté; ce
sera l'objet des art. 755, 756, 757 et 758.

5. La loi a établi deux exceptions à la règle
que, dans chaque ligne, le parent qui se trouve
au degré le plus proche, est préféré à ceux qui
sont à des degrés plus éloignés.

1° Elle a voulu diviser par moitié, entre les
parens paternels et les parens maternels du
défunt, toute succession à laquelle ne sont pas
appellés des descendans; et il en résulte que le
parent qui, dans l'une des deux lignes paternelle
ou maternelle, est à un *degré* plus proche du
défunt que celui où se trouve un autre parent
dans l'autre ligne, n'exclut pas cependant ce
parent plus éloigné : la proximité des degrés n'est
considérée que dans chaque ligne séparément.
Celui qui est le plus proche dans la ligne pater-
ternelle et celui qui est le plus proche dans la
ligne maternelle, quoiqu'ils ne soient pas tous
les deux au même degré, sont appelés conjointement et partagent par moitié la succession.

On verra, dans les art. 733 et 734, comment se fait la division et quels en sont les effets.

2° Dans la ligne descendante et dans la ligne collatérale, un parent éloigné est appelé à succéder conjointement avec un parent plus proche, et même souvent à son exclusion, lorsqu'il est admis à représenter un parent prédécédé, qui se serait trouvé au degré le plus proche pour succéder, s'il eût été vivant lors de l'ouverture de la succession. C'est ce qu'on appelle le *droit de représentation*, dont il sera traité dans la section 2ᵉ du présent chapitre.

4. Tous les biens qui se trouvent dans une succession, sont-ils confondus de manière à ce qu'ils soient tous indistinctement déférés aux mêmes héritiers, quelles que soient leur nature et leur origine? Cette question est décidée par l'art. 732.

5. Enfin, après avoir établi les règles générales qui viennent d'être indiquées, le Code civil détermine, dans la section 3ᵉ, l'ordre dans lequel sont respectivement appelées à succéder, la ligne descendante, la ligne ascendante, la ligne collatérale, et applique, pour chacune de ces lignes, aux divers parens qui la composent, les règles générales.

6. Ces observations préliminaires, qui sont une espèce de table des matières du chapitre 3, peuvent servir à en préparer l'intelligence.

COMMENTAIRE

ARTICLE 732.

La loi ne considère ni la nature, ni l'origine des biens, pour en régler la succession.

1. Avant le Code civil, on distinguait dans les successions, en pays coutumiers, diverses espèces de biens, à raison de leur nature ou de leur origine.

A raison de leur nature, on le divisait en biens *nobles* et en biens *roturiers*, en *meubles* et en *immeubles*.

A raison de leur *origine*, on les divisait en *acquêts* et en *propres*, en biens *paternels* et en biens *maternels*.

On appelait *acquêt*, le bien immeuble dont une personne avait acquis la propriété par une vente qui lui avait été consentie, ou à tout autre titre que par succession, ou que par une donation en ligne directe.

On appelait *propre*, tout bien immeuble ou réputé tel, qui avait été transmis par succession ou par toute autre voie semblable.

Les biens *paternels* étaient ceux que le défunt tenait de ses parens paternels, et les *maternels* étaient ceux qu'il tenait de ses parens maternels.

Chaque espèce de biens avait encore ses subdivisions, et notamment on distinguait jusqu'à dix espèces de propres.

Ce n'était pas aux mêmes héritiers, ce n'était pas aux parens les plus proches du défunt, soit de leur chef, soit par représentation, que tous les biens étaient déférés ; suivant leur nature ou leur origine, ils étaient attribués à des héritiers différens, et souvent aux parens les plus éloignés.

Il y avait des héritiers particuliers des meubles et des héritiers particuliers des immeubles ; tel qui succédait aux acquêts, n'avait pas toujours le droit de succéder aux propres, *et vice versâ* ; l'un était exclu des biens paternels et n'avait droit qu'aux maternels ; l'autre au contraire ne pouvait prendre que dans les paternels.

Il existait encore, pour la succession à chaque espèce de biens, une foule de règles diverses, et les règles variaient dans chaque coutume.

Il en était résulté une législation si compliquée, si obscure et si difficile, qu'elle était une source continuelle de querelles et de procès entre les prétendans aux successions, de controverse et de débats entre les jurisconsultes, et de décisions souvent contraires de la part des tribunaux; une législation composée d'ailleurs d'une foule de systèmes si divers, et qui étaient encore soumis, dans chaque localité, à des règles si différentes entr'elles, qu'il n'y avait pas deux provinces où

I

l'on succédât de la même manière ; une législation enfin qui, dans presque tous les cas; violait
ouvertement, et l'ordre de la nature, et les affections légitimes du défunt, et les principes de la
justice et de l'égalité, et les intérêts mêmes de la
société, puisqu'elle appelait les parens éloignés
au préjudice des plus proches, qu'entre ceux qui
étaient au même degré elle distribuait les biens
de la manière la plus inégale, et qu'à chaque
succession, ascendante, ou collatérale, elle appelait une foule d'héritiers.

Sur cette matière, comme sur beaucoup d'autres, la législation romaine, qui régissait nos pays
de droit écrit, était bien plus simple et plus juste.
Elle confondait dans les successions toutes les diverses espèces de biens ; elle ne formait de tous
qu'un seul et même patrimoine, et elle les déférait tous également, sans distinction de leur nature
ou de leur origine, aux mêmes héritiers.

Telle est la règle qui a été adoptée par le Code
civil, et l'on voit maintenant quel est l'objet, quel
est le sens de cette disposition de l'art. 732, qui
porte que la loi ne considère ni la nature, ni
l'origine des biens, pour en régler la succession.

Ainsi, tous les biens qui se trouvent dans une
succession, qu'ils soient meubles ou immeubles,
qu'ils fussent venus au défunt, ou de ses parens
paternels, ou de ses parens maternels, qu'il les
eût acquis lui-même ou qu'ils lui fussent échus par

succession, quelles que soient leur nature ou leur origne, tous, en un mot, sans aucune distinction quelconque, restent confondus dans l'hérédité; ils forment tous une seule masse, qui appartient aux mêmes héritiers, sans que, dans aucun cas, un parent puisse avoir plus de droits qu'un autre, à une certaine espèce de biens.

Ainsi, l'on ne reconnaît plus d'héritiers particuliers des meubles et d'héritiers particuliers des immeubles, plus d'héritiers particuliers, ou des acquêts ou des propres, ou des biens nobles ou roturiers, ou des biens paternels ou maternels.

Tous les parens qui, dans l'ordre établi par la loi, se trouvent héritiers, succèdent également aux diverses espèces de biens. Celui qui est héritier pour moitié, succède à la moitié des immeubles comme à la moitié des meubles, à la moitié des propres comme à la moitié des acquêts, à la moitié des biens paternels comme à la moitié des biens maternels.

2. Il n'est pas permis de déroger, pour les successions *ab intestat*, à la règle établie par l'art. 732. Aucune stipulation, même par contrat de mariage, ne pourrait avoir l'effet de rétablir dans ces successions les anciennes distinctions coutumières, quant à l'origine et à la nature des biens.

Les successions *ab intestat* sont réglées par la loi seule; elles sont absolument indépendantes de la volonté de l'homme et de toutes les conventions qu'il peut avoir faites.

L'homme a le droit de disposer de ses biens pour le temps où il n'existera plus; mais, quant aux biens dont il ne dispose pas et qu'il veut conséquemment laisser dans sa succession *ab intestat*, il ne peut aucunement en régler la transmission, soit en changeant l'ordre établi par la loi, soit en stipulant que ses héritiers légitimes, qui seront de telle ligne ou de telle branche, succéderont par préférence pour telle ou telle espèce de biens.

ARTICLE 733.

Toute succession échue à des ascendans ou à des collatéraux, se divise en deux parts égales, l'une pour les parens de la ligne paternelle, l'autre pour les parens de la ligne maternelle.

Les parens utérins ou consanguins ne sont pas exclus par les germains; mais ils ne prennent part que dans leur ligne, sauf ce qui sera dit à l'art. 752. Les germains prennent part dans les deux lignes.

Il ne se fait aucune dévolution d'une ligne à l'autre, que lorsqu'il ne se trouve aucun ascendant ni collatéral de l'une de ces lignes.

1. Avant de donner les développemens nécessaires pour l'intelligence des trois règles établies par cet article, j'expliquerai quels sont les parens de la ligne paternelle, quels sont les parens de la ligne maternelle.

Il est important de savoir bien distinguer les parens de l'une et de l'autre ligne, puisque, dans toute succession échue à des ascendans ou à des collatéraux, l'art. 733 défère la moitié des biens du défunt à ses parens de la ligne paternelle, et l'autre moitié à ses parens de la ligne maternelle.

Pour ne pas confondre les uns avec les autres, il ne s'agit que de distinguer ceux qui étaient parens du défunt, *du côté de son père*, et ceux qui lui étaient parens, *du côté de sa mère*, sans remonter plus haut.

Tous ceux qui lui étaient parens du côté de son père, composent sa ligne paternelle : tous ceux qui lui étaient parens du côté de sa mère, composent sa ligne maternelle.

On n'a point à considérer la ligne par laquelle les parens du défunt tenaient *à son père ou à sa mère*, c'est-à-dire, s'ils étaient parens paternels ou maternels du père, parens maternels ou paternels de la mère. Il suffit de considérer la ligne par laquelle ils tenaient *au défunt lui-même*, c'est-à-dire, s'ils lui étaient parens du côté de son père, ou parens du côté de sa mère.

Tous les parens, soit *maternels*, soit paternels, du *père* du défunt, sont tous également parens *paternels* du défunt, parce qu'ils lui sont tous parens du chef et du côté de son père.

Tous les parens, soit *paternels*, soit maternels, de la *mère* du défunt, sont tous également parens *maternels* du défunt, parce qu'ils lui sont tous parens du chef et du côté de sa mère.

Ainsi, la mère et tous les autres ascendans maternels du *père* du défunt, leurs descendans et leurs collatéraux, sont tous de la ligne paternelle du défunt.

Le père et tous les autres ascendans paternels de la *mère* du défunt, leurs descendans et leurs collatéraux, sont tous de la ligne maternelle du défunt.

Il n'y a, en un mot, d'autre distinction à faire, dans la famille du défunt, pour composer sa ligne paternelle et sa ligne maternelle, que de porter à la première tous ceux qui étaient parens du défunt, du côté de son père, et à la seconde tous ceux qui étaient parens du défunt, du côté de sa mère, sans remonter plus haut dans l'une ou l'autre ligne, sans considérer aucunement ni les branches supérieures ni les branches collatérales.

Tableau III.

Ligne Maternelle.		Ligne Paternelle.	
Jean LEBLANC à Cather. VERGON.	Gilbert BRISSON à Jeanne MONT.	Augustin JADON à Victoire VIAL.	Joseph LENOIR à Gilberte PAIN.

JACQUES. PHILIPPE, marié à CÉCILE. ANTOINE, marié à CLAIRE. MARIE à JEAN.

GRÉGOIRE. LOUISE, mariée à GEORGE. CHARLES. PAUL.

FRANÇOIS, *de cujus.*

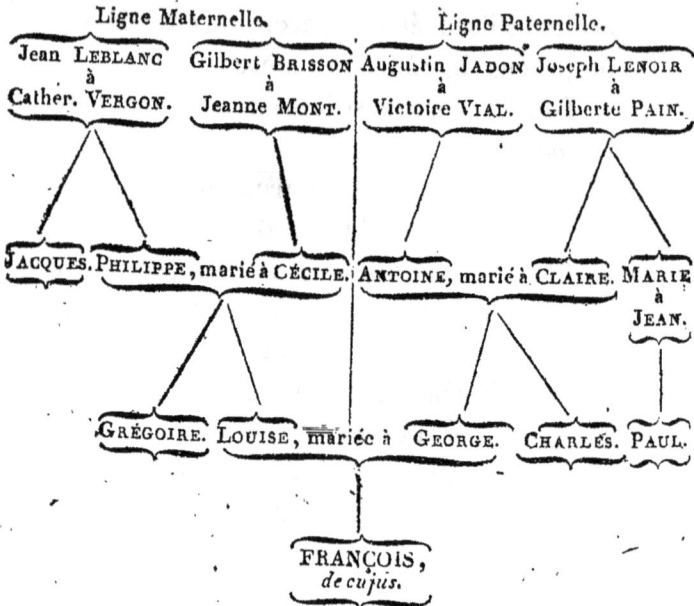

Les parens paternels de *François* dont la succession est ouverte, *de cujus successione agitur*, sont tous les parens de *George* son père.

George avait des parens paternels, savoir ceux du côté d'*Antoine*, son père, et des parens maternels, savoir ceux du côté de *Claire Lenoir*, sa mère mais tous les parens de *George*, soit paternels, soit maternels, sont tous indistinctement parens paternels de *François*, *de cujus*, parce qu'ils lui sont tous également parens du côté de son père.

Ainsi, *Joseph Lenoir* et *Gilberte Pain*, aïeuls maternels de *George*, sont parens paternels de *François*, parce qu'ils ne lui sont parens que du côté de son père, et que c'est là qu'il faut s'arrêter.

Par la même raison, *Marie Lenoir*, tante maternelle de *George*, et *Paul*, cousin maternel, sont parens paternels de *François*.

Les parens maternels de *François*, sont tous les parens de *Louise Leblanc*, sa mère. Qu'ils fussent parens à sa mère, du côté maternel ou du côté paternel, peu importe : ils sont tous parens maternels de *François*, parce qu'ils lui sont tous parens du côté de sa mère.

Ainsi, *Philippe*, père de *Louise*, *Jean Leblanc* et *Catherine Vergon*, ses aïeuls paternels, sont parens maternels de *François*, parce qu'ils ne lui sont parens que du côté de sa mère.

Jacques, oncle paternel de *Louise*, est également parent maternel de *François*.

2. Il est encore à remarquer que, pour savoir si la personne qui veut succéder au défunt, était sa parente du côté paternel ou du côté maternel, il ne faut pas considérer si c'était du chef de son père ou du chef de sa mère, qu'elle était parente au défunt ; mais qu'il faut considérer uniquement si elle était parente, ou du côté du père ou du côté de la mère *du défunt;* c'est-à-dire, que ce n'est point par le père ou la mère de l'héritier, que la ligne de parenté s'établit, mais par le père ou la mère du défunt.

Ainsi, le cousin germain du défunt n'est son

parent que du côté maternel, s'il est issu du *frère* et que le défunt soit issu de la *sœur*.

C'est cependant du chef de son père, qu'il est parent du défunt; et conséquemment il sè-rait parent paternel, s'il fallait considérer son père, pour déterminer la ligne de sa parenté avec le défunt. Mais il n'est parent du défunt, que du côté de la mère du défunt, et c'est là seulement ce qu'il faut considérer, parce qu'en effet c'est la parenté avec le défunt qui doit être établie, et que, dans l'espèce, elle ne peut être établie que du côté de la mère du défunt.

TABLEAU IV.

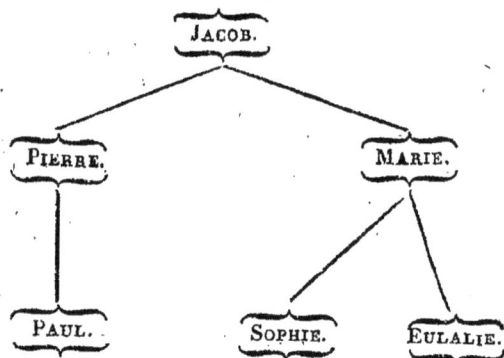

Sophie et *Eulalie* sont parentes paternelles de *Paul*, parce qu'elles sont ses parentes du côté de *Pierre*, son père, quoiqu'elles ne remontent à *Pierre* que du côté de *Marie* leur mère.

Paul, au contraire, est le cousin maternel de

Sophie et d'*Eulalie*, parce qu'il est leur parent du côté de leur mère, quoiqu'il ne remonte à *Sophie* et à *Eulalie*, que du chef de *Pierre*, son père.

Ainsi, l'on voit que les mêmes parens ne sont pas toujours respectivement, les uns à l'égard des autres, dans la même ligne de parenté, et qu'en conséquence, pour ne pas se tromper, il ne faut toujours considérer que le père et la mère de la personne à laquelle il s'agit de succéder et non pas le père et la mère de la personne qui veut succéder.

8. Nous allons examiner maintenant si les descendans, les ascendans et les collatéraux peuvent être parens du défunt; dans les deux lignes paternelle et maternelle.

Tous les descendans du défunt, quelqu'éloigné que soit leur degré, sont, tout à la fois, ses parens paternels et ses parens maternels.

Puisqu'ils descendent, en ligne directe, du défunt, il est évident qu'ils sont ses parens, et du côté de son père, et du côté de sa mère.

Au contraire, les ascendans du défunt ne sont presque toujours ses parens que dans une seule ligne, parce qu'ils ne lui tiennent que du côté de son père, ou du côté de sa mère. Il n'y a de parenté dans les deux lignes, que dans certains cas que j'expliquerai au n° 4.

Tableau V.

PHILIPPE.	LOUIS.	ARMAND.	JACQUES.
MARC.	ROMAIN à SYLVIE.	JULES. à LUCILE.	CHRISTOPHE à AUGUSTINE.
JÉRÔME à ÉLISABETH.	AUGUSTE, marié à MÉLANIE.		CATHERINE.
ANTOINETTE, mariée à CHARLES.			GEORGE.
	JULIEN, marié à MARIE.		
	ISIDORE.		

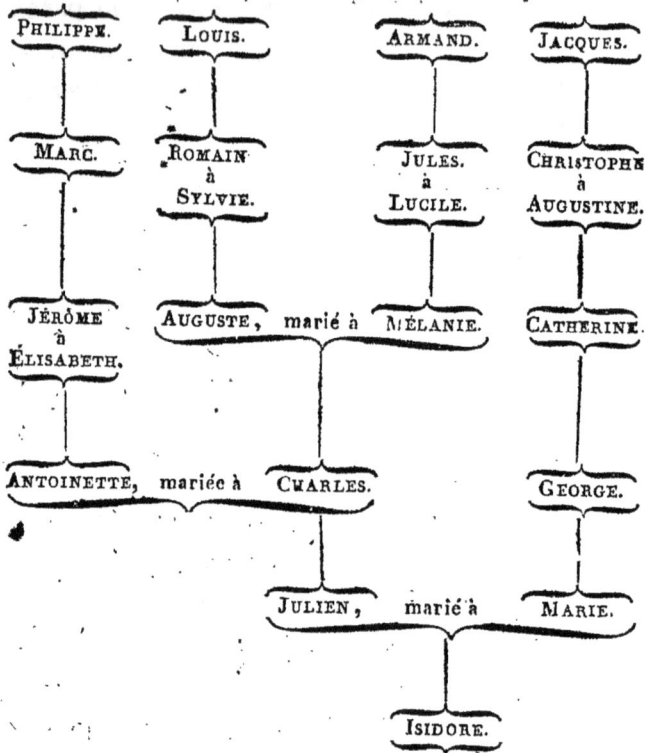

Isidore est parent, et dans la ligne paternelle
et dans la ligne maternelle, de chacun de ses ascendans, soit de ceux dont descend *Julien*, son
père, et qui sont ses ascendans paternels, soit
de ceux dont descend *Marie*, sa mère, et qui
sont ses ascendans maternels.

Cependant ce n'est que du chef de son père,
qu'il est parent de chacun des ascendans dont son
père descend ; ce n'est que du chef de sa mère,

qu'il est parent de chacun des ascendans dont sa mère est issue ; mais on a déjà dit que ce n'est ni son père, ni sa mère, qu'il faut considérer, pour savoir dans quelle ligne il est parent à un ascendant décédé ; mais qu'il faut uniquement considérer le père et la mère de l'ascendant auquel il veut succéder : or, il est évident que sa parenté avec chacun de ses ascendans, soit paternels, soit maternels, tient également au père et à la mère de cet ascendant. On ne peut descendre de quelqu'un, soit médiatement ; soit immédiatement, sans être tout à la fois parent et de son père et de sa mère.

Ainsi, *Isidore* est parent paternel et maternel, 1º d'*Antoinette*, son aïeule paternelle, parce qu'il lui est parent du côté de *Jérôme* et d'*Elisabeth ;* 2º de *Catherine*, sa bisaïeule maternelle, parce qu'il lui est parent du côté de *Christophe* et d'*Augustine ;* 3º de *Romain*, son trisaïeul paternel, et de *Jacques*, son aïeul maternel au quatrième degré, parce qu'il est parent du côté du père et du côté de la mère de chacun d'eux.

Cela s'applique également à chacun des autres ascendans.

Mais, au contraire, chacun des ascendans dénommés dans le tableau, ne se trouve parent d'*Isidore* que dans une seule ligne, parce que chacun d'eux n'est parent d'*Isidore*, que du côté de son père, ou du côté de sa mère, et non des deux côtés.

Jacques, *Christophe*, *Augustine*, *Catherine* et *George*, ne sont parens d'*Isidore*, que du côté de *Marie*, sa mère : ils ne le sont pas du côté de *Julien*, son père.

Tous les autres ascendans, dénommés dans le tableau, ne sont parens d'*Isidore*, que du côté de *Julien*, son père : ils ne le sont pas du côté de *Marie*, sa mère.

Ainsi, dans les cas les plus ordinaires, tous les ascendans, de la mère du défunt ; ne sont parens du défunt que dans la ligne maternelle ; *vice versâ*, tous les ascendans du père du défunt, ne sont parens du défunt que dans la ligne paternelle.

4. Mais il y a des cas où les ascendans, soit paternels soit maternels du défunt, sont tout à la fois ses parens et dans la ligne paternelle et dans la ligne maternelle.

Cette double parenté a lieu, lorsque des parens, qui sont issus de diverses branches, mais *d'une souche commune*, se sont unis par un mariage légitime : alors les ascendans, de l'un et de l'autre côté, se trouvent parens, dans les deux lignes, des descendans issus de ce mariage.

En voici un exemple :

Tableau VI.

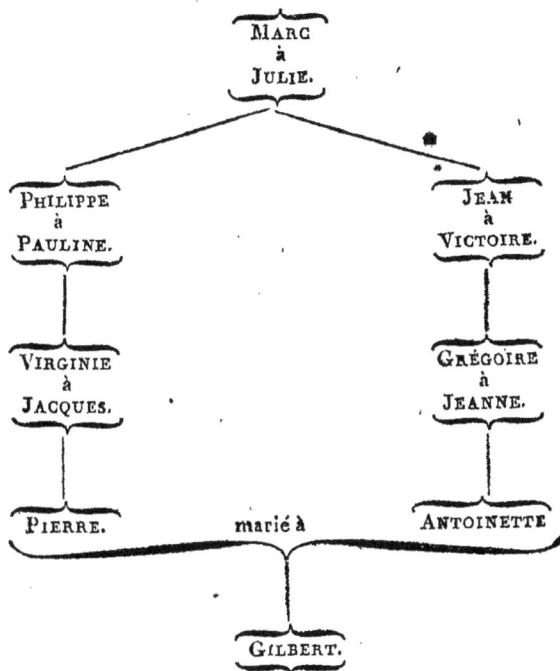

```
              MARC
               à
             JULIE.


   PHILIPPE                      JEAN
      à                           à
   PAULINE.                    VICTOIRE.


   VIRGINIE                    GRÉGOIRE
      à                           à
   JACQUES.                     JEANNE.


   PIERRE.        marié à      ANTOINETTE


                  GILBERT.
```

Pierre et *Antoinette*, qui sont cousins issus de germains, s'étant unis par le mariage, il en résulte que *Marc* et *Julie*, *Philippe* et *Jean*, *Virginie* et *Grégoire*, *Pierre* et *Antoinette*, sont parens de *Gilbert*, leur descendant, et dans la ligne paternelle et dans la ligne maternelle.

En effet, *Marc* et *Julie* sont parens, et du côté de *Pierre*, qui est leur arrière petit-fils, et du côté d'*Antoinette*, qui est leur arrière petite-fille.

Jean est le grand-oncle de *Pierre*, et le grand-père d'*Antoinette*.

Philippe est le grand-père de *Pierre*, et l'oncle d'*Antoinette*.

Virginie est la tante d'*Antoinette*, et la mère de *Pierre*.

Grégoire est l'oncle de *Pierre*, et le père d'*Antoinette*.

Pierre est, tout à la fois, le père de *Gilbert*, et son cousin du côté d'*Antoinette*, de même qu'*Antoinette*, mère de *Gilbert*, est en même temps sa cousine du côté de *Pierre*.

Les uns et les autres sont donc parens de *Gilbert*, leur descendant, et du côté de son père, et du côté de sa mère.

Mais *Pauline* et *Victoire*, *Jacques* et *Jeanne*, autres ascendans de *Gilbert*, ne sont ses parens que dans une seule ligne.

Pauline, aïeule de *Pierre*, n'est pas parente d'*Antoinette*, qui est seulement son alliée : elles ne sont pas issues du même sang ; elles n'ont pas un auteur commun.

De même, *Victoire*, aïeule d'*Antoinette*, n'est pas parente de *Pierre*.

Jacques, père de *Pierre*, n'est pas parent d'*Antoinette*, sa bru ou belle-fille.

Jeanne, mère d'*Antoinette*, n'est pas parente de *Pierre*, son gendre.

Ainsi, *Pauline* et *Jacques* ne sont parens de

Gilbert, leur descendant, que dans la ligne paternelle : *Victoire* et *Jeanne* ne sont parentes de
Gilbert, que dans la ligne maternelle.

Il faut, au reste, bien remarquer que ce n'est
qu'après un mariage légalement contracté entre
des parens, et *seulement à l'égard des descen-*
dans issus de ce mariage, que la double parenté
des ascendans est formée.

Elle n'existe pas à l'égard des parens qui se
sont unis.

Quoique *Jean* se trouve parent de *Gilbert*,
dans la ligne paternelle et dans la ligne maternelle, il n'est parent d'*Antoinette*, que dans la
ligne paternelle, parce qu'il ne lui est pas parent,
du côté de *Jeanne*, qui est seulement son alliée.

Il n'est parent de *Pierre*, que dans la ligne
maternelle, parce qu'il ne lui est pas parent du
côté de *Jacques*.

5. Il y a des parens collatéraux qui sont, tout
à la fois, parens paternels et parens maternels
du défunt.

Ce sont, 1º les enfans issus du même père et
de la même mère que le défunt, c'est-à-dire, les
frères et sœurs germains du défunt ;

2º Tous les descendans de ces frères ou sœurs.

Mais tous les autres parens collatéraux du défunt ne sont ses parens que dans l'une des deux
lignes seulement, sauf l'exception qui sera expliquée à la fin de ce numéro.

AUGUSTIN,
— marié —

En 1res noces
à
JEANNE.

En 2es noces
à
ÉLISABETH, mariée en 2es noces à JÉRÔME.

GEORGE
à
ANTOINETTE.

JOSÉPHINE
à
MARC.

PAUL
à
JULIE.

JEAN
à
LISE.

GENEVIÈVE

LOUISE.

GILBERTE
à
MÉDARD.

PIERRE
à
SOPHIE.

ANTOINE.

FRANÇOISE.

FRANÇOIS. MARTINE. DENIS.

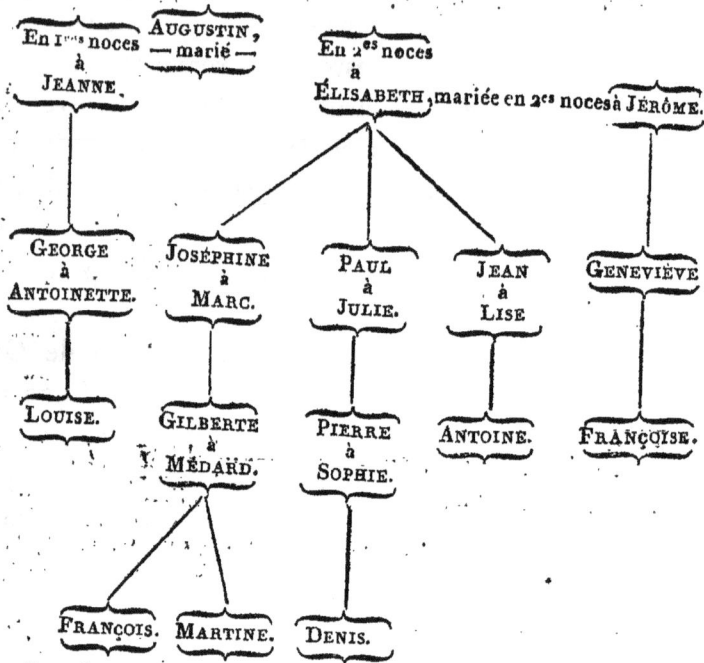

Il faut d'abord distinguer dans ce tableau,
1° Les frères et sœurs *germains*, c'est-à-dire,
ceux qui sont issus et du même père et de la
même mère : tels sont *Joséphine, Paul* et *Jean*,
qui sont issus d'*Augustin* et d'*Elisabeth*;

2° Les *demi-frères*, ou *demi-sœurs*, ou, en
d'autres termes, frères ou sœurs *d'un seul côté*,
c'est-à-dire, qui sont issus, ou du même père,
mais non de la même mère, ou de la même
mère, mais non du même père.

11.

Ceux qui sont issus du même père, mais non de la même mère, s'appellent *consanguins :* tels sont *George* et *Paul;*

Ceux qui sont enfans de la même mère, mais non du même père, s'appellent utérins : tels sont *Paul* et *Geneviève.*

Nous allons maintenant examiner comment sont parens, *entr'eux*, tous les colatéraux dénommés dans le tableau.

1º Il est évident que les frères et sœurs germains sont tous respectivement parens paternels et parens maternels, puisqu'ils ont tous le même père et la même mère.

Joséphine et *Jean* sont parens de *Paul*, du côté de son père et du côté de sa mère, comme il est lui-même leur parent, de l'un et de l'autre côté.

2º Tous les descendans des frères ou sœurs germains du défunt, sont aussi ses parens dans l'une et dans l'autre ligne, parce qu'ils lui sont tous parens du côté de son père et du côté de sa mere.

Ainsi, le neveu est parent paternel et parent maternel de son oncle, si cet oncle était frère germain du père ou de la mère du neveu.

Et il en est de même du neveu a l'égard de la tante, et de la nièce, soit à l'égard de la tante soit a l'égard de l'oncle, en admettant toujours que l'oncle soit frère germain, ou la tante sœur germaine du père ou de la mère de la nièce, ou du neveu.

Gilberte, qui est nièce de *Paul*, et *Antoine*, qui est son neveu, sont ses parens du côté d'*Augustin*, son père, et du côté d'*Elisabeth*, sa mère.

Les petits neveux, petites-nièces, et généralement tous les descendans des frères ou sœurs germains du défunt, sont également ses parens dans l'une et l'autre ligne.

François, petit-neveu, et *Martine*, petite-nièce de *Paul*, sont ses parens, du côté d'*Augustin* et du côté d'*Elisabeth*, ses père et mère.

3º Mais les oncles et les tantes du défunt ne sont pas ses parens dans les deux lignes, quoique le défunt descende d'un frère germain ou d'une sœur germaine de l'oncle, ou de la tante.

Il en est de même des grands-oncles, ou grandes-tantes, à l'égard des petits-neveux, ou petites-nièces.

Ainsi, *Jean* n'est que parent maternel de *Gilberte*, sa nièce, parce qu'il ne lui est parent que du côté de *Joséphine*, et non du côté de *Marc*; celui-ci n'est que le beau-frère de Jean, c'est-à-dire, son *allié*, mais non pas son parent.

Jean n'est que parent paternel de *Denis*, son petit-neveu, parce qu'il ne lui est parent que du côté de *Pierre*, et non du côté de *Sophie* qui n'est, à l'égard de *Jean*, qu'une alliée, mais non pas une parente.

4° Les descendans des frères ou sœurs germains ne sont pas, *entr'eux*, parens dans les deux lignes : ils ne sont parens que dans une ligne seulement, quoiqu'ils descendent les uns et les autres de parens qui étaient germains.

Le cousin germain du défunt n'est que son parent paternel, quoiqu'ils soient issus de deux frères germains : il n'est que son parent maternel, quoiqu'ils soient issus de deux sœurs germaines.

Ainsi, *Gilberte* n'est que parente maternelle d'*Antoine*, son cousin germain, parce qu'elle ne lui est parente que du côté de *Jean*, et non du côté de *Lise*.

Antoine n'est que parent maternel de *François*, parce qu'il ne lui est parent que du côté de *Gilberte*, et non du côté de *Médard*.

5° Les frères et sœurs *consanguins* du défunt, et tous les descendans de ces frères ou sœurs, ne sont parens du défunt que dans la ligne paternelle, parce qu'ils ne lui sont parens que du côté de son père.

George et *Louise* ne sont parens de *Paul* que du côté d'*Augustin*, son père : ils ne lui sont pas parens du côté d'*Elisabeth*, sa mère.

6° Mais l'oncle et la tante ne sont pas toujours parens *paternels* du neveu ou de la nièce, quoique le neveu ou la nièce descende d'un frère consanguin ou d'une sœur consanguine de l'oncle, ou de la tante.

Et il en est de même des grands-oncles, ou grandes-tantes, à l'égard des petits-neveux, ou petites-nièces.

Ainsi, *George* n'est que le parent *maternel* de *Gilberte*, sa nièce, qui est fille de sa sœur consanguine, il n'est parent de *Gilberte* que du côté de *Joséphine*, et non pas du côté de *Marc*.

Il n'est également que parent *maternel* de *François*, son petit-neveu, et de *Martine*, sa petite-nièce, parce qu'il ne leur est parent que du côté de *Gilberte*, leur mère.

7° Les frères et sœurs *utérins* du défunt, et tous les descendans de ces frères ou sœurs, ne sont que de la ligne maternelle du défunt, parce qu'ils ne lui sont parens que du côté de sa mère.

Geneviève et *Françoise* ne sont parens de *Paul*, que du côté d'*Elisabeth*, sa mère : ils ne lui sont pas parens du côté d'*Augustin*, son père.

8° Mais, l'oncle et la tante ne sont pas toujours parens maternels du neveu ou de la nièce, quoique le neveu, ou la nièce, descende d'un frère utérin, ou d'une sœur utérine de l'oncle ou de la tante.

Et il en est de même des grands-oncles, ou grandes-tantes, à l'égard des petits-neveux ou petites-nièces.

Ainsi, *Geneviève* est tante paternelle de *Pierre*,

fils de *Paul*, quoiqu'elle soit sœur utérine de *Paul*: elle n'est pas parente du côté de *Julie*, mère de *Pierre*.

Elle n'est également que parente paternelle de *Denis*.

Mais elle est parente maternelle de *François* et de *Martine*.

9° Les descendans des frères ou sœurs *consanguins*, ne sont pas toujours, *entr'eux*, parens *paternels*; et les descendans des frères ou sœurs *utérins*, ne sont pas toujours, *entr'eux*, parens *maternels*.

Ainsi, *Gilberte*, *François*, *Martine*, *Pierre*, *Denis* et *Antoine*, s'ils sont appelés à succéder à *Louise*, se trouveront tous dans la ligne paternelle, parce qu'ils ne sont parens de *Louis*, que du côté de *George*, son père, et non du côté d'*Antoinette*, sa mère.

Et, au contraire, si c'est *Louise* qui est appelée à succéder ou à *Gilberte*, ou à *François*, ou à *Martine*, elle se trouvera dans la ligne maternelle, parce qu'elle n'est parente de *Gilberte*, que du côté de *Joséphine*, parce qu'elle n'est parente de *François* et de *Martine*, que du côté de *Gilberte*.

Mais elle se trouvera dans la ligne paternelle de *Pierre*, de *Denis* et d'*Antoine*, si elle est appelée à leur succéder.

Denis sera dans la ligne maternelle de *Fran-*

çoise, et *Françoise* sera dans la ligne paternelle de *Denis* et de *Pierre*.

10° Il résulte des exemples qui viennent d'être donnés, et qui peuvent aisément s'appliquer à tous les collatéraux, soit à des degrés égaux, soit à des degrés supérieurs ou inférieurs, que tous les parens collatéraux du défunt, autres néanmoins que ses frères ou sœurs germains, et les descendans de ces frères ou sœurs, ne sont parens du défunt que dans une seule ligne.

Il y a cependant une exception à cette règle. Il peut arriver que, par suite d'alliances entre deux familles, il se soit établi entre des individus de ces familles, hors les cas qui ont été précédemment énoncés, une double parenté dans la ligne paternelle et dans la ligne maternelle.

En voici deux exemples :

Tableau VIII.

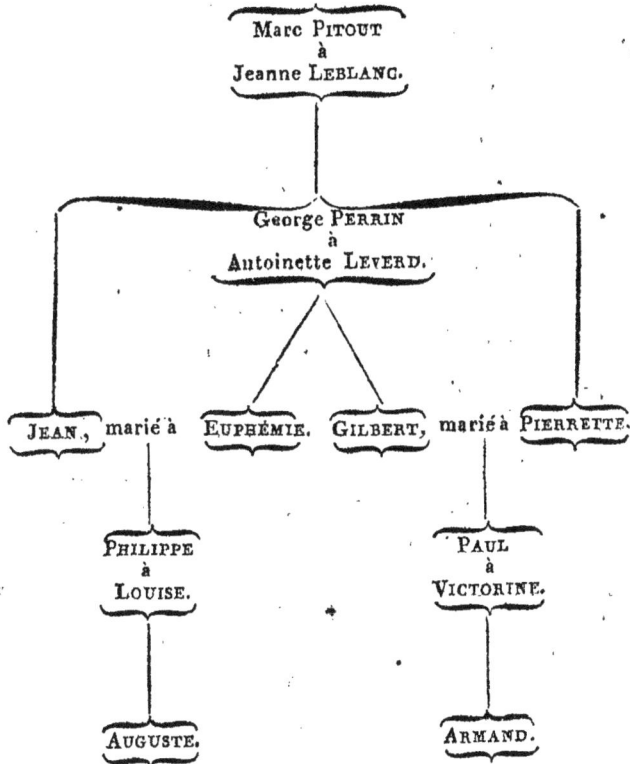

Marc Pitout
à
Jeanne Leblanc.

George Perrin
à
Antoinette Leverd.

Jean, marié à   Euphémie.   Gilbert, marié à Pierrette.

Philippe
à
Louise.

Paul
à
Victorine.

Auguste.   Armand.

Jean Pitout ayant épousé *Euphémie Leverd*, et *Gilbert Leverd*, frère d'*Euphémie*, ayant épousé *Pierrette Pitout*, sœur de *Jean*, il résulte de cette double alliance entre les deux familles, que *Paul Leverd* est parent dans la ligne paternelle, et dans la ligne maternelle, de *Philippe Pitout*, son cousin germain.

Il est en effet son parent, du côté d'*Euphémie*,

qui est sa tante paternelle, et du côté de *Jean*, qui est son oncle maternel.

Philippe est également parent de *Paul*, et dans la ligne paternelle et dans la ligne maternelle.

Mais cette double parenté n'existe qu'entre *Philippe* et *Paul* : elle ne s'étend ni à leurs descendans, ni à leurs ascendans.

Ainsi, *Paul* n'est parent d'*Auguste* fils de *Philippe*, que dans la ligne paternelle : car il n'est pas parent du côté de *Louise* ; et de même *Philippe* n'est parent d'*Armand*, fils de *Paul*, que dans la ligne paternelle ; car il n'est pas parent du côté de *Victorine*.

Auguste et *Armand* ne sont aussi parens l'un de l'autre que dans la ligne paternelle.

George Perrin et *Antoinette Leperd* ne sont parens de *Philippe*, que dans la ligne maternelle : ils ne sont parens de *Paul*, que dans la ligne paternelle.

Tableau IX

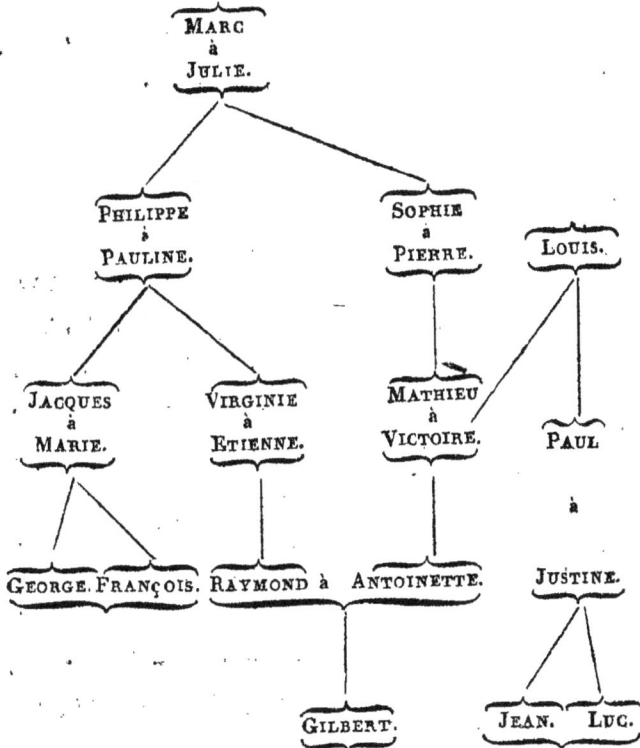

Raymond et *Antoinette*, qui étaient cousins issus de germains, et qui descendaient, l'un et l'autre de *Marc* et de *Julie*, s'étant unis par mariage, il en résulte, 1° que, dans la ligne ascendante, *Marc, Julie, Philippe, Virginie, Sophie*, et *Mathieu* sont tout à la fois parens paternels et parens maternels de *Gilbert*, puisque tous, en effet, lui sont parens du chef de *Raymond* et d'*Antoinette*, ses père et mère, lesquels étaient

petits-enfans de *Philippe* et de *Sophie*, frères et
sœurs ; 2° que, dans la même ligne, *Pauline* et
Etienne ne sont que parens paternels de *Gilbert*,
parce qu'ils ne lui sont parens que du côté de
Raymond, et qu'ils étaient seulement *alliés* d'*Antoinette* ; 3° que, dans la même ligne encore,
Pierre et *Victoire* ne sont que parens maternels
de *Gilbert*, parce qu'ils ne lui sont parens que
du côté d'*Antoinette* sa mère ; 4° que, dans
la ligne collatérale, *Jacques*, *Georges* et *François*
sont tout à la fois parens paternels et parens
maternels de *Gilbert*, puisqu'ils lui sont parens
du chef de son père et du chef de sa mère :
Jacques était le frère de *Virginie*, mère de
Raymond, et le cousin germain de *Mathieu*, père
d'*Antoinette* ; 5° enfin, que, dans la ligne collatérale, *Paul*, *Luc* et *Jean*, ne sont que parens
maternels de *Gilbert*, puisqu'ils ne lui sont parens
que du chef de sa mère.

6. Après avoir expliqué, avec tous les détails
qui m'ont paru nécessaires, quels sont les parens
de la ligne paternelle, quels sont les parens de la
ligne maternelle, je vais dire comment se divisent
entr'eux les successions.

L'art. 733 établit à cet égard trois règles principales, qu'il faut successivement examiner.

Suivant la première, et sauf les exceptions que
je ferai connaître, toute succession qui est échue
à des ascendans ou à des collatéraux, se divise en
deux parts égales, l'une pour les parens de la ligne

paternelle, l'autre pour les parens de la ligne maternelle.

Cette disposition n'est conforme ni au droit écrit, ni au droit coutumier.

Les coutumes ne considéraient pas seulement l'origine des biens, pour en régler la succession : elles considéraient encore l'*origine des parens*, c'est-à-dire, la ligne de parenté par laquelle ils tenaient au défunt.

Ainsi, elles appelaient conjointement pour héritiers, des parens de la ligne parternelle du défunt et des parens de la ligne maternelle, quoique les parens de l'une de ces lignes fussent à des degrés plus rapprochés du défunt, que les parens de l'autre; et elles attribuaient respectivement aux parens de chaque ligne les biens que le défunt y avait recueillis, ensorte que les parens paternels avaient seuls tous les biens paternels, et que les parens maternels prenaient exclusivement tous les biens provenus de la ligne maternelle.

Mais le droit écrit ne considérait pas plus l'origine des parens, que l'origine des biens.

Il n'avait admis entre les parens de la ligne paternelle et les parens de la ligne maternelle, ni de distinction quant aux droits pour les successions, ni de division quant aux biens.

Il n'appelait donc pour héritier de la totalité des biens, dans toute succession échue à des ascendans ou à des collatéraux, que le parent qui était le plus proche du défunt, soit de son chef personnellement, soit par représentation, et sans aucune division entre la ligne paternelle et la ligne maternelle ;

Ensorte que le parent le plus proche, soit paternel, soit maternel, succédait seul, à l'exclusion de tous les autres parens, ou de la même ligne, ou d'une ligne différente, qui, soit de leur chef, soit par représentation, n'étaient pas à un degré aussi prochain.

Le Code civil a pris un terme moyen entre ces deux législations.

Il diffère du droit écrit, en ce qu'il établit comme règle générale, que toute succession, échue à des ascendans ou à des collatéraux, sera divisée par moitié entre les parens de la ligne paternelle et les parens de la ligne maternelle; et qu'ainsi il affecte pour chaque ligne la moitié des biens du défunt.

Il diffère du droit coutumier, en ce qu'il ne considère aucunement, dans cette division des successions, l'*origine des biens*; qu'il n'affecte pas les biens paternels aux parens de la ligne paternelle, ni les biens maternels aux biens de la ligne maternelle; mais qu'il les confond tous dans la succession, et les partage tous sans distinction entre les parens, soit de la ligne paternelle, soit de la ligne maternelle.

C'est dans l'art. 733 que l'on trouve ces innovations importantes. Il dit formellement que toute succession, échue à des ascendans ou à des collatéraux, sera divisée en deux parts égales, l'une pour les parens de la ligne paternelle, l'autre pour les parens de la ligne maternelle.

Ainsi, dans tous les cas où le défunt n'a pas laissé de postérité, il faut rechercher d'abord quels sont ses parens dans la ligne paternelle, et quels sont ses parens dans la ligne maternelle.

La moitié de la succession appartient aux premiers, l'autre moitié appartient aux seconds.

Néanmoins, tous les parens qui se trouvent dans la même ligne, n'ont pas également droit à la moitié de la succession. On verra dans l'art. 734 quels sont, dans chaque ligne, ceux qui doivent obtenir la préférence.

Mais nous ne nous occupons, en ce moment que de la règle qui établit la division par moitié entre les deux lignes.

Cette règle est fondamentale, et pourtant elle est soumise à quelques exceptions, qui seront expliquées dans les n°s 9, 10, 11, 12 et 13 des observations sur l'art. 733.

7. Il faut sur-tout bien remaquer que, d'après le Code civil, les parens de la ligne paternelle ne prennent pas seulement les biens que le défunt avait recueillis du côté paternel, et ne sont pas même admis à les réclamer de préférence ; et qu'aussi les parens de la ligne maternelle ne succèdent pas seulement aux biens provenus du côté

maternel, et n'ont pas le droit de les obtenir par préférence. C'est la moitié de tous les biens indistinctement, qui appartient à chaque ligne. On a vu, dans l'art. 732, que la loi ne considère ni la nature, ni l'origine des biens, pour en régler la succession.

Ainsi, dans le cas où il n'y aurait dans la succession aucun bien provenu du côté paternel, les parens de la ligne paternelle n'en auraient pas moins la moitié de tous les biens, meubles et immeubles, dépendant de la succession; et si tous les biens de la succession provenaient du côté paternel, les parens de la ligne paternelle n'en auraient toujours que la moitié.

Cela s'applique également aux parens de la ligne maternelle.

Enfin, s'il y avait dans la succession deux objets, dont l'un fût provenu du chef paternel, et l'autre du chef maternel, les parens de la ligne paternelle n'auraient pas plus de droit sur le premier, que les parens de la ligne maternelle n'en auraient sur le second.

Il ne faut jamais oublier que tous les biens du défunt restent confondus dans sa succession, sans aucune distinction quant à leur origine, ou à leur nature.

8. La seconde règle établie par l'art. 733, dispose que les parens utérins, ou consanguins, ne sont pas exclus par les germains, mais qu'ils

ne prennent part que dans leur ligne, et que les germains prennent part dans les deux lignes.

Cette seconde règle n'est qu'une conséquence de la première.

Puisque toute succession, échue à des descendans ou à des collatéraux, doit être divisée en deux portions égales, l'une pour les parens de la ligne paternelle, l'autre pour les parens de la ligne maternelle, il en résulte que les parens *germains* du défunt, c'est-à-dire, ceux qui sont ses parens dans l'une et l'autre lignes, ont le droit, s'ils se trouvent appelés à la succession, de prendre part dans la moitié qui est affectée à la ligne paternelle, comme dans l'autre moitié qui est affectée à la ligne maternelle.

Il en résulte également que les parens *utérins* ou *consanguins* du défunt, c'est-à-dire, ceux qui ne sont parens que dans une seule ligne, ont le droit de prendre part dans la moitié affectée à cette ligne, mais qu'ils ne peuvent rien réclamer dans la moitié affectée à l'autre ligne qui leur est étrangère. Il n'en était pas ainsi dans tous les cas, avant le Code civil.

Suivant les Novelles 84 et 118 de Justinien, et les dispositions du plus grand nombre des coutumes, les frères du défunt, utérins ou consanguins seulement, étaient entièrement exclus de la succession par les frères germains, et même par les neveux, *ex utroque latere*.

Ce privilége accordé aux germains, s'appelait *le privilége du double bien.*

Le Code civil l'a formellement aboli, en disposant que les parens, utérins ou consanguins, ne seraient pas exclus par les germains.

Mais, pour maintenir la division que déjà il avait ordonnée entre les parens des deux lignes, il a ajouté que les parens, utérins ou consanguins, ne prendraient part que dans leur ligne, et que les germains prendraient part dans les deux lignes.

Ainsi, le parent germain du défunt, qui se trouve en concours avec un parent *utérin*, prendra d'abord, pour lui seul, la moitié attribuée à la ligne paternelle, parce qu'il est seul dans cette ligne qui est absolument étrangère au parent utérin; ensuite il partagera avec le parent utérin l'autre moitié affectée à la ligne maternelle, parce qu'ils sont également, l'un et l'autre, parens dans cette ligne.

S'il est en concours avec un parent *consanguin*, il prendra seul la moitié affectée à la ligne maternelle, et partagera, avec le parent consanguin, l'autre moitié affectée à la ligne paternelle qui leur est commune.

Dans ces deux cas, il aura les trois quarts de la succession et l'autre parent n'aura que le quart.

S'il est en concours avec un parent utérin et un parent cousanguin, il partagera avec le parent utérin la moitié affectée à la ligne maternelle, et avec le parent consanguin, l'autre moitié affectée à la ligne paternelle ; il aura donc une moitié entière de la succession.

Cependant, il ne faut pas conclure de ces hypothèses particulières, que les parens germains prennent toujours les *trois quarts* ou la *moitié* de la succession.

S'il y a, dans la même ligne, plusieurs parens qui, de leur chef, soient également appelés à succéder, ils succèdent par tête dans cette ligne, ensorte que, par exemple, s'il se trouve un parent germain, deux parens utérins et deux parens consanguins, tous appelés à succéder suivant les règles qu'on expliquera par la suite, le parent germain n'aura que le tiers dans chaque ligne, puisque le partage devra être fait dans chaque ligne entre trois têtes ; il n'aura donc qu'un tiers de la succession.

La portion variera encore, dans les cas de représentation, ainsi que nous le verrons sur les art. 734 et 742.

Aussi faut-il remarquer que l'art. 733 ne détermine point la part que doit avoir chacun des parens germains, utérins ou consanguins : il se borne seulement à dire que les germains *prendront part* dans les deux lignes, et que les uterins ou consanguins ne *prendront part* que dans leur ligne.

C'est d'après le nombre et la qualité des héritiers que se détermine la quotité de la part que
chaque parent doit prendre dans sa ligne, et
c'est ce que nous apprendront les articles suivans.

L'art. 733 ne fait autre chose que d'accorder
le droit, en général et sans aucune fixation particulière, 1° aux parens germains de prendre
part dans les deux lignes, 2° aux parens utérins,
ou consanguins, de prendre part respectivement
dans leur ligne, lors même qu'ils se trouvent en
concours avec des parens germains.

On trouve un premier exemple dans le tableau
9, page 170.

Jacques, grand-oncle de *Gilbert*, est son parent germain, puisqu'il est son parent, et du côté
de *Raymond*, et du côté d'*Antoinette*.

Paul, qui est aussi grand-oncle de *Gilbert*, n'est
que son parent utérin ou maternel, puisqu'il ne
lui est parent que du côté d'*Antoinette*.

Si, à défaut d'autres parens, ces deux grands-
oncles étaient appelés à succéder à *Gilbert*, l'un
n'exclurait pas l'autre; mais *Jacques* prendrait
seul la moitié affectée à la ligne paternelle, et
dans l'autre ligne il partagerait avec *Paul*.

Mais si *Paul* était décédé avant *Gilbert*, ses
enfans *Jean* et *Luc* seraient également appelés
à concourir avec *Jacques*, et comme le partage
se ferait entr'eux par tête dans la ligne mater-

nelle, *Jacques* n'aurait que le tiers de la moitié affectée à cette ligne.

Si, enfin, *George* et *François* concouraient avec *Jean* et *Luc*, ils prendraient bien toute la portion attribuée à la ligne paternelle; mais ils n'auraient que la moitié dans la portion attribuée à la ligne maternelle.

Voici un autre exemple pour la classe des frères sœurs et leurs descendans.

TABLEAU X.

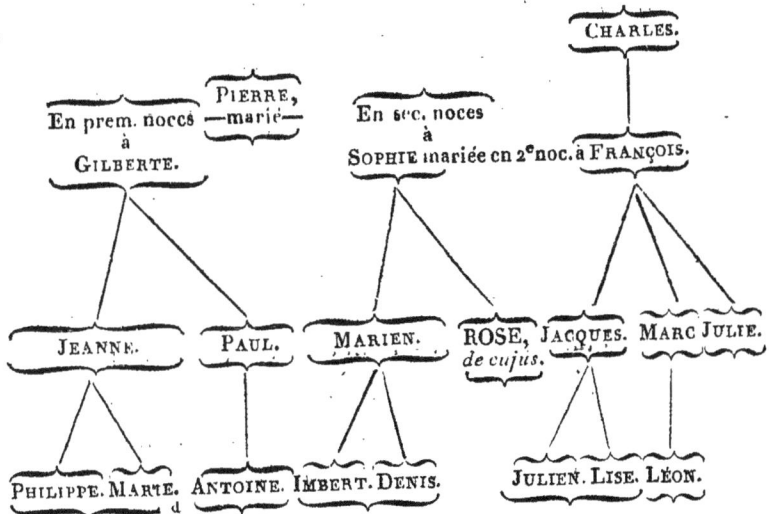

Pierre a épousé, en premières noces, *Gilberte* et en a eu deux enfans, *Jean* et *Paul*.

En secondes noces, il a épousé *Sophie*, et de ce mariage sont issus *Marien* et *Rose*.

Pierre étant mort, *Sophie* a convolé avec *François*, et en a eu trois enfans, *Jacques*, *Marc* et *Julie*.

Rose décède sans postérité, ni ascendans : elle laisse *Marien* son frère germain, *Paul* et *Jeanne* ses frère et sœur consanguins, *Jacques*, *Marc* et *Julie*, ses frères et sœur utérins.

Suivant l'ancien droit, *Marien* aurait seul recueilli la succession de sa sœur germaine, à l'exclusion de tous les autres frères et sœurs, utérins ou consanguins.

Et même, s'il était décédé avant *Rose*, ses enfans, *Imbert* et *Denis*, qui le représentent, auraient, comme lui, exclu tous leurs oncles et tantes.

Mais, d'après la règle établie par l'art. 733 du Code civil, tous les frères et sœurs de *Rose* sont appelés à sa succession.

Cependant, ils n'y sont pas appelés pour des portions égales.

Marien, qui est frère germain, prend part dans les deux lignes.

Ainsi, d'abord, il partage avec *Jeanne* et *Paul* la moitié de la succession, affectée à la ligne paternelle : tous les trois sont parens, dans cette ligne, de *Rose de cujus*; et comme tous les trois sont parens à un égal degré, comme ils viennent tous de leur chef, le partage se fait entr'eux par tiers.

Ensuite, *Marien* partage avec *Jacques*, *Marc*

et *Julie*, l'autre moitié de la succession, qui est affectée à la ligne maternelle, et le partage se fait entr'eux par quart.

Ensorte que *Marien* prend, dans la succession de *Rose*, sept portions de vingt-quatre, c'est-à-dire, plus du quart de la totalité, au lieu qu'il n'aurait qu'une sixième portion du tout, si le partage se faisait par portions égales entre tous les frères et sœurs de *Rose*.

Le même droit appartiendrait à *Imbert* et *Denis*, ses enfans, s'ils étaient habiles à le représenter, ainsi que nous le verrons sur l'art. 742.

Et il n'aurait aussi que le même droit, d'après cet article, si, les frères et sœurs utérins ou consanguins étant prédécédés, leurs descendans pouvaient les représenter.

9. Il y a cependant des exceptions, soit à la règle qui veut que toute succession soit divisée en deux parts égales, l'une pour les parens de la ligne paternelle, l'autre pour les parens de la ligne maternelle; soit à la règle qui veut que les parens utérins, ou consanguins, ne prennent part respectivement que dans leur ligne.

Ces règles ne s'appliquent pas à toutes les successions : elles n'ont pas toujours lieu entre les parens d'ordres divers ; et même elles ne s'appliquent pas, dans tous les cas, entre les parens du même ordre.

C'est ce qu'il faut expliquer.

10. Et, d'abord, ces règles ne s'appliquent pas aux successions en ligne directe descendante.

En effet, puisque les enfans et autres descendans du défunt sont nécessairement ses parens dans les deux lignes, puisque ses enfans ou descendans excluent, *dans tous les cas*, aux termes de l'art. 745, *tous les autres parens*, il est bien évident que les deux règles étaient absolument inutiles à leur égard.

Aussi l'art. 733 n'établit ces règles qu'à l'égard des successions échues à des ascendans ou à des collatéraux.

11. La division entre les deux lignes, et par suite le droit accordé aux utérins ou consanguins de prendre part dans leur ligne, ont toujours lieu, lorsque la succession n'est déférée qu'à des ascendans.

Ainsi, d'après l'art. 746, lorsque le défunt n'a laissé ni descendans, ni frères ou sœurs, ni descendans de frères ou de sœurs, sa succession est divisée par moitié entre ses père et mère qui lui ont survécu.

Si le père ou la mère, était prédécédé, la succession se divise par moitié entre le survivant d'eux et l'ascendant le plus proche *dans l'autre ligne*.

En cas du prédécès du père et de la mère, le partage a lieu entre le plus proche des aïeux paternels, et le plus proche des aïeux maternels.

12. La division entre les deux lignes a égale-

ment lieu, sauf une seule exception, lorsque la succession est déférée à des collatéraux seuls :

Je vais expliquer les cas divers.

1º Lorsque le défunt n'a laissé ni descendans, ni ascendans, ni frères ou sœurs, ni descendans de frères ou sœurs, la succession se divise toujours par moitié entre le parent collatéral le plus proche dans la ligne paternelle, et le parent collatéral le plus proche dans la ligne maternelle. (Art. 733, 734 et 753.)

2º Lorsque le défunt n'a laissé ni descendans, ni ascendans, mais seulement des frères ou sœurs, dont les uns sont *consanguins* et les autres sont *utérins*, les frères ou sœurs consanguins prennent entr'eux la moitié attribuée à la ligne paternelle, et l'autre moitié appartient aux frères ou sœurs utérins.

3º La division a également lieu, lorsque le défunt n'a laissé ni descendans, ni ascendans, mais a laissé des frères ou sœurs d'un seul côté, et des descendans de frères ou sœurs d'un autre côté. Les frères ou sœurs d'un seul côte ne prennent que la moitié attribuée à leur ligne, et l'autre moitié est déférée aux descendans de l'autre ligne.

Peu importerait que ces descendans ne pussent jouir du bénéfice de la représentation, dans les cas, par exemple, où les frères ou sœurs dont ils sont issus, auraient été déclarés indignes de succéder au défunt, ou auraient renoncé à la succession.

On verra dans les observations sur les art. 750 et 752, que les frères ou sœurs d'un seul côté, n'excluent, *hors de leur ligne*, que les ascendans qui sont au-dessus du degré de père ou de mère, et que les collatéraux qui ne sont ni frères ou sœurs, ni descendans de frères ou sœurs.

4° Il en est encore de même, lorsque le défunt n'a laissé que des descendans de plusieurs frères ou sœurs dont les uns étaient consanguins et les autres utérins.

La succession se divise toujours par moitié, entre les descendans des frères ou sœurs consanguins, et les descendans des frères ou sœurs utérins.

Peu importe que ces descendans viennent tous par représentation, ou que tous ils ne puissent venir que de leur chef, ou que les descendans consanguins puissent seuls jouir du bénéfice de la représentation, ou que les descendans utérins se trouvent seuls habiles à représenter. Dans tous les cas, les descendans consanguins ne peuvent réclamer que la moitié attribuée à la ligne paternelle, et de même les descendans utérins ne peuvent réclamer que la moitié attribuée à la ligne maternelle.

Les descendans de frères ou sœurs d'un seul côté, ne sont jamais exclus dans leur ligne, par

des descendans de frères ou de sœurs d'un autre
côté. (Voyez le n° 18 des observations sur l'art.733
et le n° 8 des observations sur l'art. 750.)

5° Lorsque le défunt n'a laissé ni descendans,
ni ascendans, mais a laissé, d'une part, des frères
ou sœurs germains, ou des descendans qui peuvent représenter ces frères ou sœurs, et, d'autre
part, des frères ou sœurs d'un seul côté, on
verra, dans l'art. 742, que les descendans ne
peuvent avoir conjointement que les mêmes droits
et la même part qu'auraient eus les frères ou sœurs
qu'ils représentent, et qu'en conséquence dans
ce cas, comme dans celui où il n'y a que des
frères ou sœurs, la succession se divise également par moitié entre ceux qui sont issus de
la ligne paternelle et ceux qui sont issus de la
ligne maternelle.

6° Par le même motif, la division entre les
deux lignes a également lieu, lorsque les descendans de frères ou de sœurs germains et les
descendans de frères ou de sœurs d'un seul côté,
pouvant tous représenter, se trouvent tous également appelés à la succession.

7° Le principe de la division entre les deux
lignes, se trouve encore observé dans le cas même
où des descendans de frères ou de sœurs *germains*,
pouvant représenter ces frères ou sœurs, excluent
les descendans qui ne peuvent représenter des
frères ou sœurs d'un seul côté : s'ils prennent la

totalité de la succession, c'est parce qu'ils sont parens dans les deux lignes; c'est parce qu'il se trouvent seuls dans la ligne à laquelle sont étrangers les descendans des frères ou sœurs d'un seul côté, et que, dans l'autre ligne, il se trouvent, par le moyen de la représentation, à un degré plus proche que les descendans de cette ligne, qui ne peuvent représenter des frères ou sœurs. (Voyez les observations sur l'art. 742.)

8° Enfin, le principe de la division entre les deux lignes, doit être encore observé, lorsque les frères ou sœurs germains du défunt, ou leurs descendans, se trouvent appelés à recueillir seuls la succession, parce qu'en effet ils représentent les deux lignes, puisqu'ils sont tout à la fois parens, et dans la ligne paternelle et dans la ligne maternelle.

9° J'ai annoncé qu'il y avait une exception à la règle qui veut que la succession, échue à des collatéraux, soit divisée en deux parts égales, l'une pour les parens de la ligne paternelle, l'autre pour les parens de la ligne maternelle.

Cette exception a lieu dans le cas où, le défunt étant mort sans postérité ni ascendans, il n'y a de frères ou sœurs que d'un seul côté, ou seulement des descendans de ces frères ou sœurs.

Dans ce cas, quoique les frères, sœurs, ou leurs descendans, ne soient que d'une seule ligne, ils excluent également dans les deux lignes, par

un privilége attaché à la fraternité, tous les autres collatéraux de l'une et de l'autre ligne, qui
ne sont ni frères ou sœurs du défunt, ni descendans de frères ou de sœurs. (Voyez le n° 4 des
observations sur l'art. 750.)

13. Entre les parens de l'ordre des ascendans
et les parens de l'ordre des collatéraux, la division par moitié entre les deux lignes n'a pas toujours lieu.

Elle a lieu entre les ascendans, à quelque degré
qu'ils se trouvent, et tous les collatéraux qui ne
sont ni frères ou sœurs du défunt, ni descendans
de frères ou de sœurs.

Elle n'a pas lieu entre les ascendans et les frères
ou sœurs du défunt, ou les descendans de ces
frères ou sœurs.

Distinguons les cas.

1° Si le défunt n'a laissé ni postérité, ni frères
ou sœurs, ni descendans de frères ou de sœurs,
et s'il n'a laissé d'ascendans que dans une ligne seulement, la division a lieu entre les deux lignes.

L'art. 753 du Code civil dispose expressément
que « à défaut de frères ou de sœurs, ou de descendans d'eux, et à défaut d'ascendans dans l'une ou
l'autre ligne, la succession est déférée pour moitié
aux ascendans survivans, et pour l'autre moitié,
aux parens les plus proches de l'autre ligne. »

Ainsi, l'ascendant le plus proche dans l'une
des lignes, et le collatéral le plus proche dans

l'autre ligne, divisent entr'eux la succession par moitié. Chacun d'eux prend séparément tout ce qui est affecté à sa ligne.

2° Lorsque le défunt, n'ayant pas de postérité, a laissé ses père et mère, et des frères ou sœurs d'un seul côté, ou des descendans de ces frères ou sœurs, la division n'a pas lieu par moitié entre les deux lignes.

Si cette division avait lieu, les frères et sœurs d'un seul côté, ou leurs descendans, n'auraient rien à prendre dans la ligne à laquelle ils sont étrangers, et, dans l'autre ligne, ils seraient tenus de partager avec le père ou la mère, dont ils sont issus.

Ainsi, par exemple, les frères et sœurs consanguins du défunt, ou leurs descendans, ne prendraient rien dans la ligne maternelle, et, dans la ligne paternelle, ils partageraient avec le père qu'ils n'excluent pas.

Et cependant, d'après la disposition générale de l'art. 748, les frères et sœurs d'un seul côté, ou leurs descendans, prennent toujours, en quelque nombre qu'ils se trouvent, la moitié de la succession : le père et la mère ont entr'eux l'autre moitié. (Voyez le n° 5 des observations sur l'art. 748.)

Les frères et sœurs d'un seul côté, ou leurs descendans, ont donc plus qu'ils n'auraient, si la division s'opérait par moitié entre les deux lignes.

3º Il en est de même, lorsque le défunt, n'ayant pas de postérité, n'a laisé, d'une part, que son père, ou que sa mère, seulement, et, d'autre part, des frères ou sœurs d'un seul côté, ou des descendans de ces frères ou sœurs.

Dans ce cas, comme les frères ou sœurs d'un seule côté, ou leurs descendans, ont les trois quarts de la succession (art. 749 et 751), à l'exclusion des autres ascendans et des autres collatéraux (art. 752), il est bien évident que la succession ne se divise pas par moitié entre les deux lignes.

Il peut même arriver, dans ce cas, que l'une des lignes ait toute la succession et que l'autre n'ait rien.

Si c'est la mère du défunt qui a survécu, et qu'il n'y ait que des frères ou sœurs utérins, ou des descendans de ces frères ou sœurs, la mère prend le quart de la succession, et les trois autres quarts sont déférés aux frères ou sœurs utérins, ou à leurs descendans : tous les ascendans et collatéraux de l'autre ligne sont exclus. (Art. 749, 751 et 752.) Ainsi la ligne maternelle prend toute la succession, et la ligne paternelle.

Vice versâ, si le défunt n'a laissé que son père ou des frères ou sœurs consanguins, ou des descendans de ces frères ou sœurs.

4º Lorsque les père ou mère d'une personne morte sans postérité, lui ont survécu, si elle a laissé des frères ou sœurs germains, ou des descendans de ces frères ou sœurs, l'art. 748 dispose, non pas que la succession se divise en deux portions égales, l'une pour les parens de la ligne paternelle et l'autre pour les parens de la ligne maternelle, mais qu'elle se divise en deux portions égales, dont moitié est déférée au père et à la mère, qui la partagent entr'eux également, et l'autre moitié appartient aux frères, sœurs, ou à leurs descendans.

Il résulte bien, à la vérité, de cette division, que le partage s'opère par moitié entre les parens de la ligne paternelle et les parens de la ligne maternelle. Mais le partage ne s'opère pas ainsi, en vertu de la règle générale qui ordonne la division par moitié entre les deux lignes.

Si, en effet, cette règle était admise dans le cas particulier dont il s'agit, si la moitié des biens appartenait *in globo* à chaque ligne particulièrement, il faudrait en conclure que deux frères ou sœurs germains devraient avoir, dans la ligne paternelle, en concours avec leur père, les deux tiers de la moitié affectée à cette ligne, et que de même ils devraient avoir, dans la ligne maternelle, en concours avec leur mère, les deux tiers dans l'autre ligne ; car il est de règle générale que tous les héritiers qui viennent de leur chef dans la même ligne, succèdent par tête.

Deux frères ou sœurs germains auraient donc, en concours avec les père et mère du defunt, les deux tiers de la succession.

Cependant les articles 749 et 751, ne leur en attribuent que la moitié, et donnent l'autre moitié aux père et mère.

Ce n'est donc pas à raison de la division par moitié entre les parens de la ligne paternelle et les parens de la ligne maternelle, que le partage s'opère, mais à raison de la division par moitié entre les père et mère, d'une part, et les frères, sœurs, ou leur descendans, d'autre part; et voilà pourquoi les frères ou sœurs, en quelque nombre qu'ils se trouvent, n'ont toujours que la moitié de la succession.

5° La même observation s'applique au cas où le défunt n'a laissé que son père, ou sa mère, et des frères ou sœurs germains, ou des descendans de ces frères ou sœurs.

Les frères ou sœurs germains prennent, il est vrai, les trois quarts de la succession ; mais si le partage s'opérait à raison de la division par moitié entre les deux lignes, ils auraient d'abord la moitié affectée à la ligne dans laquelle ne se trouve pas le survivant des père et mère, et partageraient ensuite *par tête* dans l'autre ligne.

6° La même observation s'applique encore au cas où le défunt a laissé, d'une part, ses père et mère, ou l'un d'eux seulement, et, d'autre part, des frères ou sœurs, dont les uns sont germains et les autres d'un seul côté, ou des descendans des uns et des autres.

Les germains ne partagent point par tête dans les deux lignes: ceux qui sont d'un seul côté ne partagent point par tête dans la ligne dont ils sont issus

7° La même observation s'applique encore au cas où le défunt a laissé, d'une part, ses père et mère, ou l'un d'eux seulement, et d'autre part, des frères ou sœurs, dont les uns sont consanguins et les autres utérins, ou des descendans des uns et des autres.

Les consanguins ne partagent point par tête, avec le père, dans la ligne maternelle; les utérins ne partagent point par tête, avec la mère, dans la ligne maternelle.

8° Enfin la division entre les deux lignes n'a pas lieu, lorsque le défunt, n'ayant pas de postérité, a laissé, d'une part, des ascendans au-dessus du degré de père ou de mère, et, d'autre part, des frères ou sœurs, soit germains, soit d'un seul côté, ou des descendans de ces frères ou sœurs.

Dans tous les cas, les frères ou sœurs, même d'un seul côté, ou leurs descendans, excluent, dans les deux lignes, tous les ascendans au-dessus du degré de père ou de mère.

Ils les excluent, en vertu de l'art. 752, lorsque déjà ils ont fait un partage, soit avec les père et mère, soit avec l'un d'eux seulement , (*Voyez* les observations sur cet article.)

Ils les excluent encore, lors même que ces ascendans se trouvent les plus proches dans leur ligne, à cause du prédécès des père et mère. Les frères, sœurs, ou leurs descendans, sont préférés à ces ascendans, même dans la ligne à laquelle ils sont étrangers. (*Voyez* les n⁰ˢ 4 et 5 des observations sur l'art. 750.)

14. Une troisième règle est établie par l'article 733 : elle porte qu'il ne fait aucune dévolution d'une ligne à l'autre, que lorsqu'il ne se trouve aucun ascendant ni collatéral , de l'une des deux lignes.

Cette troisième règle est encore une conséquence de la première.

C'est parce que le législateur a voulu diviser la succession entre la ligne paternelle et la ligne maternelle, et affecter à chacune séparément la moitié des biens, qu'il a expressément déclaré que la moité , attribuée à l'une, ne serait dévolue ou transmise aux parens de l'autre , que lorsqu'il n'y aurait dans la première aucun parent successible , soit ascendant, soit collatéral.

Ainsi, en règle générale, les lignes ne se confondent pas, et le parent d'une ligne , quoiqu'à un degré très-éloigné, *pourvu qu'il ne soit pas au-delà du douzième degré*, n'est point exclu de la portion attribuée à sa ligne, par un parent d'une autre ligne, qui est à un degré beaucoup plus prochain : chacun d'eux prend également la moitié affectée à sa ligne. En un mot, et sauf les exceptions qui seront énoncés dans le numéro suivant, le parent d'une ligne ne peut jamais avoir la portion de bien affectée à l'autre ligne, que lorsque dans celle-ci il n'y a aucun parent successible, jusqu'au 12ᵉ degré inclusivement.

TABLEAU XI.

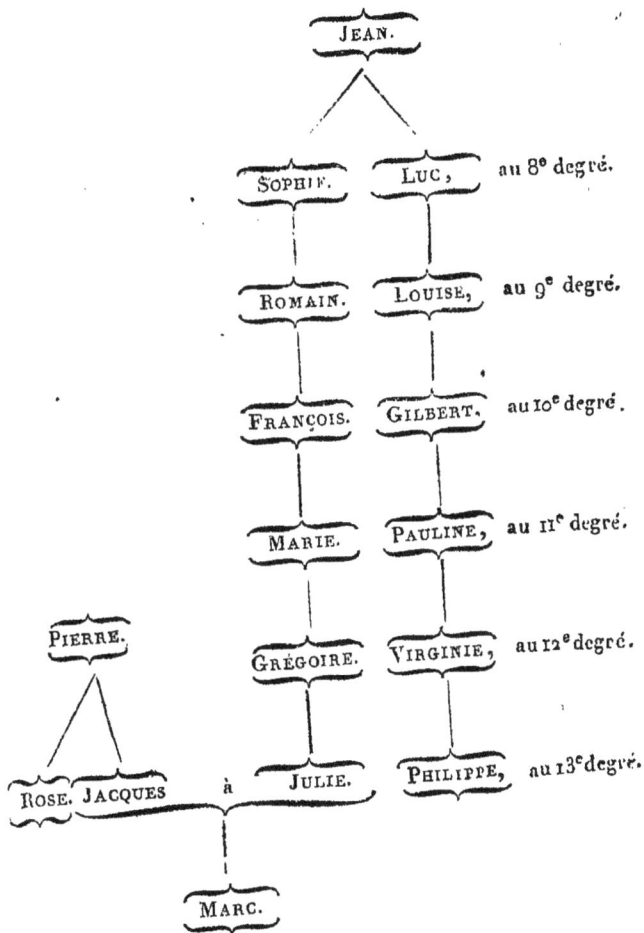

On suppose que *Marc* n'a laissé aucun ascendant.

Rose, tante paternelle, prendra seule la moitié

de la succession de *Marc*, qui est affectée à la ligne paternelle.

Mais, quoiqu'elle soit parente au troisième degré, elle n'exclura de l'autre moitié, affectée à la ligne maternelle, ni *Luc* qui est au huitième degré, ni *Louise* qui est au neuvième, ni *Gilbert* qui est au dixième, ni *Pauline* qui est au onzième, ni même *Virginie* qui est au douzième.

Ainsi, *Marc* n'a-t-il laissé d'autres parens que *Rose* et *Virginie?* *Rose* ne prendra que la moitié affectée à la ligne maternelle, et *Virginie* prendra seule l'autre moitié affectée à la ligne maternelle : elles partageront entr'elles la succession en deux portions égales, quoiqu'elles soient à des degrés bien inégaux.

Mais si *Virginie*, *Pauline*, *Gilbert*, *Louise* et *Luc* étaient décédés avant *Marc*, dans ce cas *Philippe* ne pourrait rien prétendre à la succession, parce qu'il n'est parent de *Marc* qu'au treizième degré, et que, suivant l'art. 755 du Code civil, les parens au-delà du douzième degré ne succèdent pas.

Dans ce cas, il ne se trouverait donc, dans la ligne maternelle, aucun collatéral successible ; il ne se trouverait d'ailleurs aucun ascendant, puisque nous avons supposé que tous les ascendans de *Marc* étaient décédés avant lui; et en conséquence, suivant la troisième règle établie par l'art. 733, la dévolution se ferait au profit de la ligne paternelle, et *Rose*, tante paternelle ; aurait seule la totalité de la succession.

Par la même raison, si *Rose* était décédée avant *Marc*, et qu'aucun autre parent de la ligne paternelle n'eût survécu, *Virginie*, quoique au douzième degré, aurait, en vertu de la dévolution, toute la succession de *Marc*.

Ce qui vient d'être dit à l'égard des collatéraux des deux lignes, s'applique également aux ascendans.

Si *Marc* a laissé *Jacques*, son père, et *Sophie* son aïeule au sixième degré, *Jacques* n'aura que la moitié affectée à la ligne paternelle, et l'autre moitié, affectée à la ligne maternelle, appartiendra à *Sophie*. *Jacques*, quoiqu'il soit ascendant au premier degré, n'exclura pas hors de sa ligne l'aïeule qui est au sixième degré, et il n'aura pas plus que cette aïeule.

Il en est encore de même entre les ascendans et les collatéraux des deux lignes.

Jacques, en concours avec *Virginie*, n'aura toujours que la moitié affectée à sa ligne, et *Virginie*, quoiqu'elle ne soit parente collatérale qu'au douzième degré, ne sera pas exclue par le père dans la ligne maternelle. Seulement le père, ou tout autre ascendant, aura, de plus, l'usufruit qui est accordé par l'art. 754.

15. Mais à la troisième règle établie par l'art. 733, s'appliquent, comme aux deux premières, les

deux exceptions que déjà j'ai fait remarquer, et qui résultent des dispositions des art. 750 et 752, en faveur des frères et sœurs du défunt, ou de leurs descendans.

Ainsi, d'après l'art. 750, les frères ou sœurs du défunt, bien qu'ils ne soient que d'un seul côté, recueillent toute la succession et prennent conséquemment la moitié affectée à l'autre ligne qui leur est étrangère, quoiqu'il y ait dans cette ligne, soit des ascendans au-dessus du degré de père ou de mère, soit des collatéraux successibles, mais qui ne sont ni frères ou sœurs, ni descendans de frères ou sœurs.

Le même droit appartient, dans les mêmes cas, à tous les descendans successibles des frères ou sœurs d'un seul côté. (*Voyez* les nᵒˢ 4, 5 et 6 des observations sur l'art. 750.)

D'après l'art. 752, lorsque le défunt, n'ayant pas de postérité, n'a laissé que son père et des frères ou sœurs *consanguins*, ou des descendans de ces frères ou sœurs, la succession se trouve déférée toute entière aux parens de la ligne paternelle, quoiqu'il y ait d'autres ascendans et d'autres collatéraux dans la ligne maternelle.

De même, lorsque le défunt, n'ayant pas de postérité, n'a laissé que sa mère et des frères ou sœurs *utérins*, ou des descendans de ces frères ou sœurs, la succession se trouve déférée tout entière aux parens de la ligne maternelle, quoi-

qu'il y ait d'autres ascendans et d'autres collatéraux dans la ligne paternelle.

. Mais il faut bien remarquer que les deux exceptions qui se trouvent établies par les art. 750 et
752. n'ont été faites qu'en faveur des frères et sœurs
du défunt et de leurs descendans ; et qu'ainsi la
règle générale, établie par l'art. 733, portant qu'il
ne se fait aucune dévolution d'une ligne à l'autre,
que lorsqu'il ne se trouve aucun ascendant ni collatéral de l'une des deux lignes, doit toujours avoir
lieu, doit toujours être appliquée soit à l'égard
des ascendans entr'eux, soit entre les collatéraux
qui ne sont ni frères ou sœurs du défunt, ni descendans de frères ou de sœurs, soit entre ces collatéraux et les ascendans. (*Voyez* le 11ᵉ tableau.)

Il faut bien remarquer encore que les deux
exceptions établies par les art. 750 et 752, n'ont
été faites en faveur des frères ou sœurs du défunt et de leurs descendans, qu'au préjudice
des autres collatéraux et des ascendans, mais
qu'elles n'ont pas lieu entre les frères ou sœurs,
ou leurs descendans, *au préjudice les uns des*
autres, et qu'en conséquence ni les frères ou
sœurs d'un seul côté, ni leurs descendans, ne
peuvent être admis à prendre dans la ligne à
laquelle ils sont étrangers, lorsqu'il y a dans cette
ligne d'autres frères ou sœurs, ou des descendans
d'eux. C'est ce que j'expliquerai plus amplement
dans le nº 18 des observations sur l'art. 733, dans

le n° 6 des observations sur l'art. 734, et dans les n°^{os} 1 et 8 des observations sur l'art. 750.

16. Lorsque la dévolution s'opère, à défaut de parens successibles dans une ligne, elle a lieu au profit des parens qui sont appelés par la loi à succéder dans l'autre ligne. Ces parens succèdent alors pour le tout.

La dévolution est préférable, sans doute, à la disposition de quelques coutumes qui, dans le cas d'extinction de la ligne à laquelle étaient affectés certains propres, appelaient le fisc, à l'exclusion des parens de l'autre ligne.

17. Si tous les parens d'une ligne renonçaient à la succession, ou en étaient déclarés indignes ou se trouvaient frappés de mort civile, alors il y aurait défaut ou vacance de cette ligne, comme s'il ne s'y trouvait pas de parens et la dévolution s'opérerait au profit des parens de l'autre ligne.

Mais il ne suffit pas, pour que la dévolution ait lieu, que les parens, qui sont en ordre pour succéder dans une ligne, aient renoncé, ou qu'ils aient été déclarés indignes, ou qu'ils soient morts civilement : car leur renonciation, ou leur indignité, ou leur mort civile, fait passer aux autres parens qui se trouvent dans la même ligne, en suivant l'ordre établi par la loi, le droit de succéder, dans cette ligne. Il faut que la ligne entière soit épuisée, c'est-à-dire, qu'il ne s'y trouve aucun parent qui ait le droit et la volonté de succéder, pour que la moitié de biens, qui lui est affectée soit transmise aux parens de l'autre ligne.

Ainsi, en remontant à l'exemple que présente le onzième tableau, page 196, si l'on suppose que *Rose* et *Luc* se trouvent, à défaut de descendans et d'ascendans, en concours pour la succession, de *Philippe*, et que *Luc* renonce à la succession, ou qu'il en soit déclaré indigne, ou qu'il soit mort civilement; la moitié des biens affectée à la ligne maternelle, ne sera pas dévolue à *Rose*, qui est de la ligne paternelle : elle passera à *Louise*, et successivement à *Gilbert*, à *Pauline* et à *Virginie*.

Ce ne sera que dans le cas où *Luc*, *Louise*, *Gilbert*, *Pauline* et *Virginie* auront tous renoncé ou encouru l'indignité ou la mort civile, que la dévolution de la portion maternelle pourra avoir lieu au profit de *Rose*, ou de ses descendans ou des autres parens de sa ligne.

18. Cependant, il faut encore, pour les cas de renonciation, d'indignité ou de mort civile, rappeler l'exception qui résulte de l'art. 750, et en vertu de laquelle les frères ou sœurs du défunt ou leurs descendans, excluent, *même hors de leur ligne*, les autres collatéraux et les ascendans au-dessus du degré de père ou de mère.

Ainsi, lorsque le défunt n'a laissé que des frères ou sœurs *consanguins*, et des frères ou sœurs *utérins*, si les frères ou sœurs de l'une des deux lignes, renoncent à la succession, ou sont frappés d'indignité ou de mort civile, *et qu'ils n'aient pas de descendans*, la part qu'ils auraient eue, s'ils avaient succédé, n'est pas déférée aux autres parens successibles qui se trouvent *dans la même ligne*; elle appartient, en vertu de l'art. 750, aux frères ou sœurs de l'autre ligne, ou aux descendans de ces frères ou sœurs. (*Voyez* le n° 4 des observations sur l'art. 750.)

Mais si les frères ou sœurs *d'un seul côté*, qui ont renoncé, ou qui sont déclarés indignes, ou qui sont morts civilement, ont des descendans, c'est à ces descendans qu'est déférée la portion de biens qu'ils auraient eue, s'ils avaient succédé, et non pas aux frères ou sœurs d'un autre côté, ni à leurs descendans.

Ce cas doit être régi par la règle générale de la division par moitié entre la ligne paternelle et la ligne maternelle et l'on ne peut y appliquer l'exception qui se trouve dans l'art. 750, parce que cette exception n'est prononcée en faveur des frères ou sœurs ou de leurs descendans, que contre les *autres* collatéraux, qui ne sont ni frères ou sœurs du défunt, ni descendans de frères ou sœurs (*Voyez* les n°s 1 et 8 des observations sur l'art. 750.)

Peu importe que les descendans des frères ou sœurs qui ont renoncé, ou qui ont été déclarés indignes, ne puissent les représenter : ils n'ont pas besoin de la représentation, pour succéder dans leur ligne, à l'exclusion des parens d'une autre ligne. La représentation ne leur serait nécessaire que s'il se trouvait, dans leur ligne, d'autres frères ou sœurs, ou des descendans d'eux. Hors ce cas, et l'exception portée en l'article 750 ne leur étant pas applicable, ils excluent dans leur ligne, en vertu des dispositions générales de l'art. 733, tous les collatéraux qui n'appartiennent pas à cette ligne, et même les frères et sœurs d'un autre côté, ainsi que leurs descendans.

Voici un exemple :

TABLEAU XII.

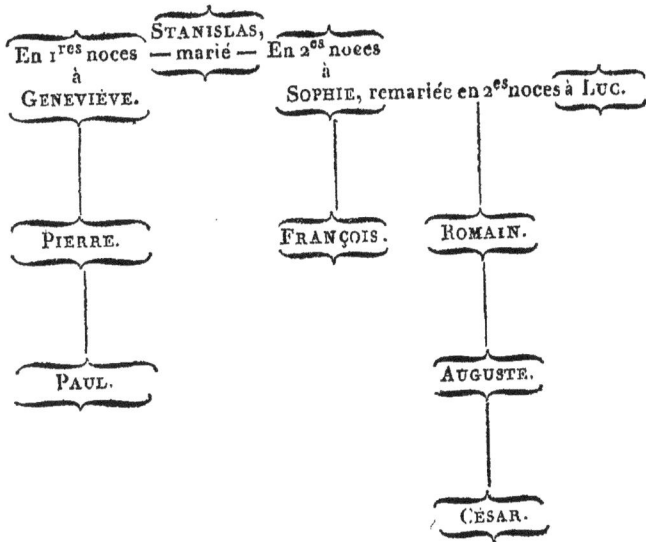

il s'agit de la succession de *François*, qui n'a laissé ni descendan s, ni ascendans.

Elle devrait être divisée par moitié entre *Pierre*, frère consanguin de *François*, et *Romain*, frère utérin.

Mais on suppose que *Romain*, et après lui *Auguste*, ont renoncé à la succession, ou que l'un et l'autre ont été déclarés indignes.

Dans ce cas, la moitié des biens qu'ils devaient recueillir, sera-t-elle déférée à *César*, qui est seul dans la ligne maternelle, mais qui ne peut représenter ni *Auguste*, ni *Romain*?

Ou bien, sera-t-elle dévolue, en vertu de la disposition de l'art. 750, soit à *Pierre*, soit, en cas de prédécès de *Pierre*, à *Paul*, son fils, qui le représente?

La disposition de l'art. 750 n'est pas applicable, puisque *César* est descendant d'un frère du défunt; il faut donc appliquer la règle générale établie par l'art. 733, pour la division entre les deux lignes; et conséquemment *César* a seul le droit de prendre la moitié affectée à la ligne maternelle : *Pierre* et *Auguste*, étrangers à cette ligne, n'ont droit qu'à l'autre moitié qui appartient à la ligne paternelle.

ARTICLE 734.

Cette première division opérée entre les lignes paternelle et maternelle, il ne se fait plus de division entre les di—

verses branches; mais la moitié dévolue à chaque ligne appartient à l'héritier ou aux héritiers les plus proches en degré, sauf le cas de la représentation, ainsi qu'il sera dit ci-après.

1. Ce n'est pas assez que de connaître la distinction qui existe entre la ligne paternelle et la ligne maternelle. Il faut savoir encore que chacune de ces deux lignes peut se diviser en deux branches principales, l'une qui est la branche paternelle, l'autre qui est la branche maternelle.

On a dû remarquer dans le n° 1er des observations sur l'art. 733, que la ligne paternelle est composée des parens, soit maternels, soit paternels, *du père du défunt*, et que la ligne maternelle est composée des parens, soit paternels, soit maternels, *de la mère du défunt*.

Il peut donc y avoir dans chacune de ces lignes des parens de diverses origines, et en conséquence ils se divisent en deux branches.

Les parens paternels du père du défunt forment la branche paternelle de la ligne paternelle du défunt : les parens maternels du père forment la branche maternelle de la même ligne.

De même, dans la ligne maternelle, les parens paternels de la mère du défunt forment la branche paternelle de la ligne maternelle du défunt, et les parens maternels de la mère du défunt, forment la branche maternelle de la même ligne.

Néanmoins, cette distinction des deux branches ne peut avoir aucun objet, soit à l'égard des descendans du défunt, soit à l'égard de ses frères ou sœurs, soit à l'égard des descendans de ces frères ou sœurs, parce qu'en effet, ils sont tous, et toujours, parens dans les deux branches des lignes par lesquelles ils tiennent au défunt.

La distinction des branches paternelle et maternelle, ne doit donc être remarquée qu'à l'égard des ascendans du défunt, et à l'égard des collatéraux qui ne sont ni frères ou sœurs du défunt ni descendans de ces frères ou sœurs.

Il serait inutile, sans doute, de donner un exemple pour établir que tous les enfans et descendans du défunt, quoiqu'ils soient de plusieurs lits, sont toujours *ses parens*; et dans les deux lignes, et dans les deux branches de chaque ligne. La chose est trop évidente.

Il est également évident que tous les frères et sœurs du défunt, et tous les descendans de ces frères ou sœurs, sont aussi ses parens dans les deux branches de la ligne par laquelle ils tiennent à lui : car ils descendent tous, ou médiatement, ou immédiatement, du père ou de la mère du défunt, et conséquemment, ils sont tous parens du défunt, et dans la branche paternelle, et dans la branche maternelle, de la ligne maternelle, ou de la ligne paternelle.

Ils sont même tous parens du défunt, et dans les deux lignes, et dans les deux branches de chaque ligne, si le défunt n'a laissé que des frères ou sœurs germains, ou des descendans d'eux.

A l'égard des autres collatéraux du défunt, et à l'égard des ascendans, il est utile, pour l'intelligence de l'art. 734, de démontrer, par des exemples, la distinction qui existe entre la branche paternelle et la branche maternelle, dans la même ligne.

Le premier tableau sera pour les ascendans; le second pour les collatéraux.

TABLEAU XIII.

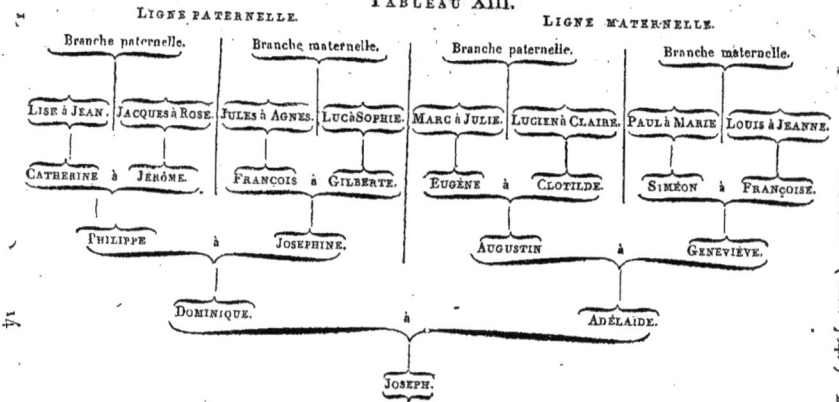

COMMENTAIRE

On voit, dans ce tableau, qu'il n'est aucun des ascendans de *Joseph*, qui soit son parent dans les deux branches de la même ligne.

Dans la ligne paternelle, *Joséphine*, *François* et *Gilberte Jules*, et *Agnès*, *Luc* et *Sophie*, sont parens de *Joseph* dans la branche maternelle ; mais ils ne le sont pas dans la branche paternelle. Aucun d'eux n'est *parent* de *Dominique*, du côté de *Philippe*, son père : tous ne sont que les *alliés* de *Philippe*.

Dans la même ligne, *Philippe*, *Catherine* et *Jérôme*, *Lise* et *Jean*, *Jacques* et *Rose*, sont parens de *Joseph* dans la branche paternelle ; mais ils ne le sont pas dans la branche maternelle. Aucun d'eux n'est parent de *Dominique*, du côté de *Joséphine*, sa mère : tous ne sont que les alliés de *Joséphine*.

Dans la ligne maternelle, *Augustin* et ses ascendans sont, à l'égard de *Joseph*, de la branche paternelle ; mais ils ne sont pas de la branche maternelle, parce qu'ils ne sont pas parens d'*Adélaïde* du côté de *Geneviève*, sa mère.

Geneviève et ses ascendans sont de la branche maternelle, et non de la paternelle, parce qu'ils ne sont pas parens d'*Adélaïde*, du côté d'*Augustin*, son pere.

TABLEAU XIV.

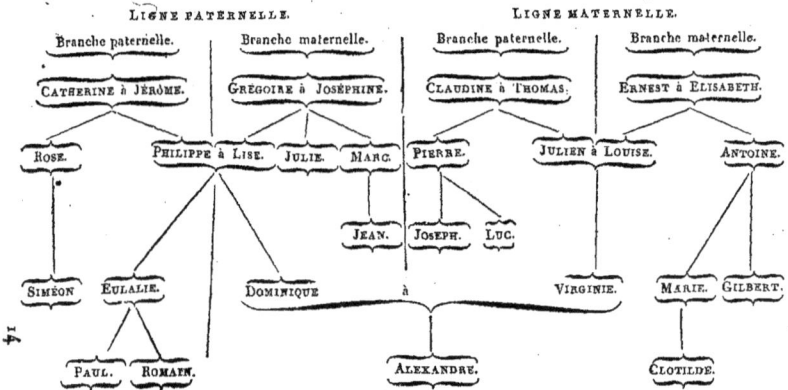

LIGNE PATERNELLE.		LIGNE MATERNELLE.	
Branche paternelle.	Branche maternelle.	Branche paternelle.	Branche maternelle.
CATHERINE à JÉRÔME.	GRÉGOIRE à JOSÉPHINE.	CLAUDINE à THOMAS.	ERNEST à ÉLISABETH.
ROSE. — PHILIPPE à LISE.	JULIE. — MARC. — PIERRE.	JULIEN à LOUISE.	ANTOINE.
	JEAN.	JOSEPH. — LUC.	
SIMÉON — EULALIE.	DOMINIQUE	à	VIRGINIE.	MARIE. — GILBERT.
PAUL. — ROMAIN.	ALEXANDRE.		CLOTILDE.

44

Paul, *Romain*, *Siméon*, *Eulalie* et *Rose* ne sont parens d'*Alexandre*, que dans la branche paternelle de la ligne paternelle : ils ne le sont pas dans la branche maternelle, parce qu'ils ne sont parens de *Dominique*, que du côté de *Philippe*, son père, et non pas du côté de *Lise*, qui n'est que leur alliée.

Dans la même ligne, *Jean*, *Marc* et *Julie* ne sont parens d'*Alexandre*, que dans la branche maternelle, et non dans la branche paternelle, parce qu'ils ne sont parens de *Dominique*, que du côté de *Julie*, sa mère, et non du côté de *Philippe*, qui n'est que leur allié.

Dans la ligne maternelle, *Joseph*, *Luc* et *Pierre* ne sont que de la branche paternelle : ils ne sont pas parens de *Virginie*, du côté de *Louise*, sa mère.

Clotilde, *Marie*, *Gilbert* et *Antoine* ne sont parens d'*Alexandre*, que dans la branche maternelle, et non dans la branche paternelle, parce qu'ils ne sont parens de *Virginie*, que du côté de *Louise*, sa mère, et non du côté de *Julien*, son père.

On voit qu'aucun des collatéraux d'*Alexandre* n'est son parent, ni dans les deux lignes, ni dans les deux branches de la même ligne.

2. Il faut maintenant examiner si cette distinction entre les deux branches de chaque ligne, doit avoir de l'influence sur l'ordre des successions, c'est-à-dire, si le parent le plus proche de la branche paternelle et le parent le plus pro-

che de la branche maternelle, doivent être appelés à recueillir conjointement la moitié qui est affectée à leur ligne.

En d'autres termes, après qu'une succession échue à des ascendans, ou à des collatéraux, a été divisée, conformément à l'article 733, en deux parts égales, l'une pour les parens de la ligne paternelle, et l'autre pour les parens de la ligne maternelle, doit il se faire encore, entre les deux *branches* de chaque ligne, une autre division de la moitié des biens qui lui est attribuée; en sorte que la branche paternelle et la branche maternelle, dans chaque ligne, aient le droit de prendre chacune le quart des biens de la succession?

Quelques coutumes avaient admis cette subdivision, entre les branches de la même ligne, de la portion de biens, qui était affectée à la ligne entière.

Elle s'appelait *refente*, parce qu'après la division ou *fente* de la succession entre la ligne paternelle et la ligne maternelle, elle formait une seconde division, ou refente, entre les deux branches de chaque ligne, qui étaient ainsi appelées également à succéder.

Le Code civil n'a point admis ce système. Il veut qu'après la division des biens entre les deux lignes, il ne se fasse plus d'autre division entre les deux branches de la même ligne; mais que la moitié, dévolue à chaque ligne, appartienne à l'héritier ou aux héritiers, qui sont, dans la ligne, les plus proches en degré, soit de leur chef, soit par représentation.

Ainsi, le parent le plus proche dans sa ligne, soit de son chef, soit par représentation, prend seul la moitié de la succession, à l'exclusion de tous les autres parens de la même ligne, quoique d'une branche différente, qui ne se trouvent pas, soit de leur chef, soit par représentation, à un degré aussi proche.

On ne va pas rechercher, dans la même ligne, quel est le parent le plus proche dans la branche paternelle, et quel est le parent le plus proche dans la branche maternelle, pour diviser entre eux la moitié affectée à cette ligne. Le plus proche, de quelque branche qu'il soit, exclut tous les parens de l'autre branche, qui sont à un degré plus éloigné que le sien, si le bénéfice de la représentation ne le fait pas monter à un degré égal.

En un mot, c'est par la proximité du degré de parenté, *dans la ligne tout entière*, et non par la proximité du degré *dans chaque branche séparément*, qu'on est habile à recueillir la portion qui appartient à la ligne ; et si plusieurs parens sont appelés conjointement à recueillir cette portion, ce ne peut être parce que les uns sont les plus proches dans la branche paternelle, et que les autres sont les plus proches dans la branche maternelie de la même ligne : ce n'est que par ce qu'ils sont tous à un égal degré, soit de leur chef, soit par représentation, sans aucune distinction entre les branches dont ils peuvent être respectivement issus.

On en trouve un exemple dans le tableau 13, pour l'ordre des ascendans.

Si *Joseph* n'a laissé d'ascendans, dans la ligne paternelle, que *François* et *Jacques*, qui sont l'un de la branche maternelle et l'autre de la branche paternelle, *François* prendra seul la moitié de la succession, parce qu'il est le parent le plus proche dans la ligne, et il exclura *Jacques*, quoique celui-ci soit le plus proche dans sa branche.

Si *Catherine*, *Jérôme* et *François* avaient tous survécu à *Joseph*, ils se partageraient par tiers la moitié de la succession, parce qu'ils seraient tous les trois à un égal degré.

François n'aurait pas, pour lui seul, la moitié de ce qui appartient à la ligne, puisqu'il ne se fait pas de division entre les branches, et qu'ainsi il ne peut pas avoir une plus forte part que chacun des autres parens qui sont au même degré que lui.

Voici un autre exemple, pour l'ordre des collatéraux.

Tableau XV.

ÉTIENNE.   GRÉGOIRE.   AUGUSTE.   JOSEPH.

CHARLES. LUC. PIERRE ; marié à JULIE. LOUIS.   SOPHIE, mariée à MARC.

MATHIEU.   ÉLISABETH, mariée à   VICTOR. MARIEN.

EDOUARD.   JEAN.

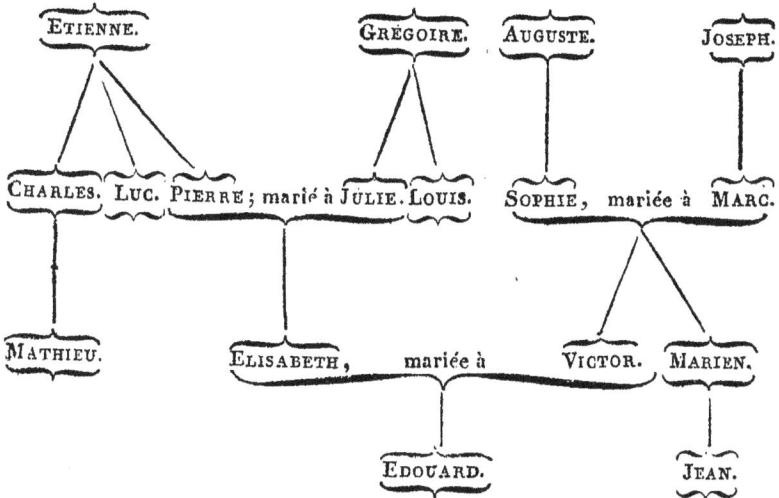

1° Supposons qu'*Edouard* soit décédé sans ascendans ni descendans, qu'il ait survécu à *Charles*
et à *Luc*, et qu'ainsi ses parens les plus proches
soient *Louis*, son grand-oncle maternel, et *Marien*, son oncle paternel.

La moitié de sa succession, qui appartient à
la ligne paternelle, sera entièrement déférée à
Marien; et l'on a vu précédemment que *Marien* n'exclura pas *Louis*, quoiqu'il soit à un
degré plus proche de parenté, parce qu'ils ne
sont pas tous les deux de la même ligne, et que
Marien ne peut prendre part que dans la ligne
paternelle.

Mais l'autre moitié de la succession, qui appartient à la ligne maternelle, ne sera-t-elle déférée qu'à *Louis ? Mathieu* sera-t-il exclu ?

On voit que, dans cette ligne, il y a deux branches différentes, l'une qui est composée des parens paternels d'*Elisabeth*, mère d'*Edouard*, et l'autre qui est composée de ses parens maternels. *Mathieu* est dans la branche paternelle ; *Louis*, dans la branche maternelle.

Si l'on appelait à la moitié des biens, qui est affectée à la ligne maternelle, le plus proche parent dans chacune des deux branches de cette ligne, il en résulterait que *Marien*, qui est le plus proche dans la branche paternelle, et *Louis*, qui est le plus proche dans la branche maternelle, auraient chacun un quart de la succession.

Mais comme, après la division entre les deux lignes, on ne fait plus d'autre division entre les branches de la même ligne, le parent, qui est le plus proche dans la ligne maternelle, doit avoir seul tout ce qui appartient à cette ligne, à l'exclusion du parent d'une autre branche, quoique dans la même ligne, qui se trouve à un degré plus éloigné du défunt.

Or, le plus proche, c'est *Louis*, qui est le grand-oncle d'*Edouard de cujus : Mathieu* est à un degré inférieur, et ne peut représenter son père dans la succession d'*Edouard*, ainsi qu'on le verra sur l'art. 742 ; *Louis* exclut donc *Mathieu*, et

prend seul touté la moitié attribuée à la ligne maternelle.

2° Supposons maintenant que *Charles*, *Luc*,
Louis et *Marien*, aient tous survécu à *Edouard*,
décédé sans ascendans ni descendans.

Marien aura toujours seul la moitié affectée à
la ligne paternelle.

Mais, dans la ligne maternelle, *Charles*, *Luc*
et *Louis* succéderont également et par têtes.

Cependant, s'ils succèdent conjointement, ce
n'est pas parce qu'ils sont appelés par branches ;
c'est parce qu'ils sont tous, à un degré égal,
parens d'*Edouard*.

S'ils étaient appelés par branches, *Louis*, qui
est seul dans la branche maternelle, devrait
avoir le quart de la succession ; *Charles* et *Luc*,
qui sont l'un et l'autre de la branche paternelle,
ne devraient avoir conjointement que l'autre
quart.

Mais le partage se fait entre les trois, par égales
portions : chacun d'eux prend le tiers de la moitié
des biens ; affectée à sa ligne.

Ce n'est donc pas par branches qu'ils sont
appelés à succéder ; c'est par tête ; c'est parce qu'ils
sont, tous les trois, les parens les plus proches, et
à un égal degré, dans leur ligne.

3. La subdivision entre les branches n'étant
plus admise, il en résulte encore que le parent
qui se trouve des deux branches de la même ligne

n'a pas une portion plus forte que celui qui n'est parent que d'une seule branche, et qui est au même degré.

Ceci n'a rien de contraire à la disposition de l'article 733.

Cet article dit bien que les germains prennent part dans les deux lignes, et que les parens d'un seul côté ne prennent part que dans leur ligne; mais il ne dit pas que les germains prennent part dans les deux branches de la même ligne, et que le parent qui n'est que d'une seule branche dans sa ligne, ne prend part que dans cette branche.

Il n'ordonne que la division par moitié entre la ligne paternelle et la ligne maternelle; il ne parle point de la subdivision entre les branches de chaque ligne, et cette subdivision est formellement prohibée par l'art. 734.

Ainsi, les parens du défunt sont exclus de la moitié des biens, qui est déférée à la ligne dont ils ne sont pas issus; mais ils ne peuvent être exclus, dans leur ligne, d'une portion de biens, déférée à la branche à laquelle ils n'appartiennent pas, puisqu'il n'y a aucune portion qui soit affectée ou déférée particulièrement à une branche plutôt qu'à l'autre, puisque la division de la succession en masse n'a lieu qu'entre les lignes, et qu'il ne se fait pas de subdivision entre les branches.

Il s'ensuit que le parent, qui serait d'une seule branche, exclurait dans sa ligne le parent qui serait des deux branches, mais à un degré plus éloigné du défunt. Il suffit qu'il soit de la ligne, pour qu'il succède; lorsqu'il est au degré le plus proche. Il suffit qu'il soit seul au degré le plus proche dans la ligne, sans considérer aucunement les branches, pour qu'il ait seul le droit de prendre la totalité de ce qui appartient à cette ligne.

En un mot, *la germanité dans les branches* ne produit aucun effet, et ne donne le droit, ni de prendre pour les deux branches, quoiqu'on ne soit en concours qu'avec un parent d'une seule branche, ni même de prendre dans la ligne, si l'on n'est pas dans le degré le plus proche.

Il n'y a que la germanité dans les lignes, qui donne le droit de prendre dans l'une et l'autre lignes.

Il est bien important de saisir et de se rappeler constamment cette distinction.

TABLEAU IX

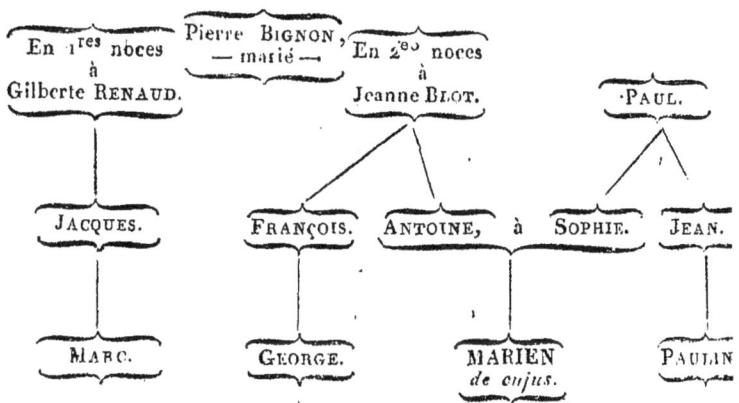

Ou suppose que *Marien* est décédé sans ascendans ni postérité.

Dans sa succession *Jean*, ou, à son défaut, *Pauline*, prendra la moitié affectée à la ligne maternelle.

Mais, parmi les parens qui composent la ligne paternelle, les uns sont tout à la fois parens paternels et parens maternels d'*Antoine*, père de *Marien* : ce sont *François* et *Georges*, qui sont parens d'*Antoine*, et du côté de *Pierre Bignon* et du côté de *Jeanne Blot*; les autres ne sont que parens paternels d'*Antoine* : ce sont *Jacques* et *Marc*, qui ne sont parens d'*Antoine*, que du côté de *Pierre Bignon*, et non du côté de *Jeanne Blot*.

Ainsi, deux branches distinctes dans la ligne paternelle de *Marien*, l'une est la branche *germaine* qui est liée à *Antoine*, du côté paternel et du coté maternel; l'autre est la branche *consanguine* qui n'est liée à *Antoine*, que du coté paternel.

Si la subdivision devait avir lieu entre les branches, *François* aurait d'abord, dans la ligne paternelle, la moitié qui appartiendrait à la branche maternelle, et partagerait, en outre, avec *Jacques*, l'autre moitié qui appartiendrait à la branche paternelle; en sorte qu'il prendrait, à lui seul, les trois quarts de la moitié affectée à la ligne paternelle dans la succession de *Marien*. Si la succession valait seize mille francs, il en aurait six mille, et *Jacques* n'en aurait que deux mille, quoiqu'ils se trouvent l'un et l'autre au même degré dans la même ligne.

En supposant que *Francois* fût mort avant *Marien*, il résulterait encore de la subdivision entre les branches, que *George* devrait prendre de son chef la moitié appartenante à la branche maternelle, puisqu'il serait seul de cette branche, et qu'il ne pourrait être exclus par *Jacques*, qui n'est que de la branche paternelle.

Mais comme la subdivision entre la branche paternelle et la branche maternelle n'est pas admise, qu'aucune portion de biens n'appartient particulièrement à l'une de ces branches plutôt qu'à l'autre, et que c'est le parent le plus proche, non dans chaque branche séparément, mais dans la ligne tout entière, qui prend seul la moitié des biens affectés à cette ligne, il en résulte dans l'espèce qui est proposée,

1° Que *Francois*, qui est parent dans les deux branches, ne doit pas avoir plus que *Jacques*, qui n'est parent que dans une seule branche, et qu'ils partagent également, parce qu'ils sont parens à un égal degré, la moitié affectée à la ligne paternelle de *Marien*;

2° Que, si *Francois* était mort avant *Marien*, son fils *George*, quoiqu'il soit des deux branches, serait entièrement exclu par *Jacques*, qui n'est que d'une seule branche, parce qu'il se trouve à un degré plus éloigné que *Jacques*, et

qu'il ne peut représenter son père dans la succession de *Marien*;

3° Qu'à défaut de *Jacques* et de *François*, le
partage aurait lieu par moitié entre *Marc* et
George, quoique celui-ci soit des deux branches,
et que celui-là ne soit que d'une seule branche.

4. Jusqu'à présent, je n'ai parlé que des deux
branches principales de la ligne paternelle et de
la ligne maternelle, parce que c'était entr'elles
spécialement que nos anciennes coutumes avaient
admis la subdivision ou refente, parce qu'il était
plus facile de leur appliquer la disposition de
l'art. 734.

Cependant chacune de ces branches peut se
diviser elle-même en une foule de branches différentes, dans les trois ordres de parens. (*Voyez*
les numéros 1 et 2 des observations sur l'art. 745.)

Mais l'art. 734 dispose généralement qu'après
la première division opérée entre les lignes paternelle et maternelle, il ne se fait plus de division
entre les diverses branches.

Sa disposition s'applique donc à toutes les
branches, principales ou secondaires, prochaines
ou éloignées, sans aucune exception.

Il ne faut donc jamais s'arrêter à la distinction
des branches, quelles qu'elles soient, pour savoir
à quels parens appartient une succession échue à
des ascendans ou à des collatéraux.

Jamais il ne faut rechercher quels sont les

parens les plus proches dans chaque branche séparément, mais quels sont les parens les plus proches dans toutes les branches réunies de la même ligne.

En un mot, s'il n'y a qu'un seul parent qui se trouve au degré le plus proche dans la ligne, il est seul héritier, quoiqu'il n'appartienne qu'à une seule branche, et il exclut tout autre parent, qui se trouve cependant au degré le plus proche dans sa branche séparément, mais non pas au degré le plus proche dans toute la ligne.

5. Au premier aperçu, on pourrait croire qu'il existe une antimonie entre la disposition de l'art. 734, et celle de l'art. 743, ou qu'au moins la seconde contient une exception à la première.

L'une porte qu'après la division opérée entre les lignes paternelle et maternelle, *il ne se fait plus de division entre les diverses branches;* et l'autre prononce que, dans tous les cas où la représentation est admise, *le partage s'opère par souche,* et que, si une même souche a produit plusieurs branches, *la subdivision se fait aussi par souche dans chaque branche.*

Ainsi l'une prohibe la division entre les diverses branches, et cependant l'autre ordonne le partage par souche, c'est-à-dire, la division entre les souches et même entre les diverses branches.

Mais il est facile de reconnaître que l'une et l'autre ne parlent pas de la même espèce de division, et qu'elles n'en parlent ni dans le même sens, ni pour le même objet; que l'une n'est relative qu'à la désignation des parens qui doivent être appelés à succéder, et que l'autre n'est relative qu'au partage à faire entre les héritiers qui ont été appelés conformément aux articles 733 et 734.

Il résulte des explications qui ont été données précédemment, que le véritable sens de l'art. 734 est celui-ci : après la première division opérée entre les lignes paternelle et maternelle, il ne se fait plus d'autre division entre les branches, *pour appeler à la succession les parens les plus proches en degré dans chaque branche séparément;* mais la moitié dévolue à chaque ligne, appartient aux parens qui, dans la ligne toute entière, sont les plus proches en degré, sauf le cas de la représentation.

Or, l'art. 743 ne dit rien de contraire : il ne dispose pas, pour régler l'ordre dans lequel les parens seront appelés à succéder: il ne statue que sur le *partage* qui est à faire, dans les cas où la représentation a lieu entre les divers parens *qui se trouvent appelés à la succession.*

Il veut seulement qu'entre ces parens qui ont été appelés, conformément à l'art. 734, c'est-à-dire, sans division entre les diverses branches, s'il y en a qui ne viennent que par représentation, le partage s'opère entr'eux, non par tête, mais par souche, et qu'en conséquence la division des biens se fasse entr'eux par souche, même dans chaque branche.

Il est donc évident qu'il n'y a rien de commun entre la division que rejette l'art. 734, pour n'appeler à la succession que les parens plus proches en degré dans la ligne toute entière, et la division qui, par l'art. 743, est ordonnée *entre les mêmes parens*, de la portion qui leur a été conférée conjointement.

Mais on peut faire encore une autre réponse qui n'est pas moins décisive ; c'est que la division entre les branches, rejetée par l'art. 734, ne produirait jamais d'effet dans les cas prévus par l'art. 743, c'est-à-dire, dans les cas où la représentation est admise.

L'article 734 ne s'applique, comme l'art. 733, qu'aux successions échües à des ascendans, ou à dés collatéraux ; et comme la représentation n'est pas admise en faveur des ascendans, il s'ensuit que la division entre les branches, telle qu'elle est entendue dans l'art. 734, ne pourrait avoir lieu, pour les cas de représentation, qu'à l'égard des frères ou sœurs du défunt, ou de leurs descendans.

Mais il a été dit précédemment que les frères et sœurs du défunt, même d'un seul côté, ainsi que leurs descendans, sont toujours parens du défunt, et dans la branche paternelle, et dans la branche maternelle de chacune des ligues par laquelle ils tieunent au défunt.

Voilà donc une nouvelle preuve qu'il n'existe point d'antimonie entre les dispositions des articles 734 et 743.

6. Il reste encore quelques observations à faire sur la dernière partie de l'art. 734, qui règle entre les parens de la même ligne, l'ordre de succéder sur la proximité des degrés de parenté, c'est-à-dire, qui appelle à succéder, dans chaque ligne, le parent ou les parens qui se trouvent, dans cette ligne, les plus proches en degré, sauf les cas de représentation.

Et d'abord il est essentiel de remarquer que cette règle ne doit s'appliquer que lorsque les parens de la même ligne sont tous du même ordre et de la même classe; mais qu'elle n'est pas applicable, s'il y a, dans la même ligne, des parens qui soient de deux ordres différens, ou de deux classes différentes dans le même ordre.

Déjà une distinction semblable a été établie dans les numéros 11, 12 et 13 des observations sur l'art. 733, quant à la division entre la ligne pater-. nelle et la ligne maternelle. Il a été prouvé que la division n'a pas toujours lieu, lorsqu'il y a, dans les deux lignes, des parens qui sont d'ordres différens ou de classes différentes, et que les uns peuvent exclure les autres, dans la ligne à laquelle ils sont étrangers.

15.

Il en est de même quant à la règle de la proximité des degrés dans chaque ligne : on va voir qu'elle ne détermine l'ordre de succéder entre les parens de la même ligne, que lorsqu'ils sont tous du même ordre et de la même classe ; mais qu'elle ne le détermine jamais entre des parens qui sont de deux ordres différens ou de deux classes différentes, quoique dans la même ligne, et qu'en effet, suivant plusieurs articles du Code, les parens de tel ordre, ou de telle classe, sont préférés aux parens d'un autre ordre, ou d'une classe différente, quoiqu'ils se trouvent à des degrés plus éloignés dans la même ligne.

L'exception, il est vrai, n'est annoncée ni dans l'art. 734, ni dans l'art. 733 ; mais elle est fondée, quant a la règle établie par l'art. 734, comme elle l'est quant à la règle établie par l'art. 733, sur l'ordre naturel des affections du défunt, sur le système général des successions, et même sur des dispositions formelles de plusieurs articles du Code.

Il sera donc très-utile de distinguer les cas divers auxquels doit ou ne doit pas s'appliquer la règle de la proximité des degrés : car on pourrait être facilement induit en erreur par le texte de l'article 733, qui n'annonce qu'une seule exception à la règle, quoiqu'il y en ait plusieurs autres qui se trouvent établies par les articles qui suivent.

Dans les quatre premiers des cas qui vont être indiqués, on verra que la règle de la proximité des degrés s'applique, et qu'aussi tous les parens de la même ligne sont du même ordre et de la même classe.

Dans les cinq derniers, on verra que les parens dans la même ligne appartiennent à des ordres différens, ou des classes différentes, et qu'aussi la règle de la proximité des degrés ne s'applique pas entr'eux.

Premier cas. Lorsqu'il n'y a dans une ligne que des ascendans, la règle de la proximité des degrés s'applique toujours. L'ascendant le plus proche en degré exclut toujours, dans sa ligne, tous les autres ascendans plus éloignés : seul, il prend la moitié de la succession affectée à sa ligne.

S'il y a plusieurs ascendans qui se trouvent au même degré le plus proche, ils succèdent conjointement et par tête.

Sur ces deux points, l'art. 746 contient une disposition précise.

Deuxième cas. Lorsqu'il y a dans une même ligne des frères ou sœurs du défunt, et des descendans d'autres frères ou sœurs, si ces descendans ne peuvent jouir du bénéfice de la représentation, la règle de la proximité des degrés s'applique encore. Les frères ou sœurs survivans excluent, parce qu'ils sont à un degré plus proche les descendans qui se trouvent personnellement à un degré plus éloigné, et qui, à défaut de représentation, ne peuvent monter au degré de frère ou de sœur. L'art. 742 du Code n'admet les descendans de frères ou de sœurs à concourir avec les autres frères ou sœurs survivans, que lorsqu'ils peuvent représenter.

Troisième cas. Lorsqu'il n'y a dans la même ligne que des descendans de frères ou de sœurs, et que tous sont privés du bénéfice de la représentation, s'ils sont à des degrés inégaux, on suit encore la règle de la proximité des degrés. Les descendans qui sont au degré le plus proche, excluent ceux qui sont à un degré plus éloigné. Ce n'est que dans les cas de représentation que l'article 742 admet le concours entre les descendans de frères ou de sœurs, qui sont à des degrés inégaux.

Quatrième cas. Lorsqu'il n'y a dans une ligne que des parens collatéraux, qui ne sont ni frères ou sœurs du défunt, ni descendans de frères ou de sœurs, c'est encore la proximité du degré, qui détermine entr'eux l'ordre dans lequel ils sont appelés à succéder. L'article 753 dit expressément que les plus proches excluent ceux qui sont à des degrés plus éloignés, et que s'il y a concours de ces parens collatéraux, au même degré le plus proche, ils succédent par tête.

Cinquième cas. Si le défunt a laissé, d'une part ses père et mère, ou l'un d'eux seulement, et d'autre part des frères ou sœurs, la règle de la proximité des degrés n'est plus applicable.

Le père, quoiqu'il soit au premier degré, n'exclut pas, dans sa ligne, les frères et sœurs qui ne sont qu'au second degré.

La mère ne les exclut pas non plus dans la ligne maternelle.

La division se fait entr'eux, conformément aux art. 748 et 749.

Sixième cas. Lorsque le défunt a laissé ses père et mère, où l'un d'eux, et des descendans de ses frères ou sœurs, la règle de la proximité des degrés est encore inapplicable dans la même ligne, quoique les descendans de frères ou de sœurs ne puissent jouir du bénéfice de la représentation. La division se fait entr'eux, conformément aux art. 748, 749 et 751. (*Voyez* le n° 3 des observations sur l'art. 748.)

Septième cas. Lorsque le défunt a laissé, dans la même ligne, des frères ou sœurs, et des ascendans au second degré, la règle de la proximité des degrés reste encore sans exécution. Ces ascendans quoiqu'ils soient au même degré que les frères ou sœurs, ne concourent cependant pas avec eux. L'art. 750 dit formellement que tous les ascendans au-dessus du degré de père ou de mère, sont exclus par les frères ou sœurs du défunt.

Huitième cas. Lorsque le défunt a laissé dans la même ligne des ascendans au-dessus du degré de père ou de mère, et des descendans de frères ou de sœurs, la règle de la proximité des degrés est

encore sans application, quoique les ascendans
se trouvent à un degré plus proche que les descendans de frères ou de sœurs, et que ces descendans soient privés du bénéfice de la représentation.

L'art. 750 dispose d'une manière générale et
sans exception, que les ascendans au-dessus du
degré de père ou de mère, sont exclus par les
frères ou sœurs du défunt, *ou par leurs descendans*. (Voyez le n° 5 des observations sur cet
article.)

Neuvième cas. Lorsqu'il ne se trouve dans la
même ligne que des ascendans, et des collatéraux
qui ne sont ni frères ou sœurs du défunt, ni descendans de frères ou de sœurs, il y a encore exception
à la règle de la proximité des degrés. Toujours
les ascendans excluent, dans leur ligne, les collatéraux dont il s'agit, lors même qu'ils seraient
à des degrés plus éloignés. C'est ce que décident
expressément les art. 746 et 753.

7. L'article 734, après avoir établi, en règle
générale, que la moitié dévolue à chaque ligne
appartient au parent ou aux parens les plus proches en degré, admet une exception ; *sauf*, dit-
il, *le cas de représentation.*

Ainsi, dans le cas de représentation, un parent
peut être admis à concourir avec un autre parent
qui est à un degré plus proche, et même il peut
l'exclure.

Le motif en est que, par le moyen de la représentation, le représentant entre dans la place et dans le degré du représenté, et qu'en conséquence il est admis à succéder, suivant la proximité de ce degré, et non pas seulement suivant la proximité du degré où il se trouve personnellement.

Par exemple, le descendant d'un frère ou d'une sœur du défunt, lorsqu'il n'est pas privé du bénéfice de la représentation, est admis à concourir avec un autre frère, ou sœur, qui a survécu, quoiqu'il soit personnellement au 5e ou 6e degré; il monte, par le moyen de la représentation, au degré du frère, ou de la sœur, qu'il représente. Par la même raison, il exclut un autre descendant de frère ou de sœur, qui ne peut représenter, quoiqu'il se trouve personnellement à un degré plus éloigné que cet autre descendant; il est monté au degré le plus proche, par le bénéfice de la représentation, et l'autre descendant reste à son degré, qui est plus éloigné.

L'exception, qui résulte de la représentation, rentre donc réellement dans la règle générale puisqu'elle fait toujours succéder, suivant les proximités des degrés dans lesquels les parens se trouvent placés, soit de leur chef, soit par représentation.

(*Voyez* les observations sur les art. 739 et 742.)

ARTICLE 735.

La proximité de parenté s'établit par le nombre des générations; chaque génération s'appelle un *degré*.

1. La parenté est la liaison qui existe, par le sang et la nature, entre deux ou plusieurs personnes, dont les unes descendent médiatement ou immédiatement des autres, ou qui descendent, les unes et les autres, d'un auteur commun.

Le fils descend immédiatement de son père et de sa mère, il descend médiatement de ses aïeux paternels et maternels.

Deux frères germains descendent, l'un et l'autre, d'un même auteur, qui est leur père; deux cousins germains descendent du même aïeul, etc.

Le lien qui existe entr'eux, *sanguinis vinculum*, forme la parenté.

2. Il ne faut pas confondre l'*alliance* avec la parenté, ni les alliés avec les parens.

Les parens seuls du défunt sont appelés à lui succéder; ses alliés ne peuvent jamais prétendre à sa succession légitime.

L'alliance provient d'un mariage qui avait été contracté avec un parent ou une parente du défunt; la personne qui a contracté ce mariage, était devenue l'alliée, mais non pas la parente du défunt.

Ainsi, la femme qui a épousé le frère, ou le neveu, ou l'oncle du défunt, n'était que l'alliée du défunt, parce qu'ils n'étaient pas de la même famille, parce qu'il n'existait entr'eux personnellement aucun lien de sang, parce qu'ils n'avaient pas un même auteur commun.

Cependant les descendans issus de ce mariage avec le frère, ou le neveu, ou le cousin du défunt, étaient parens du défunt, à cause de leur père; du chef de leur père, il y avait entr'eux et le défunt *sanguinis vinculum.*

Mais, à l'exception de ces descendans, tous les autres parens de la famille particulière de la femme, étaient étrangers au défunt.

3. C'est une règle générale, que, dans chaque ligne, les plus proches parens du défunt, où ceux qui représentent ses parens les plus proches, doivent être appelés les premiers à sa succession; il est donc important de connaître les divers degrés de parenté, et de savoir bien les calculer, pour être en état de juger quels sont, parmi les divers parens du défunt, ceux qui doivent être ses héritiers, à l'exclusion des autres.

4. La proximité de parenté entre deux ou plusieurs personnes, dépend du nombre de générations qui se trouvent entr'elles; moins il y a de générations d'une personne à une autre, plus elles sont proches parentes.

Chaque filiation, ou descendance de père à fils, forme une génération.

Ainsi, les enfans du bisaïeul sont une génération ; ceux de l'aïeul en forment une seconde ; ceux du père en forment une troisième.

Tous les enfans issus d'un même père, ne font ensemble qu'une seule filiation ; ce n'est donc pas par le nombre des personnes engendrées qu'il faut compter le nombre des générations, mais seulement par le nombre des filiations.

5. Chaque génération, ou filiation, forme un degré.

Ainsi l'on doit compter autant de degrés, qu'il y a de générations entre les personnes à l'égard desquelles on veut connaître le degré de parenté.

ARTICLE 736.

La suite des degrés forme la ligne : on appelle *ligne directe*, la suite des degrés entre personnes qui descendent l'une de l'autre ; *ligne collatérale*, la suite des degrés entre personnes qui ne descendent pas les unes des autres, mais qui descendent d'un auteur commun.

On distingue la ligne directe, en ligne directe descendante, et en ligne directe ascendante.

La première est celle qui lie le chef avec ceux qui descendent de lui; la deuxième est celle qui lie une personne avec ceux dont elle descend.

1. On appelle *ligne*, la série de plusieurs degrés de parenté.

Le bisaïeul, l'aïeul, le père et le fils forment entr'eux une ligne, qui se compose de la série de quatre degrés.

2. On distingue deux lignes principales, la *directe* et la *collatérale*.

La ligne directe comprend tous les ascendans et leurs descendans : elle est ainsi nommée parce que les parens dont elle se compose, descendent les uns des autres, *directement*, ou *en droite ligne*.

La ligne collatérale comprend les parens qui ne descendent pas les uns des autres, mais qui descendent tous, médiatement ou immédiatement, d'un même auteur commun.

Elle s'appelle *collatérale*, parce que tous les parens dans cette ligne ne sont joints entr'eux qu'*à latere*.

Elle est composée de tous les parens qui ne sont entr'eux ni ascendans, ni descendans.

Ainsi les frères et sœurs, les oncles et les neveux, les cousins et cousines, sont parens en ligne collatérale, parce qu'ils ne descendent pas les uns des autres, mais qu'ils descendent d'un même auteur.

Les frères et sœurs descendent du même père, ou de la même mère ou de l'un et de l'autre.

Les oncles et les neveux descendent d'un même auteur commun, qui est, d'une part, le père ou la mère de l'oncle, et, d'autre part, l'aïeul ou l'aïeule du neveu.

Les cousins au premier degré descendent du même bisaïeul ou de la même bisaïeule, et ainsi de suite.

En un mot, les parens collatéraux sont ceux qui descendent, non du même père ou de la même mère, mais d'un parent du père ou de la mère de chacun d'eux.

TABLEAU XVII.

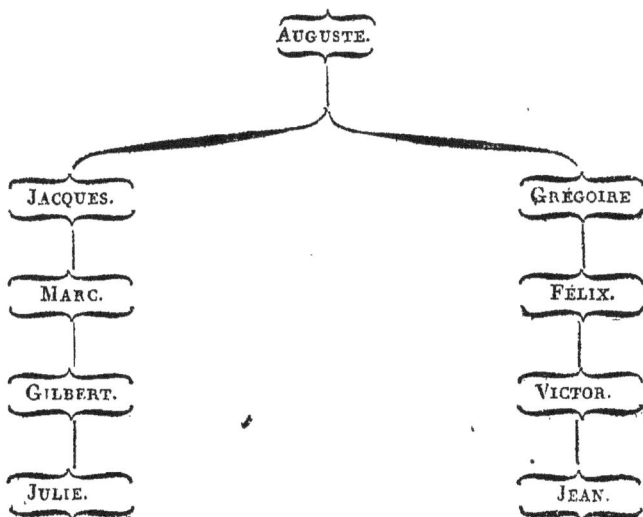

Julie, *Gilbert*, *Marc*, *Jacques* et *Auguste*, sont parens entr'eux dans la ligne directe, parce qu'ils descendent tous les uns des autres, immédiatement ou médiatement.

Par la même raison, *Jean*, *Victor*, *Félix*, *Grégoire* et *Auguste* sont parens dans la ligne directe.

Julie, *Gilbert*, *Marc* et *Jacques* ne sont pas parens de *Grégoire*, *Félix*, *Victor* et *Jean* dans la ligne directe, parce que les premiers ne descendent pas des seconds, et que les seconds ne descendent pas des premiers.

Mais les premiers sont parens des seconds en ligne collatérale, parce qu'ils descendent tous d'un même auteur commun, qui est *Auguste*.

On voit qu'*Auguste* est le trisaïeul de *Julie* ainsi que de *Jean*, le bisaïeul de *Gilbert*, ainsi que de *Victor*, etc.

La ligne collatérale, à l'égard de *Julie* et de *Jean*, se trouve composée de tout les degrés qui les séparent, l'un et l'autre d'*Auguste*, leur auteur commun.

Il est vrai cependant que, pour aller de *Julie* à *Auguste* et d'*Auguste* à *Jean*, il faut parcourir deux lignes *directes*; mais comme les parens qui se trouvent, dans une de ces lignes ne sont, à l'égard des parens de l'autre ligne, ni ascendans, ni descendans, la ligne de parenté, entre *Julie* et *Jean*, est réellement une ligne collatérale.

Il faut remarquer, en effet, que, dans l'espèce, il ne s'agit pas de savoir quelle est la parenté qui existe dans la ligne directe de *Julie* à *Auguste* ou dans la ligne directe d'*Auguste* à *Jean*, mais quelle est la parenté entre une personne de l'une de ces lignes et une personne de l'autre ligne : or, ces deux lignes ne sont respectivement, à l'égard l'une de l'autre, que des lignes collatérales

3. Il y a deux espèces de ligne directe, la *descendante* et l'*ascendante*.

La première est celle qui lie l'ascendant avec ses descendans.

Ainsi, la parenté descend directement du bisaïeul à l'aïeul, de l'aïeul au père, et du père au fils.

La seconde est celle qui lie les ascendans avec leurs descendans.

Ainsi, la parenté remonte du fils au père, du père à l'aïeul, de l'aïeul au bisaïeul, etc.

Lorsque la succession du père est déférée au fils, la succession est en ligne directe descendante, parce qu'elle descend, comme la parenté, du père au fils.

Lorsqu'un père succède à son fils, la succession est en ligne directe ascendante, parce qu'elle remonte, comme la parenté, du fils au père.

4. On distingue encore, soit dans la ligne directe ascendante, soit dans la ligne collatérale, la ligne paternelle et la ligne maternelle.

On a vu précédemment, sur l'article 733, que la ligne paternelle est composée de tous les parens du côté du père de la personne dont la succession est ouverte, et que la ligne maternelle est composée de tous les parens du côté de la mère.

5. Les lignes se subdivisent en branches.

Chaque branche est une portion de la famille, qui est sortie d'une souche ou tige commune.

Ainsi deux frères forment deux branches différentes, issues de la même tige, qui est le père commun; chacun de ces frères, avec ses descendans, forme une branche particulière; et les descendans se subdivisent entr'eux, de la même manière, en diverses branches.

Les parens utérins, les parens consanguins, et ceux qui sont parens de l'un et de l'autre côté, forment aussi des branches différentes.

On peut consulter, pour distinguer les branches, les tableaux qui se trouvent insérés dans les observations sur les articles 733 et 734, et notamment les tableaux 13 et 14.

6. Le père et la mère, comme tous les autres ascendans à des degrés supérieurs, sont compris dans la dénomination générale d'ascendans.

On dit au pluriel aïeuls, quand on veut désigner précisément le grand-père paternel et le grand-père maternel. On dit aïeux, pour déguer généralement tous ceux de qui on decend.

L.

16

Le mot d'*aïeul* n'a pas de composé au-delà de ceux de *bisaïeul* et de *trisaïeul*. Quand on parle des degrés supérieurs, on dit *quatrième aïeul*, *cinquième aïeul*, etc.

7. Dans le droit romain, le mot *liberi* comprenait tous les descendans, en quelque degré qu'ils se trouvassent. *Liberorum appellatione nepotes et pronepotes continentur*, dit la loi 220, D. *de verb. sign.*

Il était également admis par nos meilleurs jurisconsultes et par un grand nombre d'arrêts, que le mot *enfans*, pris d'une manière générique, comprenait tous les descendans.

Cependant, comme il y avait quelque dissidence sur ce point, les rédacteurs ont pensé qu'il était convenable, pour prévenir toute équivoque, d'ajouter au mot *enfans* celui de *descendans*, dans l'art. 731 qui désigne les personnes auxquelles sont déférées les successions.

Le mot *descendans* comprend nécessairement les enfans, lorsqu'il est employé d'une manière générale.

ARTICLE 737.

En ligne directe, on compte autant de degrés qu'il y a de générations entre les personnes : ainsi le fils est, à l'égard du père, au premier degré ; le petit-fils, au second; et réciproquement du père et de l'aïeul, à l'égard des fils et petits-fils.

1. Les degrés ne se comptent pas de la même manière, en ligne directe et en ligne collatérale.

En ligne directe, on compte autant de degrés qu'il y a de générations entre les personnes à l'égard desquelles on veut connaître le degré de parenté.

Du père au fils, il n'y a qu'une seule génération, celle du fils : le père et le fils sont parens au premier degré.

De l'aïeul au petit-fils, il y a deux générations, celle du petit-fils et celle de son père ; l'aïeul et le petit-fils sont parens au second degré.

2. Un moyen très-simple de calculer les degrés en ligne directe, c'est d'en compter autant qu'il y a de personnes de l'un à l'autre des deux parens dont on veut connaître le degré de parenté, mais en ne comprenant dans le nombre qu'un seul de ces deux parens.

Ainsi, du bisaïeul à l'arrière petit-fils, il y a quatre personnes; savoir le bisaïeul, l'aïeul, le père et le fils : si l'on supprime du nombre une personne, il n'en reste que trois; et, dans le

16.

fait, il y a trois degrés, ou générations, du bi-saïeul à l'arrière-petit-fils.

En d'autres termes, pour calculer les degrés dans la ligne directe descendante, il faut partir du père, assigner le premier degré au fils, et compter ensuite autant de degrés qu'il y a de générations.

Dans la ligne directe ascendante, il faut partir du fils, placer le premier degré au père, le second à l'aïeul, et ainsi de suite en remontant.

TABLEAU XVIII.

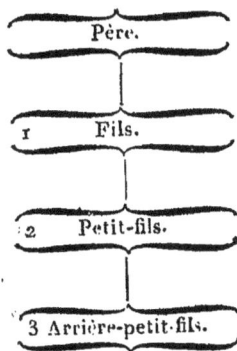

Ligne descendante.	Ligne ascendante.
Père.	3 Bisaïeul.
1 Fils.	2 Aïeul.
2 Petit-fils.	1 Père.
3 Arrière-petit-fils.	Fils.

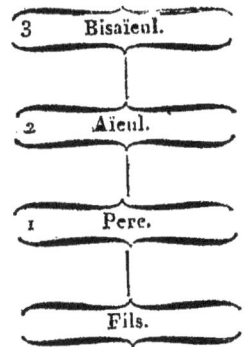

ARTICLE 738.

En ligne collatérale, les degrés se comptent par les générations, depuis l'un des parens jusques et non compris l'auteur commun, et depuis celui-ci jusqu'à l'autre parent.

Ainsi, deux frères sont au deuxième degré ; l'oncle et le neveu sont au troisième degré ; les cousins germains au quatrième ; ainsi de suite.

1. Le droit canon et le droit civil avaient une différente manière de compter les degrés en ligne collatérale.

Suivant le droit civil, il fallait toujours remonter de chacun des parens dont on voulait trouver le degré de parenté, à l'auteur commun dont ils étaient descendus, et compter autant de degrés qu'il y avait de personnes de l'un et de l'autre côté, à l'exception de celle qui était la souche commune.

Suivant le droit canon, on ne comptait pas des deux côtés, mais seulement depuis la plus éloignée des personnes dont on cherchait la parenté, jusqu'à l'auteur commun exclusivement.

Ainsi, d'après le droit civil, deux frères étaient au second degré, parce qu'en remontant de chacun d'eux à l'auteur commun, qui était le père, on trouvait deux personnes, savoir les deux frères eux-mêmes, sans compter l'auteur commun.

D'après le droit canon, les deux frères n'é-

taient qu'au premier degré, parce que l'on ne
comptait que de l'un des frères au père commun,

Le Code civil a préféré la supputation des
degrés, suivant le droit civil.

Il faut donc, pour connaître le degré de parenté entre deux personnes en ligne collatérale,
compter toutes les générations depuis l'un jusqu'à l'autre de ces parens *inclusivement*, en remontant de l'un jusqu'à l'auteur commun, *qui
ne se compte pas*, et en descendant ensuite depuis cet auteur commun jusqu'à l'autre parent;
ou, ce qui est la même chose, il faut compter
toutes les personnes qui forment la série de parenté de l'un à l'autre des deux parens, en remontant de l'un à l'auteur commun des deux,
et descendant ensuite jusqu'à l'autre; et le nombre
de cespersonnes, *en y comprenant les deux dont
on veut connaître le degré de parenté*, forme le
nombre des degrés, *mais en supprimant toujours
du calcul la personne de l'auteur commun.*

En sorte que, s'il y a six personnes, sans y comprendre l'auteur commun, mais en y comprenant les deux parens dont on veut connaître
le degré de parenté, ceux-ci se trouvent parens
au sixième degré.

Voici un exemple, tant pour la ligne colléta-
rale que pour la ligne directe.

TABLEAU XIX.

Généalogie suivant les principes du Code.

MATHIAS.

LIGNE DIRECTE ASCENDANTE.

ANTOINE, trisaïeul au 3e degré.				JACOB, arr. gr oncle au 5e degré.
SIMON, bisaïeul au 2e degré.		EUSTACHE, grand oncle au 4e degré.		LUC, cousin au 6e degré.
DENIS, aïeul au 1er degré.		LOUIS, oncle au 3e degré.	BENOIST, cousin au 5e degré.	FRANÇOIS, cousin au 7e degré.
PIERRE, père,	ETIENNE, frère au 2e degré.	JUDE, cousin germ. au 4e degré.	AMÉDÉE, cousin au 6e degré.	GERMAIN, cousin au 8e deg.

LIGNE DIRECTE DESCENDANTE.

JEAN, fils au 1er degré.	NICOLAS, neveu au 3e degré.	AIGNAN, cousin issu de germain au 5e degré.	GEORGE, cousin au 7e degré.	ROBERT, cousin au 9e deg.
JACQUES, petit-fils au 2e degré.	PAUL, petit-neveu au 4e degré.	MARC, cousin au 6e degré.	VICTOR, cousin au 8e degré.	CLAUDE, cousin au 10 deg.
JOSEPH, arr. pet.-fils au 3e degré.	HENRI, arrière petit-neveu au 5e degré.	FÉLIX, cousin au 7e degré.	PROSPER, cousin au 9e degré.	BERNARD cousin au 11e deg.
THOMAS, 3e petis-fils au 4e degré.	JULES, 3e peti. neveu au 6e degré.	ANDRÉ, cousin au 8e degré	LUBIN, cousin au 10e deg.	SAMUEL, cousin au 12e deg.

LIGNES COLLATÉRALES.

Pour l'intelligence de ce tableau, il faut remarquer que c'est pour *Pierre* que l'arbre généalogique a été dressé. Il est le centre d'où partent la ligne ascendante, la ligne descendante et les lignes collatérales. C'est de lui et à son égard, qu'on a calculé les différens degrés de parenté avec toutes les personnes qui sont dénommées dans le tableau.

Denis, *Simon*, *Antoine* et *Mathias* forment la ligne ascendante de *Pierre*.

Jean, *Jacques*, *Joseph* et *Thomas* composent sa ligne descendante.

Toutes les autres personnes forment quatre lignes collatérales, dont la première descend de *Mathias*, aïeul au quatrième degré; la seconde d'*Antoine*, trisaïeul; la troisième de *Simon*, bisaïeul, et la quatrième de *Denis*, aïeul.

A chaque nom, on a indiqué le degré de parenté avec *Pierre*.

Pour reconnaître que *Pierre* et *Aignan*, son cousin issu de germains, sont parens au cinquième degré, il suffit de calculer que, de l'un à l'autre, il y a six personnes; savoir, quatre en remontant d'*Aignan* à *Simon*, bisaïeul, qui est auteur commun de *Pierre* et d'*Aignan*, et deux en descendant de cet auteur jusqu'à *Pierre* : qu'on supprime la personne de l'auteur commun, il en reste cinq, conséquemment il y a cinq degrés.

Il est essentiel de se rappeler qu'il faut toujours

remonter, de l'un et de l'autre côté, au parent dont descendent, médiatement ou immédiatement, *l'une et l'autre* des personnes dont on veut connaître le degré de parenté. Ainsi, pour savoir à quel degré sont parens *Pierre*, et *Eustache* son grand-oncle, il ne suffirait pas de remonter à *Simon*, bisaïeul ; *Eustache* ne descend pas de *Simon*, il est son frère ; mais il faut remonter à *Antoine*, qui est le père d'*Eustache*, le bisaïeul de *Pierre*, et conséquemment l'auteur commun de l'un et de l'autre.

Il résulte de cette manière de calculer :

1° Que les frères et sœurs sont entr'eux parens au second degré ;

2° Que l'oncle et le neveu sont parens au troisième ;

3° Que le grand-oncle et le petit-neveu sont parens au quatrième ;

4° Que les cousins germains sont aussi parens au quatrième ;

5° Que le cousin germain du père, est, à l'égard du fils, au cinquième degré ;

6° Que les cousins issus de germains, c'est-à-dire, qui sont enfans de cousins germains, sont au sixième degré ;

Et ainsi de suite, en augmentant d'un degré, toutes les fois qu'il y a une personne de plus dans l'un des côtés.

SECTION II.

De la Représentation.

ARTICLE 739.

La représentation est une fiction de la loi, dont l'effet est de faire entrer les représentans dans la place, dans le degré, et dans les droits du représenté.

1. La représentation est un droit conféré par la loi, en vertu duquel l'enfant succède, au lieu, de son père, ou de sa mère, qui est décédé avant que la succession soit ouverte.

Il faut savoir :

1° En quoi consiste le droit de représentation, et quels sont ses effets ;

2° Quels sont les motifs qui l'ont fait admettre et dans quelle ligne il est admis ;

3° Quelles sont les personnes qui peuvent représenter ;

4° Quelles personnes peuvent être représentées ;

5° Comment se fait le partage, en cas de représentation ;

6° S'il y a lieu à représentation, et comment se fait le partagé, lorsque toutes les personnes appelées à représenter, se trouvent parentes du défunt, à un égal degré, soit en ligne directe, soit en ligne collatérale.

2. Suivant la nature et la loi, l'ordre dans lequel les parens du défunt sont appelés à lui succéder *ab intestat*, est déterminé, dans chaque ligne, par la proximité de leurs degrés de parenté avec le défunt ; en sorte que le parent qui se trouve au degré le plus proche dans sa ligne, exclut tous les autres parens de la même ligne, qui sont à des degrés plus éloignés.

Cette règle est modifiée par le droit de représentation ; mais de manière que ni le vœu de la nature, ni l'intention première de la loi, ne s'en trouvent aucunement violés.

Lorsqu'un homme est décédé avant l'ouverture d'une succession à laquelle il aurait été appelé comme le parent le plus proche, s'il eût survécu, la loi feint qu'il existe dans ses enfans au moment où la succession s'ouvre ; et en conséquence elle admet ses enfans à le représenter dans cette succession ; elle les met à sa place, les fait monter à son degré, et leur confère ainsi tous les droits qu'il aurait, s'il vivait encore.

Cette fiction de la loi a donc pour objet de faire succéder les enfans, comme aurait succédé leur père, ou leur mère, quoiqu'ils se trouvent personnellement à un degré plus éloigné que d'autres parens qui existent au moment de l'ouverture de la succession, et sous ce rapport, on pourrait croire, au premier aperçu, que la fiction est contraire, dans son trésultat, à la règle qui défère les successions aux parens les plus proches.

Mais évidemment, les motifs qui l'ont fait adopter sont les mêmes que ceux qui ont fait adopter la règle sur la proximité des degrés ; elle est également établie sur l'ordre naturel des affections du défunt, parce qu'on doit présumer que le défunt avait reporté sur les enfans, après la mort de leur père, toute l'affection qu'il avait eue pour le père lui-même, et qu'en conséquence il est dans sa volonté que les enfans lui succèdent, comme leur père lui aurait succédé, s'il lui eût survécu.

3. La représentation produisant l'effet de faire entrer le représentant dans la place et dans le degré du représenté, il en résulte que le représentant a le droit, comme l'aurait eu le représenté lui-même, soit de concourir avec d'autres parens d'un degré égal à celui du représenté, soit d'exclure les parens de degrés inférieurs, quoique *personnellement* il se trouve, dans l'un et l'autre cas, à des degrés plus éloignés que ces parens.

Voici un exemple pour le cas du concours :

Tableau XX.

Louis étant décédé avant *Pierre* son père , la succession de *Pierre* appartiendrait toute à *Jean* son fils , et *Joseph* en serait exclu, si l'on ne consultait que la proximité du degré de parenté. *Jean* est au premier degré et *Joseph* n'est qu'au second; mais *Joseph* étant admis à représenter *Louis* son père , prenant sa place et montant à son degré , se trouve avoir le droit, comme l'aurait eu son père lui-même, de concourir avec *Jean*. La succession se divise entr'eux par moitié.

Voici un autre exemple , dans lequel un parent plus éloigné exclut, par le bénéfice de la représentation, un parent plus proche.

Tableau XXI.

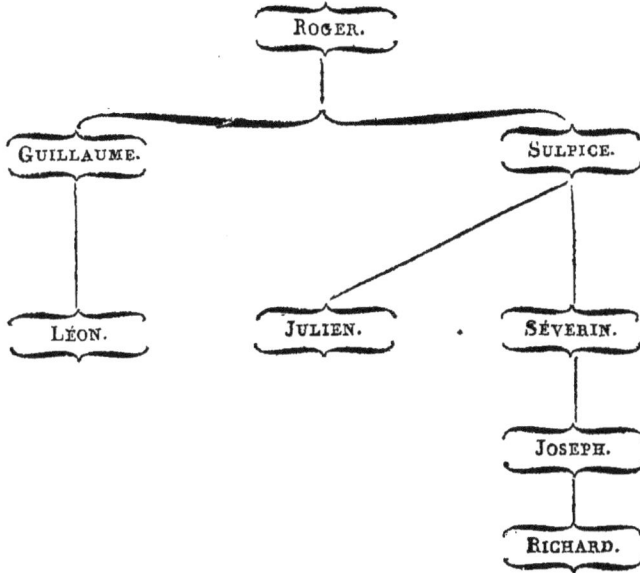

Julien est décédé sans postérité ni ascendans, ne laissant d'autres parens paternels que *Guillaume*, son oncle, et *Richard*, son petit neveu.

Guillaume est parent, au troisième degré, de *Julien* et *Richard* n'est parent qu'au quatrième degré.

D'après la règle générale sur les successions *ab intestat*, *Guillaume*, qui est le parent le plus proche devrait exclure *Richard*, qui est plus éloigné, puisque l'art. 734 dispose qu'en succession collatérale la portion déférée à une ligne paternelle ou maternelle, appartient au parent le plus proche dans cette ligne.

Cependant ce sera, au contraire, *Richard* qui exclura *Guillaume*, parce qu'en représentant *Joseph*, qui représentait aussi *Séverin*, il se trouve monter au second degré de parenté avec *Julien*.

4. La représentation doit être immédiate, c'est-à-dire, que du degré inférieur elle va au degré *immédiatement* supérieur, sans qu'il soit permis d'omettre un degré intermédiaire, pour arriver au degré le plus éloigné.

Ainsi, le fils représente le père, le père représente l'aïeul, l'aïeul représente le bisaïeul ; mais la représentation ne peut aller directement du petit-fils à l'aïeul, sans passer par le degré du père.

La représentation, dit Lebrun, *Traité des Successions*, liv. I, chap. III, som. XII, ne se fait pas *per saltum*, mais bien de degré en degré, chacun représentant le degré supérieur.

On a vu que la représentation est un droit en vertu duquel l'enfant succède, au lieu de son père, ou de sa mère, qui est décédé avant l'ouverture de la succession ; ce n'est donc qu'à la place de son père, ou de sa mère, et comme représentant l'un ou l'autre, qu'on est admis à succéder par voie de représentation.

Il en résulte que, si le père a renoncé à la succession du bisaïeul, ou en a été déclaré indigne, comme il ne peut y être représenté, ainsi qu'on l'établira dans les observations sur l'art. 744, le fils ne peut prétendre à remplacer son aïeul prédécédé, pour arriver à la succession du bisaïeul.

Dans ce cas, le lien de la représentation se trouvant rompu, le fils reste à son degré, et ce n'est que de son chef, et non par représentation, qu'il peut être appelé à la succession de son bisaïeul : il serait par conséquent exclu par tous autres descendans de l'aïeul ou du bisaïeul, qui pourraient invoquer le bénéfice de la représentation.

C'était au père qu'appartenait le droit de représenter l'aïeul, pour venir à la succession du bisaïeul, et s'il a renoncé à cette succession, ou s'il en a été déclaré indigne, son fils chercherait inutilement à le représenter, en occupant sa place. Comme le représentant ne peut avoir que les droits du représenté, le fils n'aurait, dans l'espèce, aucun droit du chef de son père, puisque le père qui a renoncé, a perdu volontairement tous ses droits à la succession, et que celui qui a été déclaré indigne, se trouve déchu de tous droits.

Cependant, quoique la représentation doive être immédiate, elle n'en remonte pas moins, de proche en proche, à plusieurs degrés.

Ainsi, comme le fils représente son père, et que,

par la même raison, le père représente l'aïeul, il en résulte que l'arrière-petit-fils arrive, par cette double représentation, à la succession de son bisaïeul.

Mais il faut en ce cas, que le père et l'aïeul puissent être l'un et l'autre légalement représentés ; car si l'un d'eux seulement était incapable de succéder, ou était déclaré indigne, le lien de la représentation se trouverait rompu.

TABLEAU. XXII.

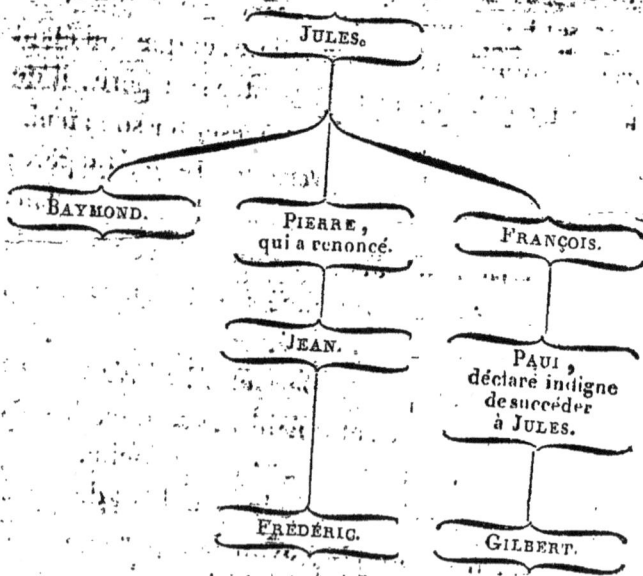

François et Jean sont décédés avant Jules leur père et aïeul.

Jules laisse pour héritiers présomptifs, *Raymond* et *Pierre*, ses fils, et *Paul*, son petit fils.

Mais, d'une part, *Paul* est déclaré indigne de succéder à *Jules :* et, d'autre part, *Pierre* renonce à la succession.

Gilbert et *Frédéric* pourront-ils, par le bénéfice de la représentation, venir à la succession de *Jules* leur bisaïeul, et concourir avec *Raymond*, son grand-oncle?

Il ne le pourront ni l'un ni l'autre.

Gilbert ne peut représenter *Paul*, son père, qui a été déclaré indigne. Il ne peut pas non plus représenter *François*, son aïeul, puisque la représentation doit être immédiate, et que, lui étant interdit par la loi de représenter son père, il ne peut jouir du bénéfice de représenter son aïeul.

Frédéric peut bien représenter *Jean*, son père; mais pour arriver à la succession de *Jules*, il faudrait qu'il représentât également *Pierre* son aïeul; et comme *Pierre* a renoncé à cette succession, il ne peut y être représenté.

Il en résulte que *Gilbert* et *Frédéric* restent chacun à son degré, et qu'ainsi ils sont exclus par *Raymond*. qui est à un degré plus proche.

5. Si la loi n'avait point admis le droit de représentation, il ne pourrait avoir lieu par la simple volonté du défunt qu'on voudrait représenter.

Lorsqu'un homme meurt avant l'ouverture d'une succession à laquelle il aurait eu droit, s'il avait survécu, il n'a pas le pouvoir de transmettre ce droit à d'autres personnes. La succession ne lui étant pas échue, et ne lui appartenant pas encore, il ne peut aucunement en disposer; il ne peut donc donner à personne le droit de le représenter dans cette succession, lorsqu'elle sera ouverte : ce serait bien là une véritable disposition d'une chose dont il n'a jamais été le maître.

Ce n'est donc pas, des mains du représenté, mais de la loi seule, que le représentant peut tenir son droit.

Il fallait donc une disposition précise de la loi, pour établir le droit de représentation.

Ainsi l'ont professé constamment les meilleurs auteurs, notamment Ricard dans son *Traité de la Représentation*, chap. I, n° 4 et suiv., et Lebrun, dans son *Traité des Successions*, chap. V, sect. I.

Barthole, sur la loi 93, *ff. de acquir. hœred.* s'explique en ces termes; *quod filius succedat in locum patris seu matris, quantùm ad successionem avi, non habet à patre, sed ex dispositione legis.*

Ce principe a été adopté par le Code civil, puisque l'art. 744 dispose qu'on peut représenter celui à la succession duquel on a renoncé. Il est évident que, si l'on tenait du représenté lui-même le droit de se représenter, il faudrait être son héritier, pour user de la représentation.

6. Il ne faut pas confondre la représentation avec la transmission.

La représentation a lieu dans le cas où l'enfant succède au lieu de son père, qui est décédé *avant l'ouverture de la succession.*

La transmission a lieu dans le cas où celui qui était appelé à une succession, décède *après qu'elle est ouverte*, mais avant de s'être porté héritier, et transmet son droit, avec sa propre succession, à ceux qui sont ses héritiers.

Lorsque les héritiers viennent par représentation, on dit que la success on est *immédiate*, parce qu'en effet les représentans prennent immédiatement la succession que le représenté n'a pu avoir, puisqu'elle n'était pas ouverte lors de son décès.

Lorsque les héritiers viennent par transmission, on dit que la succession est *médiate*, parce qu'elle a été d'abord déférée à celui auquel ils succèdent, et que ce n'est qu'après lui qu'ils la recueillent.

Les représentans viennent *jure suo*, parce qu'ils ne tiennent leur droit, ni par la volonté du représenté, ni par une transmission de sa part, mais que ce droit leur est personnellement conféré par la loi.

Les héritiers en faveur desquels s'opère la transmission, succèdent *jure alieno*, puisqu'ils ne succédent qu'en vertu du droit qui avait été acquis à leur auteur sur la succession.

7. Le représentant est héritier, tout comme l'aurait été le représenté. Aux termes de l'art. 739, il entre non-seulement dans la place et dans le degré du représenté, mais encore dans tous ses droits; il est donc substitué, sous tous les rapports, à la personne du représenté.

Ainsi tous les droits qu'aurait eus le représenté, s'il eût survécu, soit pour concourir avec d'autres parens, soit pour les exclure, passent au représentant.

Toute la portion que le représenté aurait eue dans la succession, est dévolue au représentant.

Par exemple, l'enfant d'un frère germain du défunt, lorsqu'il vient par représentation, prend dans la succession les trois quarts des biens, comme les aurait pris son père, si le défunt a laissé un autre frère, qui soit seulement utérin ou consanguin : ce frère, quoique venant de son chef, et plus proche en degré que le fils du frère germain, n'a droit qu'à un quart de biens, comme s'il partageait avec le frère germain lui-même.

8. Mais aussi le représentant ne peut avoir que les droits qu'aurait eus le représenté : il ne peut pas en avoir de plus étendus; et il est tenu de toutes les charges auxquelles aurait été soumis le représenté.

Ainsi, le représentant est obligé au paiement

des dettes de la succession, comme l'aurait été le représenté.

Il doit même faire rapport à la succession, des choses que le représenté avait reçues en avancement d'hoirie, ou sans dispense de rapport, de la même manière que le représenté aurait été tenu de rapporter lui-même. L'art. 848 contient une disposition formelle à cet égard.

Si le représenté n'avait droit de prendre part que dans une des deux lignes, le représentant n'a également droit que dans cette ligne.

Enfin, la représentation ne pouvant donner plus de droits que n'en avait le représenté, il s'ensuit encore que, s'il y a plusieurs représentans, ils ne peuvent avoir, *tous ensemble*, que la même portion qu'aurait eue le représenté. *Tantam de hæreditate morientis accipientes partem, quanticumque sint, quantam eorum parens, si viveret, habuisset.* Nov. 118.

9. On ne peut pas plus être appelé à une succession par droit de représantation, qu'on ne peut y être appelé de son chef, si l'on n'a pas toutes les qualités requises pour succéder. Il est bién évident que, si le représentant veut être héritier à la place du représenté, il faut qu'il ait la capacité de succéder.

Ainsi, l'enfant qui n'était pas encore conçu lors de l'ouverture de la succession, l'enfant qui n'est pas né viable, l'individu qui a été frappé de mort civile, l'étranger dans le pays duquel un Français ne serait pas successible, et le parent qui s'est rendu indigne, ne sont pas admis à représenter, parce qu'ils ne sont pas habiles à succéder.

10. Mais il n'est pas nécessaire pour que le représentant soit admis à succéder, qu'il soit né ou conçu avant la mort du représenté. On a déjà dit que ce n'est pas du représenté qu'il tient son droit, qu'il ne le tient que de la loi, et qu'il peut en user, lors même qu'il n'est pas héritier du représenté.

Par la même raison, quoiqu'il fût déclaré indigne de succéder au représenté, il n'en viendrait pas moins à sa place, par droit de représentation, dans une succession qui aurait appartenu au représenté survivant.

L'indignité n'exclut que de la succession pour laquelle on a été déclaré indigne, mais non pas d'une autre succession distincte et qui n'a pas été confondue.

En un mot, puisque le représentant vient *jure suo*, peu importe qu'il soit indigne de succéder au représenté, ou qu'il ait répudié volontairement sa succession, ou qu'il ne puisse être son héritier.

ARTICLE 740.

La représentation a lieu à l'infini dans la ligne directe descendante.

Elle est admise dans tous les cas, soit que les enfans du défunt concourent avec les descendans d'un enfant prédécédé, soit que, tous les enfans du défunt étant morts avant lui, les descendans desdits enfans se trouvent, entre eux, en degrés égaux ou inégaux.

1. La représentation devait être admise dans la ligne directe descendante ; c'est la nature elle-même qui la réclame.

L'aïeul aime ses petits-enfans, comme il aimait son fils : ils lui tiennent lieu du fils qu'il a perdu, et le représentent à ses yeux : ils ont dans son cœur la même place que leur père y occupait, ils auront aussi dans sa succession les mêmes droits : c'est son vœu le plus cher que la loi vient remplir.

2. La représentation ne doit point avoir de limites dans la ligne directe descendante : elle doit se prolonger jusqu'aux degrés les plus éloignés.

Et, en effet, il est dans la nature que l'affection de l'homme s'étende à tous ses descendans; tous lui sont chers, parce qu'ils lui représentent tous également les enfans qu'il a perdus ; sa tendresse les suit dans les divers degrés, et toujours ceux qui survivent, remplacent dans son cœur ceux qui sont décédés : tous, en un mot, sont ses enfans et sa postérité.

3. Lorsque le défunt ne laisse pas d'autres descendans que ses propres enfans, la représentation n'a pas lieu, puisque tous les enfans viennent de leur chef à la succession, sans avoir besoin du secours de la représentation. Chacun d'eux prend une part égale dans l'hérédité.

Mais, si le défunt a laissé des enfans et des descendans d'autres enfans prédécédés, ou seulement des descendans, autres que des enfans, la représentation a toujours lieu, parce qu'elle est nécessaire, soit pour empêcher l'exclusion de quelques-uns d'eux, soit pour établir l'égalité entre les diverses branches de la descendance.

Ainsi elle a lieu dans trois cas :

1° Lorsque le défunt a laissé non-seulement des enfans, mais encore des descendans d'un ou de plusieurs autres enfans, qui sont décédés avant lui.

2° Lorsque, tous les enfans du défunt étant morts avant lui, leurs descendans qui survivent, se trouvent entr'eux en degrés égaux.

3° Lors même que ces descendans survivans se trouvent entr'eux à des degrés inégaux.

C'est ce qui va être expliqué dans les numéros suivans.

4. Si le défunt a eu plusieurs enfans, dont les uns lui ont survécu, et les autres, qui sont

morts avant lui, ont laissé des descendans, la représentation a lieu pour sa succession.

Elle est admise en faveur des descendans des
enfans prédécédés: autrement, ils seraient exclus
par les enfans qui ont survécu et qui sont à un degré plus proche du défunt.

Pour qu'ils puissent être admis à succéder, il
faut que, par le bénéfice de la représentation,
ils montent à un degré égal à celui des enfans qui
ont survécu.

La représentation a également lieu en faveur
des enfans qui ont survécu : car si les descendans
des enfans prédécédés étaient admis à succéder de
leur chef, ils partageraient par tête, et chacun
d'eux aurait la même portion de biens q l'un des
enfans qui a survécu, ce qui ne serait pas juste.
Tous les descendans d'un enfant qui est prédécédé, ne doivent avoir entr'eux tous que la portion
qu'il aurait eue lui-même.

Ainsi, dans la succession d'un ascendant commun, les neveux et les nièces concourent avec
leurs oncles et leurs tantes, les petits-neveux
et petites nièces avec leurs grands oncles et
leurs grand'tantes, et ainsi de suite, tant qu'il
existe des descendans des enfans du défunt.

Tableau XXIII.

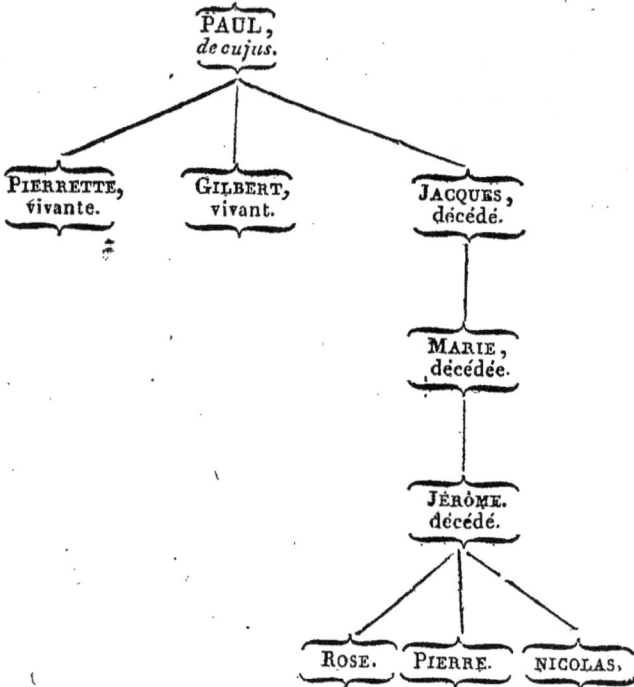

PAUL,
de cujus.

PIERRETTE,
vivante.

GILBERT,
vivant.

JACQUES,
décédé.

MARIE,
décédée.

JÉRÔME.
décédé.

ROSE. PIERRE. NICOLAS,

Dans cet exemple, *Marie*, si elle avait survécu à *Paul*, concourrait avec *Pierrette*, sa tante, et *Gilbert*, son oncle.

Il en serait de même à l'égard de *Jérôme*.

Jacques, *Marie* et *Jérôme* étant décédés avant *Paul*, la représentation a lieu en faveur de *Rose*, *Pierre* et *Nicolas* : ils concourrent avec *Pierrette*, leur arrière-grand'tante, et avec *Gilbert*, leur arrière-grand-oncle ; mais ils ne prennent, entre eux trois, que le tiers de la succession de *Paul*, attendu que *Jacques* qu'ils représentent par l'intermediaire de *Jérôme* et de *Marie*, n'aurait eu lui-même que le tiers.

5. Si tous les enfans du défunt sont morts avant lui, leurs descendans sont tous également appelés à la succession de l'ascendant commun, quoiqu'ils se trouvent entr'eux à degrés inégaux.

Ils sont appelés par droit de représentation, et en conséquence ils doivent partager la succession, suivant les règles établies pour la représentation.

L'inégalité des degrés ne peut être ici d'aucune considération, puisque la représentation fait monter à un degré égal tous les descendans des enfans prédécédés.

Et il est nécessaire que le partage s'opère d'après les règles établies pour la représentation, afin que les descendans de l'un des enfans prédécédés, n'aient pas une plus forte portion que les descendans d'un autre enfant.

Tableau XXIV.

```
                        JEAN,
                       de cujus.

        ANTOINE,        SILVAIN,        LUCIEN,
        décédé.         décédé.         décédé.

        LOUIS.          AUGUSTE,        CÉSAR,
                        decede.         décédé.

                  JULES.  MARC.  RAYMOND.   FELIX,
                                           décédé.

                                    EUPHROSINE.   ROSE.
```

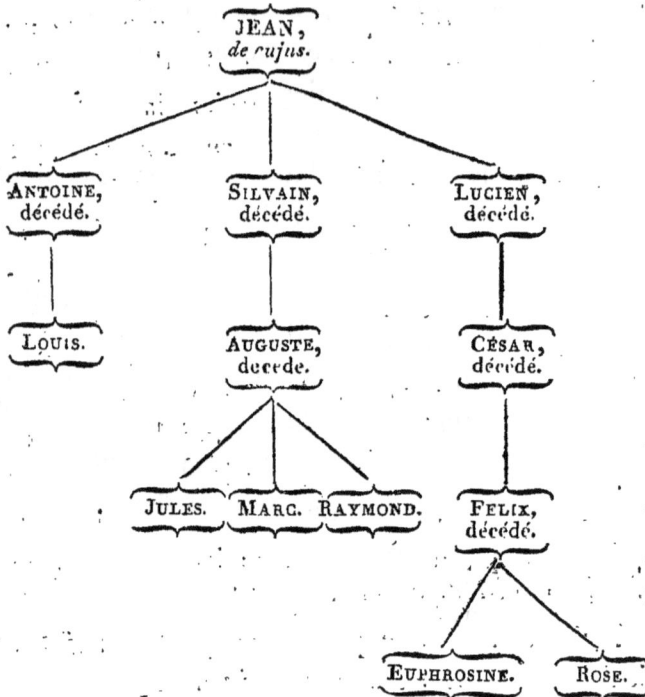

Dans cet exemple, les descendans des trois enfans de *Jean*, se trouvent entr'eux à des degrés
inégaux, à l'égard de *Jean* leur ascendant commun. Louis est au second degré, *Jules* et *Ray-*
mond au troisième, *Euphrosine* et *Rose* au quatrième.

Cependant tous sont également appelés à la
succession de *Jean*, parce que chacun d'eux représente médiatement ou immédiatement, l'un des

enfans de *Jean;* et c'est aussi d'après les règles établies par la représentation, que le partage de la succession doit s'opérer entr'eux ; car si le partage se faisait par tête entre tous les descendans, *Jules*, *Marc* et *Raymond* auraient la moitié de la succession, quoiqu'ils ne doivent en avoir que le tiers, comme l'aurait eu *Silvain* qu'ils représentent; et *Louis* n'aurait qu'un sixième, quoiqu'il doive avoir également le tiers, en représentant son père.

6. Lorsque tous les descendans des enfans prédécédés sont entr'eux, *à degrés égaux*, on pourrait dire qu'ils n'ont pas besoin du bénéfice de la représentation pour succéder à leur auteur commun; qu'ils peuvent tous venir de leur chef, puisqu'ils se trouvent tous au même degré ; et conséquemment qu'ils doivent succéder par tête.

Mais, d'abord, ce qui prouve que l'égalité des degrés ne confère pas nécessairement aux descendans des enfans prédécédés, le droit de succéder de leur chef à l'ascendant commun, c'est que, par exemple, dans le cas où l'un des enfans prédécédés se serait rendu indigne de succéder à son père, ses descendans ne pourraient, aux termes de l'art. 730, venir de leur chef à la succession, puisqu'ils en seraient exclus comme se trouvant personnellement à un degré plus éloigné que les descendans qui pourraient représenter d'autres enfans prédécédés.

En second lieu, lors même qu'entre descendans à degrés égaux, la représentation ne serait pas nécessaire pour les faire venir à la succession de l'auteur commun, elle devrait encore avoir lieu pour établir l'égalité dans le partage, entre les descendans de chacun des enfans prédécédés.

Et, en effet, si tous les descendans des enfans prédécédés étaient admis dans ce cas à succéder par tête, et non suivant les règles établies pour la représentation, il en résulterait que, si l'un des enfans prédécédés avait laissé quatre descendans, et que l'autre n'en eût laissé que deux, les descendans du premier auraient les deux tiers de la succession, et que les descendans de l'autre n'auraient que le tiers, ce qui ne serait pas équitable.

Chacun des deux enfans aurait eu dans la succession de son père, une part égale, s'il eût survécu : cette égalité doit être maintenue entre leurs descendans respectifs, et l'on doit présumer que telle a été la volonté du défunt.

Le droit romain l'ordonnait ainsi, et le Code civil en a fait aussi une règle précise.

Tableau VII.

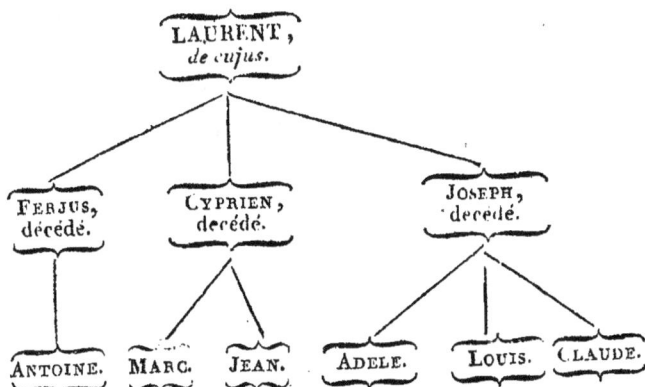

Dans cet exemple, *Antoine*, *Marc*, *Jean*, *Adèle*, *Louis* et *Claude* viendront tous également, par représentation de leurs pères, à la succession de *Laurent*, leur aïeul.

S'ils venaient de leur chef et succédaient par tête, *Adèle*, *Louis* et *Claude* auraient la moitié de la succession, et cependant *Joseph* leur père, n'en aurait eu que le tiers, s'il eût survécu.

Comme leur père, ils n'auront que le tiers.

Marc et *Jean* auront un autre tiers, comme représentant un autre enfant du défunt.

Et *Antoine*, qui est seul descendant de *Ferjus*, aura également un tiers.

7. La représentation s'étend à tous les descendans des enfans prédécédés, soit que tous ces

enfans fussent issus du même mariage, soit qu'ils fussent issus de lits différens.

En ligne directe descendante, la germanité ne donne aucun privilége. Suivant l'article 745, tous les enfans issus du même père, qu'ils aient ou non une mère commune, ont un droit égal à la succession de leur père; et ce droit passe à leurs descendans, lors même que ces descendans se trouvent également issus de lits différens, parce qu'il s'agit toujours, à l'égard de tous, de la succession d'un ascendant dont ils descendent tous également.

Tableau XXVI.

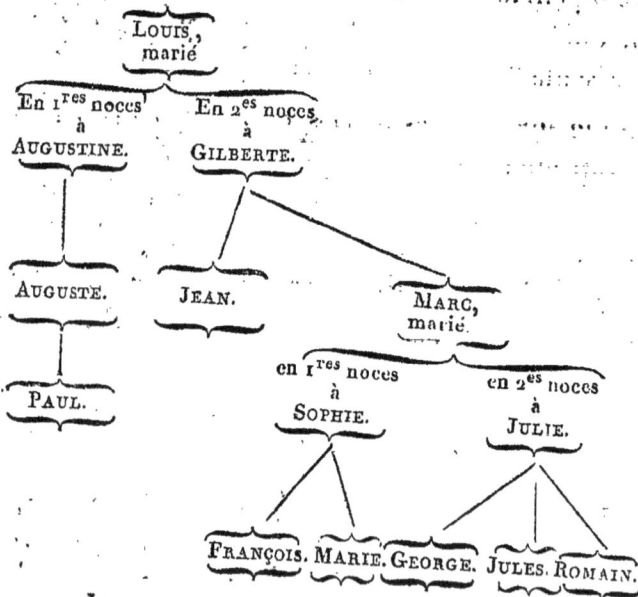

Auguste, *Jean* et *Marc* ont un droit égal à la succession de *Louis* leur père, quoique le premier soit issu du mariage avec *Augustine*, et les deux autres, du mariage avec *Gilberte*.

Leurs descendans peuvent aussi les représenter dans la succession de *Louis*, quoiqu'ils soient également issus de mariages différens.

Ainsi *François* et *Marie*, *Goerges*, *Jules* et *Romain* sont également appelés, par représentation de leurs pères, à la succession de *Louis* leur aïeul paternel.

Il en résulte que, si *Auguste* et *Marc* sont décédés avant *Louis*, *Paul*, enfant d'*Auguste* et les cinq enfans de *Marc* concourront avec *Jean*, leur oncle, et viendront avec lui, par droit de représentation, à la succession de *Louis*.

Jean aura le tiers de la succession; *Paul* aura un autre tiers, comme représentant *Auguste*; et le dernier tiers, qui appartiendra aux enfans de *Marc*, sera divisé entr'eux *par tête*, quoiqu'ils soient de deux lits différens, parce que chacun d'eux a un droit égal à représenter son père.

ARTICLE 741.

La représentation n'a pas lieu en faveur des ascendans; le plus proche, dans chacune des deux lignes, exclut toujours le plus éloigné.

1. La représentation n'a pas lieu en faveur des ascendans, parce qu'il n'est pas dans l'ordre de la nature que les ascendans représentent les descendans.

« La successibilité des descendans » disait M. *Siméon*, « est autant naturelle que légitime; « mais celle des ascendans est contre la marche « ordinaire des événemens : on croit voir remon- « ter un fleuve vers sa source : l'ordre de la « nature est troublé; il n'y aura donc pas de « représentation pour ce cas extraordinaire. » Ainsi l'aïeul ne peut représenter son fils, pour venir à la succession de son petit-fils.

18.

Tableau XXVII.

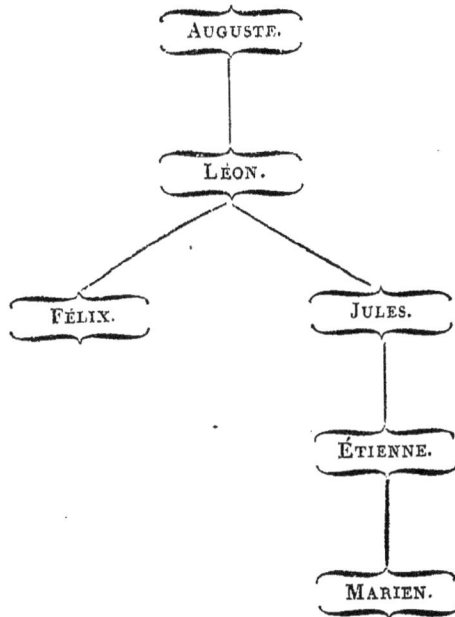

Félix est décédé après *Léon*, son père : il laisse *Auguste*, son aïeul, et *Marien*, son petit-neveu.

Si *Auguste* pouvait représenter *Léon*, dans la succession de *Félix*, il aurait le quart de la succession, puisqu'aux termes des articles 749 et 751, *Léon* aurait eu ce quart, s'il avait survécu à *Félix* ; mais *Auguste* étant privé du bénéfice de la représentation, est exclu par *Marien*, petit-neveu du défunt, suivant l'article 750, qui n'admet que les père et mère à concourir avec les frères et sœurs, ou leurs descendans.

2. La représentation n'étant point admise dans la ligne directe ascendante, on devrait en conclure que les ascendans sont toujours appelés entr'eux à succéder, suivant la proximité de leurs degrés de parenté avec le défunt, et qu'en conséquence les plus proches excluent toujours les plus éloignés.

Ainsi, le père du défunt devrait exclure l'aïeul et l'aïeule maternels, et recueillir seul la succession, si d'ailleurs le défunt n'avait laissé ni sa mère, ni frère ou sœur, ni descendans d'eux.

Mais nous avons déjà vu que, suivant la règle établie par l'article 733, toute succession échue à des ascendans, se divise en deux parts égales, l'une pour les parens de la ligne paternelle, l'autre pour les parens de la ligne maternelle ; et il résulte de cette division, qui forme comme deux successions distinctes, que le père du défunt, n'ayant droit qu'à la part affectée à la ligne paternelle, ne peut exclure les autres ascendans que dans cette ligne, et non dans la ligne maternelle à laquelle il est étranger ; il n'exclut donc pas l'aïeul et l'aïeule maternels, de la part qui est affectée à leur ligne.

Aussi l'art. 741 que nous examinons, ne dit pas d'une manière générale, que l'ascendant le plus proche exclut toujours le plus éloigné ; mais il dit que le plus proche, *dans chacune des deux lignes*, exclut le plus éloigné, ce qui signifie que ce n'est que dans sa propre ligne, que le plus proche exclut le plus éloigné, et non pas que le plus proche dans une ligne exclut le plus éloigné dans l'autre.

Il faut donc convenir qu'il y a entre les ascendans des deux lignes, une espèce de représentation par souche.

En effet, 1º si tous les ascendans ne venaient entr'eux que de leur chef et suivant la proximité de leurs degrés, il s'en suivrait, comme je l'ai déjà dit, que le père devrait exclure l'aïeul et l'aïeule maternels, qui sont à un degré plus éloigné. La division entre les lignes produit donc le même effet que la représentation, puisqu'elle fait que l'aïeul et l'aïeule maternels prennent la même part qu'aurait eue la mère, si elle avait survécu.

2º Si les ascendans ne venaient que de leur chef, et sans représentation aucune, ils devraient tous partager par tête, lorsqu'ils se trouvent tous à un égal degré; cependant l'aïeul paternel prend seul la moitié des biens, et l'aïeul et l'aïeule maternels ne prennent que l'autre moitié : il arrive donc encore ici, par l'effet de la division entre les deux lignes, comme il arriverait par l'effet de la représentation, que l'aïeul paternel prend toute la portion qu'aurait eue le père, et que l'aïeul et l'aïeule maternels ne prennent que la portion qu'aurait eue la mère.

Il y a donc, dans les résultats, une représentation par souche ou par ligne, et l'on disait la même chose à l'égard de la disposition de la Nov. 118, qui, après avoir établi qu'il n'y avait point de représentation entre les ascendans, attribuait néanmoins la moitié de la succession aux ascendans paternels, et l'autre moitié aux ascendans maternels, s'ils étaient tous au même degré, quoique le nombre des ascendans fût plus considérable d'un côté que de l'autre.

Mais toujours il est certain qu'après que la succession a été divisée par moitié entre la ligne paternelle et la ligne maternelle, il n'y a pas de représentation entre les ascendans *dans la même ligne*, et qu'ainsi, dans chaque ligne prise séparément, les ascendans les plus proches excluent les plus éloignés.

C'est ainsi qu'il faut entendre et appliquer la première disposition de l'art. 741, qui se trouve modifiée par la seconde.

Tableau XXVIII.

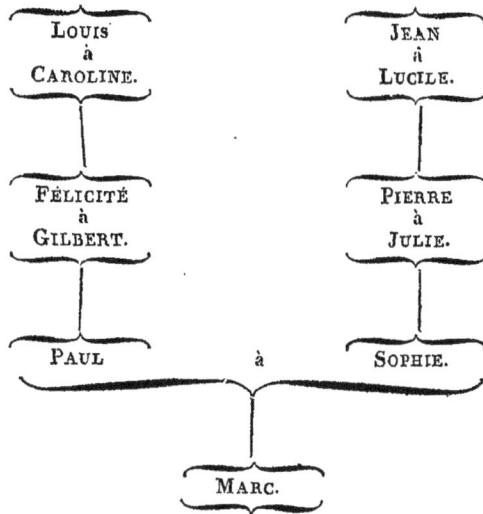

Marc n'a laissé ni postérité, ni frères, ni sœurs, ni descendans d'eux. Sa succession doit être divisée par moitié entre ses ascendans de la ligne paternelle et ses ascendans de la ligne maternelle, et voici dans quel ordre ces ascendans doivent être respectivement appelés.

1° Si *Paul* et *Sophie*, ses père et mère, lui ont survécu, chacun d'eux aura la moitié de la succession ; *Paul* exclura, dans sa ligne, tous les autres ascendans, qui sont à des degrés plus éloignés ; *Sophie* exclura également, dans la ligne maternelle, l'aïeul et l'aïeule, le bisaïeul et la bisaïeule.

2° Si *Marc* a survécu à *Sophie* sa mère, la moitié de sa succession appartiendra à *Paul,* son père, et l'autre moitié à *Pierre* et *Julie*, ses aïeuls maternels. Quoique *Paul* soit à un degré plus proche que *Pierre* et *Julie*, il ne les exclura pas. Il ne peut prendre que dans sa ligne, et c'est dans l'autre ligne que *Pierre* et *Julie* sont appelés, comme les plus proches dans cette ligne à laquelle *Paul* est étranger.

3° Dans le cas où *Paul*, *Sophie* et *Julie* seraient décédés avant *Marc*, la moitié de la succession sera déférée à *Pierre*, aïeul maternel; *Félicité* et *Gilbert*, aïeuls paternels, n'auront ensemble que l'autre moitié.

4° Si *marc* n'a laissé d'autres ascendans que *Lucile*, sa bisaïeule maternelle, et *Félicité* et *Gilbert* ses aïeuls paternels, *Lucile* aura pour elle seule la moitié de la succession; *Félicité* et *Gilbert* n'auront que l'autre moitié.

Cependant *Félicité* et *Gilbert* sont à un degré plus proche que *Lucile*; mais suivant l'art. 741, ce n'est que dans la même ligne que les ascendans les plus proches excluent les plus éloignés; *Félicité* et *Gilbert*, qui sont de la ligne paternelle, ne peuvent donc exclure *Lucile*, qui est de la ligne maternelle.

ARTICLE 742.

En ligne collatérale, la représentation est admise en faveur des enfans et descendans des frères ou sœurs du défunt, soit qu'ils viennent à la succession concurremment avec des oncles ou tantes, soit que, tous les frères et sœurs du défunt étant prédécédés, la succession se trouve dévolue à leurs descendans, en degrés égaux ou inégaux.

1. Suivant les Nouvelles 118 et 127, la représentation en ligne collatérale ne s'étendait qu'aux enfans des frères ou sœurs du défunt.

Ainsi, le petit-neveu ne pouvait venir, par droit de représentation, à la succession de son grand-oncle; il était exclu par les frères et sœurs du défunt, et même par les neveux.

Mais plusieurs coutumes, et, après elles, la loi du 17 nivose an 2, avaient admis la représentation illimitée, et dans toutes les branches, en ligne collatérale.

Le Code civil n'accorde le droit de représentation, en ligne collatérale, qu'aux enfans et descendans des frères ou sœurs du défunt; mais il l'accorde à tous les descendans des frères ou sœurs, *à quelques degrés qu'ils se trouvent*, sans le restreindre, ainsi que l'avaient fait les Novelles, au degré de neveu.

2. Lorsque le défunt n'a laissé que des frères ou sœurs, la représentation n'a pas lieu, puisque

tous les frères et sœurs du défunt, viennent, de
leur chef, à sa succession, et n'ont pas besoin du
sécours de la représentation ; chacun d'eux prend
une part égale dans l'hérédité.

Mais si le défunt a laissé des frères ou sœurs, et
des descendans d'autres frères ou sœurs *prédécédés*, ou s'il a laissé seulement des descendans
de ses frères ou sœurs morts avant lui, la repré-
tation a toujours lieu, parce qu'elle est toujours nécessaire, soit pour empêcher l'exclusion
de quelques-uns des descendans, soit pour établir
l'égalité entre les diverses branches des descendans des frères ou sœurs prédécédés.

Ainsi, d'après la disposition de l'aricle 742, la
représentation a lieu en ligne collatérale, dans trois
cas, de même qu'en ligne directe descendante.

1º lorsqu'il existe des frères ou sœurs du défunt, ou que d'autres frères ou sœurs prédécédés
ont laissé des descendans ;

2º Lorsque tous les frères et sœurs du défunt
sont décédés avant lui, et que leurs descendans
qui ont survécu se trouvent entr'eux en degrés
inégaux ;

3º Lors même que ces descendans survivans
se trouvent entr'eux à des degrés égaux.

Ces trois cas exigent des explications particulières, qui seront l'objet des numéros suivans.

3. Si le défunt a eu plusieurs frères ou sœurs,
dont les uns lui ont survécu, et dont les autres,

morts avant lui, ont laissé des descendans, la représentation est admise en faveur des descendans
des frères ou sœurs prédécédés : autrement, ils
seraient exclus par les frères ou sœurs qui ont
survécu, et qui sont à un degré plus proche du
défunt; ce n'est que par le bénéfice de la représentation, qu'ils peuvent monter à un degré égal
à celui de leurs oncles ou tantes.

Mais aussi ces descendans de frères ou sœurs prédécédés, ne sont admis à succéder que par droit de
représentation ; ils ne sont pas admis à succéder de
leur chef : car s'ils succédaient de leur chef, ils
partageraient par tête, et chacun d'eux aurait la
même portion de biens qu'un des frères ou sœurs
survivans ; mais l'équité veut, en ce cas, que tous
les descendans d'un frère ou d'une sœur n'aient,
entr'eux tous, que la même portion qu'aurait eue
leur auteur, s'il eût survécu.

les neveux et les nièces du défunt concourent
donc, mais par droit de représentation seulement,
avec leurs oncles et leurs tantes; les petits-neveux
et les petites-nièces avec leurs grands-oncles et
leurs grand' tantes ; et ainsi de suite, tant qu'il
existe des descendans de frères ou sœurs prédécédés.

Tableau XXIX.

```
                        PAUL.

JEANNE,    CHARLES,    JEAN,      RÉNÉ,      LUC,
vivante.   vivant.     de cujus.  décédé.    décédé.

                        CLAUDE,    LOUIS,
                        mort.      mort.

                    MARC.  JULIE.  ROSE.
```

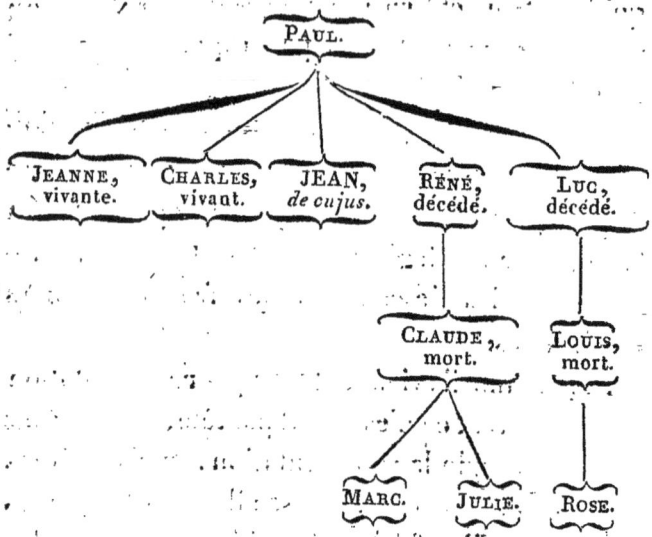

Dans cet exemple, *Marc Julie* et *Rose*, petit-neveu et petites nièces de *Jean*, viennent à sa succession, en concours avec *Jeanne*, leur grand'-tante, et *Charles*, leur grand-oncle : ils viennent par représentation de *René* et de *Luc*, qui étaient frères de *Jean*, de *cujus*.

Un quart de la succession appartient à *Jeanne*, un quart à *Charles*, un quart à *Rose*, représentant *Luc* : *Marc* et *Julie* n'auront ensemble qu'un autre quart attendu que *René* qu'ils représentent, n'aurait pas eu droit à une plus forte portion.

4. Si tous les frères et sœurs qu'avait eus le défunt, sont décédés avant lui, leurs descendans sont tous également appelés à lui succéder, quoiqu'ils se trouvent entr'eux à des degrés inégaux ; mais ils succèdent tous par représentation, et non de leur chef.

Les descendans qui sont à des degrés plus éloignés, ne sont pas exclus par ceux qui sont à des degrés plus proches, puisque la représentation fait monter au degré des frères et sœurs du défunt, tous les descendans des frères et sœurs prédécédés.

Et, comme ils viennent tous par représentation de leurs pères, ce n'est point par tête, mais suivant les principes de la représentation, qu'ils doivent partager l'héredité en masse : il est juste que les descendans d'un frère prédécédé, n'aient pas plus que les enfans d'un autre frère , quoiqu'ils soient en plus grand nombre d'un côté que de l'autre.

Tableau XXX.

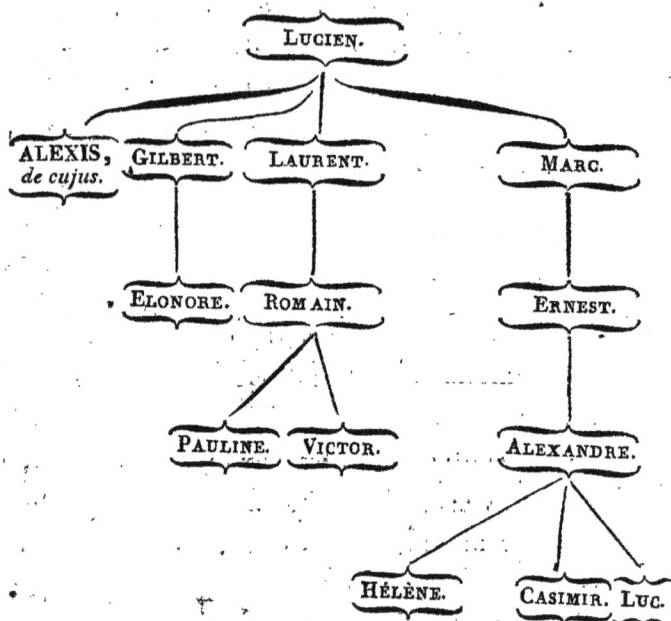

Gilbert, Laurent et Marc, sont décédés, avant Alexis, leur frère.

Romain, Ernest et Alexandre sont également prédécédés.

A la mort d'Alexis, les descendans de ses frères et sœurs sont 1° Eléonore, fille de Gilbert; 2° Pauline et Victor, petit-fils et petite-fille de Laurent; 3° Hélène, Casimir et Luc, arrière-petit-fils et arrière-petite-fille de Marc.

Si la représentation n'avait pas lieu en faveur

de tous ces descendans, si elle ne s'étendait comme sous la législation établie par les Novelles, qu'au degré de neveu ou de nièce, *Eléonore*, qui est la nièce d'*Alexis*, *de cujus*, exclurait tous les descendans de *Laurent* et de *Marc*, puisque les descendans de *Laurent* ne sont que petits-neveux d'*Alexis*, et les descendans de *Marc*, arrière-petits-neveux.

Mais la représentation étant admise par le Code civil en faveur de tous les descendans des frères ou sœurs du défunt, il s'ensuit que les descen-dans de *Laurent* et ceux de *Marc*, sont ap-pelés, comme la fille de *Gilbert*, à la succession d'*Alexis*.

Ils représentent tous également des frères du défunt, et, avec cette qualité, ils se trouvent tous placés au même degré : ils ont tous les mêmes droits.

Mais, puisqu'ils viennent par représentation, ce n'est point par tête qu'ils doivent partager la suc-cession d'*Alexis*. Les descendans de chacun des frères ne doivent avoir que la même portion qu'il aurait eue lui-même.

Hélène, *Casimir* et *Luc* n'auront que le tiers de la succession ; *Pauline* et *Victor* auront un autre tiers, et le troisième appartiendra à *Eléo-nore* seule.

5. Lorsque tous les descendans des frères et sœurs prédécédés, se trouvent entr'eux *à degrés*

égaux, on pourrait dire, en renouvelant l'observation qui a déja été faite sur l'art. 740, que l'égalité des degrés rend inutile d'avoir recours au bénéfice de la représentation ; et qu'ainsi tous les descendans, qui se trouvent personnellement à un degré égal, ont le droit de succéder de leur chef et par tête.

Telle était en effet la disposition du droit romain, et la jurisprudence la fit ad opter, même dans les pays coutumiers.

Mais le Code civil a abrogé cette disposition il a voulu qu'en ligne collatérale, comme en ligne directe, la représentation eût lieu entre tous les descendans à degrés égaux ; et, en effet, elle est nécessaire, dans l'une comme dans l'autre ligne, pour qu'il y ait égalité de partage entre les diverses branches des descendans, pour que les descendans d'un frère n'aient pas plus que les descendans d'un autre frère, pour qu'ils n'aient pas une portion plus forte que celle qu'aurait eue le frère prédécédé que réellement ils représentent dans la succession.

TABLEAU XXXI.

ROGER.

ETIENNE, de cujus.   CYPRIEN. décédé.   OCTAVE, décédé.   DENIS, décédé.

FERJUS.   ARTHUR. LUCIE. AGATHE. CÉSAR. MARCELIN

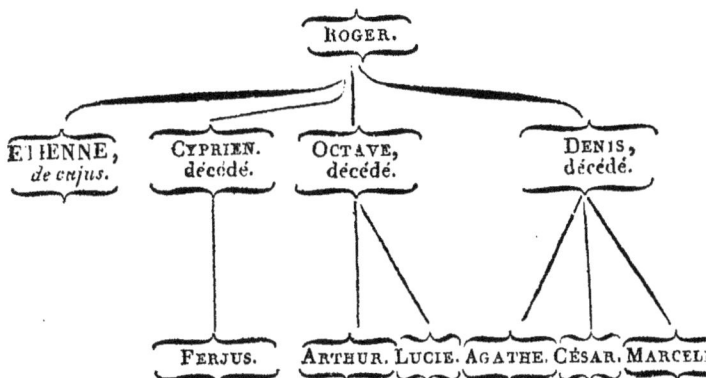

Ferjus, *Arthur*, *Lucie*, *Agathe*, *César* et *Marcelin* sont tous parens à un égal degré d'*Etienne*, *de cujus* : ils sont tous ses neveux.

S'ils succédaient de leur chef et par tête, *Agathe*, *César* et *Marcelin* auraient la moitié de la succession d'*Etienne*, quoique *Denis* leur père n'en eût eu que le tiers, s'il avait survecu ; et *Ferjus* n'aurait qu'un sixième, quoique le tiers eût appartenu à son père.

L'égalité se trouve rétablie, en n'admettant tous les neveux à succéder entr'eux, que par représentation. *Ferjus* prend le tiers, comme l'aurait eu son père, et les trois enfans de *Denis* ne prennent que ce qu'il aurait eu lui-même.

6. La représentation n'est pas seulement admise en faveur des descendans des frères ou sœurs

germains du défunt : elle a lieu également en faveur des descendans des frères ou sœurs *uté-rins ou consanguins*.

Il en était autrement d'après la Nov. 118, puis-qu'elle avait disposé que les frères ou sœurs ger-mains du défunt excluaient entièrement les frères et sœurs d'un seul côté, et que même les frères et sœurs d'un seul côté étaient exclus par les enfans des frères ou sœurs germains.

Mais on a vu dans l'art. 733 du Code civil, que les parens, utérins ou consanguins, ne sont plus exclus par les germains, et que seulement ils ne prennent part que dans leur ligne, pen-dant que les germains prennent part dans les deux lignes.

Il en résulte que les descendans des frères et sœurs utérins et consanguins, ont le droit de les représenter dans la succession de leur oncle, lors même qu'ils se trouveraient en concours avec des frères ou sœurs germains de cet oncle ; et que néanmoins, ne pouvant avoir que les droits de celui qu'ils représentent, ils ne prennent part que dans sa ligne.

Aussi voit-on que l'art. 742 admet la représen-tation en faveur des enfans et des descendans des frères et sœurs du défunt, sans faire aucune dis-tinction entre les frères et sœurs, sans établir d'exception contre les descendans des frères et sœurs utérins ou consanguins.

19

Tableau XXXII.

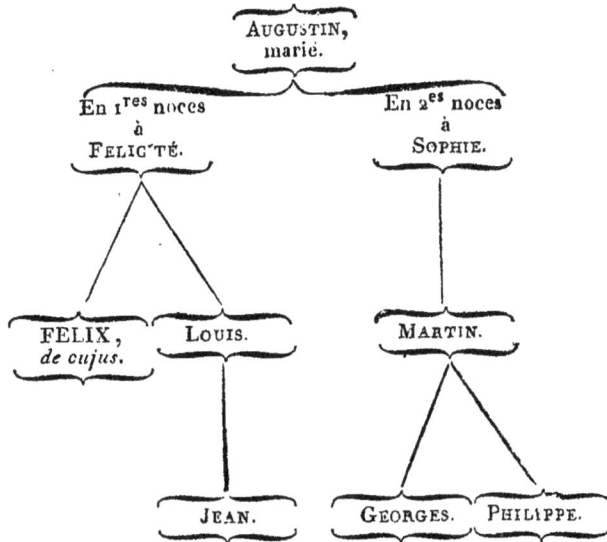

Félix n'a laissé ni ascendans ni descendans.
Louis et *Martin*, ses frères, étaient morts avant
lui.

Sa succession sera déférée à *jean*, *Georges* et
Philippe, ses neveux, qui viendront tous par représentation.

Georges et *Philippe* ne seront pas exclus par
Jean, quoique *Martin*, leur père, ne fût que
frère *consanguin* de *Félix*, et que *Louis*, père
de *Jean*, fût frère germain.

Comme, suivant l'art. 733, *Louis* n'aurait pas
exclu *Martin*, s'ils avaient l'un et l'autre survécu

à *Félix*, de même *Jean*, qui n'a pas plus de droits qu'en aurait eu son père, et qui, conséquemment, n'aurait pas exclu *Martin*, son oncle, ne peut pas plus exclure les enfans de *Martin*, parce qu'ils jouissent, par le bénéfice de la représentation, de tous les droits qu'aurait eus le père.

Mais, comme *Louis*, en partageant avec *Martin*, aurait eu, suivant l'art. 733, les trois quarts de la succession de *Félix*, son frère germain, de même son enfant doit avoir les trois quarts, soit qu'il concoure avec *Martin*, soit qu'il concoure avec *Georges* et *Philippe*, enfans de *Martin*.

Georges et *Philippe* sont bien admis à représenter leur père dans la succession de *Félix*, quoique leur père et *Félix* ne fussent que frères consanguins; mais la représentation ne pouvant leur donner plus de droits qu'en avait leur père, ils n'auront ensemble que le quart de la succession de *Félix*.

7. Le Code civil n'ayant admis la représentation en ligne collatérale, qu'en faveur des enfans et descendans des frères ou sœurs du défunt, il en résulte qu'aucun des autres parens collatéraux du défunt ne peut invoquer le bénéfice de la représentation, pour venir à la succession.

Ainsi, à l'exception seulement des enfans et descendans des frères et sœurs du défunt, les parens collatéraux ne peuvent venir à la succession que de leur chef seulement ; d'où il suit que ceux qui se trouvent à un degré plus proche du défunt, excluent tous ceux qui sont à des degrés plus éloignés.

TABLEAU XXXIII.

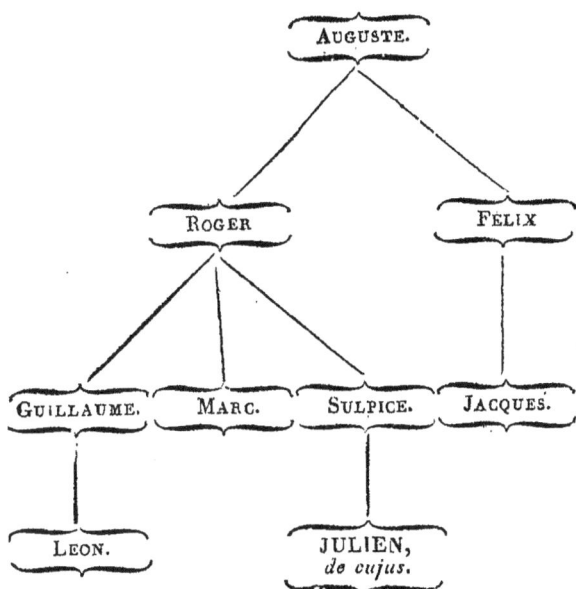

Julien n'a laissé ni postérité, ni ascendans, ni frères ni sœurs, ni descendans de frère ou de sœur.

Dans sa ligne paternelle, il a laissé *Félix*, son grand-oncle, *Marc*, son oncle, et *Léon*, son cousin-germain.

Aucun de ces trois parens ne se trouve dans les termes de la représentation, puisqu'aucun d'eux n'est frère ou descendant d'un frère ou d'une sœur de *Julien*.

Ce sera donc le plus proche en degré qui sera appelé à la succession, et il exclura les autres qui seront à des degrés plus éloignés.

Or, le plus proche, c'est *Marc*, oncle de *Julien*; il est au troisième degré. *Félix* grand-oncle, et *Léon*, cousin germain, ne sont qu'au quatrième.

Ainsi *Marc* exclura *Félix* et *Léon*: il prendra seul, dans la succession de *Julien* la moitié attribuée à la ligne paternelle.

Cependant *Guillaume*, s'il avait survécu, aurait partagé avec *Marc*, et le droit qu'il aurait eu, passerait à son fils, si la représentation avait lieu.

Mais *Léon* ne peut jouir du droit de représentation, parce qu'il n'est pas descendant d'un frère ou d'une sœur de *Julien*.

Si *Marc* était décédé avant *Julien*, la moitié de la succession de *Julien* serait partagée également entre *Léon* et *Félix*, parce qu'ils sont l'un et l'autre au même degré.

Léon ne pourrait, en représentant son père exclure *Félix*, puisque la représentation n'est point admise en sa faveur.

Si *Félix* était décédé avant *Julien*, *Jacques*

son fils serait exclu par *Léon*, parce qu'il est au cinquième degré, et qu'il n'est pas descendant d'un frère ou d'une sœur de *Julien*.

8. De ce que la représentation n'est admise, en ligne collatérale, qu'en faveur des enfans et des- cendans des frères et sœurs du défunt, il résulte encore que *tous les autres collatéraux* sont néces- sairement exclus par ces enfans et descendans.

Ils sont exclus, lors même qu'ils sont à un de- gré plus proche que celui où les descendans des frères ou sœurs du défunt se trouvent *per- sonnellement*.

Le bénéfice de la représentation n'étant pas admis en leur faveur, ils restent à leur degré, au lieu que les descendans des frères ou sœurs du défunt, quelque éloigné que soit leur degré per- sonnel, montent, par droit de représentation, au degré de frère ou de sœur, qui est *le degré* le plus proche en ligne collatérale ; et comme les frères et sœurs du défunt excluent tous les autres collatéraux, suivant l'art. 750, de même leurs descendans, qui sont habiles à les représenter, excluent tous les autres parens de la ligne colla- térale.

Ainsi, l'oncle du défunt est exclu par l'arrière- petit-neveu, quoique l'oncle ne soit qu'au troi- sième degré, et que l'arrière-petit-neveu soit per- sonnellement au cinquième degré ; mais celui-ci, par le moyen de la représentation, monte au second degré, et se trouve conséquemment le plus proche pour succéder.

Il n'y a donc qu'une seule règle, pour vérifier si le parent qui se présente à une succession, quoiqu'il n'y soit pas appelé de son chef, comme le parent le plus proche, peut néanmoins y être admis par le bénéfice de la représentation ; c'est de savoir s'il est enfant ou descendant d'un frère ou d'une sœur du défunt.

Dans le cas de l'affirmative, il vient par droit de représentation, et il ne peut être exclu par nul autre parent, en ligne collatérale.

Au cas contraire, il ne peut réclamer le bénéfice de la représentation, et il se trouve exclu par tout autre parent, qui, soit de son chef, soit par représentation, se trouve à un degré plus proche du défunt.

Tableau XXXIV.

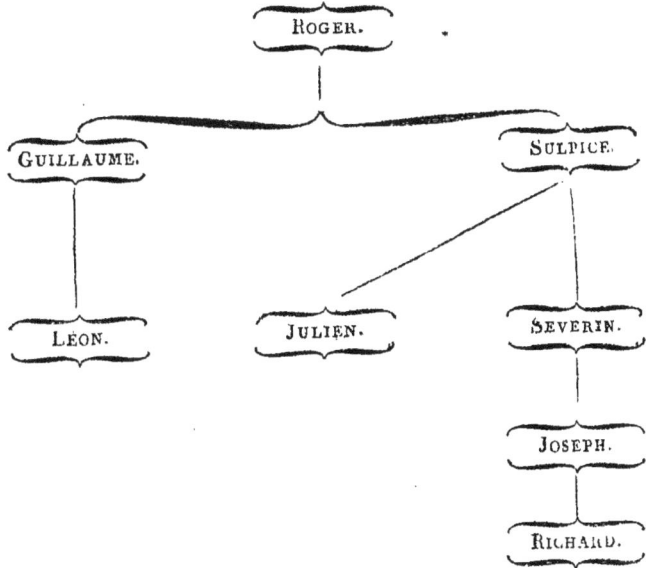

Julien est décédé sans postérité ni ascendans, ne laissant d'autres parens paternels que *Guillaume*, son oncle, et *Richard*, son petit-neveu.

Guillaume est parent au troisième degré de *Julien*, puisqu'il est son oncle, et *Richard* n'est parent qu'au quatrième degré : on pourrait donc croire que Guillaume doit, comme parent le plus proche, exclure *Richard*, qui est plus éloigné, puisque l'art. 733 porte qu'en succession collatérale la portion déférée à une ligne appartiendra au parent le plus proche dans cette ligne.

Cependant, ce sera, au contraire, *Richard* qui exclura *Guillaume*, parce qu'il est dans les termes de la représentation, et que *Guillaume* ne s'y trouve pas.

En effet, *Richard* est descendant d'un frère de *Julien*, et comme descendant d'un frère de celui dont la succession est ouverte, il a le droit, suivant l'art. 742, de venir par représentation; il représente donc *Joseph*, son père, qui représentait lui-même *Séverin*, son aïeul, et il se trouve ainsi placé au second degré.

Mais *Guillaume* ne peut représenter personne, parce que la représentation n'est admise qu'en faveur des enfans et descendans des frères et sœurs du défunt.

Guillaume n'est ni enfant, ni descendant d'un frère ou d'une sœur de *Julien*; ainsi il reste à son degré, et se trouve plus éloigné que *Richard*, qui est monté au second degré.

A plus forte raison, *Léon* se trouverait exclu par *Richard*, quoiqu'ils soient l'un et l'autre parens de *Julien* à degrés égaux, puisque *Léon* ne peut pas plus que son père être admis à la représentation, n'étant pas descendant d'un frère ou d'une sœur de *Julien*.

ARTICLE 743.

Dans tous les cas où la représentation est admise, le partage s'opère par

souche : si une même souche a produi
plusieurs branches, la subdivision s
fait aussi par souche dans chaque bran
che, et les membres de la même branch
partagent entr'eux par tête.

1. On distingue deux sortes de partage, e
matière de successions ; celui qui s'opère *par tête*
et celui qui s'opère *par souche*.

Le partage par tête est celui ou la successio
se divise en autant de portions qu'il y a de tête
d'héritiers, et où chaque héritier prend une por
tion égale.

Il a lieu, lorsque tous les cohéritiers, étan
au même degré, viennent *tous* de leur chef.

Ainsi, lorsque le défunt a eu trois enfans qu
lui ont survécu, comme tous ces enfans viennen
de leur chef, le partage se fait entr'eux par tête
et comme ils sont au nombre de trois, chacu
d'eux prend le tiers de la succession.

Le partage par souche est celui où la succes
sion se divise en autant de portions qu'il y a d
souches différentes qui tiennent au défunt, et o
les héritiers d'une même souche ne prennent
quel que soit leur nombre, que la même portio
qu'aurait eue l'auteur de leur souche particulière
s'il eût été vivant au moment où la successio
s'est ouverte.

Le partage par souche a lieu toutes les fois qu'un seul des héritiers, ou plusieurs d'entr'eux, ou tous, viennent, non de leur chef, mais par représentation.

Ainsi, lorsque le défunt a eu deux frères, chacun d'eux forme, *avec ses descendans*, une souche particulière. Si l'un de ces frères, ou tous les deux, étaient prédécédés, le partage a lieu par souche entre les deux souches de l'un et de l'autre, et chaque souche prend une part égale dans la succession, quel que soit le nombre des individus dont elle se compose.

Par exemple, si l'un des frères a laissé trois enfans, et que l'autre n'en ait laissé qu'un, les trois enfans issus de l'un des frères n'ont ensemble qu'une portion égale à celle de l'enfant de l'autre frère, parce qu'ils n'ont droit de prendre ensemble que la portion qui aurait appartenu à leur père, s'il eût survécu, et que, par la même raison, l'enfant de l'autre frère doit avoir, à lui seul, toute la portion qu'aurait eue son père qu'il représente. (*Voyez* le tableau qui est au numéro suivant.)

2. Chaque souche peut encore se subdiviser elle-même en plusieurs branches particulières.

Chaque enfant, issus de la même souche, forme, *avec ses descendans*, une branche, et chaque enfant, issu dans la même branche, forme en-

core, avec ses descendans, une autre branch⟨
distincte.

Ainsi, la souche de l'un des frères du défun⟨
se subdivise en autant de branches qu'il y a d'en⟨
fans issus de ce frère : *chaque enfant*, issu d'u⟨
des enfans de ce frère, forme avec ses descen⟨
dans une branche particulière ; et la même sub⟨
division a lieu à l'égard de *chacun* des descendan⟨
réuni à sa postérité.

La portion de biens, que la division par sou⟨
che affecte à la souche d'un des frères du défun⟨
ainsi que je l'ai expliqué dans le numéro précé⟨
dent, se subdivise également par souche ent⟨
les diverses branches de la même souche, ⟨
sorte que tous les membres de chaque branc⟨
particulière ne peuvent avoir entr'eux que⟨
même portion qu'aurait eue leur auteur immédia⟨
c'est-à-dire, le chef de la branche dont ils so⟨
issus,

Ceci va devenir plus sensible par un exemp⟨

TABLEAU XXXV.

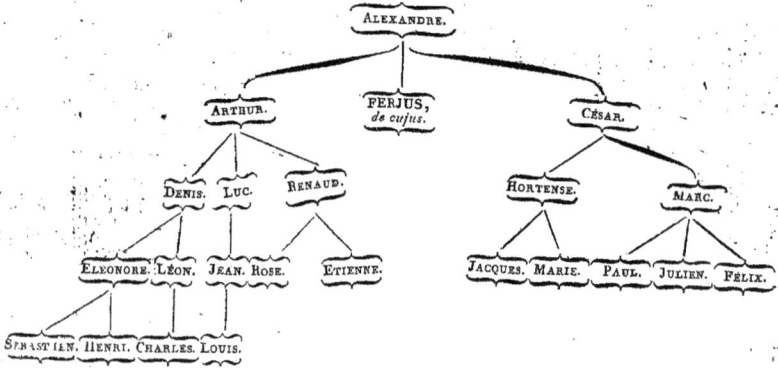

Trois souches sont sorties d'*Alexandre*, souche commune.

Ces trois souches sont celles d'*Arthur*, celle de *Ferjus*, et celle de *César*.

On suppose que *Ferjus* est décédé, et qu'il n'a laissé ni ascendant, ni descendant. Sa souche est éteinte.

Il s'agit de diviser sa succession entre ses collatéraux.

Deux souches, celle de *César* et celle d'*Arthur*, sont appelées concurremment; la succession de *Ferjus* doit donc être divisée en deux portions égales, dont l'une est affectée à la souche de *César* et l'autre à celle d'*Arthur*.

César et *Arthur* partageraient donc également la succession de *Ferjus*, s'ils lui avaient survécu; mais on suppose qu'ils sont décédés avant lui, et il faut voir comment s'opérera, dans la souche de chacun d'eux, le partage de la portion qui lui est affectée.

La souche de *César* est composée de tous ses descendans; mais elle se trouve subdivisée en deux branches particulières, celle d'*Hortense* et celle de *Marc*.

Hortense et *Marc* étant aussi décédés avant *Ferjus*, et ayant laissé des enfans qui sont appelés à succéder à *Ferjus* par droit de représentation, la moitié des biens, affectée à la souche de *César*, doit se subdiviser par souche entre la branche d'*Hortense* et la branche de *Marc*.

Ainsi, *Jacques* et *Marie*, qui sont de la branche d'*Hortense*, auront le *quart* des biens de *Ferjus* : *Paul*, *Julien* et *Félix*, qui sont de la branche de *Marc*, n'auront ensemble que l'autre quart.

Passons à la souche d'*Arthur*.

Cette souche se trouve subdivisée en trois branches particulières, celle de *Denis*, celle de *Luc*, et celle de *Renaud*.

La moitié de la succession de *Ferjus*, affectée à la souche d'*Arthur*, doit se diviser par souche entre les trois branches particulières ; il appartient donc à chacune de ces trois branches le tiers de la moitié de la succession.

Ainsi, en supposant que *Luc*, *Renaud* et *Denis* soient décédés avant *Ferjus*, leur oncle, *Jean*, qui est seul de la branche de *Luc*, aura le tiers de la moitié affectée à la souche d'*Arthur*.

Rose et *Étienne*, qui sont de la branche de *Renaud*, auront un autre tiers.

Mais la branche de *Denis*, qui doit avoir également un tiers, se subdivise en deux autres branches, savoir celle d'*Éléonore* et celle de *Léon*; et entre ces deux branches la subdivision doit se faire encore par souche.

Il en résulte que, si *Éléonore* et *Léon* sont aussi décédés avant *Ferjus*, leur grand-oncle, *Sébastien* et *Henri*, qui sont de la branche d'*Éléonore*, auront le sixième dans la moitié de la succession de *Ferjus*, comme l'aurait eue leur mère, et que l'autre sixième appartiendra à *Charles*, qui est de la branche de *Léon*.

On voit dans l'exemple qui vient d'être expliqué, que la division des branches et le partage par souche dans chaque branche lorsque la représentation a lieu, ont pour objet de fixer les droits des enfans à la portion qu'aurait eue leur père, ou leur mère, qu'ils représentent, de manière qu'ils aient toute cette portion, mais qu'ils ne puissent en réclamer davantage.

Louis, qui représente *Jean* et *Luc*, s'ils sont prédécédés l'un et l'autre, doit avoir le tiers de la portion affectée à la souche d'*Arthur*.

Sébastien, *Henri* et *Charles*, qui tous les trois représentent *Denis* également prédécédé, ne doivent avoir ensemble que le tiers que *Denis* aurait eu dans la moitié de la succession de *Ferjus*.

Et il est évident que, pour arriver à ce partage, il faut subdiviser les branches qui sont sorties d'*Arthur*, et admettre le partage par souche entre chaque branche particulière.

Si l'on confondait toutes les branches particulières, si tous les descendans qui survivent dans la souche, ou la branche, principale, partageaient également entr'eux la totalité de la portion affectée à cette branche, il en résulterait que des enfans auraient plus que leur père, ou leur mère

n'aurait eu, s'il avait survécu, et qu'ainsi les représentans auraient plus que le représenté.

Dans l'exemple ci-dessus, *Sébastien* et *Henri*,
lorsqu'ils concourent avec *Charlès, Louis, Rose*
et *Étienne* auraient le tiers de la portion affectée
à la souche d'*Arthur*, et cependant Éléonore,
leur mère, n'aurait eu droit qu'au sixième de
cette portion, puisqu'elle aurait partagé avec
Léon, son frère, le tiers que *Denis*, leur père
commun, pouvait seulement réclamer.

D'autre part, *Louis* n'aurait que le sixième dans
la portion affectée à la souche d'*Arthur;* et cependant, comme il représente *Jean*, son père,
et *Luc*, son aïeul, il doit avoir le tiers, ainsi que
l'aurait eue *Luc* lui-même.

3. Mais le partage par souche n'a lieu qu'entre
les souches, *les unes à l'égard des autres*, et ensuite entre les diverses branches de chaque souche.

Pour ce qui revient à la même souche, c'est le
partage *par téte*, qui a lieu entre tous les membres qui la composent, s'ils se trouvent tous *personnellement* au degré le plus proche dans la
souche. Dans ce cas, en effet, chacun d'eux se
trouve avoir un droit égal.

Si, dans la même souche, tous les parens ne
se trouvent pas au degré le plus proche, comme
les plus éloignés ne peuvent venir que par représentation de ceux qui sont prédecédés, il se fait
entre les diverses branches un second partage,

20.

par souche, de la portion affectée à leur souche commune, et ce n'est que dans chaque branche particulière, que le partage de la portion attribuée à la branche, se divise *par tête* entre tous les parens à égal degré, dont elle se compose.

Cela peut aisément se reconnaître dans le tableau qui se trouve au numéro précédent.

Arthur et *César* étant morts avant *Ferjus*, leur frère, la succession de *Ferjus* sera d'abord partagée *par souche* entre la souche d'*Arthur* et celle de *César*, en sorte que chacune des deux souches aura la moitié de la succession, quoiqu'il n'y ait que deux enfans dans la souche de *César*, et qu'il y en ait trois dans la souche d'*Arthur*.

Ensuite, dans chaque souche séparément, le partage se fera par tête, d'une part entre les enfans d'*Arthur*, d'autre part entre les enfans de *César*, si tous ont survécu à *Ferjus*.

Mais si l'un ou plusieurs de ces enfans, dans chaque souche, étaient décédés avant *Ferjus*, il faudrait, dans chaque souche particulièrement, distinguer les diverses branches, pour faire encore entr'elles un partage par souche de la part attribuée à leur souche.

Par exemple, si dans la souche d'*Arthur*, *Denis* est décédé avant *Ferjus*, la moitié de la succession de *Ferjus*, attribuée à cette souche, se divisera encore par souche entre la branche de *Denis*, la branche de *Luc* et la branche de *Renaud*, de manière que chacune de ces branches aura le *tiers* de la moitié de la succession de *Ferjus*.

Et définitivement, dans la branche de *Denis*, le partage du tiers de la moitié de la succession, aura lieu *par tête* entre *Éléonore* et *Léon*, qui sont au même degré dans cette branche, en sorte que chacun d'eux n'aura qu'un douzième de la masse totale de la succession de *Ferjus*.

ARTICLE. 744.

On ne représente pas les personnes vivantes, mais seulement celles qui sont mortes naturellement ou civilement.

On peut représenter celui à la succession duquel on a renoncé.

1. On a vu, sur l'art. 739, en quoi consiste le droit de représentation, et quels en sont les effets;

Sur les art. 740, 741 et 742, en faveur de quels parens la représentation est admise, et dans quels cas elle a lieu;

Sur l'art. 743, comment s'opère le partage dans les cas où la représentation est admise.

Il reste à examiner, sur l'art. 744, quelles sont les personnes qui peuvent ou ne peuvent pas être représentées.

2. Et d'abord, l'on ne peut représenter, dans

une succession, soit directe, soit collatérale, celui
qui n'aurait eu aucun droit à cette succession,
s'il eût vécu lorsqu'elle s'est ouverte. Puisqu'aux
termes de l'art. 739, l'effet de la représentation
est de faire entrer le représentant dans la place,
dans le degré et dans les droits du représenté,
il est bien évident qu'on ne pourrait rien prétendre dans une succession, en représentant un
individu qui, dans sa place et à son degré, n'aurait
eu aucun droit à cette succession, s'il eût vécu
au moment où elle s'est ouverte; la représentation se trouverait absolument sans objet.

De là il suit :

1° Qu'on ne peut représenter celui qui n'était
pas encore conçu lors de l'ouverture d'une succession, et qui n'est pas né viable;

2° Qu'on ne peut pas représenter, dans une
succession ouverte en France, un étranger qui,
dans cette qualité, n'aurait pas eu droit à la succession;

3° Qu'on ne peut pas représenter l'indigne,
dans la succession dont il a été exclu conformément à la disposition de l'art. 727.

Mais il y a exception à l'égard du mort civi-
ement; il peut être représenté dans une succession qui ne s'est ouverte qu'après la mort civile
encourue, quoiqu'il n'ait pas lui-même le droit
de recueillir; il y a sur ce point des motifs particuliers que j'expliquerai dans le n° 4.

3. Suivant la disposition de l'art. 744, on ne peut représenter une personne qui était vivante au moment de l'ouverture de la succession.

En effet, lorsqu'une personne est appelée par la loi à une succession qui lui est échue, et qu'elle a d'ailleurs la capacité de succéder, elle est *saisie* de la succession par la loi même, elle en est saisie dès le moment de l'ouverture, et dès lors la succession lui est acquise.

Si elle accepte la succession, la propriété lui en est acquise irrévocablement ; les biens de l'hérédité se trouvent confondus avec ses biens personnels, et, lorsqu'elle décède, les biens de l'hérédité se trouvent dans sa propre succession, et ne peuvent appartenir qu'à ses propres héritiers,

Si elle décède avant d'avoir accepté ou répudié la succession qui lui était échue, le droit qu'elle avait de recueillir, et dont elle était saisie, indépendamment de tout acte de sa volonté, passe encore à ses héritiers, et leur passe comme elle l'auroit eu elle-même, c'est-à-dire, avec la faculté d'accepter ou de renoncer ; c'est la disposition de l'art. 781.

Dans les deux cas qui viennent d'être exprimés, il y a donc *transmission* et non pas représentation.

Au premier cas, la succession, qui a été acceptée, est *transmise* des mains de l'héritier qui a recueilli, dans les mains de ses héritiers personnels.

Au second cas, le droit d'accepter ou de

renoncer, dont l'héritier légitime a été saisi par la loi, est également transmis de ses mains dans celles de ses héritiers.

Dans l'un et l'autre cas, il ne peut donc y avoir lieu à la représentation, puisque la représentation n'a été introduite que pour conférer aux enfans à la place de leur père ou de leur mère, des droits dont leur père ou leur mère n'avait pu être saisi, étant décédé avant l'ouverture de ces droits.

En un mot, la représentation fait que les enfans recueillent des successions que leur père, ou leur mère, n'a ni recueillies ni pu recueillir, à raison de son prédécès, mais auxquelles il aurait eu droit, s'il avait survécu. La transmission, au contraire, fait que les enfans recueillent des successions que leur père, ou leur mère, avait déjà recueillies, ou avait eu le droit de recueillir avant son décès.

4. Du principe qu'on ne représente pas les personnes vivantes, on aurait pu conclure que la personne qui était *morte civilement*, mais qui existait encore *naturellement* à l'époque de l'ouverture d'une succession qui lui est échue, ne peut être représentée dans cette succession, et l'on pourrait ajouter, d'ailleurs, que la personne morte civilement n'ayant plus les qualités requises pour succéder, on ne peut, en la représentant, recueillir des droits qu'elle n'avait pas elle-même.

Mais le législateur a voulu établir une exception à ces règles, en faveur des familles des personnes mortes civilement, pour qu'elles ne fussent pas privées des successions par une faute qui leur est étrangère.

Cette exception fut admise par le droit romain et maintenue par l'ancienne jurisprudence; le Code civil l'a définitivement consacrée, en disposant, d'une manière expresse, par l'art. 744, qu'on peut représenter non-seulement les personnes qui sont mortes naturellement, mais encore celles qui sont mortes civilement.

Mais pourquoi la même exception n'a-t-elle pas été également admise en faveur des familles des indignes, qui ne devraient pas plus être punies que les familles des morts civilement, de fautes qui leur sont étrangères?

Deux motifs principaux ont empêché de leur appliquer l'exception.

Le premier, c'est que l'indignité étant prononcée pour cause d'attentat, ou au moins de délit très-grave, *commis contre la personne même dont la succession est ouverte, ou contre sa mémoire*, on a cru que ce serait blesser trop ouvertement la morale et l'honnêteté publiques, que d'appeler à cette succession *les représentans du coupable lui-même ;* au lieu que, dans le cas de la mort civile, le crime n'ayant pas été commis sur l'auteur même de la succession, ce n'est pas outrager directement la mémoire du défunt, et il n'y a plus la même inconvenance quant aux personnes, en accordant aux parens du coupable le droit de le représenter dans une succession qui lui appartiendrait, s'il n'était pas mort civilement.

Le second motif, c'est que le mort civilement est considéré, dans l'ordre social et civil, comme n'existant plus réellement; qu'il est déclaré incapable du droit de succéder, comme de tous les autres droits civils; qu'en conséquence il n'est pas appelé à succéder, et qu'ainsi sa place, se trouvant vacante et son degré de parenté n'étant aucunement rempli, une autre personne peut venir les occuper: au lieu que l'indigne a été appelé à succéder; qu'il a même été saisi de la succession, en vertu de la loi, jusqu'au jugement qui a prononcé l'indignité; qu'ainsi sa place et son degré ayant été remplis, une autre personne ne peut venir les occuper une seconde fois, ni réclamer, en représentant l'indigne, des droits qu'il a exercés lui-même, et dont ensuite il a été dépouillé.

Telle était aussi l'ancienne législation.

Tableau XXXVI.

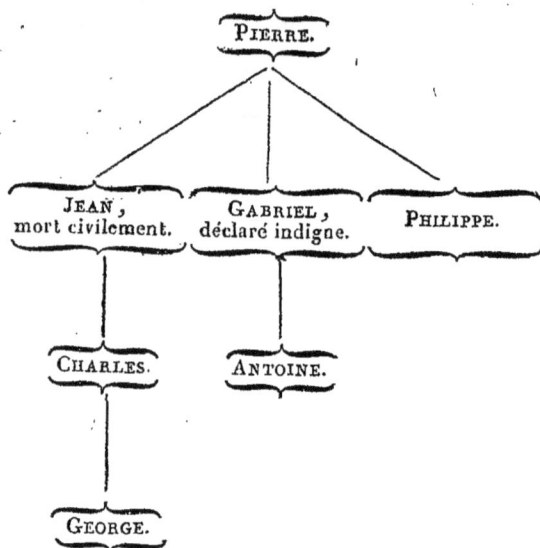

George n'est pas exclu de la succession de *Pierre*, son bisaïeul, par *Philippe*, qui est fils de *Pierre*, il vient conjointement avec *Philippe*, parce qu'en représentant *Charles*, son père, il a aussi le droit de représenter *Jean*, quoique celui-ci fût mort civilement avant le décès de *Pierre*. La mort civile ne fait aucun obstacle à la représentation.

Mais il n'en est pas de même à l'égard d'*Antoine*. Comme il ne peut représenter *Gabriel*, son père, qui a été déclaré indigne de succéder à *Pierre*, il se trouve exclu par *Philippe* et par *George*, et lors même qu'il ne se trouverait en concours qu'avec *George* seul, il serait encore exclu, ne pouvant jouir, comme *George*, du bénéfice de la représentation,

Ce serait la même chose en ligne collatérale.

5. La disposition de l'art. 744. qui porte qu'on ne représente pas les personnes vivantes, ne contenant d'exception qu'à l'égard des personnes mortes civilement, il n'en faudrait pas davantage pour décider que celui qui existe, lorsqu'une succession lui est échue, et qui renonce à cette succession, ne peut y être représenté par une autre personne qui voudrait prendre sa place et son degré.

Mais l'art. 787 contient à cet égard une disposition formelle.

L'héritier présomptif qui renonce, abdique volontairement la qualité et les droits d'héritier, qui lui étaient déférés par la loi; il est même considéré, suivant l'article 785, comme n'ayant jamais été héritier; il ne peut donc être représenté comme héritier; on ne peut donc avoir, de son chef, des droits qu'il a perdus, et que même, aux yeux de la loi, il est censé n'avoir jamais eus.

Ainsi, les enfans de l'héritier qui a renoncé, ne peuvent venir à la succession que de leur chef, et lorsqu'ils se trouvent personnellement en ordre pour succeder, après le renonçant.

En se reportant au tableau 56. si l'on suppose que *Gabriel*, au lieu d'avoir été déclaré indigne, ait renoncé à la succession de *Pierre*, il ne pourra être représenté dans cette succession par *Antoine* son fils, et conséquemment *Antoine* ne pourrait venir à la succession de *Pierre*, que de son chef et à son degré; mais il n'est parent de *Pierre* qu'au troisième degré; il sera donc exclu, soit par *Philippe* qui est parent au second degré, soit par *Charles* et même par *George*, qui, représentant l'un et l'autre *Jean*, montent à son degré, prennent sa place et jouissent de ses droits.

On verra dans les observations sur les art. 745, 748, 749, 750, 786 et 787, comment et dans quels cas les enfans du renonçant peuvent succéder de leur chef.

6. Quoiqu'on ne puisse représenter l'héritier qui a renoncé, on peut néanmoins, aux termes de l'art. 744, représenter celui à la succession duquel on a renoncé, c'est-à-dire, en d'autres termes, qu'il n'est pas nécessaire que le représentant soit héritier du représenté, ni même qu'il accepte sa succession, lorsqu'il est appelé à lui succéder.

On en a dit la raison sur l'art. 739, c'est que le représentant ne tient pas son droit des mains du représenté, mais de la loi seule.

Il prend bien, à la place du représenté, les droits que le représenté aurait eus lui même dans la succession, s'il eût survécu; mais le représenté n'ayant jamais eu réellement les droits pour lesquels on le représente, puisqu'il est mort avant l'ouverture de la succession, il est évident que ce n'est pas lui qui peut les transmettre, et qu'ainsi c'est de la seule volonté de la loi que vient le droit de représentation.

La succession du représenté et celle à laquelle il aurait eu droit, s'il avait survécu, sont deux successions distinctes et séparées; elles n'ont pu être confondues, puisque le représenté est mort avant que la succession qui lui aurait appartenu, fût ouverte; le représentant peut donc prendre cette succession à la place du représenté, en vertu de la disposition de la loi, quoiqu'il renonce à la succession du représenté.

Ainsi, le fils qui a renoncé à la succession de son père, a droit cependant de le représenter et de venir à sa place, dans la succession dé son aïeul décédé postérieurement.

7. De la disposition de l'art. 744, il résulte que le représentant ne peut être tenu, ni sur la succession qu'il recueille par droit de représentation, ni sur ses propres biens, de remplir les engagemens et d'acquitter les dettes de la personne qu'il représente, et à la succession de laquelle il a renoncé, puisqu'il ne tient rien du représenté.

Cependant il est obligé par l'art. 848 du Code civil, au rapport de tout ce que le représenté aurait dû rapporter lui-même à la succession; s'il avait été héritier, mais cette obligation ne dérive pas de ce que le représentant serait tenu généralement des faits et des engagemens du représenté; elle résulte de ce que le représenté ne doit avoir dans la succession, que ce qu'aurait eu le représenté lui-même et avec les mêmes charges, parce qu'en effet il ne serait pas juste que les autres héritiers fussent privés, par la substitution du représentant au representé, du droit de faire rapporter ce que le représenté avait reçu à compte sur la succession.

SECTION III.

Des Successions déférées aux Descendans.

ARTICLE 745.

Les enfans ou leurs descendans succèdent à leurs père et mère, aïeuls, aïeules, ou autres ascendans, sans distinction de sexe ni de primogéniture, et encore qu'ils soient issus de mariages différens.

Ils succèdent par égales portions et par tête, quand ils sont tous au premier dégré, et appelés de leur chef: ils succèdent par souche, lorsqu'ils viennent tous, ou en partie, par repré-sentation.

1. Cet article établit trois règles principales :

La première, que les descendans succèdent à leurs ascendans, et qu'ils succèdent par pré-férence à tous autres parens, soit de la ligne ascendante, soit de la ligne collatérale ;

La deuxième, que les enfans, et à leur défaut leurs descendans, sont tous également appelés aux successions des ascendans, sans distinction aucune, soit entre les garçons et les filles, soit entre les aînés et les puînés, soit entre ceux qui sont provenus du même mariage, et ceux qui sont issus de mariages différens ;

La troisième, que les enfans partagent entr'eux la succession de leur père, ou la succession de leur mère, par égales portions et par tête, et que, si l'un d'eux est prédécédé, ses descendans recueillent, en le représentant, toute la portion qu'il aurait eue lui-même, s'il eût survécu.

Sur chacune de ces trois règles, je vais don-ner de courtes explications.

2. Toujours et dans tous les cas, les descen-dans du défunt excluent de sa succession tous les autres parens, ascendans, ou collatéraux, lors-qu'ils ont les qualités requises pour succéder, c'est-à-dire, lorsqu'ils ne sont ni incapables, ni indignes.

Pour qu'ils excluent tous les autres parens, on ne considère pas s'ils sont à des degrés plus proches ou plus éloignés, on ne considère pas ceux qui sont à des degrés plus éloignés, peuvent ou non représenter ceux qui étaient à des degrés plus proches; la faveur de leur origine leur assure, dans tous les cas, la préférence. Comme il est dans l'ordre de la nature, que le défunt soit présumé avoir eu plus d'affection pour tous ceux qui sont descendus de lui, médiatement ou immédiatement, que pour ses ascendans et ses collatéraux, la loi suit cet ordre et appelle tous les descendans, à l'exclusion de tous les autres parens.

La seconde disposition de l'art. 745, ne parle de la représentation, que pour régler le partage qui est à faire entre les descendans, lorqu'ils ne sont pas tous au premier degré; mais elle n'en parle pas pour régler l'ordre de successibilité entre les descendans et les autres parens.

L'art. 745 n'appelle même aux successions des ascendans, que leurs enfans ou descendans; et aussi les articles qui suivent, ne confèrent aux ascendans et aux collatéraux le droit de succéder, que dans le cas seulement où le défunt n'a pas laissé de postérité.

Tableau XXXVII.

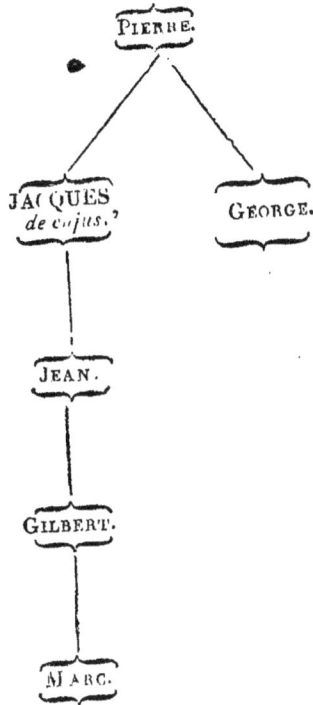

```
                        ┌─────────┐
                        │ PIERRE. │
                        └─────────┘
                       ╱           ╲
              ┌─────────────┐    ┌─────────┐
              │  JACQUES,   │    │ GEORGE. │
              │ de cujus.   │    └─────────┘
              └─────────────┘
                     │
                ┌─────────┐
                │  JEAN.  │
                └─────────┘
                     │
                ┌──────────┐
                │ GILBERT. │
                └──────────┘
                     │
                ┌────────┐
                │ MARC.  │
                └────────┘
```

Si l'on suppose que *Jacques* soit décédé après *Jean* son fils, et que *Gilbert* son petit-fils ait renoncé à sa succession, *Marc*, arrière-petit-fils, ne pourra venir que de son chef à la succession de *Jacques*, puisqu'il ne peut représenter son père qui a renoncé; mais quoiqu'il ne se trouve personnellement qu'au troisième degré à l'égard de *Jacques*, il exclura cependant *Pierre* qui est ascendant de *Jacques* au premier degré, et *George* qui est au second degré dans la ligne collatérale.

3. Il est dans le vœu de la nature et dans les principes de la raison et de l'équité, 1° que tous les descendans soient également appelés aux successions de leurs ascendans, sans distinction ni du sexe, ni de la progéniture, ni des mariages différens dont ils sont issus ; 2° que tous les enfans succèdent, par égales portions et par tête, à leurs père et mère.

Cependant il n'en était pas ainsi dans nos anciennes coutumes.

Presque toutes avaient établi de grandes inegalités entre les enfans et autres dessendans ; elles attribuaient aux mâles, à l'exclusion des filles, la presque totalité des successions ; elles accordaient aux aînés des mâles, au préjudice des puînés, des préciputs considérables ; quelques-unes même ne reconnaissaient pour héritiers, que les enfans mâles, et excluaient ou permettaient d'exclure les filles.

D'autres encore réglaient diversement les droits des enfans dans la succession de leur père, lorsqu'il y avait des enfans de plusieurs lits.

Le Code civil a formellement aboli, par l'article 745, toutes ces dispositions injustes et bizarres.

La nature ayant donné des droits égaux à tous

les enfans légitimes, le Code leur en assure à tous
également la jouissance.

Seulement il a dû autoriser les ascendans à
faire des dispositions particulières en faveur d'un
ou de plusieurs de leurs descendans, en restrei-
gnant néanmoins la quotité de ces dispositions
dans de justes bornes.

4. Mais, dans quel ordre les descendans, *entr'eux*,
sont-ils respectivement appelés à succéder à leurs
ascendans? Comment se fait entr'eux le partage?

Il faut distinguer entre ceux qui peuvent succéder de leur chef, et ceux qui ne peuvent être
appelés que *par représentation*. Il n'y a, dans
la ligne directe descendante, que ces deux ma-
nières de succéder, et l'on sait que, pour succéder de son chef, il faut se trouver personnellement au degré le plus proche dans l'ordre établi
par la loi, et que pour succéder par représentation, il faut être habile à représenter le parent
qui aurait été au degré le plus proche, s'il avait
survécu.

Ainsi, 1° si tous les enfans du défunt lui ont
survécu, ou si ceux, qui étaient prédécédés, n'ont
pas laissé de descendans, les enfans survivans
succèdent de leur chef, parce qu'ils sont au premier degré; ils excluent leurs descendans qui
sont à des degrés plus éloignés; le partage se fait
entr'eux par égales portions et par tête.

2° Si le père a laissé deux enfans qui, l'un et

l'autre, ont renoncé à sa succession, ou en ont été déclarés indignes, les descendans de l'un et de l'autre ne peuvent être appelés à succéder, que de leur chef, puisqu'ils ne peuvent représenter leurs pères, aux termes des art. 730 et 744. Ils seront donc tous appelés conjointement, et le partage se fera entr'eux par égales portions et par tête, quoique l'un des enfans du défunt ait laissé plus de descendans que n'en a laissé l'autre enfant, et que cependant il parût équitable que les descendans de l'un des enfans, n'eussent pas conjointement une plus forte part que les descendans de l'autre.

Tableau XXXVIII.

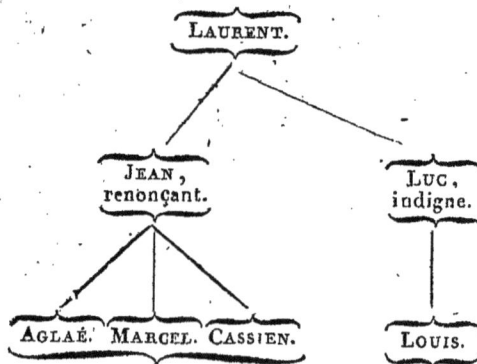

Laurent.

Jean, renonçant.   Luc, indigne.

Aglaé. Marcel. Cassien.   Louis.

Aglaé, Marcel, Cassien, et *Louis,* ne peuvent venir que de leur chef à la succession de *Laurent* leur aïeul, puisqu'ils ne peuvent représenter leurs pères, dont l'un a été déclaré indigne de succéder à *Laurent*, et l'autre a renoncé à la succession.

Il en résulte que tous les quatre seront appelés conjointement, et partageront par tête, et non par souche, puisque le partage par souche n'a lieu, suivant les art. 743 et 745, que dans les cas où la représentation est admise.

Ainsi, *Louis* n'aura que le quart de la succession, quoiqu'il soit seul issu de l'un des fils de *Laurent*, et les trois enfans de l'autre fils auront les trois quarts. *Louis* ne pourrait réclamer toute la portion qu'aurait eue son père, que dans le cas où il serait admis à le représenter; mais comme il ne vient que de son chef et à son degré, il ne peut pas plus avoir que chacun des autres descendans qui sont au même degré que lui.

5° Il a été expliqué sur les art. 740, 743 et 744, dans quels cas il y a lieu à représentation, soit entre des enfans survivans et des descendans d'autres enfans prédécédés, soit entre des descendans à degrés égaux ou inégaux, et comment se fait entr'eux le partage.

5. La disposition de l'art. 745 n'est pas applicable aux enfans *naturels*, même reconnus legalement. Au chap. *des Successions irrégulières*, on verra que les enfans naturels, même reconnus, ne sont jamais héritiers de leurs ascendans, et

que seulement ils ont des droits sur les successions de leurs père et mère.

Mais, suivant l'art. 333 du Code civil, les enfans naturels qui ont été légitimés par le mariage subséquent de leurs père et mère, dans la forme prescrite par l'art. 331 , ont les mêmes droits que s'ils étaient issus de ce mariage ; ils succèdent donc par portions égales avec ses enfans, et la disposition de l'art. 745, de même que toutes les règles relatives à la représentation, leur sont applicables, ainsi qu'à leurs descendans légitimes.

Il faut remarquer encore que, suivant l'art. 350 du Code civil, l'enfant adopté jouit aussi, dans la succession de l'adoptant, des mêmes droits que l'enfant né en mariage.

Lors donc qu'un père laisse, en mourant, un enfant légitime, un enfant valablement légitimé et un enfant légalement adopté, sa succession se partage par tiers entre les trois enfans.

Mais il faut remarquer aussi que l'adopté ne succède qu'à l'adoptant, seul, et n'a aucun droit de successibilité sur les biens des ascendans ou parens de l'adoptant.

SECTION IV.

Des Successions déférées aux Ascendans.

ARTICLE 746.

Si le défunt n'a laissé ni postérité, ni frère, ni sœur, ni descendans d'eux, la succession se divise par moitié entre les ascendans de la ligne paternelle et les ascendans de la ligne maternelle.

L'ascendant qui se trouve au degré le plus proche, recueille la moitié affectée à sa ligne, à l'exclusion de tous autres.

Les ascendans au même degré succèdent par tête.

1. On a vu, sur l'article précédent, que tous les descendans du défunt, à quelques degrés qu'ils se trouvent, et qu'ils jouissent ou non du bénéfice de la représentation, sont préférés à tous les autres parens du défunt, soit ascendans, soit collatéraux.

Ce n'est donc que dans le cas seulement où le défunt n'a pas laissé de postérité, que ses ascendans peuvent être appelés à lui succéder, et l'article 746 le déclare formellement.

Il ne peut y avoir d'exception à cette règle si conforme à la nature, que lorsque les descendans du défunt n'ont pas les qualités requises pour succéder.

2. On voit encore dans l'art. 746 et dans l'art. 750 que les ascendans sont exclus par les frères ou sœurs du défunt, et même par les descendans de ces frères ou sœurs.

Cependant il y a exception en faveur des père et mère du défunt, qui sont admis, par les art. 748 et 749, à concourir avec les frères, ou sœurs, ou leurs descendans.

Tous les autres ascendans sont entièrement exclus, non-seulement par les frères ou sœurs germains du défunt, mais encore par les frères ou sœurs, soit consanguins, soit utérins, ainsi que par les descendans des uns ou des autres. (*Voyez*, le n° 3 des observations sur l'art. 750.)

Il n'en était pas ainsi d'après les Novelles 118 et 127; mais les auteurs du Code civil ont présumé que le défunt avait plus d'affection pour ses frères et sœurs qui sont issus du même sang que lui, et pour tous leurs descendans, que pour ses ascendans au-dessus du degré de père ou de mère.

La proximité des degrés de parenté ne doit donc être aucunement considérée entre les ascendans du défunt et les descendans de ses frères ou sœurs.

Tous ces descendans, à quelques degré qu'ils se trouvent, excluent tous les ascendans, même plus proches en degré, à l'exception seulement des père et mère.

Tableau XXXIX.

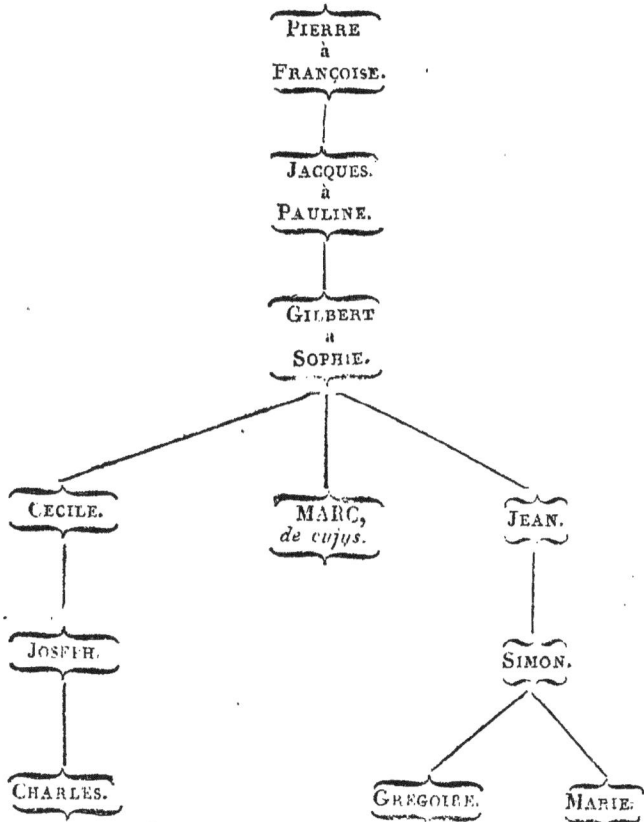

Pierre
à
Françoise.

Jacques.
à
Pauline.

Gilbert
à
Sophie.

Cecile.   Marc,   Jean.
              de cujus.

Joseph.   Simon.

Charles.   Gregoire.   Marie.

La succession de *Marc* n'appartient ni à *Pierre* et *Françoise*, ses bisaïeux, ni à *Jacques* et *Pauline* ses aïeux. Tous ces ascendans seront exclus par

Jean et *Cécile*, frère et sœur du défunt; ils seraient même exclus par *Joseph* et *Charles* descendans de *Cécile*, ainsi que par *Simon*, *Grégoire* et *Marie*, descendans de *Jean*.

3. Mais les ascendans, à quelque dégré qu'ils se trouvent, excluent dans leur ligne, c'est-à-dire, dans la ligne paternelle ou maternelle, à laquelle ils appartiennent, tous les parens collatéraux qui ne sont ni frères ou sœurs du défunt, ni descendans de frères ou de sœurs; et s'il y a des ascendans dans les deux lignes, toute la succession leur appartient.

Peu importe qu'ils se trouvent à des degrés plus éloignés du défunt, que ceux où pourraient se trouver des collatéraux. Il est naturel de présumer que l'affection du défunt se portait sur tous ses ascendans même les plus éloignés, plutôt que sur des collatéraux qui ne descendaient pas directement de son père ou de sa mère.

Ainsi le bisaïeul du défunt, le trisaïeul, et même, les aïeux à des degrés supérieurs, excluent, dans leur ligne, l'oncle et le grand-oncle du défunt, quoique l'oncle ne soit qu'au troisième degré et le grand-oncle au quatrième.

TABLEAU XL.

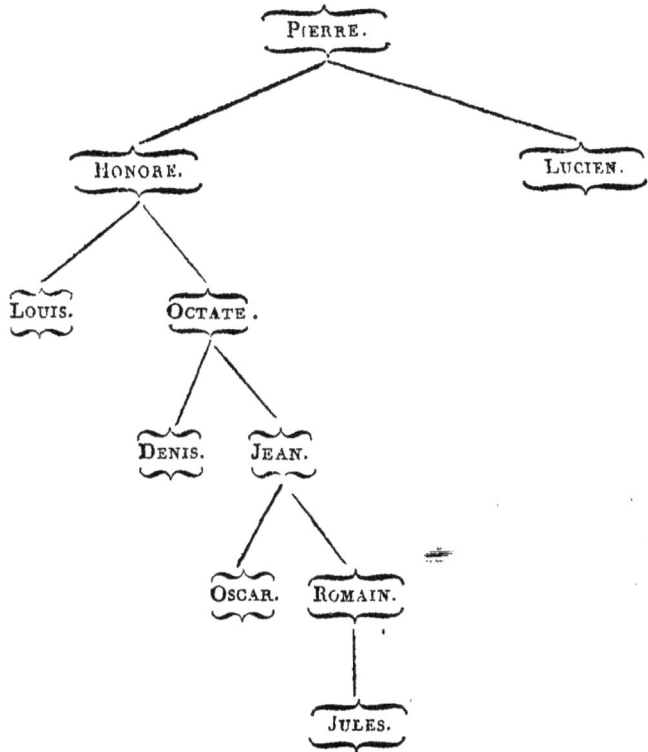

Dans la succession de *Jules*, qui est décédé sans postérité, ni frères, ni sœurs, ni descendans d'eux, *Pierre*, son aïeul au cinquième degré, exclura non-seulement *Louis*; qui est au même degré que lui, mais encore *Denis*, qui est grand-oncle de

Jules, et *Oscar* qui est oncle, quoique *Denis* ne soit qu'au quatrième degré de parenté, et qu'*Oscar* ne soit même qu'au troisième.

Louis, *Denis* et *Oscar* seraient de même exclus par *Honoré*, par *Octave*, et, à plus forte raison, par *Jean* et par *Romain*.

4. Mais il est essentiel de remarquer que ce n'est que dans leur propre ligne, paternelle ou maternelle, que les ascendans peuvent exclure les collatéraux, et non pas dans celle de ces deux lignes, à laquelle ils sont étrangers.

On a déjà vu, sur l'art. 733, le principe et les effets de la division entre les deux lignes, et l'application en sera faite aux ascendans particulièrement, dans l'art. 753.

5. Il reste à examiner dans quel ordre les asdans succèdent entr'eux, et comment ils partagent, soit la totalité, soit la moitié de la succession qui leur est déférée.

Et d'abord, suivant la règle générale établie par l'art. 733, et qui se trouve répétée dans l'article 746, la succession qui est échue à des ascendans des deux lignes, se divise en deux parts égales, l'une pour les ascendans de la ligne paternelle, l'autre pour les ascendans de la ligne maternelle.

Les ascendans de la ligne paternelle n'ont rien à prétendre sur la moitié affectée à la ligne maternelle; et de même les ascendans de la ligne maternelle n'ont aucun droit sur la moitié affectée à la ligne paternelle.

Il en résulte que, s'il y a deux ascendans au même degré dans une ligne, et que, dans l'autre ligne, il n'y ait qu'un ascendans au degré le plus proche, la succession ne se divise pas *par tête* entre les trois ascendant, lors même qu'ils se trouveraient tous *au même degré ;* mais que les deux ascendans de la même ligne ne prennent conjointement que la moitié de la succession, et que l'autre moitié est entièrement déférée à l'ascende de l'autre ligne.

Tableau XLI.

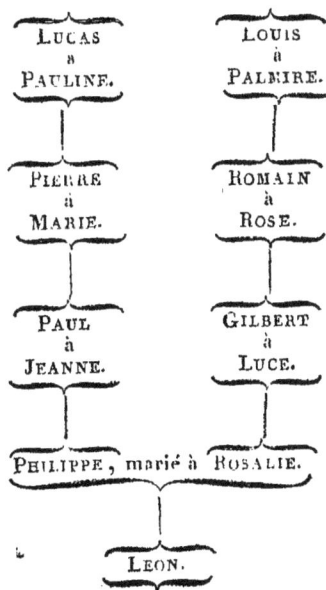

Léon a laissé deux ascendans dans sa ligne paternelle, *Lucas* et *Pauline*, il n'a laissé dans sa ligne maternelle qu'un seul ascendant, *Palmire*, sa bisaïeule : tous ses autres ascendans étaient morts avant lui.

Lucas et *Pauline* n'auront que la moitié de la succession, parce qu'ils n'ont droit qu'à la moitié qui est déférée à la ligne paternelle. *Palmire* aura seule la moitié, parce qu'elle a seule droit à la portion qui appartient à la ligne maternelle.

Pierre et *Marie*, ou *Paul* et *Jeanne*, s'ils se trouvaient en concours avec un seul des ascendans maternels de *Léon*, n'auraient également que la moitié.

6. Suivant l'art. 741, et la seconde disposition de l'art. 746, c'est, *dans chaque ligne*, l'ascendant le plus proche du défunt, qui succède seul, à l'exclusion de tous les autres ascendans, qui sont à des degrés plus éloignés : on a vu que la représentation n'est point admise dans la ligne directe ascendante.

Le père exclut l'aïeul paternel; l'aïeul paternel exclut le bisaïeul paternel, et celui-ci exclut le trisaïeul de la même ligne.

Ainsi, dans l'exemple que présente le tableau 41, *Luce* ou *Gilbert*, exclut *Rose* et *Romain*, *Palmire* et *Louis*; de même *Rose*, ou *Romain*, exclut *Louis* et *Palmire*.

Il en est de même dans la ligne paternelle.

7. Mais, suivant l'art. 733, l'ascendant, le plus proche dans sa ligne, n'est pas exclu de la moitié qui appartient à cette ligne, par l'ascendant de l'autre ligne, quoique celui-ci soit à un degré plus proche du défunt.

Les deux lignes n'ont rien de commun, et le partage par moitié s'opère toujours entr'elles, sans aucune confusion.

Ainsi, lorsque le père du défunt était prédécédé l'aïeul paternel, ou le bisaïeul, et même le tri-saïeul de la même ligne, n'est point exclu de la moitié qui appartient à cette ligne, par la *mère* du défunt..

Dans l'exemple que présente le tableau 41, si *Pauline* est la seule des ascendans paternels de *Léon* qui lui ait survécu, elle aura seule la moitié de la succession, soit qu'elle se trouve en concours, ou avec *Romain* et *Rose*, ou avec *Gilbert* ou *Luce*, qui sont tous à un degré plus proche, soit même qu'elle se trouve en concours avec *Rosalie*, mère de Léon.

Comme tout autre ascendant, le père ou la mère du défunt n'exclut que dans sa propre ligne les ascendans plus éloignés : il ne les exclut pas dans l'autre ligne.

8. Enfin, suivant la dernière disposition de l'art. 746, si dans une même ligne il y a plusieurs ascendans qui soient *au même degré*, ils succèdent

conjointement et partagent *par tête* la portion qui appartient à leur ligne.

ARTICLE 747.

Les ascendans succèdent à, l'exclusion de tous autres, aux choses par eux données à leurs enfans ou descendans décédés sans postérité, lorsque les objets donnés se retrouvent en nature dans la succession.

Si les objets ont été aliénés, les ascendans recueillent le prix qui peut en être dû. Ils succèdent aussi à l'action en reprise que pouvait avoir le donataire.

1. il faut distinguer, d'abord, les règles diverses établies par cet article; il sera plus facile ensuite d'en suivre les explications.

Il y en a cinq principales.

1° Ce n'est point en vertu d'un droit de *retour proprement dit*, comme dans la législation romaine, ce n'est point par caducité ou par révocation de la donation, que les ascendans sont admis par l'art. 747 à reprendre les choses par eux données à leurs enfans ou descendans décédés sans postérité; c'est uniquement *par droit de succes-*

1   22

sion. Les ascendans *succèdent*, dit expressément l'article.

Comme le disait Boucheul, dans son *Traité des conventions de succéder*, sur des dispositions semblables qui se trouvaient dans les coutumes, c'est une sorte de succession *anomale*, en faveur des ascendans donateurs, à l'égard des choses par eux données à leurs descendans.

C'est un mode spéciale de succéder, qui intervertit, pour un cas particulier, l'ordre légal ordinaire des successions, et qui conséquemment doit être restreint aux termes dans lesquels il a été établi, puisque c'est une exception.

On l'appelle *reversion*, parce qu'il fait retourner dans les mains des ascendans les choses qu'ils avaient données.

On l'appelle aussi *retour légal*, par oppostion au retour conventionnel, parce qu'il est accordé par la loi seule, sans qu'il soit besoin de le stipuler.

2° Il est accordé à tous les ascendans donateurs, à quelque degré qu'ils se trouvent.

Mais il n'est accordé qu'aux ascendans, et non pas, soit à d'autres parens, soit à des étrangers, qui auraient donné.

Il est même personnel aux ascendans donateurs, puisqu'il ne peut être exercé que lorsque les ascendans ont survécu aux donataires décédés sans postérité.

3° Il s'applique à toutes les choses qui ont été

données, et conséquemment aux choses mobilières, comme aux choses immobilières.

Mais il n'a lieu qu'à l'égard des donations entre.
vifs de biens présens.

Quant aux donations dont il s'agit dans les
art. 1082, 1084, et 1086 du Code civil, le retour
est réglé d'une manière différente par l'art. 1089,
et les dispositions testamentaires ont aussi une
règle particulière dans l'art. 1039.

C'est par le moyen de caducité des donations,
et non par voie de *succession*, que les donateurs
reprennent les choses qu'ils avaient données dans
les termes des art. 1082, 1084 et 1086.

Quant aux testateurs qui ont survécu aux légataires, ils ne reprennent pas puisqu'ils n'ont
jamais été dessaisis de la propriété.

4° L'ascendant donateur n'a le droit de reprendre, après le décès du donataire, les choses
par lui données, que lorsque le donataire n'a pas
laissé de postérité. La loi a présumé qu'il avait
été dans l'intention du donateur, que son bienfait
profitât à tous les descendans du donataire.

5° L'ascendant n'a le droit de reprendre les
choses par lui données, que lorsqu'elles se retrouvent en nature dans la succesion du donataire;
il ne peut les revendiquer dans les mains de tiers
détenteurs. Le donataire, qui en était propriétaire
incommutable en vertu d'une donation entre-vifs,
a pu les aliéner valablement,

Néanmoins l'ascendant a le droit de réclamer ce qui est resté dû sur le prix des aliénations à titre onéreux, et il recueille aussi l'action en reprise que pouvait avoir le donataire, à raison des objets qui lui avaient été donnés.

2. Les questions qui peuvent s'élever sur l'inter‑ prétation de l'art. 747, sont nombreuses, et pres‑ que toutes font naître des difficultés sérieuses.

Ces difficultés viennent, il faut le dire franche‑ ment, de ce que la loi est beaucoup trop concise sur une matière qui présente une foule de cas divers, et qui, ayant été mise hors des règles gé‑ nérales sur le droit et l'ordre de succéder, avait besoin que ses règles particulières fussent claire‑ ment établies. Un seul article ne suffisait pas pour donner tous les développemens nécessaires.

C'est ainsi, du moins, qu'en ont jugé plusieurs jurisconsultes distingués.

Il faut convenir, disent M. Grenier, *Traité des donations*, tom. II, pag. 341 et 342, et M. Merlin, dans son nouveau *répertoire*, au mot *Réserve*, sect. II, § II, il faut convenir que la rédaction de l'art. 747 laisse beaucoup à désirer.

Plus bas ils ajoutent, en traitant une question sur le même article, qu'on doit s'attendre, en pareil cas, à une diversité d'opinions, et que, lorsque la rédaction d'un article n'est pas heu‑ reuse, la jurisprudence seule peut faire le com‑ plément de la loi.

On ne trouve pas d'ailleurs des éclaircissemens suffisans dans le procès-verbal de la discussion au conseil d'état. La matière a été peu discutée, peu développée, parce qu'on était d'accord sur les bases.

M. de Malleville va même jusqu'à dire, sur un point qu'il examine, que le procès-verbal est très-obscur.

Il ne faut donc pas s'étonner qu'il règne une si grande diversité d'opinions parmi les jurisconsultes.

Les uns, trouvant le texte de l'article souvent équivoque et d'ailleurs incomplet, ont cru qu'ils pouvaient se livrer à des interprétations arbitraires et décider toutes les questions, soit d'après ce qu'ils ont jugé le plus équitable et les intentions qu'ils ont supposées au législateur, soit d'après les dispositions du droit écrit ou des coutumes, et même d'après l'ancienne jurisprudence.

D'autres ont pensé qu'il fallait se rattacher au texte de la loi, parce que c'est la règle la plus sûre; qu'il fallait en expliquer les termes, sans les altérer; qu'en examinant avec attention la valeur de chacune de ses expressions et la liaison de ses diverses parties, en combinant ce qui peut paraître obscur, avec ce qui est clair et précis, on pouvait éclaircir bien des choses qui avaient pu d'abord présenter de l'équivoque; qu'au reste, il valait mieux souffrir quelques imperfections, qui pouvaient se trouver dans la loi , que de la bouleverser et de la changer entièrement, en lui substituant, ou ses opinions personnelles, ou des interprétations dont rien ne garantit l'exactitude, et qu'enfin il ne s'agissait pas de juger la loi, mais de l'expliquer telle qu'elle est, sans y rien ajouter.

Telle est la règle qu'ont suivie MM. Grenier et Merlin. Ils disent, l'un et l'autre, que, bien que la rédaction de l'article laisse à désirer plus de clarté, il faut se décider par sa disposition textuelle, qui doit principalement servir de guide.

Telle est aussi la règle que je suivrai dans la discussion des diverses questions que je vais examiner.

J'ai classé ces questions dans un ordre méthodique.

Celles qui seront placées sous les n°s 3 , 4 , 5 , 6 et 7 , auront pour objet de faire connaître les personnes auxquelles est accordée la réversion légale.

Celles qui seront placées sous les n°s 8 , 9 , 10 , 11 , 12 , 13 et 14 , auront pour objet de déterminer les cas dans lesquels le droit de réversion est ouvert et peut s'exercer.

Celles qui seront placées sous les n°s 15 , 16 et 17 , auront pour objet d'expliquer en quelle qualité et à quelles conditions les ascendans peuvent reprendre les choses par eux données.

Enfin, celles qui seront placées sous les n°s 18 ,

19, 20, 21, 22, 23, 24 et 25, seront relatives aux choses qui sont ou ne sont pas assujetties à la réversion légale.

3. Lorsqu'une donation a été faite par un aïeul à son petit-fils, et que le petit-fils est ensuite décédé sans postérité, est-ce au profit de l'aïeul donateur, et non au profit du père du donataire, que la réversion légale doit avoir lieu?

La réversion ne peut avoir lieu au profit du père, ni lorsque l'aïeul a survécu au donataire, ni lorsque l'aïeul est décédé le premier.

Le donateur, dans l'espèce proposée, c'est l'aïeul; le père n'a rien donné. C'est donc au profit de l'aïeul, et non pas au profit du père, que le retour des choses données doit avoir lieu, si l'aïeul survit au donataire, puisque l'art. 747 n'accorde qu'aux ascendans, *qui sont donateurs*, le privilége de succéder aux choses qu'ils ont données, et qu'il leur accorde ce privilége, *à l'exclusion de toutes autres personnes*.

Si l'aïeul est décédé avant son petit-fils auquel il avait donné, le droit de réversion légale est éteint, puisque l'art. 747 n'appelle l'ascendant à succéder aux choses par lui données, que lorsqu'il survit au donataire décédé sans postérité.

Le père ne peut donc réclamer la réversion légale, ni de son chef, puisqu'il n'est pas donateur, ni comme héritier de l'aïeul, puisque l'aïeul n'étant admis à succéder que dans le cas où il survit au donataire, il en résulte que, s'il décède le premier, ses héritiers ne peuvent exercer la réversion, lorsque dans la suite le donataire vient à décéder, même sans postérité. Le privilége, accordé à l'ascendant donateur par l'art. 747, lui est purement personnel; il ne passe jamais à ses héritiers, à moins que le retour ne fût ouvert et le droit acquis avant son décès. (*Voyez* le n° 7.)

Dans l'ancien droit, la question était controversée.

Dans les pays de droit écrit, les divers parlemens ne la décidaient pas de la même manière: les uns accordaient toujours la réversion à laïeul qui avait donné à son petit fils, et le préféraient au père du donataire; les autres accordaient, au contraire, la préférence au père et excluaient l'aïeul. (*Voyez* le n° 12.)

Pour accorder la préférence au père, on disait que l'aïeul, en dotant son petit-fils, avait voulu lui donner pour son fils et à sa décharge, et que c'était la même chose que s'il avait d'abord donné à son fils pour le remettre à son petit fils. On se fondait sur la loi *dotem* 6, *de collationibus*, qui, en effet, accordait au père la réversion de la dot constituée par l'aïeul paternel, et cela par le motif que les pères étant obligés de doter leurs enfans, l'aïeul qui donnait la dot, acquittant la dette du père, était censé donner pour le père et à sa décharge.

Mais la même présomption ne peut plus exister sous l'empire du Code civil, puisque, d'après l'art. 204, les pères n'étant plus obligés de doter leurs enfants, on ne peut plus dire que l'aïeul, lorsqu'il constitue une dot à son petit-fils, acquitte la dette du père et donne à sa décharge.

D'ailleurs, l'exécution de la loi *dotem* ne pourrait plus se concilier aujourd'hui avec la disposition de l'art. 951 du Code civil, puisqu'il faudrait supposer que l'aïeul qui a donné, a eu la volonté de stipuler le retour en faveur de son fils, après le décès de son petit-fils, et que, suivant l'art. 951, le retour ne peut être stipulé qu'en faveur du donateur seul.

Elle ne pourrait pas plus se concilier avec l'article 747, puisque cet article n'accorde le retour qu'à l'ascendant même qui a donné, et qu'on ne peut induire d'aucune des expressions de cet article, que, dans une donation faite par un aïeul à son petit-fils immédiatement, le père qui n'a rien donné et qui n'était pas tenu de donner, doit être considéré comme étant le donateur, et qu'il puisse, après le décès de l'aïeul, reprendre, en qualité de donateur, des biens qui ne lui ont jamais appartenu.

Dans les pays coutumiers, où la réversion légale n'était accordée qu'à l'égard des immeubles, qui devenaient propres naissans dans les mains des donataires, on jugeait que l'aïeul donateur

devait exclure l'ascendant plus proche du donataire, lorsque cet ascendant n'était pas de la
même ligne que le donateur; ainsi l'aïeul qui
avait donné à son petit-fils, excluait la mère de
ce petit-fils. La raison était que les propres res-
taient toujours à la ligne dont ils étaient provenus, et qu'en conséquence la mère du donataire ne pouvait lui succéder, quant aux propres
que le donataire tenait de ses ascendans paternels.

Mais lorsque l'ascendant plus proche du donataire étoit de la même ligne que l'ascendant donateur, il n'était pas généralement reconnu que
l'ascendant donateur dût avoir la préférence sur
l'ascendant plus proche. A cet égard, tous les
auteurs n'étaient pas d'accord.

Duplessis, dans son commentaire sur l'art. 313
de la coutume de Paris, accordait la préférence
au père sur l'aïeul qui avait donné au petit-fils. « Le
droit de retour, disait-il, n'est pas un privilége
personnel, puisque la coutume ne le défère que
par voie de succession, de sorte que l'ordre des
successions doit y être gardé, c'est-à-dire, la
proximité. Si elle donne le retour aux ascendans,
ce n'est pas tant parce qu'ils sont donateurs, que
parce qu'ils sont de la ligne et les plus proches.
On répute que, quand l'aïeul a donné à son
petit-fils, il a mis la chose dans la ligne directe
descendante, qui ne lui saurait par conséquent

retourner que par la même ligne, et en passant par les degrés d'icelle : or, elle est arrêtée à celui du père, et si l'article parle des aïeuls, ce n'est que pour le cas où il n'y a plus de père, ou de mère, de leur côté. »

« Comme le retour, dit l'auteur du nouveau répertoire, au mot *Réversion,* sect. II, § II, art. 3, nº 3, n'a lieu dans nos coutumes que pour les propres, soit véritables, soit conventionnels, et que l'aïeul, dans le cas dont il s'agit, est vraiment lignager du petit-fils, ils est clair qu'il doit exclure le père ou la mère survivant, *qui n'est pas de la ligne.* »

Mais beaucoup d'autres auteurs, et notamment Lebrun et Pothier, soutenaient que l'aïeul donateur devait être toujours préféré.

Quoiqu'il en soit, la difficulté ne peut pas se reproduire sous l'empire du Code civil, puisque le Code ne reconnaît plus de propres, puisqu'il ne règle pas le droit et l'ordre de succéder d'après la nature ou l'origine des biens, puisque, par l'art. 747, il accorde la réversion légale pour toutes les choses données, sans distinction entre les meubles et les immeubles, puisqu'il n'accorde cette réversion qu'à l'ascendant donateur, et à l'exclusion de toutes autres personnes, sans aucune exception.

4. Le père peut-il exercer le droit de retour sur les choses qu'il a données à son enfant naturel

légalement reconnu, lorsque celui-ci décèdé sans postérité?

Cette question est sans intérêt dans le cas où le père a seul reconnu son enfant naturel, parce qu'en ce cas il est, aux termes de l'art. 765 du Code civil, seul héritier de cet enfant décédé sans postérité, et que le droit de retour qu'il pourrait avoir sur les objets qu'il a donnés, se confond dans le droit qu'il a, comme seul héritier, sur la totalité de la succession.

Mais lorsque l'enfant naturel a été légalement reconnu, soit par son père, soit par sa mère, et qu'il décède sans postérité, la question proposée doit être résolue, pour savoir si le père donateur prélèvera d'abord sur la masse de la succession les choses qu'il avait données, sauf à partager le reste avec la mère.

La raison de douter à cet égard, pourrait résulter de ce que le retour légal n'est accordé aux ascendans que par l'art. 747, qui se trouve dans le chapitre de la loi, relatif aux successions *légitimes*, et que la même disposition n'ayant pas été répétée dans le chapitre où il est traité des successions irrégulières, il semblerait qu'on dût en conclure que le retour légal ne peut être exercé sur les biens donnés aux enfans naturels, et que les pères qui ont donné, n'avaient que la faculté de stipuler le retour conformément à l'art. 951.

Mais la raison de décider au contraire, se

tire des motifs mêmes qui ont fait adopter la disposition de l'art. 747.

Le retour légal a été établi par cet article, comme il l'avait été par le droit romain, pour que le père qui a eu le malheur de perdre son enfant, n'éprouve pas encore la perte des biens qu'il lui avait donnés, et dont il n'avait eu l'intention de se dépouiller qu'en sa faveur. Il a été établi, pour encourager les ascendans à faire des dons à leurs descendans, en leur garantissant le retour des biens donnés, s'ils avaient le malheur de survivre aux donataires qui ne laisseraient pas de postérité.

Or, ces deux motifs s'appliquent au père naturel, comme au père légitime. La disposition qui accorde le retour légal, doit donc également s'appliquer à l'un, comme à l'autre.

La question fut agitée sous l'empire des lois romaines, et les jurisconsultes n'étaient pas d'accord.

Henrys, liv. VI, chap. V, soutenait que tous les motifs des lois romaines au sujet de la réversion, se rencontraient aussi-bien en la personne du père naturel, qu'en celle du père légitime. Il ajoutait que, si la loi V, § XIII *ff. de jure dotium*, accordait la réversion au père adoptif, il y avait encore plus de raisons d'établir ce droit pour le père naturel, qui est joint par le sang à la fille qu'il avoue.

Le parlement de Grenoble le jugea ainsi, par un arrêt du 14 août 1664, qui est rapporté par Basset, tom. Ier, liv. IV. chap. II.

Lebrun avait embrassé l'opinion contraire, dans son *Traité des Successions*, liv. Ier, chap. V, sec. II, et cependant il finissait en disant qu'il fallait pourtant demeurer d'accord que la réversion en faveur du père naturel, n'était pas trop contre l'esprit du droit.

Au surplus, les raisons qui l'avaient déterminé, n'existent plus aujourd'hui *en fait*.

Il se fondait sur ce que le droit alors existant ne reconnaissait pas les bâtards, qu'il ne déférait pas leurs successions à leurs pères, et qu'il ne s'occupait même de ces successions, que pour les rejeter entre les mains du fisc.

Mais aujourd'hui l'art. 765 du Code civil, défère les successions des enfans naturels décédés sans postérité, aux pères et mères qui ont reconnu ces enfans.

Lebrun se fondait encore sur ce que l'obligation de doter de la part du père légitime, était un des fondemens de l'établissement de la réversion, parce que la loi avait voulu rendre au père, en cas de prédécès de sa fille, ce qu'elle l'avait obligé de lui donner; et que cette raison ne pouvait s'appliquer au père naturel, puisqu'il n'était pas obligé de doter sa fille.

Mais aujourd'hui, suivant l'art. 204 du Code,

le père légitime n'est pas plus obligé que le père naturel, de doter ses enfans.

Ce qui doit, au reste, trancher toute difficulté sur la question, c'est que l'art. 766 du Code civil, dispose qu'en cas de prédécès des père et mère de l'enfant naturel, leurs enfans légitimes auront le droit de retour légal sur les biens donnés à l'enfant naturel, s'il décède sans postérité, et qu'il serait contradictoire que les enfans légitimes du donateur eussent, après sa mort, le droit de retour, s'il n'avait pu l'exercer lui-même, dans le cas où il aurait survécu à l'enfant naturel.

Le retour en faveur des enfans légitimes a été établi, pour empêcher que les biens donnés par leur père à un enfant naturel, ne fussent transférés, à leur préjudice, ou à une famille étrangère, ou au fisc.

Or, le même motif existe pour le retour en faveur du père donateur, s'il survit à l'enfant naturel décédé sans postérité; et il faut y réunir encore en faveur du donateur, les autres motifs sur lesquels est fondée la disposition de l'art. 747, qui n'a été faite que pour les ascendans donateurs et non pour leurs héritiers

Tout ce qui vient d'être dit à l'égard du père de l'enfant naturel, s'applique évidemment à la mère qui a reconnu, qui a donné et qui a survécu.

5. Lorsqu'un père a légalement reconnu son

enfant naturel, et que l'aïeul a fait un don à cet enfant, y a-t-il égalememt lieu au retour légal en faveur de l'aïeul, s'il survit à l'enfant naturel décédé sans postérité ?

Il n'existe aucun lien, ni de parenté, ni de successibilité, entre l'aïeul et le petit-fils qui est né hors mariage, et qui n'a pas été légitimé. La reconnaissance qui a été faite par le père, n'établit de rapports, n'établit de successibilité, qu'entre le père et l'enfant.

Aux termes de l'art. 756, l'enfant naturel même reconnu, n'a et ne peut avoir aucun droit sur les biens de son aïeul.

Aux termes des art. 765 et 766, l'aïeul ne peut jamais succéder à l'enfant naturel, lors même que cet enfant ne laisse ni père, ni mère ni postérité.

L'aïeul ne peut donc jouir du droit de retour sur les biens qu'il a donnés à l'enfant naturel de son fils, puisqu'aux termes de l'art 747, le retour légal est un droit de succession, qu'il ne s'exerce qu'à titre successif, qu'avec la qualité d'heritier, et que la loi n'a point admis de successibilité entr e l'enfant naturel et l'aïeul.

On pourrait bien, il est vrai, appliquer à l'aïeul, comme au père naturel, les motifs des lois romaines sur la réversion.

Mais, dans l'espèce, ils ne peuvent plus avoir d'influence, puisque la nature même du droit qu*i* est établi, s'oppose à ce qu'il puisse être étendu à l'aïeul.

La réversion n'est plus, comme dans la législation romaine, un droit spécial et indépendant du droit de succéder. N'ayant été admise dans notre législation, que comme un droit successif, elle ne peut appartenir à ceux qui, aux termes de la loi, ne peuvent être héritiers du donataire, et conséquemment l'aïeul de l'enfant naturel ne peut la réclamer.

D'ailleurs, l'art. 747 n'accorde qu'aux ascendans le droit de retour légal. Or, l'aïeul naturel d'un enfant naturel, même reconnu, n'est pas son ascendant, *aux yeux de la loi*. Entre l'un et l'autre, la loi ne reconnaît aucune parenté, aucun rapport.

La reconnaissance faite par le père, est étrangère à l'aïeul : elle ne fait pas entrer l'enfant dans la famille légitime, et conséquemment l'aïeul est, à l'égard de l'enfant naturel, un donateur *étranger*, qui ne peut jouir de la réversion légale.

6. Lorsqu'une dot a été constituée conjointement par deux époux, ou qu'elle a été constituée par un seul, chacun des époux a-t-il droit à la réversion, et pour quelle portion y a-t il droit?

Il faut distinguer si, au moment de la constitution de la dot, les époux étaient en communauté, ou s'ils étaient mariés sous le régime dotal, ou s'ils étaient séparés de biens ; et pour savoir, dans tous ces cas, ce que chacun des époux a le droit de reprendre après le décès du donataire, il ne s'agit que de vérifier ce que chacun d'eux a donné réellement, ou, à défaut de désignation expresse à cet égard, ce que chacun d'eux doit être présumé avoir donné.

Lorsque le père et la mère ont doté *conjointement* leur enfant, et qu'ils ont exprimé la portion pour laquelle chacun d'eux entend contribuer à la dot, il ne peut y avoir de difficulté. Chacun d'eux, s'il survit au donataire, a le droit de reprendre, en vertu de l'art. 747, la portion pour laquelle il a déclaré vouloir contribuer à la dot.

Peu importe que la dot ait été fournie sur les biens personnels à l'un des époux, ou en totalité, ou dans une quotité qui excède la part de cet époux. L'autre époux n'en est pas moins donateur, envers son enfant, de la portion entière pour laquelle il a déclaré vouloir contribuer à la dot; seulement il doit une indemnité proportionnelle, à l'époux qui a fourni ses biens propres.

Peu importe encore, si la dot constituée conjointement par le mari et la femme, a été fournie en totalité ou en partie sur les biens de la communauté existante entre les époux, que la femme ait ensuite renoncé à la communauté. La femme doit indemniser la communauté de tout ce qui en a été pris pour acquitter la portion de dot dont elle est tenue, et conséquemment elle a le droit de reprendre cette portion entière, lorsque le droit de réversion est ouvert.

Mais, si le père et la mère ont doté conjointement, sans exprimer la portion pour laquelle chacun d'eux entendait contribuer, comment cette portion doit-elle être déterminée?

La loi y a pourvu par des dispositions formelles, soit pour le cas où le père et la mère qui ont doté conjointement, étaient en communauté de biens, soit pour le cas où ils étaient mariés sous le régime dotal.

Pour le premier cas, c'est l'art. 1438 du Code civil, qui détermine la portion dont est tenu chacun des époux.

« Si le père et la mère, dit cet article, ont doté conjointement l'enfant commun, sans exprimer la portion pour laquelle ils entendaient y contribuer, ils sont censés avoir doté chacun pour moitié, soit que la dot ait été fournie ou promise en effets de la communauté, soit qu'elle l'ait été en biens personnels à l'un des deux époux.

« Au second cas, ajoute l'article, l'époux dont l'immeuble ou l'effet personnel a été constitué en dot, a sur les biens de l'autre une action en indemnité pour la moitié de ladite dot, eu égard à la valeur de l'effet donné, au temps de la donation. »

Ainsi, dans les deux cas ci-dessus exprimés, chacun des époux a le droit, après la mort de l'en-

23.

faut donataire, de demander la réversion de la moitié da la dot.

A l'égard des père et mère qui étaient mariés sous le régime dotal, la première partie de l'article 1544 dit également que, s'ils ont constitué conjointement une dot, sans distinguer la part de chacun, la dot sera censée constituée par portions égales.

Les dispositions des art. 1438 et 1544 doivent s'appliquer, par les mêmes motifs, au cas où les époux qui ont constitué conjointement la dot, étaient mariés, soit avec la clause qu'il n'y aurait pas entr'eux de communauté, soit avec la clause de séparation de biens.

Il suffit, dans tous les cas, que deux époux qui dotent conjointement, n'expriment pas distinctement la portion dont chacun d'eux veut être tenu, pour qu'ils soient censés avoir voulu contribuer à la dot par portions égales. C'est d'ailleurs un principe général que, *in dubio, viriles partes deberi, si plures promiserint*. L. XI, § I et II, *ff. de duobus reis*.

Mais, lorsque la dot a été constituée par le mari seul, la femme en est-elle tenue, et pour quelle portion ?

La question est résolue par l'art. 1439 du Code civil, pour le cas où les époux étaient en communauté.

« La dot, dit cet article, constituée par le mari

seul à l'enfant commun , en effets de la communauté , est à la charge de la communauté ; et ,
dans le cas où la communauté est acceptée par
la femme , celle-ci doit supporter la moitié de la
dot, à moins que le mari n'ait déclaré expressément qu'il s'en chargeait pour le tout, ou pour
une portion plus forte que la moitié. »

La raison de cet article , c'est que le mari est
le maître de la communauté , qu'il peut en aliéner
les biens sans le concours de sa femme , et qu'il
peut même , suivant l'article 1422, en disposer
à titre gratuit, pour l'établissement des enfans
communs.

Mais aussi, lorsque la femme renonce à la
communauté, soit en faisant prononcer une séparation de biens, soit après le décès de son mari,
elle n'est aucunement tenue de contribuer à la
dot qui a été constituée par le mari seul sur les
effets de la communauté. Comme elle ne prend
rien dans cette communauté, elle ne doit pas en
supporter les charges, et, suivant l'art 1439 , la
dot constituée par le mari seul sur les effets de la
communauté, est une charge de la communauté.

Inutile d'ajouter que le mari qui fait seul la
constitution de dot, ne peut donner, même à
un enfant commun, des biens personnels à la
femme, si elle n'y consent expressément. L'article 1428 lui défend d'aliéner les biens per-

sonnels de la femme, sans son consentement.

Quant aux époux qui étaient mariés sous le régime dotal, la seconde partie de l'art. 1544 dispose que, si la dot est constituée par le père seul, pour droits paternels et maternels, la mère, quoique présente au contrat, ne sera point engagée, et que la dot demeurera en entier à la charge du père.

L'art. 1545 ajoute que, si le survivant des père ou mère constitue une dot pour biens paternels et maternels, sans spécifier les portions, la dot se prendra d'abord sur les droits du futur époux dans les biens du conjoint prédécédé, et que le surplus seulement sera pris sur les biens du constituant.

Il me semble que les articles 1544 et 1545 doivent s'appliquer au cas où, les époux étant mariés, soit avec la clause qu'il n'y aurait pas entr'eux communauté, soit avec la clause de séparation de biens, la dot a été constituée par le mari seul, ou par le survivant des deux époux.

Je crois même que, par identité de motifs, ils doivent s'appliquer au cas où le survivant des époux qui étaient en communauté, a constitué en faveur de son enfant une dot à prendre sur les biens paternels et maternels, sans spécifier les portions.

Dans tous les cas, qu'a voulu le survivant? Il est censé avoir voulu seulement assurer à son enfant un capital ou un revenu déterminé, sans contracter l'engagement de le fournir de ses propres deniers. Il satisfait à son obligation, en fournissant sur tous les biens le capital promis ; on doit présumer d'ailleurs que personnellement il a voulu se gréver le moins possible. Il en était autrement dans le droit romain. *L. ult. Dod. de dotis prom.*

D'après toutes les distinctions qui viennent d'être établies entre les cas divers où la dot a été constituée par un seul des époux, il est facile de régler quelle est la portion pour laquelle chaque époux a droit à la réversion légale : cette portion est celle pour laquelle il était tenu de contribuer à la dot.

7. Les héritiers ou représentans de l'ascendant, donateur, peuvent-ils, après son décès, exercer, à sa place, le droit de réversion ?

Il faut distinguer si l'ascendant donateur a survécu au donataire décédé sans postérité, ou s'il est mort le premier.

S'il a survécu, le droit de réversion lui a été acquis dès le moment du décès du donataire, et conséquemment ses héritiers et ses représentans peuvent l'exercer de son chef, quoiqu'il ne l'ait pas exercé lui-même.

Il s'agit d'une succession à laquelle l'ascendant donateur avait un droit spécial, et, suivant l'article 781 du Code, lorsque celui à qui une succession est échue, décéde sans l'avoir répudiée,

ou sans l'avoir acceptée expressément ou tacite-
ment, ses héritiers peuvent l'accepter, ou la répudier, de son chef.

Le même droit appartient aux héritiers universels institués.

L'action en révision appartiendrait également,
soit aux donataires ou légataires à titre universel;
soit aux donataires ou légataires particuliers, auxquels l'ascendant aurait fait don des choses qu'il
avait le droit de reprendre; soit aux créanciers
de l'ascendant, qui se présenteraient en vertu de
l'art. 788; soit aux héritiers irréguliers et à tous
autres, qui auraient des droits à exercer sur les
biens de l'ascendant.

Mais, lorsque l'ascendant est décédé avant le
donataire, c'est-à-dire, avant que le droit de réversion fût ouvert, ni ses héritiers ni ses représentans ne peuvent exercer ce droit, à sa place,
lorsqu'ensuite le donataire vient à mourir sans
postérité.

Les lois anciennes n'accordaient le retour légal
qu'à l'ascendant donateur. L'art. 747 du Code
n'accorde également qu'à cet ascendant le droit
de succéder, à l'exclusion de tous autres, aux
choses par lui données à son descendant décédé
sans postérité.

C'est, d'ailleurs, un principe incontestable que
les héritiers ou représentans du défunt ne peuvent réclamer, de son chef, une succession qui

ne lui était pas échue et qui ne s'est ouverte que depuis son décès.

« La réversion légale, disait Lebrun, n'est donnée précisément qu'à la commisération que la loi conçoit pour la personne du père qui perd son fils ou sa fille, et à qui il serait injuste de faire perdre encore la dot qu'il a constituée ; et comme la loi suppose un père qui a négligé de *stipuler* la réversion, elle le secourt avec réserve et par un pur principe d'humanité ; et cette commisération ne regardant que la seule personne du père, la réversion ne passe pas au-delà de la personne du père, et est pure personnelle. »

8. L'ascendant donateur peut-il renoncer au droit de réversion légale, soit dans l'acte de donation, soit dans un acte postérieur, fait pendant la vie du donataire ?

Non, il ne le peut pas valablement, puisque le droit de réversion légale est un droit de *succession*, puisque ce n'est qu'en qualité d'héritier du donataire, et dans la succession du donataire, que l'ascendant a le droit de reprendre les choses qu'il avait données, puisqu'aux termes de l'article 1130 du Code civil, on ne peut renoncer à une succession non ouverte, ni faire aucune stipulation sur une pareille succession, même avec le consentement de celui de la succession duquel il s'agit.

Il en résulte même que, si dans l'acte de do-

nation, l'ascendant a stipulé le retour conformément à l'art. 951, et qu'il ne l'ait stipulé que pour
une partie seulement des choses qu'il a données,
il n'en a pas moins le droit, après la mort du
donataire décédé sans postérité, de succéder,
en vertu de l'art. 747, quant aux choses dont il
ne s'était pas réservé le retour, quoique la stipulation du retour, limitée à une partie seulement
des choses données, doive faire présumer la renonciation au surplus; mais cette renonciation
est nulle, parce qu'elle porte sur un droit successif, qui n'est pas ouvert.

9. Le droit de réversion est-il ouvert en faveur
de l'ascendant donateur, lorsque le donataire
est mort civilement, sans laisser de postérité?

Suivant les anciens auteurs, la mort civile,
non accompagnée de la mort naturelle, ne donnait pas ouverture au retour légal. Il fallait attendre
l'événement de la mort naturelle du donataire,
soit parce que, tant qu'il conservait la vie naturelle, il y avait possibilité et espoir qu'il fût
rendu à la vie civile, soit parce qu'on ne devait
pas supposer qu'un père, en gratifiant son fils,
eût prévu le cas d'une condamnation emportant
mort civile.

On fondait cette opinion sur les lois 83, *D.
de verborum obligationibus*, et 34, *ff.* 2, c. de
contrahendâ emptione.

Mais aujourd'hui elle ne serait pas soutenable.

La réversion n'étant plus un droit de retour suivant les principes du droit romain, mais un *droit de succession*, qui est exercé par le donateur, en qualité d'héritier spécial du donataire, il en résulte que le droit est ouvert en faveur de l'ascendant donateur, lorsque la succession du donataire est ouverte.

Or, suivant l'art. 718, du Code civil, les successions s'ouvrent par la mort naturelle et par la mort civile.

Vainement on dirait que l'art. 747 n'admet l'ascendant à succéder aux choses qu'il avait données, que lorsque le donataire est *décédé* sans postérité, et que cette expression *décédé* ne s'applique qu'à la mort naturelle.

La réponse à cette objection se trouve dans l'art. 25 du Code, qui dit expressément que, par la mort civile, le condamné *perd la propriété de tous les biens qu'il possédait*, et que sa succession est *ouverte au profit de ses héritiers*, auxquels ses biens sont dévolus, *de la même manière que s'il était mort naturellement*.

Que deviendraient, d'ailleurs, les biens qui avaient été donnés au condamné, et dont il a perdu la propriété? Seraient-ils transmis à d'autres héritiers que l'ascendant donateur? Il y aurait violation manifeste de l'art. 747, puisque cet article confère à l'ascendant donateur le privilége exclusif de succéder aux biens donnés.

10. Lorsque des enfans ne sont pas issus du mariage en faveur duquel le don a été consenti, mais d'un mariage précédent, empêchent-ils la réversion au profit de l'ascendant donateur?

Une femme veuve, ayant des enfans de son premier mariage, passe a de nouvelles noces, et son père lui fait, a cette époque, un don, mais avec mention expresse que c'est *en faveur du futur mariage.* Elle meurt, sans laisser d'enfans du second lit.

On demande si le don fait par le père en faveur du second mariage, lui retournera, après le décès de sa fille, ou, si les choses données appartiendront aux enfans du premier lit, comme descendans de la donataire, lors même qu'il y aurait eu déjà, pour le premier mariage, une *constitution de dot* qui appartiendrait incontestablement à ces enfans.

Un arrêt rendu par le parlement de Toulouse, le 5 juillet 1632, rapporté par d'Olive, liv. III, chap. XXVII, jugea que le retour des choses données en faveur du second mariage, devait avoir lieu au profit de l'aïeul donateur.

« Le retour, dit d'Olive, fut reçu en faveur de l'aïeul pour la dot qui avait été par lui constituée à sa fille, dans le contrat de son second mariage, outre et par-dessus la première constitution, nonobstant l'existence des enfans du premier lit. On jugea que cette nouvelle aug-

mentation de dot, regardant le second mariage,
ne concernait que les enfans qui devaient descendre de cette conjonction ; que le constituant
n'avait considéré que ces noces qui étaient seules
l'objet de sa libéralité, et que, par ce moyen,
les enfans du mariage précédent qui avait sa
constitution séparée, n'avaient aucun droit d'empêcher le retour des biens à la donation desquels
ils n'avaient jamais servi de motif ni de cause
impulsive ; que ce droit était grandement favorable, et que c'était bien assez de le faire cesser,
contre l'opinion des plus grands interprètes, à la
rencontre des enfans du mariage en faveur duquel
la dot avait été constituée, sans que, par un
nouvel effort, on le fit encore défaillir en un cas
qui n'avait rien de semblable. »

Mais Catellan rapporte, liv. V, chap. VIII, un
autre arrêt du parlement de Toulouse, qui, dans
un cas semblable, refusa le retour à l'aïeule do-
natrice.

Cambolas, liv. VI, chap. XLIV, et Lebrun, liv. I,
chap. V, sect. II, som. XXVI, se prononcent
contre le retour.

Il ne peut plus y avoir aujourd'hui de difficulté
sur la question, puisque l'art. 747 du Code dit
généralement que l'ascendant ne succède aux
choses par lui données, que lorsque le donataire
est décédé *sans postérité.* L'article ne distinguant
pas de quel mariage est issue la postérité, il suffit

qu'il existe des descendans du donataire, pour que la réversion n'ait pas lieu.

Il est dans la nature que la tendresse du père se porte également sur tous les ascendans de sa fille, de quelque mariage qu'ils soient issus.

D'ailleurs, quoiqu'une donation soit faite en faveur d'un mariage, elle n'est pas spécialement affectée et ne profite pas aux seuls enfans qui naissent de ce mariage. Après le décès de la mère donataire, tous les biens qui lui ont été donnés, soit à l'époque du premier, soit à l'époque du second mariage, doivent être partagés également, et sans aucune distinction, entre tous les enfans des divers lits. Il ne résulte donc pas de la circonstance qu'une donation a été faite en faveur du premier ou du second mariage, que tous les enfans de la donataire n'aient pas également le droit d'empêcher la réversion au donateur.

Enfin, on ne peut raisonnablement supposer que le père, qui donne à sa fille, lors du second mariage, ait l'intention de ne laisser qu'aux enfans qui naîtront de ce mariage, les choses qu'il a données. Il faut donc, si telle est sa volonté, qu'il l'explique clairement, formellement : il faut qu'il stipule expressément le retour en sa faveur, pour le cas où il n'y aurait pas de descendans du second mariage.

11. Lorsque le donataire a laissé des descendans qui se trouvent incapables de lui succéder, ou

qui en sont déclarés indignes, ou qui renoncent volontairement à sa succession, l'ascendant donateur peut il exercer le droit de réversion?

En règle générale, les descendans du donataire n'empêchent la réversion, que lorsqu'ils peuvent et veulent succéder au donataire, que lorsqu'ils sont réellement ses héritiers.

Et, en effet, pourquoi les lois anciennes, pourquoi la loi nouvelle ont elles réservé à l'ascendant donateur, dans le cas où le donataire décéderait sans postérité, le droit de reprendre les choses données? C'est qu'elles ont présumé que l'ascendant avait bien entendu que sa donation profitât à tous ses descendans, mais non pas à d'autres personnes; qu'il avait bien, sous ce rapport, préféré à lui même toute sa postérité, mais non pas d'autres parens, encore moins des étrangers, et qu'il n'aurait peut être pas donné, s'il avait eu à craindre que, le donataire venant à mourir sans descendans, et sans avoir disposé, les biens seraient déférés à d'autres personnes, et qu'il n'aurait pas le droit de les reprendre?

Or, il est évident que ces motifs de la loi, cette intention du donateur ne seraient pas remplis, si, dans le cas où les biens donnés ne passeraient point aux descendans du donataire, parce que ces descendans ne pourraient ou ne voudraient pas être héritiers, les biens étaient déférés à d'autres parens du donataire, à l'exclusion de l'ascendant donateur.

Vainement on opposerait que, suivant les termes de l'art. 747, l'ascendant n'est admis à succéder aux choses qu'il a données, que dans le
cas ou le donataire est décédé sans postérité, et
que, dans l'espèce, le donataire ayant laissé des
descendans, il n'y a pas à examiner si ces descendans sont héritiers ou non, puisque l'article ne
fait aucune distinction à cet égard.

Mais, en matière de succession, n'est-ce pas
la même chose que le défunt n'ait pas laissé de
descendans, ou que ceux qu'il a laissés ne soient
pas héritiers?

La disposition de l'art. 747 dit bien clairement
qu'après la mort du donataire, les biens qui lui
avaient été données, doivent passer à sa postérité,
à l'exclusion de l'ascendant donateur; mais que,
s'il n'y a point de postérité qui recueille ces biens
dans la succession du donataire, l'ascendant donateur est appelé à y succéder, exclusivement
à tous autres héritiers.

Les choses ne se trouvent-elles donc pas dans
la seconde alternative, lorsque la postérité du donataire ne peut ou ne veut pas succéder? Ce serait donc évidemment violer le texte comme
l'esprit de la loi, que de faire exclure par d'autres
parens, par d'autres héritiers du donataire, l'ascendant donateur, qui ne doit être exclu que par
sa postérité?

12. La réversion ne peut-elle avoir lieu que
dans le cas où le donataire décede s a ns postérité

ou bien peut-elle être encore exercée, lorsque les descendans du donataire, qui avaient fait obstacle à la réversion, décèdent sans postérité, avant l'ascendant donateur?

En d'autres termes, après que les enfans du donataire ont recueilli, comme ses héritiers et dans sa succession, les biens qui lui avaient été donnés, après que ces enfans décédés ont encore transmis par succession les mêmes biens à leurs descendans, si ces descendans meurent ensuite sans postérité, l'ascendant donateur, qui leur survit, peut-il encore réclamer dans leurs successions les biens donnés et les reprendre, à titre d'héritier, lors même qu'il existe d'autres ascendans plus proches?

TABLEAU XLII.

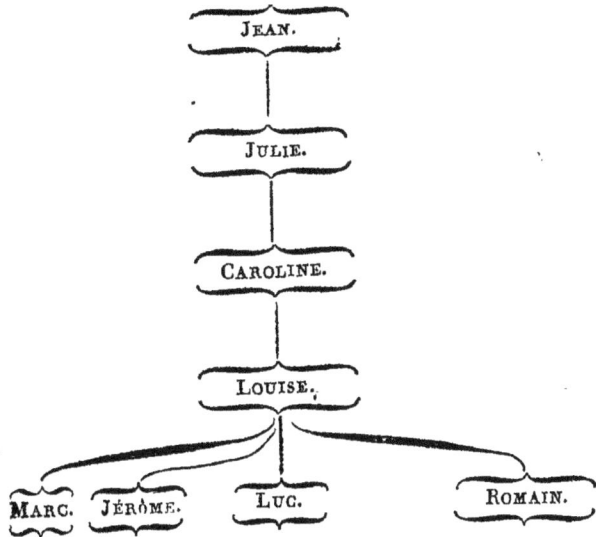

Jean a fait une donation entre-vifs à *Caroline*, sa petite-fille, d'un immeuble valant 20,000 fr.

Caroline est décédée, et dans sa succession, qui a été recueillie par *Louise*, sa fille, s'est trouvé l'immeuble donné par *Jean*.

Louise est aussi décédée : dans sa succession déférée à ses quatre enfans, s'est encore trouvé l'immeuble donné.

Marc, *Jérôme*, *Luc* et *Romain* sont morts sans postérité, et dans la succession de *Romain*, qui est mort le dernier, s'est encore trouvé l'immeuble donné par *Jean*.

Aux termes de l'art. 753 du Code civil, la succession de Romain devrait être déférée, pour moitié, à *Julie*, sa bisaïeule maternelle, et, pour l'autre moitié, à son plus proche parent paternel.

Mais *Jean* se présente comme étant appelé par l'art. 747 à succéder à *Romain*, pour l'immeuble qu'il avait donné à *Caroline*, et demande que cet immeuble, qui compose toute la succession de *Romain*, lui soit entièrement remis.

Les héritiers appelés par l'art. 753, soutiennent que *Jean* ne peut être admis à succéder à *Romain*, attendu 1° que, suivant les termes de l'art. 747, l'ascendant n'est appelé à succéder au descendant auquel il a donné, que dans le cas seulement ou ce descendant est mort sans postérité; et qu'ainsi, dans l'espèce, *Caroline*, donataire, ayant laissé, en mourant, une fille qui lui a succédé, dès ce moment le droit de réversion a été éteint; 2° que l'immeuble qui avait été donné par *Jean* ayant passé de la succession de *Caroline* à *Marie*, de la succession de *Marie* à ses quatre enfans, et des successions des trois premiers enfans décédés à *Romain*, qui est devenu leur seul héritier, n'a pu conserver dans la succession de *Romain* la nature et le caractère *de bien donné*; qu'il est devenu jusqu'à cinq fois *bien héréditaire*, et qu'en conséquence il ne peut plus être soumis, comme bien donné, au droit de réversion en faveur de l'ascendant donateur.

24.

Jean répond, 1° que les termes de l'art. 747, ne s'opposent pas à ce que l'ascendant puisse succéder, pour les biens qu'il avait donnés, au dernier des descendans du donataire, quoique ces descendans aient successivement recueilli les biens, à titre d'héritiers de leurs père ou mère; 2° que l'ascendant ayant renoncé à reprendre les choses par lui données, tant qu'il existerait des descendans du donataire, il a réellement embrassé dans sa libéralité tous les descendans du donataire, que ces descendans sont donc censés eux-mêmes les donataires de l'ascendant, et qu'ainsi, lorsqu'ils décèdent sans postérité avant l'ascendant donateur, il est vrai de dire que le cas prévu par l'art. 747 est arrivé.

Quid juris?

La question est très-controversée, et comme elle peut d'ailleurs se présenter très-souvent, il faut l'examiner avec une sérieuse attention.

Dans mon premier ouvrage, j'ai émis l'opinion que l'ascendant donateur n'a pas le droit de reprendre dans les successions des descendans du donataire : cette opinion a été adoptée par un grand nombre de magistrats et de jurisconsultes distingués; et quoiqu'elle éprouve une forte contradiction de la part de quelques autres jurisconsultes qui sont aussi d'un grand poids, je crois devoir y persister; mais il est nécessaire de lui donner plus de développemens.

Voyons d'abord ce que l'on peut induire des termes mêmes dans lesquels a été rédigé l'article 747 : voyons si la disposition de cet article n'est pas assez claire, assez précise, pour qu'il ne soit pas permis de lui donner une interprétation arbitraire.

L'article se bornant à dire que les ascendans succèdent aux choses par eux données à leurs enfans ou descendans décédés sans postérité, et la particule *ou*, qui se trouve entre les mots *enfans descendans*, étant une particule disjonctive, ne s'ensuit-il pas nécessairement que ces expressions, *choses données à leurs enfans ou descendans*, ne peuvent s'appliquer qu'aux enfans, ou descendans, *qui sont eux-mêmes donataires ;* qu'elles n'indiquent nullement les descendans de ceux à qui les choses ont été données, et qu'ainsi ce n'est que dans les successions des enfans, ou descendans, *donataires et décédés sans postérité,* que les ascendans sont admis à reprendre les choses données, mais non pas dans les successions *des descendans des donataires,* quoique ces descendans soient morts, sans postérité, avant les ascendans donateurs ?

Si le législateur, en parlant, dans l'art. 747, des choses données, a joint le mot *descendans* à celui d'*enfans,* de même qu'il les avait employés l'un et l'autre dans l'art. 745, c'est évidemment parce qu'il a voulu expliquer clairement qu'il ne s'agissait pas seulement de dons faits par les père

et mère à leurs enfans, mais encore, et générale-
lement, de tous les dons faits par des ascendans
à leurs descendans. C'est comme s'il avait dit, en
deux articles ou paragraphes séparés : « Les pères
et mères succèdent aux choses par eux données à
leurs enfans décédés sans postérité : les autres ascendans succèdent pareillement aux choses par
eux données à leurs descendans, qui sont aussi
décédés sans postérité. »

On voit donc bien clairement que, pour que le
père ou la mère, ou tout autre ascendant, succède
aux choses qu'il a données, il faut 1° que l'enfant, ou
autre descendant, *auquel il a été donné,* soit décédé avant le donateur ; 2° que l'enfant, ou autre
descendant, auquel il a été donné, soit décédé
sans postérité.

Et puisque ces deux conditions sont exigées
conjointement, il en résulte que le privilége de
la succession spéciale n'existe plus en faveur du
donateur, dès le moment que le donataire lui-
même laisse de la postérité, en décédant.

Evidemment, il faudrait une autre disposition
pour étendre ce privilége au cas où la postérité
du donataire viendrait à décéder ensuite avant
le donateur, et cette disposition ne se trouve,
ni dans l'art. 747, ni dans aucun autre.

La question que nous examinons en ce moment, avait déjà excité de longs débats sous l'empire des législations anciennes.

Dans les pays coutumiers, on tenait assez généralement que la réversion avait lieu après le
décès des descendans du donataire, si l'ascendant
donateur avait survécu à tous ses descendans; il
y en avait une raison particulière qui sera bientôt
expliquée, et qui ne peut plus recevoir d'application sous l'empire du Code civil.

Mais, dans les pays de droit écrit, la question
était le sujet de la plus forte controverse parmi
les auteurs, et elle était jugée diversement par les
divers parlemens.

Le parlement d'Aix jugeait que le retour de
la dot ne devait pas avoir lieu en faveur de l'aïeul
donateur, après le décès des enfans de la fille
dotée : il jugeait que la dot appartenait au père
ou à tout autre héritier des enfans de la fille dotée,
et qu'ainsi la survivance de ces enfans avait entièrement éteint le droit de retour légal en faveur
de l'aïeul donateur; cependant il admettait le retour à l'égard des autres donations, quand les
descendans des donataires ne laissaient pas de
postérité.

Le parlement de Dijon refusait le retour dans
tous les cas : il jugeait constamment qu'après le
décès des descendans du donataire, les biens donnés tombaient dans la succession *ab intestat* ordinaire, et ne retournaient pas à l'aïeul donateur.
Différens arrêts rapportés par Lapeyrère,
lettre A, n° 116, et lettre S, n° 210, annoncent

que le parlement de Bordeaux n'avait pas une jurisprudence constante sur la question.

Bretonnier sur Henrys, liv. VI, questions 8 et 12, et Bardet, liv. I, chap. CXVIII, citent quatre arrêts du parlement de Paris, dont les trois premiers ont jugé en faveur de l'aïeul donateur, et le quatrième a jugé d'une manière différente.

Au parlement de Grenoble, on tenait pour maxime, suivant Ferrière, sur la question 157 de Guypape, que le retour avait lieu en faveur de l'aïeul donateur; et cependant Expilly rapporte, dans le chapitre CXXV, un arrêt de ce parlement, qui prononce en faveur du père contre l'aïeul donateur.

Le parlement de Toulouse était le seul qui eût une jurisprudence constante en faveur de l'aïeul; encore faisait-il exception à l'égard des coutumes locales où le mari gagnait la dot constituée à la femme par donation en contrat de mariage.

Au parlement de Besançon, un arrêt de grand'chambre, rapporté par Augeard, tom. II, §90, a jugé que, dans le comté de Bourgogne, le retour n'avait pas lieu, après la mort des descendans du donataire, en faveur de l'aïeule maternelle, au préjudice du père.

Bretonnier se plaignait amèrement de cette variété dans la jurisprudence des parlemens. « Après tout cela, disait-il, quel est l'homme de bon sens

qui ne déplorera l'infirmité des lois humaines et
l'incertitude des jugemens des hommes, puisqu'ils
sont si remplis de variations, et que ce ne sont
que ténèbres et aveuglemens ? »

Expilly, à l'endroit déjà cité, se plaignait aussi,
non-seulement de la diversité de la jurisprudence,
mais encore de la division qui régnait entre les
auteurs : il disait, à cet égard, qu'on aurait pu
faire deux armées des auteurs qui avaient adopté
des opinions contraires sur la question, et qu'aussi
la question était bien ambiguë, et pouvait être
soutenue sans remords, *in utramque partem.*

Dans cet état de choses, les auteurs du Code
civil ayant à résoudre la question par une disposition qui devait servir de règle commune dans
les anciens pays de droit écrit, comme dans les
anciens pays coutumiers, il est hors de doute que,
s'ils avaient voulu que le retour légal eût lieu
dans le cas de décès des descendans du donataire,
avant l'ascendant donateur, ils s'en seraient formellement expliqués pour prévenir une nouvelle
controverse, et qu'en conséquence ils auraient
prévu et déterminé le cas d'une manière précise;
mais, loin de le prévoir et de le déterminer précisément, ils ont fait une disposition qui l'exclut
par ses termes. Comment donc pourrait-on croire
qu'ils aient eu l'intention de l'admettre?

Lorsqu'ils ont parlé, dans l'art. 951, du retour
conventionnel, ils ont bien eu le soin d'expliquer

distinctement que le retour pourrait être stipulé dans les deux cas , soit du prédécès du donataire *seul*, soit du prédécès du donataire *et de ses des- cendans*; et sûrement, ils auraient expliqué, d'une manière aussi distincte, les deux cas , dans l'ar- ticle 747 , s'ils eussent également voulu que le retour légal eût lieu dans les deux cas.

On est donc bien autorisé à conclure que le Code civil n'ayant pas prévu et établi pour le re- tour légal, comme il l'a prévu et établi pour le retour conventionnel, le cas où les descendans du donataire viendraient à mourir après lui et avant le donateur, il est censé avoir voulu laisser ce cas dans la règle générale.

Or, suivant la règle générale, les descendans du donataire ayant trouvé dans sa succession les biens donnés par l'ascendant, et les ayant re- cueillis à titre d'héritiers, ils transmettent ces biens à leurs héritiers personnels, et cette trans- mission doit avoir lieu suivant l'ordre établi par la loi.

Il suffit, en un mot, que le Code n'ait accordé que dans un seul cas, à l'ascendant donateur, le privilége de succéder aux choses données, pour qu'on ne puisse étendre ce privilége à un autre cas , même par analogie.

C'est ici une exception aux règles ordinaires en matière de succession , et toute exception doit

être restreinte aux cas pour lesquels elle est prononcée.

Et, d'ailleurs, sur qui l'art. 747 établit-il le
droit de succession qu'il crée au profit du donateur? Sur le donataire.

Quels biens y somet il? Les biens donnés.

Mais, si le donateur reprenait les biens dans la
succession des enfans du donataire, on ne pourrait pas dire qu'il succède au donataire; ce serait
aux héritiers du donataire qu'il succéderait, et
conséquemment ce ne serait pas le droit établi
par l'art. 747, qu'il exercerait.

On ne pourrait pas dire, non plus, qu'il succède aux biens donnés : car ce qui était don entre
les mains du donataire, est devenu, par la mort
du donataire, le patrimoine de ses enfans. Dans les
mains de ces enfans, et d'après la transmission
qui leur en a été faite, les biens n'ont plus la qualité de biens donnés : ce sont des biens de succession.

Si une succession recueillie n'est plus une succession, mais le patrimoine de l'héritier, *hœreditas
adita, jam non est hœreditas, sed patrimonium hœredis*, n'est-il pas également certain qu'une chose
qui a été donnée, ne conserve plus, après qu'elle a
été recueillie héréditairement par les enfans du donataire, la nature et le caractère de chose donnée ;
qu'ayant été transmise à ces enfans, comme chose
héréditaire, elle est devenue leur patrimoine, et

qu'ainsi elle ne peut plus être considérée, dans leurs propres successions, comme une chose donnée?

Les raisons se multiplient donc en foule pour démontrer que, par la disposition textuelle de l'art. 747; le droit de retour légal accordé à l'ascendant donateur, se trouve restreint au cas où le donataire est décédé sans postérité.

M. de Malleville, qui professe une autre opinion, l'établit-il sur les termes de l'article? Non. Il convient lui-même qu'ils y sont opposés. Voici comment il s'en explique franchement, dans son *Analyse du Code civil*, tome II, page 216.

Après avoir mis en question si le retour légal est éteint par cela seul que le donataire a laissé des enfans, voici comment il répond:

« A suivre rigoureusement les termes de notre article, on ne pourrait s'empêcher de décider que le droit est éteint: car c'est *par succession* que l'ascendant reprend la chose donnée; il faut donc considérer uniquement l'état des choses, *tel qu'il était au moment du décès du donataire.* Or, il est bien constant qu'à cette époque la réversion ne peut avoir lieu, puisque le donataire n'est pas décédé sans postérité. »

Cette première observation de M. de Malleville ne décide-t-elle pas irrévocablement la question?

« Cependant, ajoute M. de Malleville, on *penchera* pour l'opinion contraire, si l'on fait attenion que notre article ne fait que renouveler, dans les mêmes termes, la disposition des coutumes de Paris et d'Orléans, et que, dans le ressort de ces coutumes, comme dans tout le reste de la France en général, il était de maxime que l'ascendant ne perdait son expectative, que lorsqu'à sa mort il existait des descendans de son donataire...... »

On examinera, dans un moment, si les dispositions des anciennes coutumes de Paris et d'Orléans peuvent empêcher de suivre les termes de la loi nouvelle. Il suffira de remarquer ici qu'il n'est pas exact de dire que, dans le ressort des coutumes, *comme dans tout le reste de la France en général*, il était de maxime que l'ascendant ne perdait son expectative, que lorsqu'à sa mort il existait des descendans de son donataire. On a déjà vu que, dans les pays du droit écrit, les arrêts et les auteurs étaient très-divisés sur la question.

« Notre article, dit encore M. de Malleville, n'exclut pas même positivement cette manière de l'entendre. Il appelle les ascendans à succéder aux choses par eux données à leurs descendans décédés sans postérité ; mais il ne borne pas le cas de ce décès sans postérité, et lorsqu'il arrive du vivant du donateur appelé, on peut dire qu'il est très-vrai, et dans le fait et dans le langage ordinaire, que le descendant est décédé sans postérité. »

Quoi! lorsque l'article dit formellement que' ascendans succèdent aux choses par eux donné à leurs descendans décédés sans postérité, il borne pas le cas du décès sans postérité, au c où les descendans auxquels il a été donné, so morts sans postérité? Parle-t-il donc d'une autr décès que de celui des descendans auxquels il été donné?

Aussi M. de Malleville, après avoir ajouté qu'i ne fut rien dit, lors de la discussion de cet article, qui conduisît à penser qu'il dût être entendu dans un sens différent de celui qu'on lui avait toujours donné, termine en ces termes : « Cependant, il faut convenir que l'expression *succèdent*, rigoureusement prise, prête beaucoup à l'opinion contraire. »

On voit donc que M. de Malleville *doute*, mais qu'il n'ose pas prononcer d'une manière expresse et formelle, parce qu'en effet il lui est impossible de résister à la force et à l'evidence du texte de la loi.

Il convient qu'à suivre rigoureusement les termes de l'art. 747, on ne peut s'empêcher de décider que le droit de succession est éteint pour l'ascendant donateur, lorsque le descendant donataire a laissé de la postérité, et cependant il penche pour l'opinion contraire.

Mais aujourd'hui que nous avons une législation fixe et positive, une législation qui est uniforme pour toutes les parties de la France, sera-t-il encore permis de ne pas suivre rigoureusement les termes de la loi? Se livrera-t on encore à toutes les incertitudes, à tous les dangers des interprétations arbitraires? Pourra t-on balancer le poids des termes de la loi, par des motifs tirés, ou de lois qui n'existent plus, ou de l'ancienne jurisprudence? Pourra-t-on remettre en question tout ce que les lois nouvelles ont expressément décidé?

Ne faut-il pas enfin se rallier invariablement à ce principe, que, lorsque le texte d'une loi est clair et précis, on ne peut se dispenser de l'exécuter dans tout ce qu'il ordonne, et que toute interprétation doit se faire devant la parole du législateur?

Or, ici le texte n'est-il pas clair et précis?

Puisque l'art. 747 dispose que les ascendans succèdent aux choses par eux données à leurs descendans décédés sans postérité, ne dit-il pas bien clairement, et de la manière la plus précise, qu'il faut que les descendans, à qui les choses ont été données, soient décédés sans postérité, pour que la succession ait lieu en faveur des ascendans donateurs?

Prétendre que l'article doit être appliqué au cas où le descendant donataire ayant laissé de la postérité, cette postérité mourrait aussi avant l'ascendant donateur, n'est-ce pas faire dire au texte ce qu'il ne dit pas? N'est-ce pas y ajouter ? N'est-ce pas étendre la disposition ?

« Il est sans difficulté, dit M. *Merlin*, dans son *Répertoire*, au mot *Réserve*, sect. II , § II , n° 6, il est sans difficulté que le droit de réversion , dont il s'agit, ne peut avoir lieu, lorsque le donataire étant mort laissant des enfans, ceux-ci meurent sans postérité, du vivant du donateur. La réversion à titre de succession est restreinte par l'art. 747, au seul cas de la mort de l'enfant ou descendant *donataire*, sans postérité, du vivant du donateur. Celui-ci ne pourrait reprendre les objets donnés, *dans la succession des descendans du donataire*, qui mourraient sans postérité, qu'autant qu'il y aurait eu, dans l'acte de donation, la stipulation d'un retour conventionnel, aux termes de l'art. 951, ce qui tient à d'autres principes. »

M. de Malleville convient lui-même que l'expression *succèdent,* qui se trouve dans l'art. 747, prête beaucoup à notre opinion.

« Elle y prête tellement, dit M. *Grenier*, dans son *Traités des Donations*, tome II , page 343, qu'en s'écartant de l'idée nécessairement attachée à cette expression, on détruit le sens de l'article , *et on substitue à la volonté du législateur une volonté toute contraire.* »

Mais, en poursuivant la lecture de l'article 747,

on y trouve d'autres expressions qui ne permettent plus le moindre doute.

Dans la seconde partie de l'article, il est dit que, si les objets donnés ont été aliénés, l'ascendant donateur succède à l'action en reprise que pouvait avoir le donataire.

Voilà donc le mot *donataire* formellement prononcé.

L'ascendant n'est donc admis que dans la succession du *donataire*, à reprendre les choses qu'il avait données, puisqu'il n'est admis qu'à succéder à l'action en reprise que pouvait avoir le donataire.

Il est évident que, si la loi avait voulu qu'il fût également admis à reprendre dans la succession du dernier descendant du donataire prédécédé, il eût fallu dire qu'il succéderait à l'action en reprise que pouvait avoir le donataire, ou le dernier descendant du donataire.

Pour échapper à la force de ce raisonnement, on n'a trouvé d'autre moyen que de soutenir que les descendans du donataire, sont donataires eux-mêmes.

Mais il sera prouvé, dans un moment, que cela est absolument faux, que cela est expressément démenti par une disposition précise de la loi.

Cependant nous pouvons aller encore plus loin.

Si l'on ne veut pas se borner aux expressions de l'art. 747, quoiquelles soient bien positives,

I   25

si l'on veut encore rechercher quelle a été l'intention du législateur, ne trouvera-t-on pas dans la discussion qui a eu lieu sur cet article au conseil d'état, la preuve que le législateur a réellement entendu limiter la disposition au cas où le descendant donataire est décédé sans postérité?

On voit dans le procès-verbal de la discussion du projet du Code civil, tome II, page 253, que la rédaction proposée par la section de législation du conseil d'état, pour l'article qui est devenu le 747e du Code civil, était conçue en ces termes : « Les ascendans succèdent toujours, et à l'exclusion de tous autres, aux choses par eux données à leurs enfans ou descendans, lorsque les donataires sont décédés sans postérité. »

Si cette rédaction avait été conservée, il ne pourrait exister aucun doute sur la question qui nous occupe. Ces mots, *lorsque les* DONATAIRES *sont décédés sans postérité*, ne laisseraient plus de prise à l'équivoque qu'on élève aujourd'hui à l'égard de ceux des *descendans*, dont le décès sans postérité donne lieu au retour en faveur de l'ascendant donateur. Ces descendans seraient spécialement et particulièrement désignés, *les donataires*.

Mais, d'abord, la nouvelle rédaction ne désigne-t-elle pas ces descendans d'une manière aussi spéciale, aussi particulière, puisqu'elle dit, *succèdent aux choses par eux données* A LEURS EN-

FANS OU DESCENDANS *décédés sans postérité ?* Les descendans à qui les choses ont été données, ne sont-ils pas les descendans qui sont donataires; et peut-on dire que les descendans de ces donataires, soient ceux à qui les choses ont été données?

En second lieu, pourquoi la rédaction proposée par la section de législation, a-t-elle été changée?

Serait-ce parce qu'on aurait voulu que les ascendans donateurs eussent également le droit de succéder, après le décès des descendans des donataires?

Mais qu'on lise le procès-verbal: on n'y trouvera pas un seul mot à cet égard: on y verra qu'aucun membre du conseil d'état n'a critiqué cette disposition finale de l'article proposé, *lorsque les donataires sont décédés sans postérité ;* et qu'enfin cette disposition n'a donné lieu à aucune observation.

C'est donc par d'autres motifs que la rédaction a été changée, et le procès-verbal en contient la preuve.

C'est parce qu'on a voulu qu'il y eût des explications *sur les choses* que l'ascendant donateur pourrait reprendre à titre de succession, et que notamment on n'a voulu qu'il n'exerçât son droit que sur les choses données qui se trouveraient *en nature* dans la succession, ou, en cas de vente, sur le prix qui pourrait en être dû, ou sur

25.

l'action en reprise que pouvait avoir le donataire.

Aussi faut-il remarquer qu'après la discussion sur les choses auxquelles il fallait appliquer la réversion, il est dit expressément, dans le procès-verbal, que ce ne fut que *sous ce rapport*, que la section de législation fut chargée de réformer l'article, et que, sur tout le reste, l'article fut adopté.

Quand on s'occupa de la réformation, il fallut ajouter ces mots, *lorsque les objets donnés se retrouvent en nature dans la succession ;* et il est vraisemblable que, soit pour racourcir la phrase, soit pour éviter qu'elle fût terminée par deux membres incidens, on substitua à ces expressions qui se trouvaient dans la première rédaction, *lorsque les donataires sont décédés sans postérité*, les mots seuls, *décédés sans postérité*, qui avaient évidemment le même sens et la même force, des qu'ils se trouvaient joints immédiatement aux mots *enfans ou descendans*, à qui les choses ont été données.

Quelque soit, au reste, le motif du changement de rédaction, toujours est il certain que l'intention évidente de la section de législation fut de limiter au cas où le descendant donataire décéderait sans postérité, la disposition qu'elle proposait en faveur de l'ascendant donateur, et que, sous ce rapport, la disposition n'ayant été contredite par personne et ayant même été adoptée, il en résulte nécessairement qu'elle se trouve la même, et avec la même intention, dans l'art. 747, puisque la nouvelle rédaction n'a été ordonnée et n'a été faite que pour des choses absolument étrangères au cas dont il s'agit.

Ainsi, le texte de la loi et l'intention du législateur sont ici parfaitement d'accord, et on pourrait, en conséquence, se dispenser de pousser plus loin la discussion.

Parcourons néanmoins rapidement les objections principales.

Pour connaître, a-t on dit, le véritable sens de l'art. 747 du Code civil, il faut recourir, soit au droit romain, soit au droit coutumier : l'art. 747 a été admis par les mêmes motifs que les lois anciennes sur cette matière, c'est-à-dire, 1° pour que le père n'eût pas la douleur de perdre à la fois et sa fille et la dot qu'il lui avait donnée; 2° pour que la crainte de voir passer leurs biens en des mains étrangères, n'empêchât point les parens de faire des dons à leurs enfans.

Ces deux motifs s'appliquent également, et au cas où l'enfant donataire, ne laisse pas de postérité, et au cas où la postérité laissée par le donataire, vient à mourir avant le donateur, puisque dans les deux cas le donateur perdrait sa descendance et le don qu'il aurait fait, et que, s'il avait eu cette crainte, il n'aurait peut-être pas fait le don.

Aussi les dispositions des coutumes sur le retour légal, étaient appliquées aux deux cas, suivant une jurisprudence généralement admise dans
les pays coutumiers.

Or, il est de principe, ajoute-t-on, que toute
loi postérieure s'interprète par les lois antérieures;
et en effet, si la loi nouvelle est opposée à la loi
ancienne, le plus sûr moyen de savoir ce que le
législateur a voulu établir, est de recourir à ce
qu'il a réformé. Si, au contraire, la loi nouvelle
est conforme à la loi ancienne, comme le législateur n'a voulu que donner une nouvelle force à
des principes déjà existant, on doit présumer que
son intention a été de les admettre dans toute leur
étendue.

Il faut donc savoir quel est le rapport de l'article 747 du Code, avec les deux législations qui
l'ont précédé. Les a-t-il changées, les a-t-il confirmées, relativement à la question qui nous occupe?

Il les a confirmées, poursuit-on; la preuve,
c'est que, si l'on décidait, sous la coutume de
Paris, que le père reprenait les biens donnés,
même dans la succession de son petit-fils, c'était
conformément aux principes du droit romain,
et que, loin d'avoir modifié l'art. 313 de la coutume de Paris, l'art. 747 du Code en est la répétition presque textuelle.

Pourquoi donc, lorsque la question se pré-

sente absolument la même, lui donnerait-on une
solution contraire ? Pourquoi, lorsque la même
disposition est reproduite presque dans les mêmes
termes, l'entendrait-on dans un sens différent ?
On ne peut pas supposer que le législateur ait
ignoré l'interprétation que les parlemens avaient
donnée à l'art. 313 de la coutume. S'il ne l'a pas
rejetée, c'est donc qu'il l'a admise ; soutenir le
contraire, ce serait prétendre qu'il a eu l'intention de faire naître des procès et de tromper les
citoyens.

Il est facile de répondre à cette objection.

Quand aux lois romaines, elles n'avaient d'a-
bord ordonné la réversion qu'à l'égard de la dot
constituée par un ascendant, et cette réversion
était fondée sur ce que la constitution de la dot
étant un acte, non de libéralité, mais de nécessité,
puisque les pères, où, à leurs défauts, les autres
ascendans, étaient obligés de doter les filles qui
se mariaient, il en résultait que l'obligation de
la dot ne devait durer qu'autant que durait la
circonstance qui la rendait nécessaire, c'est-à-
dire, qu'autant que subsistait le mariage pour lequel elle avait dû être constituée.

Comme c'était la loi qui obligeait a constituer
la dot, c'était elle aussi qui en stipulait le retour,
et, en conséquence, sans qu'il fût besoin, à cet
égard, d'aucun pacte particulier, l'obligation de
la dot cessait par la dissolution du mariage, et

la dot ne devait retourner au père, soit que le mariage eût été dissous par le prédécès de la femme, ou par le prédécès du mari, soit qu'il eût été dissous sans enfans, ou qu'il y eût des enfans survivant. *Card. de Luca, de dote, in summ. num.* 431.

Par la suite, et d'après l'avis du glossateur Martin, l'obligation de la dot fut censée continuée à l'égard des descendans de la fille dotée, parce qu'ils étaient considérés comme des restes du mariage, et, lorsqu'ils décédaient, l'obligation cessant, le retour de la dot avait lieu.

Déjà l'on voit que ni ces dispositions des lois romaines, ni leurs motifs, ne peuvent être appliqués aux constitutions de dots sous l'empire du Code civil, puisque ces constitutions sont purement volontaires, puisqu'elles sont des actes de libéralité et non des actes de nécessité.

Cependant le droit romain permettait aux ascendans de faire des donations à leurs descendans ; mais, à l'égard de ces actes purement volontaires, comme à l'égard des donations faites par des étrangers, il n'admettait pas le retour légal. *Loi 2, C. de rei uxoriæ actione.*

A la vérité, les empereurs Théodose, Valentinien et Léon admirent ensuite le retour en faveur du père qui avait fait une donation à son fils ; mais il résulte des termes de la loi 2, *Cod. de bon. qu. lib.*, et de la Novelle 25 de Léon, que le retour n'était admis qu'à l'égard de la donation faite *ante nuptias*, mais non pas à l'égard de celle que faisait le père, en émancipant le fils.

Au reste, on a vu que la question de savoir si les lois romaines devaient être étendues au cas où, après le décès du donataire, ses descendans mouraient avant le donateur, était si fortement controversée entre les interprètes, les docteurs et les jurisconsultes, que, suivant d'Expilly, on aurait pu faire deux armées des auteurs qui avaient adopté des opinions contraires.

On a vu que les parlemens étaient également divisés entr'eux sur la question, ainsi que l'atteste Brétonnier, qui déplore, à ce sujet, l'infirmité des lois humaines et l'incertitude des jugemens des hommes.

La cour de cassation a reconnu et proclamé les différences et les variations de l'ancienne jurisprudence sur cette matière, en rejetant, par ce motif, le 28 thermidor an 11, le pourvoi dirigé contre un arrêt de la cour de Lyon, qui avait décidé qu'après la mort du donataire, le décès de ses descendans ne donnait pas lieu au retour en faveur de l'ascendant donateur.

On ne peut donc, pour faire appliquer à ce cas la disposition actuelle du Code civil, invoquer ni les lois romaines, ni la jurisprudence des pays de droit écrit.

Les dispositions des coutumes ne parlaient également que du cas du décès du donataire sans postérité, « Toutefois, disait l'art. 313 de la coutume de Paris, succèdent (les ascendans) ès choses par eux données à leurs *enfans* décédant sans postérité, et *descendans* d'eux. »

L'art. 315 de la coutume d'Orléans était rédigé dans les mêmes termes.

A la vérité, une jurisprudence généralement admise avait étendu ces dispositions au cas où les descendans qui avaient survécu au donataire, mouraient avant l'ascendant donateur; mais elle était fondée sur des motifs particuliers qu'on ne peut plus invoquer sous l'empire du Code civil·

Voici comment Pothier, dans son *Traité des Successions*; chap. II, art. 3, § II, s'explique sur les dispositions des coutumes, qui viennent d'être citées.

« Les coutumes de Paris et d'Orléans, après avoir dit que *propre héritage ne remonte aux père et mère, aïeul et autres ascendans*, ajoutent, dans un article suivant : « *Toutefois succèdent aux choses par eux données à leurs enfans, décédés sans enfans et descendans d'eux.* »

« Suivant cet article, les père et mère et autres ascendans, qui ont donné à un de leurs enfans un héritage, lui succèdent à cet héritage devenu propre naissant en sa personne, privativement à tout autre parent, lorsqu'il meurt sans postérité.

« Cette disposition n'est point une exception de la précédente, car la précédente, dans le cas qu'on l'entend aujoud'hui, n'exclut les père et mère et autres ascendans, que de la succession des propres qui procèdent d'un autre côté que le leur ; elle ne peut donc empêcher l'ascendant donateur de succéder à son enfant, à l'héritage qu'il lui a donné : car cet héritage est un propre qui procède de son côté, puisque c'est lui qui l'a donné.

« C'est pourquoi la particule *toutefois*, qui joint la présente disposition à la précédente, n'a pas été employée comme exceptive, mais comme adversative ; c'est comme si la coutume avait dit : *mais succèdent*, etc. »

Pothier ajoute encore :

« Quoique le terme de *chose*, dont les coutumes se servent, en disant *succèdent ès choses*, soit un terme général, qui, dans sa signification ordinaire, comprend, tant les choses meubles, que les choses immeubles qui sont seules susceptibles de la qualité de propres, ce n'est que de ces dernières choses qu'il est question dans ces articles. Cela résulte de ce terme *toutefois*, par lequel ces articles commencent, qui indique clairement sa relation avec ce qui précède, et fait connaître qu'il est question de la même espèce de choses, dont il était parlé dans le précédent.

« Ces coutumes, après avoir dit, propre héritage ne remonte aux père et mère et autres ascendans, pour nous faire connaître que cette règle n'exclut les ascendans que de la succession des propres qui proviennent d'un différent côté, ajoutent, dans l'article suivant, *toutefois succèdent aux choses par eux données;* c'est comme si elles disaient, *toutefois succèdent à ceux qui proviennent de leur côté*, par exemple, à ceux qui proviennent de la donation qu'ils en ont eux-mêmes faite à leurs enfans. »

De ces explications il résulte 1°, que les ascendans donateurs n'avaient le droit de réversion légale qu'à l'égard des propres; 2° que le seul objet des art. 313 et 315 des coutumes de Paris et d'Orléans, avait été de bien déterminer que, nonobstant la maxime *propre ne remonte*, les ascendans auraient le droit de reprendre les propres qu'ils auraient donnés à leurs descednans décédés sans postérité.

On voit donc que, d'après les dispositions de ces coutumes, les ascendans ne succédaient aux choses données, que comme à des propres. On voit que ce n'était pas là un droit nouveau qui leur était conféré, que ce n'était pas une succession extraordinaire et spéciale, qui leur était accordée, et que seulement on avait voulu que, lorsqu'ils auraient fait des donations d'immeubles au profit de leurs descendans, et sans qu'on pût leur opposer la règle *propres ne remontent*, ils *conservassent* le droit de succéder, dans les successions de ces descendans décédés sans postérité, aux immeubles par eux donnés, comme à des propres venus d'eux.

Ainsi c'était une conséquence nécessaire du principe admis pour la succession aux propres, qu'après la mort des descendans des donataires, les ascendans eussent encore le droit de succéder aux propres qu'ils avaient donnés, et sur ce point la jurisprudence n'avait fait qu'appliquer le principe général.

Mais il n'en est pas ainsi d'après les dispositions du Code civil.

Et d'abord, le Code civil ne reconnaît plus de propres; il ne règle plus le droit et l'ordre de succéder d'après la nature et l'origine des biens, et ce n'est plus seulement à l'égard des immeubles, que l'art. 747 du Code accorde aux ascendans le droit de réversion; il l'accorde pour toutes les choses, sans distinction, mobilières ou immobilières, qui ont été données par les ascendans.

En second lieu, la disposition de l'art. 747 n'est pas une conséquence des règles générales établies par le Code, sur le droit et l'ordre de succéder; elle est, au contraire, une exception à ces règles, puisqu'elle confère aux ascendans le droit spécial et exclusif de succéder aux choses par eux données, dans des cas où, d'après les règles générales, ils ne devraient pas être admis à succéder, ou à succéder pour le tout.

On ne peut donc pas confondre les dispositions

des art. 113 et 115 des coutumes de Paris et d'Orléans, avec la disposition de l'art. 747 du Code, pour en faire la même application et en tirer les mêmes conséquences.

Ainsi que l'a très-bien établi Pothier, les dispositions des coutumes de Paris et d'Orléans n'étaient pas *exceptives* du principe général sur la succession aux propres; elles en étaient seulement explicatives pour un cas particulier; elles devaient donc être appliquées à tous les cas que régissait le principe général.

Mais, puisque la disposition de l'art. 747 du Code, est exceptive du systême général établi par la loi, elle doit être restreinte au cas qu'elle a prévu; et tous les autres cas doivent être soumis au systême général.

Prétendra-t-on que les dispositions des coutumes de Paris et d'Orléans, étaient au moins exceptives, en ce sens qu'elles conféraient aux ascendans le droit de succéder aux propres par eux donnés, à l'exclusion des autres ascendans plus proches dans la même ligne, et que c'était bien là une dérogation au principe général d'après lequel les ascendans les plus proches devaient succéder, à l'exclusion des ascendans plus éloignés, aux propres venus de leur côté et ligne?

Je réponds 1° que sur cette préférence en faveur des ascendans donateurs, tous les auteurs n'étaient pas d'accord; (*Voyez* le n° 4.)

2° Que ce n'était point par les dispositions mêmes des art. 113 et 115 des coutumes de Paris et d'Orléans, que la préférence était accordée, dans l'espèce dont il s'agit, aux ascendans donateurs, puisque ces dispositions ne parlaient, comme celle de l'art. 747 du Code, que du cas seulement où les descendans *auxquels il avait été donné*, étaient morts avant les ascendans donateurs.

Ce ne fut donc que par une simple jurisprudence, que les dispositons des coutumes furent *étendues* au cas où les descendans qui avaient survécu au donataire, mouraient avant l'ascendant donateur.

Mais cette jurisprudence doit-elle encore servir de règle et de loi, sous l'empire du Code civil ? Peut-on aujourd'hui invoquer sérieusement une jurisprudence coutumière, qui se trouve en opposition et avec le texte des lois anciennes et avec le texte de la loi nouvelle ?

Sans doute, les rédacteurs du Code civil connaissaient cette jurisprudence; mais ils connaissaient aussi la jurisprudence contraire, qui était admise dans quelques pays de droit écrit; et comme ils avaient à faire une loi commune pour les pays de droit écrit et pour les pays coutumiers, ils devaient faire cesser, par une disposition précise, la contrariété qui existait entre les deux jurisprudences : ils devaient marquer la préférence qu'ils accordaient à l'une sur l'autre, pour que la législation fût uniforme et qu'il ne subsistât plus de débats.

Si donc ils avaient eu l'intention de donner la préférence à la jurisprudence coutumière qui embrassait les deux cas, savoir celui du décès du donataire sans postérité, et celui du décès des descendans qui ont survécu au donataire, ils auraient dû comprendre et expliquer les deux cas dans l'article qu'ils rédigeaient.

Mais, au contraire, ils n'ont compris et expliqué dans leur article, que le premier cas; ils ont donc exclu le second : *inclusio uniûs est exclusio alteriûs;* et cette maxime s'applique sur-tout, lorsqu'il s'agit d'introduire une exception aux règles générales.

Soutenir qu'ils n'ont pas exclu le second cas, parce qu'ils n'en ont pas parlé, et qu'il suffit qu'ils ne l'aient pas expressément rejeté, pour qu'il doive être considéré comme étant admis, c'est évidemment mal raisonner.

Il faut dire, au contraire, que, si un privilége qui se trouvait établi, par la loi ou par la jurisprudence *pour plusieurs cas,* n'est maintenu, par une loi nouvelle, que pour un seul cas, sans qu'il soit parlé des autres, tous les cas dont il n'est pas parlé, se trouvent rejetés de plein droit et ne peuvent plus conférer le privilége.

C'est encore une erreur que de soutenir qu'il doit être suppléé par l'ancienne jurisprudence des pays coutumiers, au silence de l'art. 747 sur le second cas dont il s'agit.

Encore une fois, puisque les rédacteurs de cet article avaient à choisir entre deux jurisprudences contraires, dont l'une embrassait les deux cas et l'autre n'en admettait qu'un, on doit nécessairement conclure qu'ils ont préféré la seconde, puisqu'ils n'ont fait la disposition que pour un seul cas.

Enfin de ce que la disposition a été rédigée à peu près dans les mêmes termes que l'art. 113 de la coutume de Paris, il ne s'ensuit pas qu'elle doive être arbitrairement étendue, comme cet article, et en vertu de l'ancienne jurisprudence à un cas qu'elle ne comprend pas. Les abus et les écarts de l'ancienne jurisprudence qui trop souvent s'élevait au-dessus des lois, ne peuvent plus avoir d'influence sur la législation actuelle.

Pour dernière réponse à tous les argumens que l'on veut tirer de la disposition de la coutume de Paris, et de l'ancienne jurisprudence, je rapporterai littéralement ce qui a été décidé par un arrêt de la cour de cassation, du 17 décembre 1812. « Attendu, porte cet arrêt, que le droit de re« tour légal appartenant aux ascendans dona« teurs sur les choses par eux données à leurs « enfans ou descendans, ne doit être fixé, *ni par* « *les lois romaines, ni par le texte des coutumes,*

« *ni par les anciens arrêts*, mais par les disposi-
« tions du Code civil, etc., etc. »

Passons à une autre objection.

On dit que, lorsqu'une donation a été faite par
un ascendant à son descendant, elle doit être
censée avoir été faite, non-seulement au profit
du descendant, qui est donataire direct, mais
encore au profit de toute sa postérité; qu'en effet,
suivant l'art. 747, l'ascendant n'est admis à reprendre les choses par lui données, que lorsque
le descendant, donataire direct, est décédé sans
postérité, parce qu'on suppose que l'ascendant
a eu l'intention de donner à tous ses descendans;
qu'ainsi les descendans du donataire direct, sont
donataires eux mêmes; d'où il résulte que, même
en prenant à la rigueur les termes de l'art. 747,
on peut dire que l'ascendant, qui reprend dans la
succession du dernier descendant du donataire,
succède aux choses par lui données à son descendant decédé sans postérité, puisque le dernier descendant est censé lui-même donataire.

Je réponds que, dans les donations auxquelles
peut s'appliquer l'art, 747, les enfans du donataire ne sont pas et ne peuvent pas être considérés comme donataires eux-mêmes, à moins qu'il
n'y ait une clause expresse de leur rendre les biens
donnés, et qu'ainsi l'objection porte sur une base
absolument fausse.

Il est certain d'abord, et tout le monde en

convient, que l'art. 747 n'est applicable qu'aux donations *entre-vifs de biens présens*.

Il ne peut être appliqué aux donations qui sont faites dans les termes des articles, 1082, 1084 et 1086 du Code civil. Ces donations sont régies par d'autres règles, dans le cas où le donateur survit aux donataires; l'art. 1089 dispose qu'elles deviennent *caduques*, par le prédécès des donataires. Ainsi, dans ce cas, ce n'est pas comme héritier, et en vertu de l'art. 747, que le donateur reprend les choses données; il les reprend, parce que les donations sont devenues caduques; il les reprend en vertu de l'art, 1089 ; il les reprend, sans être héritier des donataires, et conséquemment sans être tenu d'acquitter leurs dettes.

Cependant l'art. 747 est applicable aux donations entre-vifs de biens *présens*, soit qu'elles aient été faites par contrat de mariage, en faveur des époux ou de l'un d'eux, soit qu'elles aient été faites dans un autre acte.

Mais il est certain que, dans celles qui ont été faites, même par contrat de mariage, au profit des époux ou de l'un d'eux, les descendans du donataire ne sont pas et ne peuvent pas être donataires eux-mêmes, à moins qu'il n'y ait une disposition formelle à leur égard, et seulement dans les cas autorisés par la loi.

L'art. 1081 du Code civil, dispose expressément qu'une donation entre-vifs de biens pré-

26.

sens, quoique faite par contrat de mariage aux époux ou à l'un deux, *ne pourra avoir lieu au profit des enfans à naître*, si ce n'est dans les cas énoncés au chap. VI de la loi sur les *Donations*.

Ces cas énoncés dans le chap. VI, sont ceux où les père et mère, en donnant à l'un ou à plusieurs de leurs enfans tout ou partie de leurs biens, les chargent de rendre ces biens aux enfans nés et à naître, au premier degré seulement.

Il est bien évident que cette charge de rendre aux enfans, constitue ces enfans donataires eux-mêmes; d'où il résulte que si, après le décès des époux premiers donataires, les enfans meurent sans postérité, les ascendans donateurs peuvent reprendre, en vertu de l'art. 747, les choses par eux données, parce qu'ils les reprennent dans la succession des enfans auxquels ils les avaient réellement donnés.

Mais, hors les cas énoncés dans le chap, VI; c'est-à-dire, lorsqu'il n'y a pas charge de rendre aux enfans des donataires, comme il est dit expressément, par l'art. 1081, que la donation entre-vifs de biens présens, faite par contrat de mariage, ne peut avoir lieu *au profit des enfans des époux donataires*, il s'ensuit que ces enfans ne peuvent pas être considérés comme étant donataires eux-mêmes, puisque la loi ne veut pas qu'ils le soient; et qu'en conséquence si les ascendans donateurs reprenaient, dans la succession de ces enfans, les choses par eux données, on ne pourrait pas dire qu'ils les reprendraient dans la succession des donataires.

Dans l'objection à laquelle je réponds en ce moment, on a confondu la donation des biens que le donateur laisserait *au jour de son décès*, avec la donation *entre vifs* de biens *présens*.

Il est bien vrai qu'à l'égard de la première, il est dit dans l'art. 1082, que, lors même qu'elle a été faite au profit seulement des époux ou de l'un d'eux, elle sera toujours, dans le cas de survie du donateur, présumée faite au profit des enfans et des descendans à naître du mariage; mais il est dit expressément le contraire dans l'art. 1081, pour la donation entre-vifs des biens présens, quoique faite, par contrat de mariage, aux époux ou à l'un d'eux.

On peut consulter à cet égard le *Traité des Donations*, par M. Grenier, seconde édition, tome II, chap. III.

Il est bien vrai encore qu'il résulte de la disposition de l'art. 747, que l'ascendant donateur est censé avoir renoncé à reprendre les choses données, lorsque le descendant laisse de la postérité; mais on ne peut en tirer la conséquence que les enfans du donataire doivent être considérés comme donataires eux-mêmes; et ce qui démontre pleinement qu'ils ne peuvent être considérés comme tels, c'est que, s'ils renonçaient à la succession du donataire, ils ne pourraient avoir les biens donnés, qu'ils n'auraient pas le droit de les recueillir *jure proprio :* telle est encore la doctrine de M. Grenier.

Qu'a donc voulu l'ascendant donateur, lorsqu'il a renoncé, en faveur des descendans du donataire, aux droits de reprendre les biens donnés ? Il a voulu que, si ces descendans se portaient héritiers du donataire, ils recueillissent dans la succession les biens donnés.

Mais de là il ne suit pas nécessairement qu'il ait entendu se réserver le droit de reprendre dans la succession de ces descendans décédés sans postérité, les biens qu'ils auraient recueillis à titre d'héritiers.

Il pouvait bien cependant stipuler cette réserve en sa faveur; il y était autorisé par l'art. 951 du Code civil; mais lorsqu'il ne l'a pas stipulée, il ne peut en trouver le droit dans l'art. 747, puisque cet article ne lui confère le privilége de reprendre, à titre d'héritier, que dans la succession du donataire. Encore une fois, on ne peut étendre un privilége d'un cas à un autre, même par analogie; c'est ici une exception aux règles ordinaires en matière de succession, et toute exception doit être restreinte aux cas pour lesquels ell e est prononcée.

Il ne reste plus qu'à examiner une troisième

objection à laquelle on paraît attacher beaucoup
d'importance.

On voit, dit-on, lorsqu'on parcourt le Code,
que le législateur a eu trois fois à s'occuper du
droit des ascendans sur les biens donnés à leurs
enfans qui prédécèdent ; c'est 1° dans l'art. 352,
relatif aux donations faites à l'enfant adoptif ;
2° dans l'art. 1089, relatif aux donations de
biens présens et à venir, faites par contrat de
mariage ; 3° enfin dans l'art. 747 que nous examinons.

Or, dans le premier de ces trois articles, le
législateur déclare positivement que « si du
« vivant de l'adoptant, et après le décès de
« l'adopté, les enfans ou descendans laissés par
« celui ci, mouraient eux-mêmes sans postérité,
« l'adoptant succédera aux choses par lui don-
« nées. »

Dans le second, il déclare de même que la
donation deviendra caduque, si le donateur
survit à l'époux donataire et *à sa postérité.*

Ce n'est donc que dans l'art. 747 qu'il garde
le silence sur la question ; mais est-il à supposer
qu'il ait voulu accorder au père adoptif un droit
de succession sur les choses données à l'adopté,
dans le cas où, après le décès de l'adopté, ses
descendans mourraient sans postérité, et qu'il
n'ait pas voulu accorder l même droit, dans
le même cas, au père légitime ? Ne serait ce

pas lui prêter gratuitement une antinomie des principes?

On pourrait se borner à répondre que le législateur ayant *formellement* accordé au donateur, dans les cas prévus par les art. 352 et 1089, le droit de réversion, après le décès des descendans de l'adopté on du donataire, et ne l'ayant pas accordé dans le cas prévu par l'art. 747, on doit supposer qu'il a eu l'intention de le refuser dans ce dernier cas; qu'on ne peut pas dire que, pour ce dernier cas, il y ait eu simple omission de la part du législateur, et qu'il faut y suppléer par l'identité des motifs: car il est de principe sacré en législation, qu'au législateur seul appartient le droit de réparer les omissions qui se trouvent dans la loi; et s'agissant ici d'un privilége qui sort des règles générales établies pour les successions, il peut être encore moins permis de l'étendre d'un cas à un autre, même par analogie de motifs.

Mais serait-il bien vrai qu'il y eût antinomie de principes, parce que le législateur aurait accordé dans les deux premiers cas, et aurait refusé dans le dernier, le droit de réversion, après le décès des descendans du donataire? Y avait-il réellement identité de motifs pour l'accorder dans tous les cas? C'est ce qu'il faut examiner surabondamment.

Et d'abord, pour le cas prévu par l'art. 352,

c'est-à-dire, lorsque l'adoptant a fait un don à l'adopté, il est de toute justice qu'après le décès de l'adopté, si ses enfans ou descendans meurent sans postérité, l'adoptant qui survit aux uns et aux autres, succède seul aux biens qu'il avait donnés à l'adopté. Autrement, en effet, ces biens passeraient en totalité à des étrangers, puisqu'ils seraient déférés aux héritiers collatéraux du dernier descendant de l'adopté, qui sont bien certainement des étrangers pour l'adoptant. On ne peut pas supposer que l'adoptant ait eu l'intention de se dépouiller, au profit d'étrangers, des biens dont il a voulu gratifier l'adopté et sa postérité.

Mais on ne trouve pas ce motif, au moins tout entier, dans le cas de l'article 747, puisque l'ascendant donateur, ou son descendant, est toujours appelé, comme héritier ordinaire en vertu de l'art. 746, à recueillir la moitié de l'entière succession du dernier descendant du donataire.

Supposons, en effet, que ce soit un père qui ait donné à son enfant, et que cet enfant décède, laissant des descendans qui meurent ensuite sans postérité, avant le donateur.

Il est évident que, dans ce cas, le donateur se trouvera, dans sa ligne, l'ascendant le plus proche du dernier descendant qui sera décédé; il aura donc, comme héritier en vertu de l'article 746, la moitié de l'entière succession du

dernier descendant décédé, et cette moitié peut
être d'une valeur plus considérable que la totalité des biens qu'il avait donnés à son fils.

Si c'est un aïeul qui a donné à son petit-fils, il
est vrai qu'il ne sera pas héritier du dernier descendant décédé, si son propre fils a survécu : ce
fils se trouvant l'ascendant le plus proche du dernier descendant, exclura l'aïeul; mais au moins
le bien ne sortira pas de la famille.

Le motif qui a déterminé la disposition de l'article 352, ne s'applique donc pas *entièrement* au
cas prévu par l'article 747.

Je dis qu'il ne s'applique pas entièrement, parce
qu'il ne faut pas dissimuler qu'il s'applique pour
une partie des biens.

Et, en effet, il est certain que, dans l'espèce,
l'ascendant donateur, ou son descendant, ne succède qu'à la moitié des biens du dernier descendant du donataire; que l'autre moitié est déférée
aux parens d'une autre ligne; et qu'ainsi la moitié
des biens qui avaient été donnés par l'ascendant,
passe à des personnes qui sont étrangères au donateur.

Mais enfin toujours il est vrai de dire que les
motifs n'étaient pas absolument et entièrement
les mêmes pour admettre la réversion dans le cas
de l'art. 747, comme dans le cas de l'art. 352,
puisque, dans ce dernier cas, le donateur n'aurait rien eu sans le droit de réversion, et que,

dans le premier cas, il a, indépendamment de la réversion, la moitié de la succession dans laquelle se trouvent les biens donnés.

Le législateur a pu s'arrêter à cette dernière considération, pour ne pas établir le privilége spécial de la réversion.

Pour le cas de l'art. 1089, il y a deux différences notables.

1° Dans ce cas, les descendans du donataire sont donataires eux-mêmes, au lieu qu'ils ne sont pas donataires dans le cas prévu par l'art. 747. Il n'y a donc pas eu antinomie de principes, en décidant, pour le premier cas, que le donateur reprendrait après le décès des descendans qui sont réellement donataires, et en décidant, pour le second cas, que le donateur ne reprendrait pas après le décès des descendans, qui n'ont pas recueilli les biens, comme donataires de leur chef, mais comme héritiers du donataire.

2° Dans le cas de l'art. 1089, ce n'est pas en qualité d'héritier que l'ascendant reprend les biens qu'il avait donnés; c'est parce que la donation est déclarée *caduque* par le prédécès de tous les donataires; au lieu que, dans le cas de l'art. 747, ce n'est qu'à titre d'*héritier* que l'ascendant peut reprendre les choses qu'il avait données.

Le titre de la réversion n'est donc pas le même

dans les deux cas, et, par conséquent, puisque les titres sont divers, on a pu leur donner des effets différens.

Le retour qui s'opère par la caducité de la donation, doit avoir lieu après le décès de tous les donataires. Le retour qui s'opère par voie de succession, ne peut avoir lieu qu'après le décès de la personne à qui les biens ont été donnés, par la raison que, s'ils ont été transmis, à *titre* d'*hérédité*, à d'autres personnes, ils ont perdu, en passant dans les mains de ces héritiers, la nature et le caractère de biens donnés.

Aussi M. de Malleville convient lui-même que l'expression *succèdent*, qui se trouve dans l'article 747, prête beaucoup à cette opinion.

Et l'on a vu qu'il a été ajouté par M. le procureur-général *Grenier*, qu'elle y prête tellement, qu'en s'écartant de l'idée nécessairement attachée à cette expression, on détruit le sens de l'article et l'on substitue à la volonté du législateur une volonté toute contraire.

A ceux qui pourraient croire encore que les différences que je viens de faire remarquer entre les trois cas prévus par les articles 352, 747 et 1089, n'étaient pas de nature à motiver des dispositions différentes, il faut répondre définitivement que le législateur les a jugées suffisantes, puisqu'il a disposé dans l'art. 747 d'une manière

différente que dans les deux autres articles ; que
sa disposition doit être prise telle qu'elle est, et
qu'il n'est pas permis de l'altérer et de la changer,
en y ajoutant pour un cas ce que le législateur
n'a dit que pour les autres.

Enfin, vainement on dirait que les lois romaines, en accordant la réversion après le décès
de tous les descendans du donataire, avaient eu
pour principal motif d'exciter les pères à donner
à leurs enfans ; que c'est par le même motif qu'à
été adoptée la disposition de l'article 747 ; mais
que ce motif n'existerait plus dans le sens de
mon opinion, et que les pères pourraient être
détournés de donner à leurs enfans, par la crainte
de voir passer leurs biens en des mains étrangères.

Il suffit de répondre qu'aux termes de l'article 951 du Code civil, les ascendans peuvent
stipuler le droit de retour pour le cas où ils sur-
vivront aux descendans du donataire, et que cette
faculté, dont ils peuvent user à leur volonté, ne
permet pas de supposer qu'ils puissent être jamais détournés de faire des dons à leurs enfans,
par la crainte de voir passer leurs biens dans des
mains étrangères.

On pourrait ajouter encore qu'il ne s'agit dans
l'article 747, que des donations entre-vifs de
biens présens ; qu'à l'égard des donations faites
dans les termes des art. 1082, 1084, 1086 du

Code, les ascendans donateurs ont incontestablement le droit d'après l'article 1089, de
reprendre, après le décès des descendans des
donataires, les choses qu'ils avaient données,
puisqu'en ce cas les donations sont déclarées caduques; qu'il est rare que les ascendans donnent
à leurs descendans des biens présens par des
actes entre-vifs; que presque toujours ils ne
donnent que de la manière indiquée par les
art. 1082, 1084 et 1086; qu'ainsi l'opinion que
je professe, ne pourrait empêcher que très-peu
de donations, dans la supposition même où les
donateurs n'auraient pas, dans l'article 951, le
moyen de stipuler toujours, et pour tous les cas,
le retour en leur faveur.

En terminant cette discussion, que sans doute
on aura trouvée bien longue, je citerai un arrêt
de la cour d'appel d'Agen, du 28 février 1807,
qui à la vérité, a jugé la question pour une
donation antérieure au Code civil, mais qui,
dans ses motifs, en a fait l'application à l'art. 747
du Code « que même, porte l'arrêt, voulût-on
« argumenter de l'art. 747 du Code civil, sa
« disposition ne pourrait s'étendre au petit-fils,
« puisque la disposition de la réversibilité par
« succession, est limitée à la succession directe
« du donataire, et non de ceux qui lui ont suc-
« cédé. »

Je ne connais pas d'arrêt contraire.

A l'autorité de MM. Grenier et Merlin, se joint l'avis de M. Favart, dans son *Manuel des Successions*, page 94, et je peux assurer encore que M. *Tarrible*, maître des comptes, et *M. Daniels*, ancien avocat général à la cour de cassation, qui sont l'un et l'autre très-distingués dans la magistrature, professent aussi la même opinion.

Mais je n'ai pas dissimulé que d'autres jurisconsultes habiles ont adopté l'opinion contraire.

Ainsi, la même question qui excita tant de débats dans les pays de droit écrit, et qui fut si diversement jugée par les anciens tribunaux, va diviser encore aujourd'ui les jurisconsultes et les magistrats!

On pourra faire encore, suivant les expressions d'Expilly, deux armées des auteurs qui soutiendront les opinions contraires!

Le Code civil aura laissé subsister la difficulté tout entière, lorsqu'il pouvait la trancher d'un seul mot!

Il faudra déplorer encore, avec Bretonnier, l'infirmité des lois humaines et l'incertitude dés jugemens des hommes!

Ces dernières réflexions sont de nature à me confirmer de plus en plus dans l'idée, que, sur cette matière, il est du devoir des jurisconsultes et des magistrats de se renfermer rigoureusement·

dans le texte de la loi, et qu'il ne faut pas s'exposer à commettre des erreurs, à reveiller tout le scandale des anciens débats, et à faire naître une foule de procès dans les familles, en cherchant à deviner l'intention du législateur, en se permettant de subsistuer à une disposition précise, une intention présumée, qui peut n'être pas l'intention véritable.

Si le législateur juge qu'on abuse du texte, il pourra donner une interprétation; mais jusqu'à ce qu'il ait fait connaître lui-même quelle a été son intention en faisant la loi, la règle la plus sûre est de s'en tenir au texte.

13. La réversion doit-elle avoir lieu au profit de l'ascendant donateur, lorsque le donataire laisse, en mourant, non des descendans légitimes, mais un enfant adoptif? Cet enfant peut-il empêcher la réversion?

La première réponse qui se présente sur cette question, c'est que, suivant l'art. 350 du Code civil, l'adopté a, sur la succession de l'adoptant, *les mêmes droits qu'y aurait l'enfant né en mariage*; et qu'ainsi, comme l'enfant né en mariage recueille les biens qui avaient été donnés à son père, lorsqu'ils se trouvent dans la succession, et en empêche la réversion à l'ascendant donateur, de même l'enfant adopté a le droit de recueillir ces biens dans la succession de l'adoptant, et d'en empêcher la réversion.

On oppose contre cette solution, qu'elle est dans un sens absolument contraire aux motifs qui ont fait admettre la disposition de l'art. 747;

Que, si les législateurs anciens et les législateurs modernes ont introduit la réversion légale, pour le cas où le donataire décéderait sans postérité, avant l'ascendant donateur, c'est parce qu'on doit présumer que l'ascendant n'a voulu gratifier que ses descendans, mais non pas d'autres personnes, et qu'en conséquence il a été dans son intention que les biens par lui donnés, lui fussent rendus, s'il avait le malheur de survivre à tous ses descendans;

Que sa volonté serait donc violée, et les motifs de la loi absolument écartés, si, après l'extinction de la postérité naturelle et légitime de l'ascendant, les biens qu'il avait donnés étaient transmis, à son exclusion, à un enfant qui aurait été adopté par le donataire, et qui est pour lui un étranger;

Qu'ainsi, malgré la disposition formelle de la loi 6, *D. de jure dotium*, le père donateur éprouverait la double perte et de son enfant et des biens qu'il lui aurait donnés;

Qu'ainsi, malgré la disposition formelle de la loi *dos a patre*, les pères seraient retenus de donner à leurs enfans, par la crainte de voir passer leurs biens en des mains étrangères;

Qu'on ne peut nier que l'enfant adopté par le

donataire, ne soit absolument étranger au donateur, sous les rapports civils, comme sous les
rapports naturels; que cela est expressément écrit
dans l'art. 348, et même dans la première partie
de l'art. 350;

Qu'on ne peut donc raisonnablement admettre
que l'ascendant, qui n'a voulu réellement gratifier
que sa postérité, soit cependant dépouillé au profit
d'un individu quelconque qu'il a plu au donataire
d'adopter;

Qu'enfin la loi se contredirait évidemment elle-
même, en disposant, d'une part, que l'adopté
reste étranger au père de l'adoptant, et, d'autre
part, que le père de l'adoptant doit être présumé
avoir eu la même affection pour l'adopté, que
pour ses propres descendans; qu'il doit être présumé avoir eu l'intention de se dépouiller en
faveur de l'adopté, comme en faveur de sa postérité; et qu'en conséquence il doit être exclu
par l'adopté, comme il le serait par ses propre
descendans, du droit de reprendre les choses
qu'il avait données à l'adoptant.

A cette objection, qui n'est que spécieuse, et
qui ne porte que sur une supposition absolument
fausse, il y a deux réponses péremptoires.

La première, c'est que l'art. 350 a placé *sur
la même ligne*, quant à la succession de l'adoptant, et l'enfant adopté et l'enfant né en mariage,
que l'un et l'autre ont sur cette succession des

droits égaux; qu'ainsi l'un a, comme l'autre, le droit de recueillir dans cette succession les biens qui avaient été donnés à l'adoptant; d'où il suit nécessairement que la disposition de l'art. 747, qui veut que la postérité du donataire empêche la réversion des choses données, s'applique à la postérité *adoptive*, comme à la postérité *légitime* ; et que, s'il en était autrement, la règle fondamentale de l'adoption serait brisée, puisque l'enfant adopté n'aurait plus, sur la succession de l'adoptant, les *mêmes droits* qu'un enfant né en mariage.

Cependant on ne peut pas dire, lorsque l'existence d'un enfant adopté par le donataire empêche la réversion à l'ascendant donateur, que cet ascendant ait été trompé, et que sa volonté soit violée.

En effet, s'il a donné, depuis les lois nouvelles qui ont admis l'adoption, il a su ou dû savoir que l'enfant qui serait adopté par le donataire, aurait sur la succession du donataire les mêmes droits qu'un descendant légitime, et pourrait en conséquence, comme ce descendant, empêcher la réversion.

S'il voulait que la réversion eût lieu à son profit, malgré l'existence d'un enfant adopté, il avait un moyen de faire exécuter sa volonté : les lois anciennes et le Code civil lui conféraient le droit de se réserver la réversion, pour le cas où le donataire ne laisserait pas de descendans et même pour le cas où le donataire laisserait des descendans. S'il n'a pas fait cette réserve, il doit être présumé y avoir renoncé; il y a renoncé volontairement : c'est donc sa volonté présumée qu'on exécute, en laissant à l'adopté les biens qu'il avait donnés à l'adoptant; et, sous aucun rapport, il n'est recevable à se plaindre : *volenti non fit injuria.*

La seconde réponse à l'objection, est puisée dans la disposition même de l'art. 747.

On voit dans cet article, que, si les objets donnés ont été aliénés par le donataire, l'ascendant donateur n'a pas le droit de les reprendre.

Il n'y a pas de distinction entre les aliénations qui ont été faites à titre onéreux, et celles qui ont été faites à titre gratuit. Nous prouverons, dans le n° 20, que l'ascendant n'a aucun droit de réversion, ni sur les choses que le donataire a lui-même données par acte entre-vifs, ni même sur celles que le donataire a données à cause de mort, ou qu'il a léguées par testament.

Or, quel est l'effet principal de l'adoption? C'est de conférer à l'adopté des droits sur tous les biens que l'adopté laissera en mourant, et les mêmes droits qu'y aurait un enfant légitime.

L'adoption est donc, au moins, un legs de la succession de l'adoptant : elle est même plus, puisqu'il est certain que l'adopté a un droit de réserve et de retranchement, comme l'enfant l'égitime auquel il est assimilé, sur les donations entre vifs que l'adoptant peut avoir consenties depuis l'adoption.

Ainsi, dès le moment du décès de l'adoptant; l'adopté est propriétaire, il est saisi de la succession ; et puisqu'un simple légataire empêcherait la réversion sur les choses qui lui ont été léguées, à plus forte raison l'adopté doit-il avoir le droit de l'empêcher, venant à la succession avec les mêmes droits, avec le même privilége qu'un enfant légitime.

Voilà ce que devait savoir encore l'ascendant donateur, lorsqu'il a consenti la donation; et s'il n'a pas pris le moyen de l'empêcher, s'il n'a pas cherché à modifier, dans ses intérêts personnels, les effets de l'adoption ; si, en un mot, il ne s'est pas réservé formellement la réversion , pour le cas où le donataire décéderait sans postérité naturelle et légitime, il est censé avoir voulu que l'adoption, qui pourrait être faite par le donataire, produisît tous les effets qui lui sont attribués par la loi; il est censé avoir voulu gratifier l'enfant adopté, comme les descendans légitimes du donataire.

On pourrait ajouter encore que, si le donataire laissait, en mourant, un enfant légitime et un enfant par lui adopté, l'ascendant n'aurait pas le droit de reprendre les choses par lui données, puisque le donataire ne serait pas décédé sans postérité, cependant l'enfant légitime ne profiterait que de la moitié des biens donnés par son ascendant, et l'autre moitié passerait à l'enfant adopté. Il n'est donc pas exact de dire qu'il faut toujours considérer l'intention qu'a eue l'ascendant, de ne gratifier que sa postérité légitime; son intention peut être écartée et annulée par les faits et les actes du donataire, parce que le donataire est réellement propriétaire, ainsi qu'on le verra bientôt, des choses qui lui ont été données, et que, pouvant en disposer à son gré, il a le droit de les transmettre à un enfant adopté, comme il pourrait les transmettre par tout autre titre gratuit.

14. L'enfant naturel reconnu par le donataire, peut-il exercer sur les biens qui avaient été donnés à son père, les droits qui lui sont attribués par les art. 756 et 757 du Code? Dans ce cas, l'ascendant donateur est-il privé de tout droit de réversion, même à l'égard des héritiers légitimes du donataire?

On peut dire, à l'égard de l'enfant naturel reconnu par le donataire, comme on l'a dit à l'égard de l'adopté, qu'il est, aux yeux de la loi, un étranger pour l'ascendant du donataire; qu'il n'existe entre cet enfant et l'ascendant aucune parenté civile; qu'ils ne succèdent pas l'un à l'autre; qu'aucun rapport n'est établi entr'eux, et que rien ne doit faire présumer que l'ascen-

dant ait eu l'intention de se dépouiller en faveur
d'un enfant naturel qu'aurait son fils.

On peut ajouter que la disposition de l'art. 747
a été insérée au titre des successions *légitimes;*
qu'elle n'a pas été répétée au titre des successions
irrégulières; qu'ainsi elle ne doit s'appliquer
qu'à la postérité légitime du donataire, et non pas
à la postérité naturelle.

Mais il faut répondre que la loi confère à l'enfant naturel légalement reconnu, des droits sur
les biens de ses père ou mère décédés; que cet
enfant peut, aux termes des art. 736 et 757 du
Code, exercer ces droits sur tous les biens qui
composent la succession de l'auteur de la reconnaissance, *quelles que soient leur origine et leur
nature,* et qu'en conséquence il peut les exercer
sur les biens qui avaient été donnés par l'ascendant, et qui font partie de la succession du donataire ;

Que la reconnaissance faite par un père ou une
mère, est au moins un legs sur sa succession; et
qu'ainsi l'enfant naturel, en ne le considérant que
comme un légataire, empêche jusqu'à concurrence de ses droits, la réversion au profit de l'ascendant donateur, parce que l'ascendant qui ne
vient que comme héritier, est tenu, en cette qualité, d'acquitter les legs, et de supporter toutes les
charges de la succession ;

Qu'enfin l'ascendant a su ou dû savoir qu'il

serait privé de la réversion, jusqu'à concurrence
des droits qui appartiendraient à l'enfant naturel
que le donataire aurait légalement reconnu ; que,
si telle n'était pas son intention, il avait le droit
de se réserver expressément la réversion, pour
le cas où le donataire ne laisserait pas de descendans *légitimes;* et que, s'il n'a pas fait cette
réserve, il s'est exposé volontairement à souffrir
le retranchement des droits qui seraient conférés
à un enfant naturel du donataire.

Mais l'ascendant donateur ne perd son droit
de réversion qu'à l'égard de l'enfant naturel, et
non à l'égard des parens légitimes, autres que les
descendans, qui sont appelés à la succession du
donataire.

Dans l'espèce, l'hérédité du donataire se trouve
divisée en deux parts; l'une qui est déférée par
les art. 756 et 757, à l'enfant naturel légalement
reconnu ; l'autre, qui est réservée aux parens
légitimes.

Si l'ascendant donateur n'a rien à réclamer sur
la part déférée à l'enfant naturel, c'est que cette
part doit être considérée comme un don fait à
l'enfant par le père, ou la mère, qui l'a reconnu.

Mais l'ascendant donateur n'en conserve pas
moins son droit sur l'autre part; dont il n'y a
pas eu de disposition, qui se trouve dans la succession *ab intestat,* et qui est déférée aux ascendans ou collatéraux du donataire.

Ce cas est absolument semblable à celui où le donataire aurait disposé lui-même, à titre universel, d'une quote-part de ses biens. Dans ce dernier cas, l'ascendant donateur perdrait son droit de réversion sur les biens compris dans la disposition faite à titre universel, ainsi que je l'explique au n° 20 ; mais il ne le perdrait pas sur les autres biens, et seulement il ne l'exercerait que dans la proportion de la quotité des biens non disposés ; c'est-à-dire, que, si la disposition à titre universel comprenait la moitié des biens du donataire, l'ascendant donateur ne pourrait reprendre sur l'autre moitié de la succession, que la moitié des biens qu'il avait donnés.

Ainsi, comme l'enfant naturel du donataire, lorsqu'il est en concours, ou avec des descendans, ou avec des frères ou sœurs, ne prend que la moitié des biens, aux termes de l'art. 757, l'ascendant donateur a droit de reprendre sur l'autre moitié de la succession, la moitié des biens qu'il avait donnés : il n'a le droit que d'en reprendre le quarts, lorsque l'enfant naturel recueille les trois quarts. (*Voyez* les observations sur l'art. 757.)

15. Il a été dit précédemment que ce n'est point par voie de retour proprement dit, que ce n'est ni par caducité ni par révocation de la donation, comme dans les pays de droit écrit, que l'ascendant est admis à reprendre les choses par lui donnnnées à son descendant décédé sans postérité ;

que, suivant les expressions de l'art. 747, l'ascendant est seulement admis à *succéder* aux choses par lui données ; qu'ainsi il ne peut les reprendre qu'en qualité d'*héritier du donataire.*

De cette qualité d'héritier, qui est attribuée à l'ascendant donateur, par un privilége spécial, il résulte :

1° Que l'ascendant ne peut être admis à reprendre les choses par lui données, que lorsqu'il a les qualités requises par la loi, pour être héritier ;

2° Qu'en vertu de l'art, 724 du Code, il est saisi, dès l'instant du décès du donataires, et de plein droit, des choses par lui données, sans être tenu d'en demander la délivrance ;

3° Que, comme tout autre héritier, il peut n'accepter que sous bénéfice d'inventaire la succession aux choses par lui données ; qu'il peut l'accepter purement et simplement ; qu'il peut y renoncer ;

4° Que, s'il accepte purement et simplement, il est tenu de contribuer *pro modo emolumenti,* à toutes les dettes et charges de la succession du donataire, lors même que sa portion des dettes et charges excéderait la valeur des biens qu'il avait donnés et qu'il reprend ; et que même il est tenu, à l'égard des créanciers de la succession, de la totalité des dettes et charges, qui, par le fait du donataire, se trouvent affectées sur les biens donnés ; mais que, dans ce dernier cas, il a une action contre ses co-héritiers, en restitution de ce qu'il est obligé de payer au-dessus de sa part contributive.

5° Qu'il doit être traité comme tout autre héritier, quoiqu'il ne soit admis à succéder qu'aux biens qu'il avait donnés ; qu'il est soumis aux mêmes obligations, et qu'il jouit des mêmes droits ;

6° Enfin que, si l'ascendant est, dans cette qualité, appelé *comme héritier ordinaire*, dans l'ordre établi par les art. 746, 748 et 749, et s'il est obligé de réclamer sa réserve légale, par voie de retranchement, sur les donations faites par le défunt, il est tenu d'imputer sur sa réserve les biens auxquels il succède *particulièrement* en vertu de l'art. 747, puisqu'en règle générale, l'héritier est tenu d'imputer sur la réserve qui lui est due, tout ce qu'il prend à titre héréditaire :

16. Est-il nécessaire que l'ascendant donateur se trouve héritier du donataire, suivant les règles générales établies sur l'ordre des successions, pour qu'il soit admis à succéder aux choses par lui données ?

S'il est héritier du donataire, suivant les règles générales, peut-il réclamer par privilége les biens qu'il avait donnés, et prendre, en outre, sa portion héréditaire dans le surplus des biens de la succession ?

Peut-il enfin renoncer à la succession qui lui est déférée suivant les règles générales, et n'accepter que la succession particulière aux choses qu'il avait données?

Je réunis les trois questions, parce qu'elles doivent être décidées par les mêmes principes.

Et d'abord, pour qu'elles soient bien entendues, il faut remarquer que l'ascendant donateur peut être héritier du donataire, en sa seule qualité d'ascendant, d'après l'ordre établi pour les successions en général, et indépendamment de sa qualité de donateur.

L'ascendant peut être, dans deux cas, héritier de son descendant, qui est décédé sans postérité.

Suivant l'art. 748 du Code, s'il est le père ou la mère du défunt, il succède conjointement avec les frères ou sœurs du défunt, ou avec leurs descendans, et il prend la moitié de la succession.

Suivant l'art. 746, il succède seul dans sa ligne, s'il est l'ascendant le plus proche, et que le défunt n'ait laissé ni frères, ni sœurs, ni descendans d'eux.

Dans ces deux cas, il est appelé à succéder, comme ascendant, et dans l'ordre établi par la loi.

Mais, s'il est donateur, il est encore appelé par l'art. 747, à succéder aux choses qu'il avait données à son descendant, pourvu que celui-ci soit décédé sans postérité; et comme il est appelé, pour cette succession, *à l'exclusion de tout autres person-*

nes, il en résulte qu'il exclut, quant aux choses qu'il avait données, les ascendans qui sont plus proches que lui, et tous les parens en ligne collatérale.

Le droit de succession, attribué à l'ascendant donateur par l'art. 747, est donc bien différent de celui qui est attribué à l'ascendant par les art. 746 et 748.

L'ascendant qui succède en vertu de ces deux articles, est un héritier *ordinaire*, puisqu'il est appelé conformément aux règles générales établies sur l'ordre de succéder.

L'ascendant donateur qui succède en vertu de l'art. 747, est un héritier *privilégié*, puisqu'il est appelé par un privilége particulier, soit quant aux biens, puisqu'il prend seul les biens qu'il avait donnés, soit quant aux personnes, puisqu'il exclut toutes celles qui l'excluraient au contraire lui-même, s'il n'était qu'un héritier ordinaire.

De ces distinctions établies par la loi, il me semble résulter clairement, 1° que l'ascendant donateur peut avoir la qualité d'héritier privilégié, sans avoir celle d'héritier ordinaire; 2° qu'il peut, lorsqu'il se trouve héritier ordinaire, cumuler avec cette qualité les droits d'héritier privilégié; 3° qu'il peut encore, en renonçant à la qualité d'héritier ordinaire, conserver celle d'héritier privilégié.

Pour les trois cas, la raison de décider est la

même; c'est que la succession ordinaire et la succcession privilégiée, forment dans la même hérédité, deux espèces de successions distinctes, qui ne sont pas régies par les mêmes règles, qui ne s'acquièrent pas aux mêmes titres, qui ne sont pas déférées aux mêmes héritiers, et qui ne comprennent pas les mêmes biens.

Ces questions s'étaient présentées sous l'empire des coutumes, qui n'adme-taient également la réversion que comme un droit successif, et voici comment elles furent décidées par les anciens auteurs.

« Il y a un point fixe dans notre usage, disait Lebrun, *Traité des Successions*, liv. Ier, chap. V, sect. II, n° 4; c'est que, quand l'aïeul a donné et que le petit-fils meurt sans enfans, ce n'est point le père, mais l'aïeul donateur qui succède aux choses données. Ainsi l'on ne peut s'empêcher de résoudre que ce droit est mixte parmi nous, et qu'il participe du droit de réversion et du droit de sucession. »

« C'est mon avis, disait Ferrière, sur l'art. 313 de la coutume de Paris, § III, n° 3, que le droit de retour participe de la succession, et qu'on n'en doit jouir qua *titulo successionis*. Quand le père est donateur, il est héritier des meubles et acquêts, et des choses par lui données à l'enfant donataire : ce sont *deux successions* qui concourent en une même personne, comme quand l'héritier des meubles et acquêts est aussi l'héritier des propres paternels et maternels ; mais si l'aïeul est donateur, et le père héritier mobilier de son fils, l'aïeul est héritier de son petit-fils, en la chose par lui donnée. Ainsi, il est hérétier *in re singulari*, de même que l'héritier des propres d'une ligne, comme du côté paternel où il n'y a, par exemple, qu'un seul héritage ; et comme l'héritier des propres n'est pas exclu par l'héritier des meubles, qui est le plus proche, aussi l'aïeul est héritier des choses par lui données, quoiqu'il ne soit pas le plus proche du donataire ; et voilà, je crois, comment le droit de retour se prend par droit successif, et qu'il est inséparable de la qualité d'héritier.

« Que si ce droit, ajoutait Ferrière, était inséparable de la succession mobilière, il ne serait pas vrai que les père et mère, aïeul et aïeule, succéderaient aux choses par eux données, et l'article serait presque inutile. Il n'aurait lieu que dans un cas, savoir, lorsque l'un des père et mère aurait donné un propre à l'enfant qui décéderait sans enfans. Pour lors, il serait héritier des meubles et acquêts et de l'héritage par lui donné ; mais ce ne peut pas être le sens de cet article, puisque le droit de retour est également donné aux aïeuls et aïeules, et aux pères et mères. »

Duplessis disait aussi, dans son *Traité des Successions*, liv. III, chap. II, qu'un ascendant pouvait être héritier de la chose donnée, quoiqu'il ne fût pas héritier mobilier et qu'il fût exclu de la succession des meubles, par un ascendant plus proche.

Cependant le même auteur, examinant ensuite la question de savoir si un père à qui le retour d'un propre et la succession mobilière étaient échus conjointement, pouvait accepter l'un et renoncer à l'autre, répondait d'une manière qui ne peut plus se concilier avec sa première opinion.

« Si la coutume, disait-il, donnait la réversion par privilége et simple droit de retour, cela se pourrait soutenir; mais elle la donne par forme de succession; et pour cela il ne faut que voir les termes de l'art. 313, qui dit, *succèdent aux choses par eux données;* et ainsi c'est une portion de succession. Or, *hœreditas pro parte adiri et pro parte repudiari non potest.* C'est pourquoi je tiens sans difficulté que, renonçant à l'une, il renonce à l'autre. »

Mais, comme l'a très-bien fait remarquer M. Merlin, dans son nouveau *Répertoire de Jurisprudence,* au mot *Réversion,* n'a-t-on pas vu plus haut Ferrière et Duplessis lui-même établir que le droit de retour forme une succession séparée, et rend celui qui l'exerce, héritier *in re singulari?* Dès-lors, comment pourrait-il n'être pas permis à un ascendant de reprendre les biens qu'il a donnés, sans se rendre héritier des meubles ? Une personne à qui sont dévolues deux successions de différens genres, quoique provenantes de la même personne, peut certainement en accepter l'une et répudier l'autre.

Poullain Duparc cite un arrêt du parlement de Bretagne, du 28 juillet 1744, qui jugea qu'en effet la réversion devait avoir lieu au profit des père et mère donateurs, quoiqu'ils eussent renoncé à la succession de leur fille. Cet arrêt, dit Poulain Duparc, autorise la décision des auteurs qui donnent le droit de réversion, indépendamment de la qualité d'héritier.

Au reste, d'après les expressions générales de l'art. 747, il ne peut plus exister de difficultés sur les questions proposées.

Il y a plusieurs cas où, suivant les règles générales sur les successions, les ascendans sont exclus des successions de leurs descendans qui sont morts sans postérité : ainsi l'aïeul est exclu par le père ; il est exclu par les frères et sœurs du défunt, et même par leurs descendans légitimes.

Il y a d'autres cas où l'ascendant n'est pas exclu, mais où il ne vient qu'en concours avec d'autres cohéritiers : ce sont ceux qui se trouvent prévus par les art. 746 et 748.

Et cependant, aux termes de l'art. 747, l'ascendant succède, *à l'exclusion de tous autres,* aux choses par lui données à son descendant décédé sans postérité.

Il succède donc aux choses données, quoiqu'il ne soit pas héritier de son descendant, suivant l'ordre général des successions, et il succède seul aux choses données, lors même qu'il se trouve appelé à la succession ordinaire, avec d'autres cohéritiers, puisqu'il est dit qu'il succède à l'exclusion de tous autres.

Il eût été bien inutile, sans doute, pour le cas où l'ascendant aurait été appelé comme héritier ordinaire, de disposer, *par un article particulier*, qu'il succéderait aux choses données qui se trouvent dans la succession; cet article n'a donc eu évidemment d'autre objet que d'appeler l'ascendant à la succession aux choses données, pour le cas où il ne se trouverait pas héritier ordinaire, et même de l'y appeler exclusivement et par privilége, puisqu'il y est formellement appelé, à l'exclusion de *tous autres*.

D'autre part, l'art. 747 aurait encore été inutile, pour le cas où l'ascendant serait appelé à la succession ordinaire, en concours avec d'autres héritiers, s'il eût été dans l'intention de la loi que l'ascendant ne dût pas prélever les choses par lui données, et qu'il fût obligé de les partager avec ses cohéritiers, comme le reste de la succession; l'article a donc été fait précisément pour déclarer que l'ascendant ne partagerait pas avec les autres héritiers, et il ne pouvait le déclarer d'une manière plus expresse et plus formelle, qu'en employant ces expressions, *les ascendans succèdent, à l'exclusion de tous autres, aux choses par eux données.*

En un mot, l'art. 747 ne fait aucune distinction, aucune exception, ni pour le cas où l'ascendant donateur se trouve déjà héritier ordinaire du donataire, ni pour le cas où cet ascendant se trouve exclu de la succession ordinaire. C'est généralement, sans limitation, et conséquemment dans tous les cas, qu'il accorde, par privilége, à l'ascendant donateur la succession aux choses données, lorsque le donataire est décédé sans postérité.

Il est donc incontestable que, sous l'empire du Code civil, comme sous l'empire des coutumes, la succession aux choses données est une succession particulière, *in re singulari,* qui ne se confond pas avec la succession ordinaire; et il en résulte définitivement que l'ascendant donateur peut renoncer à la succession ordinaire et cependant recueillir la succession particulière, comme il pourrait renoncer à celle-ci, en n'usant pas de son privilége, et conserver néanmoins sa qualité et ses droits d'héritier ordinaire.

Au reste, je ne vois pas comment l'ascendant donateur pourrait avoir intérêt à répudier l'une et à accepter l'autre : car si la succession ordi-

28.

naire se trouve absorbée par les charges et les dettes, la succession particulière et privilégiée est également absorbée, et réciproquement, puisque les dettes et les charges de toute l'hérédité se prennent sur tous les biens sans distinction, et sur chaque espèce de succession, *pro modo emolumenti.*

La difficulté ne pourrait naître que dans le cas où l'ascendant, après avoir demandé la réversion, reconnaîtrait que la succession est plus qu'absorbée par les dettes et par les charges, et voudrait en conséquence répudier la qualité d'héritier ordinaire, pour n'être tenu des dettes et des charges, à l'égard de ses cohéritiers, que dans la proportion de ce qu'il aurait pris dans la succession, en vertu de l'art. 747.

17. Les biens donnés par un ascendant, sont-ils soumis à la réserve légale qu'un ascendant plus proche a le droit de réclamer dans la succession du donataire? Doivent-ils être compris dans la masse des biens, pour la supputation de la quotité de la réserve?

Voici dans quelle espèce les questions peuvent se présenter.

Le petit-fils donataire est décédé sans postérité, après avoir disposé entre-vifs de la totalité de ses biens, à l'exception seulement de ceux qu'il avait reçus en don de son aïeul. Celui-ci réclame, en vertu de l'art. 747, les biens qu'il avait donnés;

mais le père, qui a droit à la réserve, suivant l'art. 915, soutient qu'il peut exercer cette réserve sur les biens qui avaient été donnés à son fils : il soutient, en outre, que ces biens doivent entrer dans la masse sur laquelle il a droit de réserve, aux termes de l'art. 922 du Code, et qu'en conséquence, s'ils ne forment qu'un quart de la masse, il est autorisé à les prendre en totalité, puisque sa réserve est d'un quart des biens du défunt. Cette double prétention est-elle fondée ?

Pour l'affirmative, on peut dire,

1° Que, *dans le fait*, les biens donnés font partie de la succession du donataire, et qu'autrement l'ascendant donateur n'aurait pas le droit de les reprendre, puisqu'il n'est admis à succéder aux choses par lui données, que lorsqu'elles se trouvent dans la succession du donataire;

2° Que, *dans le droit*, et d'après la disposition expresse de l'article 922 du Code civil, la réserve légale se prend, d'abord sur les biens qu'avait le défunt au moment de son décès, et qui composent sa succession, et subsidiairement seulement sur ceux dont il avait disposé;

Que de ces deux propositions il suit nécessairement que la réserve légale peut s'exercer sur les biens qui avaient été donnés au défunt, et dont il était encore propriétaire au moment de son décès, comme elle peut s'exercer sur tous les autres biens qui composent sa succession;

Qu'il n'y a point à distinguer la succession particulière aux choses données, de la succession aux autres biens; que l'une et l'autre font également partie de la masse de l'hérédité, et que c'est sur l'héridité entière, c'est-à-dire, sur tous les biens laissés par le défunt, que la réserve légale est établie par l'art. 922, et non sur telle ou telle autre espèce de succession, sur telle ou telle autre nature de biens, la disposition de l'art. 922 étant générale et sans exception;

Que le législateur, lorsqu'il a dit que l'ascendant succéderait, à l'exclusion de tous autres, aux choses par lui données, a bien entendu que cet ascendant exclurait, pour les biens donnés, tous ceux qui, suivant l'ordre général des successions, auraient dû être appelés avant lui; mais qu'il n'a pas entendu et n'a pu vouloir dire que cet ascendant exclurait ceux au profit desquels la loi aurait établi des *droits privilégiés*, ou des *charges réelles*, sur les biens quelconques composant la succession;

Que la réserve légale est une charge essentielle et privilégiée de la succession en général; qu'elle est même plus qu'une charge, puisqu'elle se prend, avant tout, sur les biens libres de la succession, et que les autres héritiers ne peuvent réclamer que ce qui reste;

Que d'ailleurs , si l'ascendant donateur n'a pas le droit de réclamer les biens dont le donataire a disposé en faveur des tiers, à plus forte raison ne peut-il les réclamer, lorsque la loi elle-même en a disposé en faveur des héritiers auxquels elle accorde une réserve ;

Qu'en un mot, il n'y a réellement de succession pour les héritiers ordinaires, qu'après que ceux qui ont une réserve spéciale sur cette succession, ont pris la portion de biens que la loi leur défère;

Qu'il est donc incontestable que le prélèvement de la réserve doit être fait sur l'hérédité tout entière; qu'ainsi l'ascendant donateur ne peut, comme héritier, reprendre, dans la succession du donataire, les biens qu'il avait donnés, tant que la réserve légale n'est pas remplie sur la masse de la succession, et qu'en conséquence il est tenu de souffrir l'imputation jusqu'à concurrence de ce qui est nécessaire pour compléter la réserve ;

Qu'enfin il résulte des mêmes principes, que les biens qui avaient été donnés au défunt, et qui se trouvent en nature à son décès, doivent entrer dans la masse de la succession, pour la supputation de la réserve légale.

Je ne peux adopter cette opinion, parce qu'elle ne me paraît conforme, ni au texte de l'art. 747

du Code, ni au but que s'est proposé le législateur, ni aux principes sur la réserve légale.

Il a été établi au numéro précédent, que dans les cas où la réversion légale a lieu en faveur de l'ascendant donateur, la succession aux choses données par cet ascendant, et la succession aux autres biens laissés par le donataire, forment dans la même hérédité deux successions distinctes, qui ne sont pas régies par les mêmes règles, qui ne s'acquièrent pas aux mêmes titres, qui ne sont pas déférées aux mêmes héritiers, et qui ne comprennent pas les mêmes biens.

La succession aux choses données, est une succession privilégiée, qui est distraite de la masse de l'hérédité du donataire, que la loi règle séparément, qu'elle ne défère qu'à l'ascendant donataire seul, et qui, en conséquence, doit appartenir tout entière à cet ascendant. Comment donc concevoir qu'elle puisse être soumise à une réserve en faveur de l'un des autres ascendans du donataire ?

L'art. 747 dit formellement que les ascendans succèdent, *à l'exclusion de tous autres*, aux choses par eux données à leurs enfans, ou descendans, décédés sans postérité, lorsque les objets donnés se retrouvent en nature dans la succession ; et comment serait-il possible de concilier ces expressions, *succèdent à l'exclusion de tous autres, aux choses par eux données*, avec la supposition d'une réserve qui pourrait être prise par un autre ascendant *sur les biens donnés*, et qui souvent même pourrait absorber la totalité de ces biens ? Quand la réserve ne porterait que sur une partie des biens donnés, serait-il vrai que l'ascendant donateur succéderait, *à l'exclusion de tous autres*, aux choses par lui données ; et quand la réserve absorberait la totalité de ces biens, l'ascendant ne se trouverait-il pas exclu, au lieu de succéder, *à l'exclusion de tous autres?*

Si le législateur n'eût pas entendu que les ascendans donateurs auraient seul, et dans tous les cas prévus par l'art. 747, le droit de reprendre les choses par eux données, aurait-il employé ces expressions générales et illimitées, *à l'exclusion de tous autres?* S'il eût entendu que l'héritier à réserve fut préféré à l'ascendant donateur, sur les choses données par cet ascendant, n'aurait-il pas vu qu'il fallait modifier la disposition générale de l'art. 747, en y insérant une exception formelle en faveur de l'héritier à réserve ? Puisqu'il n'a exprimé ni cette exception, ni aucune autre, il a donc voulu que la disposition de l'art. 747 fût sans limites et sans restriction.

Ainsi, le texte de l'art. 747 résiste, de la manière la plus formelle, à l'opinion de faire prendre la réserve sur les choses données par un ascendant.

L'intention de la loi n'est pas moins claire et évidente que le texte.

Par l'art. 747, le législateur a voulu engager les ascendans à faire des dons à leurs descendans, en leur assurant la réversion des choses par eux données, dans le cas où les donataires décéderaient sans postérité; mais cette assurance n'existerait pas réellement, si les choses données pouvaient être absorbées, même en totalité, par la réserve due à d'autres ascendans plus proches, et conséquemment le législateur aurait manqué son but.

Si maintenant l'on compare la nature et l'objet du droit de réversion et du droit de réserve, peut-on dire qu'il soit conforme aux motifs qui les ont fait établir, conforme aux principes qui les régissent; peut-on dire enfin qu'il soit juste, que la réserve s'exerce sur les biens sujets à la réversion? Le droit de réserve est purement lucratif; le droit de réversion n'est qu'une restitution de propriété; c'est réellement *rei vindicatio*.

En supposant que le droit de réserve soit une charge réelle établie, en faveur de l'ascendant plus proche, sur les biens de son descendant, toujours est-il certain que cette charge ne se trouverait établie qu'en second ordre sur les biens donnés par un autre ascendant, puisque, des l'instant où ces biens ont été donnés, ils ont été grevés, par la loi elle-même, de la charge de réversion, pour le cas où le donataire décéderait sans postérité: or, la seconde charge ne peut effacer la première ; elle ne peut affecter les biens, que dans l'état où ils se trouvent.

Et d'ailleurs, quoique le droit de retour, en faveur de l'ascendant donateur, ne s'exerce que par voie de succession, on ne peut pas en conclure qu'il ne soit qu'un simple droit de succession. Lebrun disait avec raison, que c'est un droit mixte, qui participe, en même temps, du droit de réversion et du droit de succession. C'est un droit de réversion, puisqu'il n'est accordé qu'au donateur seul et indépendamment des règles générales sur l'ordre de succéder ; c'est un droit de succession, en ce qu'il ne peut s'exercer qu'avec la qualité d'héritiers aux choses données ; mais il suffit qu'il conserve le caractère de réversion, il suffit qu'il produise l'effet de faire sortir de la succession ordinaire les biens donnés, et de les faire attribuer spécialement à l'ascendant donateur, pour que ces biens ne puissent être soumis à la réserve qui appartient à d'autres ascendans du donataire.

On peut ajouter enfin que, suivant l'art. 915 du Code, les ascendans n'ont droit à une réserve, que *dans l'ordre où la loi les appelle à succéder;* mais que les ascendans les plus proches, qui, dans cet ordre, sont appelés à succéder, ne sont pas appelés à succéder aux biens donnés par un ascendant plus éloigné, puisque ces biens sont exclusivement attribués à l'ascendant donateur ;

que les ascendans plus proches ne peuvent donc
avoir aucun droit, pas même de réserve, sur
les biens donnés par l'autre ascendant, et qu'ainsi,
d'après les termes de l'art. 915, comme d'après
les termes de l'art. 747, il faut séparer la succession particulière aux biens donnés, de la succession aux autres biens, pour ne faire porter
la réserve légale que sur la seconde, et non sur
la première.

18. Il reste maintenant à examiner quelles sont
les choses que l'ascendant donateur a le droit de
reprendre.

L'art. 747 n'admet l'ascendant à succéder aux
choses par lui données, que lorsqu'elles se retrouvent *en nature* dans la succession du donataire.

Il ne peut donc pas les réclamer, lorsqu'elles
ont été aliénées par le donataire, puisqu'en ce
cas elles ne se trouvent plus dans la succession de
celui qui les a aliénées.

Mais ne peut-il pas au moins réclamer le prix
des ventes qui ont été consenties par le donataire ?

L'art. 747 dispose que, si les objets donnés ont
été aliénés, l'ascendant recueille le prix qui peut
en être dû.

L'ascendant donateur n'est donc admis à reprendre que la portion du prix, qui n'a pas été
reçue par le donataire; il ne peut donc réclamer

sur les autres biens qui composent la succession
du donataire, la restitution de ce que le donataire a touché sur le prix de la vente des biens donnés : en sorte que, si la totalité des biens donnés
a été aliénée par le donataire, et si la totalité du
prix des aliénations lui a été payée, l'ascendant
donateur n'a rien à réclamer, sauf l'action en reprise dont on parlera plus bas.

Mais aussi, de quelque manière que le prix
reste dû, soit qu'il ait été fixé en numéraire,
soit qu'il ait été converti en une rente foncière
sur l'immeuble vendu, soit qu'il ait été constitué en une rente perpétuelle en argent, il appartient toujours à l'ascendant donateur.

En aucun cas, l'ascendant ne peut réclamer
qu'à compter de l'ouverture de la succession du
donataire, soit les fermages des biens donnés qui
se retrouvent en nature, soit les intérêts du prix
qui reste dû. Les fermages et les intérêts échus
antérieurement au décès du donataire, doivent
être considérés, à l'égard de l'ascendant donateur,
comme s'ils avaient été payés ; ils entrent dans
l'actif de la succession, qui appartient à tous les
héritiers, et ils ne font pas partie de la succession
particulière, qui est attribuée à l'ascendant donateur.

19. L'art. 747 accorde encore un autre droit
à l'ascendant donateur ; il l'admet à succéder, pour

le cas où les objets donnés ont été aliénés, à l'action en reprise que pouvait avoir le donataire.

Il faut savoir en quoi consiste cette ac.ion, et comment elle peut s'exercer.

Le donataire qui s'était marié, pouvait avoir contre son conjoint une action en reprise, à raison des biens qui lui avaient été donnés ; et puisque l'ascendant donateur est mis à cet égard à la place du donataire, puisqu'il peut, comme lui, exercer l'action en reprise, il ne s'agit que de savoir comment et dans quels cas le donataire pouvait exercer cette action.

Si le donataire était en communauté de biens avec son conjoint, les cas où il pouvait exercer l'action en reprise et la manière de l'exercer, sont réglés par les art. 1407, 1468, 1469, 1470, 1471, 1472 et 1473 du Code civil.

Lorsque le donataire s'était marié sous le régime dotal, l'action en reprise est réglée par les art. 1557, 1558, 1559, 1564, 1365, 1566, 1567, 1568, 1569 et 1570 du Code.

C'est ce qu'il faut expliquer avec quelques détails, pour qu'il n'y ait pas d'erreur sur les cas divers où la reprise peut avoir lieu.

1° Le donataire avait le droit de reprendre sur la masse de la communauté avec son conjoint, ou ses biens personnels qui n'étaient pas entrés dans la communauté, et qui existaient en nature au moment où la communauté a été dissoute, ou, dans le cas de vente de ses biens personnels, *ceux qui avaient été acquis en remploi.*

L'ascendant donateur a donc également le droit de reprendre sur la masse de la communauté du donataire, soit les biens qu'il avait donnée, qui se trouvaient en nature à l'époque où la communauté a été dissoute, et qui n'y avaient pas été confondus, soit les autres biens acquis en remploi de ceux qu'il avait donnés.

2° Le donataire était encore autorisé à prélever sur la masse de sa communauté, le prix de ses biens *personnels*, qui avaient été aliénés pendant que la communauté subsistait, et dont il n'avait pas été fait remploi.

L'ascendant donateur a donc également le droit de réclamer sur la masse de cette communauté, le prix des biens qu'il avait donnés, que le donataire n'avait pas fait entrer dans sa société avec son conjoint, qui, pendant l'existence de la communauté, avaient été vendus, et dont il n'avait pas été fait de remploi.

Dans cette espèce, ce n'est pas seulement ce qui reste dû sur le prix des ventes, que l'ascendant donateur a le droit de réclamer. Puisqu'il succède à l'action en reprise qu'avait le donataire, il a le droit, comme l'aurait eu le donataire lui-même, de réclamer, sur la masse de la communauté, le prix entier des ventes, lors même que ce prix aurait été entièrement soldé par les acquéreurs.

3º Le donataire avait encore le droit de prélever les indemnités qui lui étaient dues par la communauté.

Ainsi, par exemple, lorsqu'avant ou après son mariage, il lui avait été donné des sommes en numéraire, ou des effets mobiliers, qui, d'après une convention particulière, n'étaient pas entrés en communauté, le donataire avait le droit de les prélever sur la masse de la communauté, s'ils n'avaient pas été employés à acquitter ses dettes personnelles.

Dans ce cas, l'ascendant donnateur a aussi le droit de prélever sur la communauté, une indemnité pour les sommes en numéraire et les effets mobiliers, qu'il avait donnés à l'un des époux.

4º L'ascendant donateur a également le droit, comme l'avait le donataire lui-même, en vertu de l'art. 1407 du Code civil, de prélever les immeubles acquis en échange de ceux qu'il avait donnés, et qui n'étaient pas entrés dans la communauté du donataire, sauf néanmoins la récompense, s'il y a eu soulte, et lui seul sera tenu de cette récompense.

5º Aux termes de l'art. 1472 du Code civil, la femme peut exercer ses reprises, non-seulement sur les biens de la communauté, mais encore sur les biens personnels du mari.

L'ascendant qui a donné à la femme, peut donc également exercer sur les biens personnels du mari, l'action en reprise des choses qu'il avait données.

6° Il faut néanmoins faire une observation qui s'applique à tous les cas où c'était le mari qui était le donataire.

Le mari peut n'avoir pas de reprise à exercer sur la communauté, lors même que ses biens personnels ont été vendus, et qu'il n'en a pas été fait de remploi, ou que les objets mobiliers, qui lui appartenaient en propre, ont été versés dans la communauté.

En effet, suivant l'art. 1472 du Code, les reprises de la femme s'exercent avant celles du mari, et il en résulte que, si la femme du donataire absorbe par ses reprises tous les biens de la communauté, le mari ne peut plus réclamer sur ces biens les reprises et indemnités qui lui sont dues.

L'ascendant ne peut donc, en ce cas, exercer la reprise des choses qu'il avait données au mari, et qui ont été vendues sans remploi, ou versées dans la communauté; il ne peut avoir, dans aucun cas, que l'action en reprise qu'avait le donataire lui-même, et il ne peut l'exercer avec des droits plus étendus.

Il peut même arriver que les biens, qui ont été donnés par l'ascendant, que le donataire n'a pas mis en communauté, et qu'il n'a ni vendus, ni échangés, soient grevés des reprises qu'a droit d'exercer le conjoint du donataire. L'art. 1472 dispose que la femme et ses héritiers peuvent exercer leurs reprises sur les biens personnels du mari, en cas d'insuffisance des biens de la communauté : alors les reprises de la femme, pour la portion qui n'en a pas été acquittée sur la communauté, deviennent une dette de la succession du mari, et l'ascendant est tenu d'y contribuer *pro modo emolumenti*.

7° L'action en reprise qu'avait le donataire, ne peut être exercée par l'ascendant donateur, que dans le cas seulement ou le donataire n'avait pas fait entrer dans sa communauté avec son conjoint, les biens qui lui avait été donnés par son ascendant.

Lorsque le donataire les a mis dans la communauté, ce n'est plus par action en reprise contre le conjoint du donataire, que l'ascendant peut recouvrer ses biens, soit qu'ils aient été vendus, ou échangés, soit qu'ils existent encore en nature, puisque l'action en reprise ne peut avoir lieu de la part d'un conjoint contre l'autre, que pour les biens qui étaient personnels à chacun d'eux, puisque pour tous les biens qui composent la communauté, il n'y a qu'un simple partage à faire entre les conjoints et leurs héritiers.

Mais on verra au n° 23, comment et dans quels cas l'ascendant donateur peut, en sa qualité d'héritier spécial, reprendre, soit dans le partage de la communauté, soit dans le partage de la succession du donataire, les biens par lui donnés, qui se sont trouvés dans la communauté.

8° L'action en reprise qu'avait le donataire *sous l'empire du régime dotal*, peut être aussi exercée par l'ascendant donateur.

Ainsi, l'ascendant qui a donné à la femme, peut exercer contre le mari l'action en reprise des choses qu'il avait données, soit lorsque l'immeuble dotal a été aliéné, et qu'il n'a point été fait, au profit de la femme, emploi du prix de la vente, soit lorsque la dot a été constituée en argent, ou en effets mobiliers, obligations ou constitutions de rentes, qui ne se retrouvent pas dans la succession de la femme.

Il a également l'action en reprise, lorsque l'immeuble dotal qu'il a donné à la femme, a été échangé, conformément à l'art. 1559 du Code, contre un autre immeuble de moindre valeur. Il peut réclamer, comme la femme elle-même en aurait eu le droit, ou l'excédent de la valeur de l'immeuble qu'il avait donné, ou le bien qui a été acquis en emploi de cet excédent.

20. L'ascendant conserve-t-il le droit de ré-

29.

version sur les choses qu'il a données, lorsque
le donataire, qui ne laisse pas de postérité, a
disposé de ses biens, soit par acte entre-vifs,
soit par testament ?

Il faut distinguer trois cas différens : ou le
donataire a disposé, à titre particulier, des choses
mêmes qui lui avaient été données; ou il a disposé seulement d'autres biens, soit à titre particulier, soit à titre universel, ou il a fait, à
titre universel, une disposition qui porte sur
les biens qu'il lui avaient été donnés.

1° Si le donataire a disposé, par acte entre-
vifs, et à titre particulier, des choses mêmes
qui lui avaient été données par son ascendant;
ou si, n'ayant pas d'autres immeubles que ceux
qui lui avaient été donnés, il a donné, à titre
universel, tous ses immeubles; ou si enfin,
n'ayant reçu de son ascendant que des choses
mobilières, il a donné tout son mobilier; dans
tous ces cas, il est certain que l'ascendant donateur a perdu tout droit de réversion.

La disposition entre-vifs faite par le donataire,
l'ayant dépouillé, *actuellement et irrévocablement*, de la propriété des biens qu'il avait reçus
de son ascendant, ces biens ne peuvent faire
partie de sa succession, et en conséquence
l'ascendant donateur ne peut les réclamer,
puisqu'il n'est admis à reprendre les choses par
lui données, que lorsqu'elles se retrouvent en

nature dans la succession du descendant auquel
il en avait fait don.

Mais, si le descendant donataire n'a disposé
des biens que par testament, ne peut-on pas
dire que, le testament n'ayant d'effet qu'après
le décès du testateur, le donataire qui a légué
les biens qu'il avait reçus de son ascendant, est
mort investi de la propriété de ces biens, qu'ils
sont tombés et se retrouvent dans sa succession, et
qu'ainsi l'ascendant qui, en qualité d'héritier,
s'en est trouvé saisi, des l'instant même du décès
du testateur, doit les conserver, à l'exclusion
du légataire ?

Il faut répondre que les biens légués par le
défunt, ne tombent que fictivement dans sa succession ; que l'héritier *ab intestat* n'en a que la
saisine, mais que la propriété appartient au légataire, dès l'instant du décès du testateur, et qu'en
conséquence, suivant les termes mêmes de l'article 747, l'ascendant qui avait donne ces biens
ne peut être admis à y succéder, puisqu'ils ne se
trouvent pas réellement dans la succession du
descendant donataire.

Il est certain, d'après la disposition de l'article 747, que le descendant a eu la pleine propriété des biens qui lui avaient été donnés par son
ascendant ; qu'il a pu en disposer à sa fantaisie, à
titre gratuit, comme à titre onéreux ; qu'il a eu
également le droit de les obliger, de les hypothé-

quer; et que, dans tous les cas, l'ascendant donateur est tenu d'exécuter, soit les dispositions faites,
soit les engagemens contractés par le donataire,
puisqu'il ne peut réclamer qu'avec la qualité d'héritier du donataire, les biens qu'il avait donnés,
et que tout héritier est obligé d'exécuter les actes
du défunt qu'il présente.

Aussi, dans les pays coutumiers où la réversion n'etait également qu'un droit successif, il
était généralement reconnu que l'ascendant ne
pouvait succéder, au préjudice des dispositions
que le donataire avait faites, soit par donations
entre-vifs, soit par testamens. (*Voyez* Lebrun,
liv. Ier, chap. V, sect. II, no 63.)

Conformément à ces principes, la section des
requêtes de la cour de cassation a formellement
décidé, par un arrêt du 17 décembre 1812, que
l'ascendant donateur n'avait pas le droit de reprendre les choses que le donataire avait léguées
par testament, attendu que les choses ne se trouvent plus alors en nature dans la succession.

2o Lorsque la disposition faite, soit à titre particulier; soit à titre universel, par le donataire,
ne comprend pas les biens qui avaient été donnés
par l'ascendant, il est sans la moindre difficulté
que l'ascendant conserve le droit de reprendre
ces biens. Il suffit que les choses par lui données,
se retrouvent en nature dans la succession du
donataire décédé sens postérité, pour qu'il ait,

en vertu de l'art. 747, le droit de les reprendre.

3º Lorsque le donataire a valablement disposé, à titre universel, d'une quote-part de tous ses biens, il est évident que cette disposition frappe sur les biens qui lui avaient été donnés par son ascendant, comme sur tous ses autres biens.

Il en est de même, lorsque le donataire qui avait reçu de son ascendant des immeubles, a disposé, ou de la totalité, ou d'une quotité fixe de ses immeubles.

Il en est encore de même, lorsque le donataire ayant reçu de son ascendant des choses mobilières, a disposé de la totalité ou d'une quotité fixe de son mobilier.

Dans ces divers cas, l'ascendant donateur perd son droit de réversion sur toute la portion des biens par lui donnés, qui peut se trouver comprise dans la disposition faite par le donataire.

Ainsi, le donataire a-t-il disposé de la moitié de tous ses biens, la moitié des biens donnés par l'ascendant se trouve comprise dans cette disposition, et l'ascendant n'a le droit de reprendre, après la mort du donataire, que l'autre moitié des biens par lui donnés, si elle se retrouve en nature dans la succession.

Le donataire n'a-t-il disposé que de la moitié de ses immeubles, l'ascendant donateur n'a également le droit de reprendre, dans la succession du donataire, que la moitié des immeubles qu'il avait donnés. Il conserve néanmoins le droit de réversion sur la totalité des choses mobilières qu'il avait aussi données, et qui se retrouvent en nature.

Mais, si le donataire avait disposé de tous ses immeubles, l'ascendant ne pourrait reprendre aucune portion de ceux qu'il aurait donnés, et s'il n'avait pas donné d'effets mobiliers, son droit de réversion se trouverait entièrement éteint.

Ce qui vient d'être dit pour les immeubles, s'applique également au mobilier.

En un mot, tout ce que le donataire a fait sortir de son patrimoine, par une disposition entre-vifs ou testamentaire, est perdu pour l'ascendant donateur, sans aucun recours ni restitution contre la succession du donataire. Les biens dont le donataire a disposé, ne se retrouvent plus réellement dans sa succession, au profit de ses héritiers.

21. Les biens donnés par l'ascendant, sont-ils encore soumis à la réversion, lorsqu'après avoir été aiénés par le donataire, soit à titre onéreux, soit à titre gratuit, ils sont rentrés dans son patrimoine, ou par un achat, ou par une donation, ou à titre successif, et qu'ils se retrouvent en nature dans sa succession?

On dit, pour la négative, que les biens qui avaient été donnés par l'ascendant, ne se trouvent plus au même titre, ni avec la même qualité, dans la succession du donataire; que, dès le mo-

ment de l'aliénation faite par le donataire, le droit
de réversion a été éteint, et que ce droit ne peut
revivre, quoique le donataire soit redevenu propriétaire des mêmes biens, soit en les rachetant,
soit comme donataire ou héritier de la personne
au profit de laquelle il les avait aliénés; qu'en
effet, ce n'est plus comme donataire de l'ascendant, qu'il possède les biens, mais comme donataire ou comme héritier d'une autre personne,
ou bien *jure proprio*, s'il a racheté; que les biens
ne se trouvent donc plus dans sa succession,
comme biens donnés par l'ascendant, puisque
le titre en vertu duquel ils étaient rentrés dans
les mains du donataire, leur avait donné une qualité toute différente.

Telle était l'opinion générale des auteurs, sous
l'empire des coutumes, qui n'admettaient la réversion que comme un droit successif, et dont
les dispositions à cet égard ont été suivies par
le Code civil.

Lebrun dit expressément, dans son *Traité des
Successions*, liv. Ier, chap. V, sect. II, n°s 58 et 59,
que l'héritage donné, ayant une fois perdu sa
qualité de propre de réversion, par la vente qui
a été faite par le donataire, ne recouvre point
cette qualité, suivant la maxime, *mutatione per-
sonæ mutatur qualitas et conditio rei*.

Cependant Lebrun excepte, 1° le cas où le
donataire n'aurait vendu qu'en se réservant la

faculté de rachat, parce qu'alors il n'aurait pas aliéné définitivement ; 2° le cas où le donataire n'aurait aliéné qu'en fraude du droit de retour, c'est-à-dire, lorsqu'il aurait vendu dans l'intention de racheter, ou n'aurait disposé qu'avec l'assurance de retrouver le bien, comme héritier de la personne à laquelle il aliénait.

Sur tous ces points, M. Merlin, dans son nouveau *Répertoire*, au mot *Réversion*, embrasse entièrement l'opinion de Lebrun.

Mais l'opinion contraire a aussi ses partisans, et voici les motifs par lesquels on cherche à l'établir.

1° L'art. 747 du Code civil, ne s'occupe pas de la nature des biens donnés par un ascendant, en ce sens qu'ils doivent conserver la qualité de biens donnés : il dit, généralement et sans aucune distinction, que l'ascendant succède aux objets qu'il a donnés, lorsque ces objets se retrouvent en nature dans la succession du donataire : or, les biens donnés par l'ascendant, quoiqu'ils aient été aliénés par le donataire, se retrouvent en nature dans sa succession, de quelque manière que la propriété en soit rentrée dans ses mains.

2° Même quand l'objet a été aliéné, tant que le prix n'en a pas été confondu avec les autres biens de la succession, l'ascendant succède au moins à ce prix ; donc, à plus forte raison, doit il avoir le droit de reprendre l'objet même, lorsque cet objet se retrouve en nature dans la succession. Du système contraire résulterait une contradiction évidente, puisqu'en cas d'aliénation du bien donné, l'ascendant aurait le prix resté dû, et que cependant si, au lieu de recevoir le prix, le donataire avait racheté le bien même, l'ascendant en serait privé.

3° Le droit résultant de l'art. 747, est si favorable, que, même dans le doute, l'on devrait décider en faveur de l'ascendant : *favores ampliandi.*

Je vais essayer de répondre à chacune de ces objections.

1° L'art. 747 n'accorde la réversion à l'ascendant donateur, que lorsque les biens *donnés* se retrouvent dans la succession du donataire : Or, peut-on dire que ce soient les biens *donnés* qui se trouvent dans la succession du donataire, lorsque le donataire les avait aliénés, et qu'ensuite ils sont rentrés dans ses mains en vertu d'un titre qui n'est plus le même que celui de la donation première, et avec une qualité qui est absolument différente ?

Sans doute, ce sont *identiquement* les mêmes biens ; mais ce ne sont plus des biens ayant la qualité de biens donnés et pouvant être considérés et réglés, dans la succession du donataire, comme étant toujours des biens donnés.

Il ne faut pas confondre la nature des biens, avec leur titre et leur qualité,

La nature des biens tient à leur essence matérielle, et fait que les biens sont ou ne sont plus identiquement les mêmes : *ut sint aut ne sint eadem.*

Le titre et la qualité des biens tiennent au *droit* de les avoir ; *juri dominii.*

Ainsi, le donataire qui a aliéné et ensuite acquis de nouveau les biens que lui avait donnés son ascendant, a toujours ces biens en nature, mais il ne les a plus au même titre, ni en la même qualité : *non eodem jure.*

Avant l'aliénation, il les avait comme biens donnés par son ascendant ; après l'aliénation et la nouvelle acquisition qu'il en a faite, il les possède comme biens achetés ; ou provenant d'une autre personne que de l'ascendant premier donateur, et par conséquent, lorsqu'il décède, il ne laisse pas dans sa succession les biens donnés par son ascendant, mais les biens, ou achetés, ou provenant d'une autre personne.

Cette distinction est fondée sur la nature même de la propriété des biens, parce qu'il est dans la nature de la propriété, qu'une même chose ne peut nous appartenir deux fois en vertu du même titre : *res semel mea, mea iterum fieri nequit.* Le premier titre une fois valablement, définitivement et irrévocablement anéanti, ne renaît plus.

S'il en survient un second, c'est en vertu de ce second titre qu'on a la propriété de la chose, comme si le premier titre n'avait jamais existé.

Plusieurs lois romaines ont des dispositions précises à cet égard.

Non, ut pluribus causis deberi nobis idem potest, ita ex pluribus causis idem possit nostrum esse. Loi 159 *ff de reg. jur.*

Cùm in rem ago non expressâ causâ, ex quâ rem meam esse dico, omnes causæ unâ petitione adprehenduntur, neque enim amplius quàm semel res mea esse potest. Loi 14, § 2, *ff. de except. rei judic.*

Cùm res tibi donatas ab hærede donatricis tibi distractas esse proponas, intelligere debueras DUPLICARI *tibi* TITULUM *possessionis non potuisse, sed ex donatione et traditione dominum factum te frustrà emisse, cum rei propriæ emptio non possit consistere. At* TUNC *demum tibi* PROFUIT, *si ex donatione* TE NON FUISSE DOMINUM *demonstretur.* Loi 4, *Cod. de contrah. empt.*

Il est donc certain que, dans l'espèce de la question proposée, admettre la réversion légale en faveur de l'ascendant donateur, ce serait l'admettre, non pas sur des biens *donnés*, ainsi que le veut la loi, mais sur des biens qui avaient perdu la qualité de biens donnés, et qui ne pouvaient la recouvrer par un second titre, d'ailleurs très indifférent du premier; ce serait admettre la réversion sur des biens qui, ayant perdu leur qualité primitive et en ayant acquis une nouvelle, sont devenus tout aussi étrangers à la donation, que s'ils n'en avaient pas été l'objet.

Il n'est pas possible, en un mot, que les biens, donnés par l'ascendant, qui ont été aliénés par le donataire, qui sont devenus des biens propres de l'acquéreur, et qui sont ensuite rentrés dans les mains du donataire, soit par achat, soit à titre héréditaire, puissent être encore considérés dans la succession du donataire, comme des biens donnés par l'ascendant; il n'est pas possible de leur appliquer la disposition de l'art 747, qui veut que, pour que l'ascendant conserve son droit de réversion, les biens *donnés* se retrouvent dans la succession du donataire, Évidemment le droit de réversion a été éteint dès le moment où le donataire a changé la qualité des biens, en les aliénant.

2° Lorsque le donataire a aliéné l'immeuble que son ascendant lui avait donné, l'ascendant a le droit de reprendre le prix qui reste dû par l'acquéreur; et pourquoi? C'est qu'il n'y a pas eu mutation de qualité entre la chose vendue et le prix qui est resté dû; c'est que le prix resté dû prend la place de la chose vendue, *Pretium succedit loco rei ;* c'est qu'au défaut de paiement du prix, le vendeur peut reprendre la chose : *qui actionem habet ad rem recuperandam, ipsam rem habere videtur.* L. 15. *ff. de reg. jur.*

Aussi, l'art. 747 n'accorde pas la réversion à l'égard du prix qui a été payé au donataire, parce qu'en effet ce prix, ayant été confondu dans le patrimoine du donataire, n'a plus conservé la qualité de la chose qui avait été donnée et vendue, et il y a évidemment même motif pour ne pas accorder la réversion à l'égard du fonds de l'immeuble qui avait été donné par l'ascendant, et qui a été aliéné par le donataire.

Il n'existe donc pas de contradiction réelle, en ce que, d'une part, l'ascendant ait le droit de reprendre le prix resté dû sur la vente de l'immeuble qu'il avait donné, puisque ce prix est sa chose même, et que, d'autre part, il n'ait pas le droit de reprendre l'immeuble qu'il avait donné et que le donataire avait d'abord aliéné, puis recouvré par un second titre, puisqu'en ce cas l'immeuble, qui se retrouve dans la succession du donataire, avait perdu la qualité et le caractère qui, seuls, d'après les termes de la loi, pouvaient le soumettre à la réversion.

Au surplus, il faut considérer que le législateur, après avoir dit d'une manière générale, dans l'art. 747, que l'ascendant succéderait aux choses par lui données, a cru nécessaire de modifier ou d'expliquer cette disposition, en ajoutant que, si les objets avaient été aliénés, l'ascendant recueillerait le prix qui pourrait en rester dû, et qu'il y aurait eu même nécessité d'ajouter, si telle avait été l'intention du législateur, que, lorsque les objets donnés auraient été aliénés par le donataire et seraient ensuite rentrés dans ses mains, en vertu d'un autre titre et avec une qualité différente, l'ascendant pourrait encore les reprendre : *qui de uno dicit, de altero negat.*

3° Sans doute, la réversion à l'ascendant donataire est favorable ; mais il faut considérer aussi qu'elle n'est pas accordée par le Code civil, comme elle l'était par le droit romain, comme un retour pur et simple ; qu'elle n'est accordée qu'à titre héréditaire ; qu'elle est une exception aux règles générales sur l'ordre de succéder, et qu'en conséquence elle doit être nécessairement restreinte dans les termes de la loi.

Ici s'applique encore l'observation déjà faite, que, si l'ascendant ne jouit pas, dans tous les cas, du droit de réversion, c'est qu'il ne l'a pas voulu, puisqu'il lui était libre de stipuler le retour *conventionnel*, qui aurait eu lieu dans tous les cas.

22. Peut-on dire qu'aux termes de l'art. 747, les choses données se retrouvent *en nature* dans la succession du donataire, et qu'en conséquence l'ascendant donateur a le droit de reprendre, dans les quatre cas suivans :

1° Lorsque l'ascendant avait donné une somme *en argent*, sans faire un bordereau des pièces, sans désigner les espèces, et que, dans la succession du donataire, il se trouve une somme en argent, égale ou plus forte, mais sans qu'il y ait de preuve que les sommes monneyées qui existent, soient *identiquement* les mêmes que celles qui avaient été remises par l'ascendant?

2º lorsque des obligations, des billets, des effets publics ont été donnés, et qu'ils ne se trouvent plus dans la succession du donataire, mais qu'il s'y trouve du numéraire;

3º Lorsqu'il a été donné une somme en argent, et que dans la succession il ne se trouve que des obligations, des billets, ou des effets publics;

4º Lorsque le donataire a employé à l'acquisition de fonds, le numéraire ou les obligations, billets ou effets publics, qui lui avaient été donnés, ou qu'après avoir aliéné les biens, meubles ou immeubles qui lui avaient été donnés, il en a employé le prix à acquérir d'autres biens, ou enfin qu'il a échangé les biens donnés contre d'autres biens qui se trouvent dans sa succession?

Dans tous ces cas, l'ascendant donateur aurait bien, à l'égard des choses qui ne se retrouveraient plus en nature, l'action *en reprise* qu'aurait pu exercer le donataire, soit contre son conjoint, soit sur les biens de sa communauté.

Mais si l'action en reprise ne pouvait avoir aucun effet utile, dans le cas, par exemple, où ce serait le mari qui aurait été donataire, et que tous les biens de la communauté se trouveraient

I. 30

absorbés par les reprises de la femme et par d'autres dettes, ou s'il n'y avait pas lieu à reprise, comme dans le cas où les choses auraient été données à un descendant qui ne se serait pas marié, alors l'ascendant donateur ne pourrait plus avoir le droit de reprendre que dans la succession même du donataire.

Mais l'art. 747 dit formellement que l'ascendant ne peut avoir le droit de reprendre, que lorsque les objets donnés se retrouvent en nature dans la succession du donataire : Or, peut-on dire que, dans les divers cas sur lesquels porte la question proposée, les objets donnés *se retrouvent en nature ?*

Si, par ces expressions, *lorsque les objets donnés se retrouvent en nature*, il faut entendre que le législateur n'a voulu accorder la réversion que dans les cas où les *mêmes* objets, qui ont été donnés, se retrouvent *identiquement* dans la succession du donataire ; sans doute il faut décider que la réversion ne peut être admise dans aucun des cas prévus par la question qui nous occupe.

Mais aussi ne serait-ce pas abuser du texte de la loi et l'étendre même au-delà de ses termes, que de l'interpréter d'une manière si rigoureuse ? Ne serait-ce pas s'écarter évidemment de son esprit ?

MM. Merlin et Grenier disent, avec raison, que, sur les cas qui sont proposés, la rédaction de l'art. 747 laisse à désirer plus de clarté; il faut donc, puisque le texte n'est pas clair, puisqu'il présente de l'ambiguité, recourir à l'intention du législateur; et ne doit-on pas supposer, d'après les motifs qui ont fait admettre la réversion au profit de l'ascendant, que le législateur a entendu qu'elle aurait lieu; soit lorsque les objets donnés se retrouveraient identiquement dans la succession du donataire, soit lorsqu'ils seraient représentés par d'autres objets que le donataire leur aurait substitués, qu'il aurait mis en leur place; et auxquels la même qualité aurait été imprimée, soit par sa volonté, soit par la disposition de la loi?

Cependant on peut répondre que la disposition générale de l'art. 747, ne souffre pas cette modification; qu'elle dit, sans aucune exception, sans aucune distinction, que l'ascendant donateur n'est admis à reprendre que lorsque les objets se retrouvent en nature dans la succession du donataire, ce qui signifie bien clairement qu'il faut que ce soient les objets mêmes qui ont été donnés, qui se trouvent dans la succession; que les mots *en nature* et les mots *se retrouvent*, ne permettent pas d'admettre d'autre interprétation; et qu'aussi, pour le cas où les objets, donnés par l'ascendant, ont été aliénés par le donataire, l'art. 747 n'accorde la réversion que du prix qui restait dû à la mort du donataire, mais non pas

3o.

de la portion du prix, qui aurait été payée, quoiqu'elle puisse avoir été employée par le donataire à acquérir d'autres objets.

On invoque, à l'appui de cette opinion, la discussion qui a eu lieu au conseil d'état et lors de laquelle M. Regnaud de Saint-Jean-d'Angely ayant demandé si le père aurait un droit de retour dans le cas où le fils aurait vendu un immeuble reçu en dot et en aurait employé le prix dans le commerce, il fut répondu par M. Tronchet, que ce droit n'appartenait au père, qu'autant qu'il avait stipulé le retour.

Le procès-verbal de la discussion au conseil d'état constate encore, dit-on, qu'il fut demandé par le consul Cambacérès si, lorsque la dot aurait été placée, le père pourrait la reprendre, en argent, ou si le mari serait fondé à la refuser sous prétexte qu'il en avait disposé et qu'elle n'existait plus en nature; qu'il fut répondu par M. Tronchet que la rédaction de l'article n'excluait pas la créance du père; que le consul Cambacérès ajouta qu'il partageait cette opinion, mais qu'il était utile de ne plus laisser subsister de difficultés sur la manière d'entendre l'article; qu'en conséquence la section de législation fut chargée de réformer la rédaction de l'article sous ce rapport; que, pour opérer cette réforme, elle ajouta à l'article qu'elle avait proposé, la disposition qui porte que, si les objets ont été aliénés, l'ascendant recueille le prix qui peut en être dû et succède aussi à l'action en reprise que pouvait avoir le donataire, et que, cette disposition ayant été définitivement adoptée, il s'ensuit que, pour le cas où les objets donnés ont été aliénés, le legislateur n'a pas voulu donner à l'ascendant donateur le droit de reprendre les objets qui pourraient avoir été acquis *en remplacement*, et qu'il ne lui a effectivement donné que le droit, ou de reprendre la portion du prix qui pourrait être encore due, ou d'exercer l'action en reprise que pouvait avoir le donataire.

Mais cette conséquence résulte-t-elle, en effet, de la discussion qui vient d'être rapportée? Dans cette discussion il n'y a pas un seul mot qui s'applique, d'une manière précise, aux effets que les remplois et les échanges peuvent produire quant la réversion, et de ce qu'il a été reconnu par MM. Cambacérès et Tronchet, que le père avait le droit de reprendre la dot dont le mari avait disposé en la plaçant, on pourrait-même conclure, dans un sens contraire à celui qui vient d'être présenté, qu'il n'est pas nécessaire que la chose même, qui a été donnée, se retrouve en nature, mais que la réversion s'étend à tout ce qui remplace la chose donnée.

Dans le fait, la discussion, telle qu'elle est rapportée dans le procès-verbal, a le même défaut que le texte de la loi, beaucoup trop de laconisme; elle n'a, ni approfondi la matière, ni développé les règles qu'on voulait établir, ni prévu les nombreuses difficultés qui pouvaient s'élever.

Aussi, tous les commantateurs se sont trouvés très-embarrassés pour expliquer ces mots de l'article, *qui se trouvent en nature*, et presque tous les ont expliqués diversement.

M. de Malleville veut que le retour ait toujours lieu, soit que la donation consiste en meubles, soit qu'elle consiste en immeubles, excepté seulement dans le cas où l'objet donné a péri dans les mains du donataire, ou a été dissipé par lui, *sans emploi utile.*

MM. Grenier et Toullier pensent qu'il doit y avoir exception pour d'autres cas.

D'autres auteurs s'en tiennent à la lettre de la loi, et disent que la réversion ne doit avoir lieu que lorsque les objets donnés se retrouvent en nature, matériellement, ou au moins virtuellement.

Je vais aussi hasarder mon opinion; mais si, dans aucune circonstance, je n'ai la présomption de croire que mon opinion soit la meilleure, si je ne combats toujours qu'avec une juste défiance de moi-même, qu'avec la crainte de me tromper, des opinions émises par d'autres jurisconsultes, et qui ne me paraissent pas conformes à la loi, ce ne sera sûrement pas dans la circonstance actuelle, que j'oserai me permettre de présenter mon avis, comme devant se servir de règle.

Il faut distinguer les cas divers sur lesquels porte la question que j'ai proposée au commencement de ce numéro.

Premier cas. Lorsque l'ascendant a donné une somme en argent, sans faire un bordereau des pièces, sans désigner les espèces, et que, dans la succession du donataire, il se trouve du numéraire, la réversion doit avoir lieu, jusqu'à due concurrence, en faveur de l'ascendant donateur, sans qu'il soit besoin de prouver que le numéraire qui existe dans la succession du donataire, est *identiquement* le même que celui qui a été remis par l'ascendant.

L'argent est une de ces choses qui consistent en poids, nombre et mesure, et que la loi appelle *fongibles*, c'est-à-dire, dont la nature est telle que, d'une part, on ne peut s'en servir, sans les consommer, au moins civilement, et que, d'autre part, elles peuvent être entièrement et parfaitement représentées par des espèces *du même genre*, savoir, par des espèces du même poids, du même nombre et de la même mesure. *Aliæ aliarum vice fungantur :* à leur égard, *tantumdem est idem*, et par conséquent leur existence, leur existence *en nature*, ne réside pas dans l'identité des pièces matérielles, mais dans l'équipollent d'autres espèces pareilles du même genre; en d'autres termes, pour les choses fongibles le genre tient lieu de l'espèce, et par conséquent elles existent, elles existent en nature, tant que leur genre tout entier existe; car c'est leur genre tout entier, qui les représente et qui les représente en nature.

Ainsi lorsqu'un homme a emprunté mille francs et qu'il rend mille francs, il rend en nature, quoique les espèces de monnaie qu'il donne ne soient pas identiquement les mêmes que celles qu'il a reçues.

De même lorsqu'un homme a emprunté dix tonneaux de vin de tel endroit, de telle qualité et de telle mesure, et qu'il rend dix tonneaux de vin du même endroit, de la même qualité et de même mesure, il rend en nature, quoique les espèces ne soient pas les mêmes.

C'est ainsi que les lois l'ont constamment entendu :

Mutui datio consistit in his rebus, quæ pondere, numero, mensurâ consistunt : quoniam eorum datione possumus in créditum ire, quia in genere suo functionem recipiunt per solutionem quam specie. L. 2, lib. XII, tit. I, ff. de rebus creditis.

Godefroy, dans ses notes sur cette loi, nomb. 17, et Vinnius, *Inst. quib. mob. re contr. ob.*, lib. III, tit. XV, ont parfaitement expliqué que les choses fongibles sont rendues en même nature, pourvu

qu'elles soient rendues dans le même genre, quoiqu'elles ne le soient pas en mêmes espèces.

Pothier, dans son *Traité du prêt de consomption*, nº 22 et suivans, le confirme encore dans
les termes les plus précis. Voici comment il s'explique :

« Il y a deux espèces de choses qui se consomment par l'usage qu'on en fait.

« La première espèce est de celles dont la consomption qui arrive par l'usage qu'on en fait, est
une consomption naturelle et une destruction de
ces choses ; telles sont les choses qui servent à la
nourriture de l'homme et des animaux, comme
le bled, le vin...

« La seconde espèce est celle dont la consomption , qui arrive par l'usage qu'on en fait, n'est
pas une consomption naturelle, mais une consomption civile. L'usage qu'on en fait, consiste à
la dépenser....La consomption civile consiste dans
l'aliénation que je fais de l'argent que je dépense,
de manière qu'il ne m'en reste plus rien, et qu'il
est consommé pour moi, lorsque je l'ai dépensé....

« Toutes ces choses qui se consomment par
l'usage qu'on en fait, sont aussi connues sous le
nom de choses *quæ pondere, numero et mensurá
constant*, c'est-à-dire, de choses à l'égard desquelles
on considère plutôt une certaine quantité de poids,
de nombre, ou de mesure, que les individus dont
cette quantité est composée.

« On les appelle aussi , pour cette raison , *fon-gibles* , du mot latin *fungibiles* , parce que *earum natura est ut aliæ aliarum EJUSDEM GENERIS rerum vice fungantur* ; de manière que, lorsque j'ai reçu une certaine quantité de ces choses, *putà* une somme de cent livres, deux muids de bled froment, deux tonneaux de vin de tel canton, et que je rends une pareille somme de cent livres , une pareille quantité de deux muids de bled froment, une pareille quantité de deux tonneaux de vin de tel canton , je suis censé rendre la *même chose* que j'ai reçue , quoique je ne rende pas les mêmes individus : *Reddo idem , non quidem in specie , sed in genere idem.* »

Ainsi, d'après le langage des lois, les choses fongibles qui ont été reçues, sont censées rendues *les mêmes* , lorsqu'elles sont rendues dans le même genre , quoiqu'elles ne soient pas rendues en même espèce, et de-là il suit que, lorsque l'ascendant a donné une somme de dix mille francs et que l'on retrouve dans la succession du donataire une somme de dix mille francs, ou une somme quelconque en argent, la chose même, qui a été donnée , est censée se retrouver et se retrouve effectivement dans la succession du donataire; qu'il n'y a point à considérer si les espèces particulières, les pièces individuelles de monnaie, qui se trouvent dans la succession , sont ou ne sont pas identiquement les mêmes que celles qui ont été données; mais qu'il suffit qu'elles soient du même genre, pour qu'elles soient réputées les mêmes par la loi.

On oppose qu'au moins il faudrait prouver que cet équipollent du même genre, qui se trouve dans la succession du donataire, est véritablement l'argent qui a été donné par l'ascendant; que, sans cette preuve, il pourrait se faire que l'argent, trouvé dans la succession, fût le produit du travail ou des revenus du donataire, tandis que l'argent donné aurait été dissipé, et que, dans ce cas, admettre la réversion sur l'argent qui se trouve, ce serait l'admettre sur une chose autre que celle donnée par l'ascendant.

Je réponds que, dans le cours ordinaire des choses, si le donataire n'avait pas reçu vingt mille francs de son ascendant, il y aurait dans sa succession vingt mille francs de moins, et qu'ainsi la somme de vingt mille francs qu'il laisse en mourant, est celle qu'il a reçue, ou la représente, et en est le produit; que d'ailleurs la loi elle-même établit la présomption que la chose fongible, la somme en numéraire, qui se trouve dans la succession du donataire, tient lieu de la même somme que le donataire avait reçue de l'ascendant et qu'elle doit être considérée comme étant la même, puisqu'elle est du même genre; qu'ainsi l'ascendant n'a rien à prouver.

Ce serait aux héritiers du donataire, s'ils vou-

laient contester la réversion, à faire eux-mêmes
la preuve que la somme, donnée par l'ascendant,
a été employée par le donataire ; et si en effet ils
prouvaient que le donataire a employé la somme
qu'il avait reçue, soit à acquitter une dette personnelle, soit dans une affaire quelconque, sans
avoir fait de déclaration de remploi en faveur de
l'ascendant, je conviens que la réversion ne devrait pas avoir lieu, quoiqu'il fût en même temps
prouvé que la somme aurait été employée d'une
manière utile pour le donataire. Dans ce cas,
l'emploi fait par le donataire, serait une véritable
aliénation de la somme, et je ne pense pas que
l'ascendant eût, en aucun cas, le droit de la répéter. On a vu précédemment que, lors de la discussion de l'art. 747, au conseil d'état, il fut répondu par M. Tronchet, que si le fils donataire d'un
immeuble, l'avait vendu et en avait placé le prix
dans le commerce, il n'y avait pas lieu à la réversion légale en faveur du père donateur.

Mais aussi, lorsque les héritiers du donataire ne
font pas preuve d'un emploi de la somme donnée
par l'ascendant, la présomption, de fait et de droit
que la somme qui se trouve dans la succession
du donataire, est la même que celle qui a été
donnée, reste tout entière.

S'il en était autrement, la disposition de l'article 747, ne serait jamais applicable aux choses
fongibles données par les ascendans ; dans aucun

cas, elles ne pourraient être sujettes à réversion, puisque la preuve de l'identité matérielle serait toujours impossible.

Remarquons enfin qu'il s'agit ici d'un débat entre des héritiers du donataire, qui voudraient faire un plus gros bénéfice, et un ascendant qui ne fait que répéter ce qu'il a donné. Or, quand même il y aurait du doute, la faveur ne devrait-elle pas être pour l'ascendant ? *in re obscurâ melius est favere repetitioni, quam adventitio lucro. L.* 41, *ff. de reg. jur.*

Deuxième cas. C'est celui où des obligations, des billets, des effets publics ont été donnés par l'ascendant et ne se trouvent pas dans la succession du donataire, mais qu'il s'y trouve du numéraire. Je pense que, dans ce cas, comme dans le précédent, et par les mêmes motifs, l'ascendant doit avoir le droit de réversion, jusqu'à due concurrence, sur le numéraire qui se trouve dans la succession.

En effet, des obligations, des billets, des effets publics, ne sont pas autre chose que la représentation du numéraire que les souscripteurs ont reçu et se sont obligés de rendre, ce sont des titres qui donnent au possesseur l'action de ravoir son argent; le possesseur est donc censé avoir dans son patrimoine l'argent même en nature, que représentent ces obligations, billets et effets publics; car, en droit, celui qui a l'action pour ravoir

La section civile de la cour de cassation vient
de le décider ainsi, par arrêt du 30 juin 1817, en
rejetant le pourvoi contre un arrêt de la cour
royale de Rouen.

Quatrième cas. Il comprend trois espèces ;

Celle où le donataire a employé pour acquérir
des fonds, le numéraire, où les obligations,
billets, ou effets publics, qui lui avaient été
donnés ;

Celle où le donataire, après avoir aliéné les
biens donnés, en a employé le prix en acquisition
d'autres biens ;

Celle où le donataire a échangé les biens donnés,
contre d'autres biens qui se trouvent dans sa
succession.

Dans ces trois espèces, la difficulté commune
aux trois cas précédens, n'existe pas ; car on a la
certitude que les biens qui se trouvent dans la
succession du donataire, sont le *produit* de ceux
qui avaient été donnés.

Mais aussi, pour les trois espèces, il y a cette
autre difficulté qui n'est pas moins grave : les
biens qui avaient été donnés par l'ascendant ne
se retrouvant plus *en nature*, c'est-à-dire, *indivi-
duellement*, dans la succession du donataire,
puisque le donataire les avait aliénés, peut-on,
pour faire succéder l'ascendant aux autres biens
qui ont été mis à la place des biens donnés, appliquer ces expressions de l'art. 747, *les ascendans
succèdent aux choses par eux données à leurs*

descendans, LORSQUE LES OBJETS DONNÉS SE RE-
TROUVENT EN NATURE DANS LA SUCCESSION?

Voici comment cette difficulté a été résolue
par M. Massé, dans son *Parfait Notaire*, tome III,
parge 54.

« Si le donataire, dit-il, ayant le libre exercice
de ses droits, a échangé la chose donnée contre
une autre, ou s'il l'a aliénée et qu'il en ait employé
le prix en acquisition d'une autre chose, *avec les
conditions prescrites pour la validité du remploi*,
dans l'un et l'autre cas il y a subrogation valable,
l'échange opérant toujours, suivant la loi et la
jurisprudence française, une subrogation de plein
droit, et la loi autorisant la subrogation par forme
de remploi exprès. On en voit des exemples dans
les art. 1434 et 1435 du Code civil, et telle était la
jurisprudence du droit coutumier, d'où la succession spéciale dont nous traitons ici, a été em-
pruntée. Or, la chose subrogée à une autre, prend
la place et la qualité de celle-ci, notamment à
l'effet du droit d'y succéder. On le décidait ainsi,
en matière de succession aux propres. La loi
cum autem le décide de la même manière, pour un
appelé à une substitution; l'ascendant donateur doit
donc succéder à la chose acquise en échange
ou en remploi, comme il aurait succédé à la chose
donnée. »

Mais on répond à M. Massé, que, dans l'espèce
actuelle, il n'y a pas réellement de subrogation

tius ayant vendu des héritages de la succession, et du prix en ayant acheté d'autres, on demandait si les héritages acquis tenaient lieu des héritages vendus et s'il est tenu de les restituer, et ces lois disent qu'il est tenu de les restituer. Voici les termes de ces lois, qui sont de Papinien : *De pretio rerum venditarum alias comparat, diminuisse quæ vendidit non videtur, sed quod inde comparatum vice permutari dominii restituentur; idem servandum erit, et si proprios creditores ex eâ pecuniâ dimiserit; non enim absumitur quod in corpore patrimonii retinetur.* Joannes Faber fait la même observation que Bartole, *in §. si fuerat de actionibus apud Justinianum,* la subrogation est présumée de droit, comme dans l'espèce de ces lois; mais elle n'est pas présumée dans les choses particulières. »

« Quand il s'agit d'universalité de biens et de droits universels, dit encore Renusson, dans son traité *de la subrogation,* Chap. I, s'il y a quelqu'une des choses comprises dans l'universalité de biens, qui ait été changée, et qui ait été convertie en une autre chose, la nouvelle succède au lieu et place de l'ancienne qui a été convertie, et lui est subrogée; elle appartient à celui qui a l'universalité de biens, c'est-à-dire, à l'héritier et successeur, qui est subrogé de droit à celui auquel il a succédé. Il est naturel que celui à qui la loi défère l'hérédité d'une personne décédée, par le

descendans, LORSQUE LES OBJETS DONNÉS SE RE-
TROUVENT EN NATURE DANS LA SUCCESSION?

Voici comment cette difficulté a été résolue
par M. Massé, dans son *Parfait Notaire*, tome III,
parge 54.

« Si le donataire, dit-il, ayant le libre exercice
de ses droits, a échangé la chose donnée contre
une autre, ou s'il l'a aliénée et qu'il en ait employé
le prix en acquisition d'une autre chose, *avec les
conditions prescrites pour la validité du remploi*,
dans l'un et l'autre cas il y a subrogation valable,
l'échange opérant toujours, suivant la loi et la
jurisprudence française, une subrogation de plein
droit, et la loi autorisant la subrogation par forme
de remploi exprès. On en voit des exemples dans
les art. 1434 et 1435 du Code civil, et telle était la
jurisprudence du droit coutumier, d'où la succession spéciale dont nous traitons ici, a été em-
pruntée. Or, la chose subrogée à une autre, prend
la place et la qualité de celle-ci, notamment à
l'effet du droit d'y succéder. On le décidait ainsi,
en matière de succession aux propres. La loi
cum autem le décide de la même manière, pour un
appelé à une substitution; l'ascendant donateur doit
donc succéder à la chose acquise en échange
ou en remploi, comme il aurait succédé à la chose
donnée. »

Mais on répond à M. Massé, que, dans l'espèce
actuelle, il n'y a pas réellement de subrogation

légale, et l'on s'appuie, à cet égard, de l'opinion de M. Merlin qui, dans son *Nouveau Répertoire*, aux mots *subrogation de choses*, sect. II, §. I et 2, prouve que la subrogation, étant une exception aux principes, doit être établie par une disposition formelle de la loi, qu'on ne peut l'étendre d'un cas où elle est autorisée, à un autre cas où elle ne l'est pas expressément, et qu'ainsi, dans les coutumes où elle n'était autorisée que pour une certaine espèce de biens, on ne l'étendait pas à des biens d'une autre espèce, et qu'elle n'avait pas lieu dans les coutumes qui n'en parlaient pas.

Or, ajoute-t-on, les art. 1434 et 1435 du Code civil, n'établissent la subrogation par forme de remploi, qu'à l'égard des époux qui vivent en communauté, et pour conserver à chacun ses biens personnels. Les art. 1407 et 1559 n'admettent également qu'entre époux la subrogation des droits en matière d'échange ; on ne peut donc étendre à d'autres cas les principes et les effets de la subrogation l'égale, et loin que les termes de l'art. 747 puissent faire présumer que, pour le cas prévu par cet article, la subrogation légale ait été dans l'intention du législateur, il est évident, au contraire, qu'ils la repoussent formellement, puisqu'ils exigent d'une manière très-absolue, et sans aucune exception, que les choses, qui ont été données par l'ascendant, se retrouvent en nature dans la succession du donataire, et qu'ensuite, prévoyant le cas où les choses données ont été aliénées, l'article n'accorde à l'ascendant donateur, que le prix qui reste dû; ou l'action en reprise qu'avait le donataire.

A cette objection il faut répondre qu'elle tend à confondre la subrogation dans les titres universels, avec la subrogation dans les titres particuliers et qu'il existe entre l'une et l'autre une différence essentielle, qui a été reconnue par tous les auteurs.

Il est bien vrai que la subrogation n'a lieu, quant aux choses particulières, que dans les cas exprimés par la loi, ou par la convention, *quid expresse dictum, quid conventum.*

Mais quand il s'agit d'universalité de biens et de droits universels, dit Renusson, dans son *Traité des propres*, la subrogation se fait *indistinctement* et elle a toujours lieu *de plein droit;* elle est naturelle et conforme au droit commun.

C'est la doctrine professée par tous les auteurs. La subrogation, disent-ils unanimement, a lieu de plein droit dans les actions universelles, *in judiciis universalibus*, telles que la pétition d'hérédité et la demande en délivrance de fidéi-commis.

« Cela est observé, ajoute Renusson, par Bartole sur la loi 70, §. *cum autem*, et les deux lois suivantes, *D. de legat 2.* L'espèce était qu'un testateur avoit chargé *Titius* de restituer *quicquid ex hœreditate supererit post mortem suam;* mais Ti-

31.

tius ayant vendu des héritages de la succession,
et du prix en ayant acheté d'autres, on demandait si les héritages acquis tenaient lieu des héritages vendus et s'il est tenu de les restituer, et
ces lois disent qu'il est tenu de les restituer.
Voici les termes de ces lois, qui sont de Papinien :
*De pretio rerum venditarum alias comparat, di-
minuisse quæ vendidit non videtur, sed quod inde
comparatum vice permutari dominii restituentur;
idem servandum erit, et si proprios creditores ex
eâ pecuniâ dimiserit; non enim absumitur quod
in corpore patrimonii retinetur.* Joannes Faber
fait la même observation que Bartole, *in* §. *si
fuerat de actionibus apud Justinianum,* la subrogation est présumée de droit, comme dans l'espèce de ces lois; mais elle n'est pas présumée
dans les choses particulières. »

« Quand il s'agit d'universalité de biens et de
droits universels, dit encore Renusson, dans son
traité *de la subrogation*, Chap. I, s'il y a quelqu'une des choses comprises dans l'universalité de
biens, qui ait été changée, et qui ait été convertie en une autre chose, la nouvelle succède au
lieu et place de l'ancienne qui a été convertie, et
lui est subrogée; elle appartient à celui qui a
l'universalité de biens, c'est-à-dire, à l'héritier et
successeur, qui est subrogé de droit à celui auquel
il a succédé. Il est naturel que celui à qui la loi
défère l'hérédité d'une personne décédée, par le

droit du sang, ou celui qui aurait mérité la libéralité du défunt et qui aurait été institué son héritier, succède à tous les droits, noms, actions et raisons du défunt, et la subrogation est présumée, et se fait de plein droit, et c'est le droit commun. »

Or, dans l'espèce, l'ascendant donateur n'a le droit de réversion qu'à titre successif, ce n'est que comme héritier du donataire, qu'il peut reprendre les choses qu'il avait données ; c'est dans la succession du donataire qu'il reprend ; c'est dans une universalité de biens qu'il est appelé à succéder ; c'est une universalité de biens, qu'il est appelé à recueillir, il a donc incontestablement le droit d'invoquer le bénéfice de la subrogation ; conséquemment, il a le droit de reprendre les choses que le donataire avait mises, avec déclaration de remploi, à la place des choses qui lui avaient été données, ou que le donataire avait reçues en échange.

Au reste, M. Massé donne, à l'appui de son opinion, une autre raison qui fortifie encore la première, qui prouve que la subrogation légale a été dans l'intention de l'article 747, et qui seule serait décisive.

« On peut encore, dit-il arriver, à la solution de la question, par un argument *a fortiori*. La loi ayant fait succéder l'ascendant donateur au prix dû, à plus forte raison doit-on présumer qu'elle a entendu le faire succéder à la chose acquise en échange, ou en remploi ; car cette dernière représente bien plus la chose donnée, qu'une créance de deniers. Aussi l'ancien droit français faisait-il succéder l'héritier des propres paternels à la chose acquise en échange, ou en remploi, du propre paternel, tandis qu'il refusait à ce même héritier la succession exclusive au prix dû. Si le Code ajoute ce dernier avantage aux droits de l'ascendant donateur, ce n'a pas été, sans doute, dans l'esprit de lui refuser l'autre qui lui était bien plus naturel ; mais, voyant l'effet de la subrogation suffisamment établi par la jurisprudence, en cas d'échange ou de remploi, il n'a cru nécessaire de donner une disposition expresse, que pour ce qui concerne le prix dû, à l'égard duquel la jurisprudence du droit coutumier avait refusé jusque-là le bénéfice de la subrogation, en matière de succession, à une espèce particulière de biens. »

Telle est aussi l'opinion de M. Toullier, tom. 4, page 240.

23. J'ai parlé, au n° 19, du cas où les immeubles qui avaient été donnés par l'ascendant, n'avaient pas été mis, par le donataire, dans la communauté avec son conjoint, et j'ai dit comment et dans quels cas l'ascendant pouvait en exercer la reprise.

J'ai maintenant à parler du cas où le donataire a fait entrer dans sa communauté, les biens qui lui avaient été donnés par son ascendant.

Cette mise en communauté n'est-elle pas une aliénation réelle de la part du donataire? n'a-t-il pas sorti de ses mains, les biens qui lui avaient été donnés? n'en a-t-il pas disposé irrévocablement, en les faisant entrer dans la communauté qu'il a stipulée avec son conjoint? et dès-lors tout droit de réversion n'est-il pas perdu pour l'ascendant donateur?

Mais ne peut-on pas répondre qu'il n'existe réellement d'aliénation, que jusqu'à concurrence seulement de la part qui a été attribuée dans la communauté, au conjoint du donataire; qu'en effet, dans la supposition que la communauté ait été établie par moitié entre les deux conjoints, l'époux donataire n'a fait sortir de ses mains, que la *moitié* des biens qui lui avaient été donnés, quoiqu'il les ait fait entrer en totalité dans la communauté, puisqu'étant resté propriétaire de la moitié des biens qui composent cette communauté, il ne s'est réellement dessaisi que de la moitié des biens qu'il y a fait entrer.

On peut ajouter encore que l'époux donataire est, pendant l'existence de la communauté, toujours propriétaire, de cette moitié des biens; qu'il en est encore propriétaire, au moment où la communauté est dissoute; qu'il a le droit de la prendre lors du partage de la communauté, et qu'ainsi il n'en a jamais perdu la propriété.

Mais, d'autre part, on peut opposer que le donataire, en mettant dans sa communauté les biens qui lui avaient été donnés, les a soumis à toutes les reprises que pourrait avoir à exercer son conjoint; qu'au moment où la communauté est dissoute, le conjoint ou ses héritiers ont le droit d'exercer leurs reprises sur tous les biens qui composaient la communauté; qu'ils ont même le droit aux termes des art. 1471 et 1474 du Code, de prendre *en nature* tous les biens de la communauté, soit meubles, soit immeubles, pour l'acquit de leurs reprises, et qu'il en résulte nécessairement que chaque époux a réellement aliéné au profit de son conjoint, jusqu'à concurrence du montant de ses reprises, la totalité des biens qu'il a mis en communauté.

D'après ces observations préliminaires, il me semble qu'il faut distinguer deux cas:

Le premier est celui où, soit le donataire, soit ses héritiers, ont eu, par l'effet du partage de la communauté, ou par l'effet de la renonciation à la communauté de la part des héritiers de la femme du donataire, soit la moitié, soit la totalité des biens qui avaient été donnés, par l'ascendant;

Le second est celui où les biens de la communauté ont été absorbés, en totalité ou en partie, par les reprises du conjoint du donataire.

Mais chacun de ces cas peut présenter aussi

des espèces différentes qu'il faut successivement examiner :

1° Si le donataire a recueilli, dans le partage de la communauté, la moitié des biens qui lui avaient été donnés, et si cette moitié de biens se trouve en nature dans sa succession, il est hors de doute que l'ascendant donateur a droit de la reprendre, aux termes de l'art. 747.

L'aliénation de cette moitié, par la mise en communauté, n'était qu'*éventuelle*, c'est-à-dire, qu'elle était subordonnée au cas où le conjoint du donataire aurait des reprises à exercer sur cette moitié. Le cas n'ayant pas eu lieu, et le donataire ayant repris la moitié du bien qu'il avait mis en communauté, il n'y a pas eu réellement aliénation de cette moitié et le donataire, en est toujours resté propriétaire, puisqu'en définitif elle ne s'est pas trouvée grevée du droit de préhension, auquel l'avait éventuellement soumise le donataire.

Si le donataire, en procédant au partage de la communauté, avait pris, pour sa part, d'autres biens que ceux qui lui avaient été donnés par son ascendant, ce serait un échange qu'il aurait fait, et d'après l'opinion établie au n° 22, l'ascendant donateur aurait le droit d'exercer la réversion, jusqu'à due concurrence, sur les biens pris en échange de ceux qu'il avait donnés.

2° Lorsque le donataire est décédé, soit avant

son conjoint, soit avant le partage de la communauté, si ses héritiers, qui ne peuvent avoir que ses droits, prennent à sa place, dans le partage, la moitié des biens qui lui avaient été donnés par l'ascendant, il est censé l'avoir eue lui-même au moment de son décès; elle a fait partie de sa succession, et en conséquence l'ascendant donateur a droit de la reprendre.

Les héritiers ordinaires du donataire ne pourraient pas, au préjudice de l'ascendant, prendre ou recevoir, dans le partage, d'autres biens que ceux qu'il avait donnés, avec l'intention de le priver du bénéfice de la réversion. Héritier comme eux, il a le droit d'assister à toutes les opérations du partage; héritier privilégié, il a le droit d'exiger que les biens qu'il avait donnés, soient divisés en deux lots, l'un pour le conjoint du donataire, ou les héritiers de ce conjoint, l'autre pour la succession, et si cette division ne pouvait se faire commodément ou sans perte, il aurait incontestablement le droit de prendre, jusqu'à due concurrence, les biens qui auraient été mis dans le lot de la succession, en remplacement de ceux qu'il avait donnés.

3° Il est un cas où l'ascendant a le droit de reprendre, en totalité, le bien qu'il avait donné, quoique le donataire ait fait entrer ce bien dans sa communauté; c'est celui où, après la mort du donataire, sa femme, ou les héritiers de cette

femme, renoncent à la communauté. Cette renonciation produit, à l'égard du mari, le même
effet que s'il n'y avait pas eu de communauté, et
conséquemment, le mari étant censé avoir été
toujours propriétaire de la totalité des biens qu'il
a mis dans la communauté, ces biens font partie
de sa succession.

Prétendrait-on que, par la mise en communauté, la moitié des biens donnés avait été aliénée,
ipso facto, au profit de la femme, et que la renonciation faite à la communauté, par cette
femme, ou par ses héritiers, ne peut pas faire
revivre, au profit de l'ascendant donateur, un
droit de réversion qui a été éteint, pour cette
moitié des biens, dès le moment où l'aliénation
a été consentie?

La réponse à cette objection, se trouve dans
ce qui a été dit précédemment, que l'aliénation,
par la mise en communauté, n'est qu'*éventuelle*,
qu'elle est subordonnée, même pour la moitié
des biens, au cas où, soit la femme, soit ses héritiers, voudront accepter la communauté, et
que, s'ils y renoncent, ils sont censés n'avoir
jamais eu de propriété sur les biens apportés par
le mari.

Mais on va voir que, même dans ce cas, le
droit de réversion peut être, ou diminué, ou
même entièrement anéanti.

4° Lorsque le conjoint du donataire absorbe,

par ses reprises ou ses indemnités, la totalité des biens de la communauté, l'ascendant donateur n'a rien à réclamer; il n'a aucun recours sur les autres biens qui se trouvent dans la succession du donataire.

En effet, le donataire, qui a fait entrer dans la communauté les biens qui lui avaient été donnés par son ascendant, a non-seulement aliéné ces biens jusqu'à concurrence de la part qui a été attribuée à son conjoint dans la communauté, mais encore il les a *entièrement* aliénés pour le cas éventuel des reprises et indemnités que son conjoint aurait à exercer sur la communauté: cela résulte nécessairement de ce que, suivant les art. 1470, 1471 et 1474 du Code, le conjoint du donataire a le droit de prendre *en nature* tous les biens de la communauté, pour le paiement de ses reprises et indemnités, et que même, aux termes de l'art. 1495, ce droit appartient à la femme qui renonce à la communauté, ou à ses héritiers qui renoncent de son chef.

Il est donc certain que, si tous les biens de la communauté ont été absorbés *en nature* par les reprises et indemnités dues au conjoint du donataire, l'ascendant ne peut plus être admis à réclamer les biens qu'il avait donnés et que le donataire avait mis en communauté.

Il ne peut plus y être admis, soit parce que les biens qu'il avait donnés, ont été aliénés par le donataire pour un cas qui est arrivé, soit parce que ces biens ayant été absorbés par le conjoint du donataire, en vertu des dispositions mêmes de la loi, ils ne se sont pas trouvés dans la succession du donataire.

Vainement on dirait que les dettes de la communauté tombent dans la succession du donataire, lorsque ses héritiers ne peuvent renoncer à la communauté, ou que, pouvant y renoncer, ils l'acceptent volontairement; que, dans ces deux cas, les reprises et indemnités qu'avait à exercer sur la communauté le conjoint du donataire, deviennent des dettes de la succession même du donataire; qu'ainsi tous les héritiers du donataire en sont tenus, chacun pour sa part et portion, et que l'ascendant donateur, qui, est aussi héritier, ne peut y être seul obligé sur les biens qu'il avait donnés, et qui se retrouvent dans la communauté.

Il faut répondre que les reprises du conjoint sont des charges réelles et privilégiées, établies sur les biens mêmes de la communauté; qu'elles confèrent le droit de prendre ces biens *en nature*, et qu'ainsi elles ne sont pas seulement des dettes qui peuvent s'exercer sur la succession de l'autre conjoint; qu'en effet, le mari n'a pas le droit d'exercer ses reprises sur les biens personnels de la femme; que la femme n'a le droit d'exercer ses reprises sur les biens personnels du mari, qu'après avo.r épuisé tous les biens de la communauté, et que de tout cela il résulte que le donataire n'avait pas seulement hypothéqué aux reprises et indemnités de son conjoint les biens qui lui avaient été donnés, mais qu'il les avait réellement aliénés pour ces reprises et indemnités, et qu'en définitif, l'aliénation se trouvant consommée par le droit qu'exerce le conjoint de prendre ces biens en nature, il n'existe plus de matière à réversion pour l'ascendant donateur.

5° Il reste à examiner, pour le cas où les biens de la communauté n'ont pas été entièrement absorbés par les reprises ou indemnités du conjoint du donataire, si l'ascendant n'a pas, au moins, le droit de reprendre une partie des biens qu'il avait donnés.

Ne peut-il pas exiger que les reprises du conjoint du donataire soient exercées *proportionnellement* sur tous les biens de la communauté, et ne soient pas prises de préférence sur les biens qu'il avait donnés ?

Mais, suivant l'art. 1471, lorsque la femme exerce ses reprises sur les immeubles de la communauté, le choix des immeubles lui est déféré, ainsi qu'à ses héritiers ; elle a donc le droit de prendre, pour ses reprises, les biens qui avaient été donnés à son mari, par préférence à tous les autres biens de la communauté, et il est certain que le donataire, en mettant dans la communauté les biens qui lui avaient été donnés, les a soumis particulièrement à cette préhension.

Néanmoins, je pense que le conjoint du donataire ne peut pas ainsi, par son propre fait, anéantir les droits de l'ascendant donateur, et que l'ascendant doit être admis à reprendre d'autres biens de la communauté, en remplacement de ceux que la loi lui réservait. Les reprises et les indemnités de la femme ne sont pas moins des dettes de la communauté toute entière, quoique la femme ait le droit de choisir les biens sur lesquels elle veut exercer ses créances : elles n'en sont pas moins des dettes de la succession du mari, puisque cette succession comprend la part qui reste au mari dans la communauté ; Or, l'ascendant, qui vient comme héritier, ne peut-être tenu de contribuer aux dettes de la succession, que *pro modo emolumenti;* et comme il devrait être indemnisé par les autres héritiers, à raison des dettes qui se trouveraient spécialement hypothéquées sur les biens par lui donnés, de même il doit être indemnisé à raison de ce que les reprises et les indemnités du conjoint du donataire, sont entièrement prélevées sur les biens qui lui sont affectés et qui existent en nature.

24. Lorsque le donataire a aliéné, soit à titre onéreux, soit à titre gratuit, les choses qui lui avaient été données, l'ascendant donateur a-t-il, après la mort du donataire décédé sans postérité,

le droit qu'aurait eu le donataire lui-même, de demander la nullité ou la rescision des aliénations, ou d'exercer l'action en rachat, mais en remboursant de ses propres deniers ce qui a été payé au donataire?

Puisque l'ascendant donateur reprend à titre d'héritier du donataire, les choses par lui données, il est hors de doute qu'en cette qualité d'héritier, il a le droit qu'aurait eu le donataire lui-même, d'attaquer par voie de nullité ou de rescision tous les actes d'aliénation que le donataire peut avoir consentis, à titre gratuit ou onéreux, de tout ou de partie des biens donnés; et qu'il a également le droit d'exercer, à raison de ces biens, l'action en rachat ou réméré, que le donataire aurait pu former lui-même. Les héritiers jouissent de tous les droits qui appartiennent aux personnes dont ils prennent la place et les biens.

Vainement on dirait que l'art. 747 n'accorde à l'ascendant donateur, que le droit de reprendre les objets donnés, qui se retrouvent en nature dans la succession, et que, pour le cas où ces objets ont été aliénés, il n'accorde à l'ascendant donateur, que le prix qui reste dû et l'action en reprise qu'avait le donataire.

Il est évident que cette restriction n'a été faite qu'afin que l'ascendant donateur ne vînt pas réclamer sur la succession du donataire, la valeur ou le remplacement des biens donnés, qui auraient été aliénés.

Mais, dans l'espèce, elle est étrangère aux tiers détenteurs; elle ne peut pas leur conférer le droit exorbitant de conserver les biens, quoique les aliénations soient nulles, ou rescindables, ou sujettes à rachat.

Les autres héritiers ne peuvent pas plus s'en prévaloir, pour soutenir qu'à eux seuls appartient le droit de former les demandes en nullité, en rescision, ou en rachat, et qu'eux seuls doivent en profiter : car si, par l'effet de ces demandes, ils faisaient rentrer dans la succesion les biens donnés, ces biens seraient censés avoir fait partie de la succession, dès le moment de son ouverture Lorsqu'une aliénation est annullée, ou rescindée, ou anéantie par l'exercice de la faculté de rachat, elle se trouve résolue *ex tunc* et non pas *ex nunc*: la résolution a toujours un effet rétroactif au temps du contrat; le bien est donc considéré comme ayant toujours été la propriété du vendeur, et c'est d'après ce principe, qu'il n'est grevé d'aucune des charges, ou hypotèques, qui peuvent avoir été constituées par l'acquéreur.

Mais aussi, il est hors de doute que l'ascendant qui, par la voie de l'annullation, de la rescision, ou du rachat, rentre dans la propriété des biens qu'il avait donnés, doit rembourser, de ses propres deniers, les sommes qui avaient été payées au donataire. ainsi que les intérêts, et le montant des impenses et améliorations.

Ce qui a été reçu par le donataire, n'est, dans aucun cas, sujet à répétition de la part du donateur. Comme le donateur ne peut, lorsque les biens par lui donnés ont été aliénés par le donataire, réclamer que le prix qui reste dû, sans avoir le droit de répéter contre la succession du donataire ce que celui-ci avait reçu à compte du prix des aliénations, par la même raison, il ne peut, lorsqu'il rentre dans la propriété de ces biens aliénés par le donataire, répéter contre la succession ce que le donataire avait reçu.

25. En reprenant les immeubles qu'il avait donnés, l'ascendant profite de tout ce qui a été uni et incorporé à ces immeubles, *par accession naturelle*, depuis le moment de la donation.

Suivant l'art 746 du Code civil, la propriété d'une chose, soit mobilière soit immobilière, donne droit sur tout ce qui s'y unit accessoirement, soit naturellement, soit artificiellement. Ce droit s'appelle *droit d'accession*.

Ainsi, l'ascendant profite des attérissemens et des accroissemens qui se sont formés, suivant les articles 556 et 557, aux fonds qu'il avait donnés.

Il profite également de ce qui est attribué au propriétaire de ces fonds, par les art. 559, 561, 562, 563, et 564.

Pour aucune de ces alluvions ou accessions naturelles, il ne doit d'indemnité à la succession du
donataire, parce qu'elles n'ont rien coûté au donataire, qu'elles ne proviennent, ni de son fait,
ni de son industrie, et qu'elles sont attachées au
fonds par la seule volonté de la loi.

Mais l'ascendant ne peut profiter des accessions
artificielles, c'est-à-dire, de celles qui ont eu lieu
par le fait ou l'industrie du donataire, qu'en en
remboursant la valeur : il ne doit pas s'enrichir,
aux dépens du donataire ou de ses héritiers.

Il est donc tenu de rembourser les impenses
utiles, qui ont été faites par le donataire sur les
biens donnés.

Toutefois, il ne peut être obligé de les rembourser, à raison de ce qu'elles ont coûté, mais
seulement eu égard à ce dont la valeur de l'immeuble se trouve augmentée, au moment où le
droit de réversion est ouvert. (art. 861.)

Il est encore tenu de rembourser les impenses
nécessaires, qui ont été faites pour la conservation des biens donnés, lors même qu'elles n'auraient pas amélioré le fonds, parce qu'il aurait
dû les faire lui-même, s'il était resté propriétaire,
et qu'ainsi elles doivent être à sa charge, lorsqu'il reprend la propriété. (862.)

Mais il n'est pas tenu des dépenses usufruitières
et d'entretien, qui ont été faites par le donataire :

32.

elles étaient à la charge du donataire qui percevait les jouissances.

Il n'est pas même tenu des dépenses de *pur agrément*, qui n'ont pas augmenté la valeur réelle de l'immeuble: puisqu'il n'en tire aucun profit, il n'en doit pas le remboursement.

Mais, s'il refuse de les rembourser, les héritiers du donataire ont le droit de retirer ce qui peut s'enlever *sine rei detrimento*, et en rétablissant les choses telles qu'elles étaient au moment de la donation.

Enfin l'ascendant ne peut réclamer aucune indemnité, ni à raison des dégradations et détériorations que le donataire a commises sur les biens donnés, ou qui ont été commises par sa faute, ni à raison des pertes que les biens peuvent avoir éprouvées, comme la prescription d'une servitude active ou d'une rente, l'établissement d'une servitude passive, des usurpations de terrains; etc., etc.

Le donataire n'avait pas un simple dépôt; il avait la pleine propriété des biens qui lui avaient été donnés; il pouvait donc user et abuser; et comme il aurait pu aliéner, soit à titre onéreux, soit à titre gratuit, sans que sa succession fût chargée, envers l'ascendant donateur, ni d'indemnité ni de restitution, à plus forte raison il n'y a lieu à aucune indemnité ou restitution, raison des dégradations et des pertes, qui proviennent de son fait.

ARTICLE 748.

Lorsque les père et mère d'une personne morte sans postérité lui ont survécu, si elle a laissé des frères, sœurs, ou descendans d'eux, la succession se divise en deux partions égales, dont moitié seulement est déférée au père et à la mère, qui la partagent entr'eux également.

L'autre moitié appartient aux frères, sœurs, ou descendans d'eux, ainsi qu'il sera expliqué dans la section V du présent chapitre.

1. Cet article accorde au père et à la mère du défunt, un droit que l'art. 746 a refusé aux autres ascendans.

Suivant l'art. 746, les ascendans sont exclus en général par les frères ou sœurs du défunt, et même par les descendans de ces frères ou sœurs.

Mais, suivant l'art. 748, les père et mère d'une personne morte sans postérité, sont admis à lu succéder, concurremment avec ses frère et sœurs, ou les descendans d'eux.

Il est juste en effet, que les père et mère ne soient pas exclus des successions de leurs enfans, par leurs autres enfans qui survivent; et il n'est pas besoin de motiver la préférence qui leur est accordée à cet égard sur les autres ascendans, qui, se trouvant à des degrés plus éloignés, n'ont plus le même droit pour concourir avec les frères et sœurs du defunt.

2 D'après la Novelle 118, les père et mère et les frères et sœurs partageaient entr'eux, par tête : chacun d'eux prenait une part égale dans la succession.

Lors donc qu'il y avait trois frères ou sœurs, le père et la mère n'avaient chacun que la cinquième portion des biens de la succession, et les trois autres cinquièmes appartenaient aux frères ou sœurs.

L'art. 748 du Code civil fixe la portion des père et mère à la moitié de la succession, quelque soit le nombre des frères ou sœurs.

Ainsi, trois frères ou sœurs n'ont entr'eux tous que la moitié des biens du défunt, s'il a laissé son père et sa mère.

Mais aussi, quand il n'y aurait qu'un frère, il aurait, pour lui seul, la moitié, et les père et mère ne pourraient réclamer que l'autre moitié, au lieu que, suivant la Novelle 118, chacun d'eux aurait eu le tiers.

La moitié est déférée au père et à la mère, se partage entr'eux également : il n'appartient à chacun d'eux que le quart de la succession entière.

3. Les descendans des frères ou sœurs du défunt jouissent, à l'égard des père et mère, des mêmes droits que les frères ou sœurs eux-mêmes ; c'est-à-dire, qu'ils prennent la moitié de la succession du défunt, quelque soit leur nombre, et que l'autre moitié seulement est déférée au père ou à la mère.

Cela ne peut faire difficulté pour le cas où les descendans de frères ou de sœurs du défunt sont habiles à représenter, puisque, par le bénéfice de la représentation, ils montent au degré des frères ou sœurs, qu'ils en prennent la place et jouissent de leurs droits, et qu'en conséquence ils doivent, comme les frères ou sœurs, concourir avec le père et la mère du défunt.

Mais en doit-il être de même à l'égard des descendans de frères ou de sœurs, qui ne se trouvent pas dans les cas de représentation ?

Par exemple, les descendans d'un frère qui a été déclaré indigne de succéder au défunt, ou qui a renoncé à la succession, ont-ils le droit, comme il l'aurait eu lui-même, et quoiqu'ils ne le représentent pas également, de concourir avec les père et mère du défunt ?

Il faut répondre que l'art. 746 dispose, à l'é-
gard de tous les descendans de frères ou de
sœurs, qu'ils concourent avec les père et mère,
sans établir aucune distinction entre ceux qui
jouissent du droit de représentation, et ceux qui
n'en peuvent jouir.

Et, en effet, la représentation n'a été admise
et ordonnée à l'égard des descendans de frères
ou de sœurs, que par l'art. 742 du Code civil;
et par cet article elle n'a été admise et ordonnée
que pour le cas du concours, soit entre des
frères ou sœurs et des descendans d'autres
frères ou sœurs, soit entre des descendans, à degrés égaux ou inégaux, de plusieurs frères ou
sœurs.

Par aucun article du Code, elle n'a été admise
ou ordonnée pour le cas du concours entre les
père et mère du défunt et les descendans de
frères ou de sœurs.

On trouvera cette solution plus amplement
développée dans le n° 5 des observations sur l'ar
ticle 750.

Tableau XLIII.

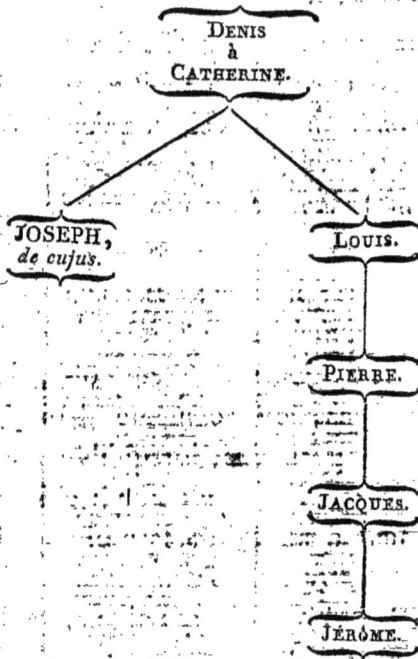

DENIS
à
CATHERINE.

JOSEPH,
de cujus.

LOUIS.

PIERRE.

JACQUES.

JÉRÔME.

La succession de *Joseph* décédé sans postérité, appartiendra pour moitié, à *Denis* et à *Catherine*, ses père et mère; l'autre moitié appartiendra à *Louis*, frère du défunt.

Si *Louis* était prédécédé, la moitié appartiendrait à *Pierre* son fils.

Si *Pierre* était également prédécédé, la moitié appartiendrait à *Jacques*.

Enfin, si *Louis*, *Pierre* et *Jacques* étaient tous

prédécédés, *Jérôme*, qui n'est cependant qu'un arrière-petit-neveu de *Joseph*, aurait également la moitié de la succession, quoiqu'il se trouvât en concours avec les père et mère de *Joseph* : il concourrait et aurait la moitié, soit qu'il représentât *Louis* son bisaïeul, et qu'en prenant sa place et son degré il prît aussi ses droits; soit qu'il ne pût le représenter, par la raison que *Pierre* et *Jacques*, ou l'un d'eux seulement, auraient été déclarés indignes de succéder à *Louis*, ou auraient renoncé à sa succession.

4. Les frères ou sœurs d'un seul côté, ainsi que leurs descendans, ont le même droit que les frères ou sœurs germains, lorsqu'ils concourent avec les père et mère du défunt; c'est-à-dire, qu'ils prennent également à la moitié de la succession.

L'art. 748 ne fait à leur égard aucune distinction, et la même disposition se trouve répétée dans l'art. 751, en termes généraux et sans exception.

Vainement on opposerait que, s'il n'y avait qu'un frère consanguin, ou qu'un frère utérin, la ligne dans laquelle se trouverait ce frère, aurait les trois quarts de la succession; que l'autre ligne n'aurait que le quart; et que cependant, suivant la règle générale établie par l'art. 733, toute succession échue à des descendans ou à des collatéraux, doit se diviser en deux parts

égales, l'une pour les parens de la ligne paternelle, l'autre pour les parens de la ligne maternelle.

Il faut répondre que l'art. 733 fait une exception pour le cas prévu par l'art. 752, et que ce
dernier article dispose expressément qu'après le
prélèvement de la moitié en faveur des père et
mère du défunt, ou du quart en faveur du père,
ou de la mère, qui seul a survécu, le reste de la
succession appartient aux frères ou sœurs, même
d'un seul côté, à l'exclusion de tous autres parens de l'autre ligne.

Il résulte donc évidemment des dispositions
combinées des art. 733, 748, 749, 751 et 752,
1º que les père et mère du défunt ne peuvent
jamais avoir que la moitié de la succession;
lorsqu'ils concourent, soit avec des frères ou
sœurs germains du défunt, soit avec des frères
ou sœurs d'un seul côté, soit avec des descendans
des uns ou des autres; 2º que l'autre moitié de la
succession appartient aux frères ou sœurs, soit
germains, soit d'un seul côté, ainsi qu'à leurs descendans, à l'exclusion de tous autres parens.

Ce n'est qu'entre les frères et sœurs, que l'on
doit distinguer s'ils sont avec le défunt, ou germains, ou d'un seul côté, pour diviser entr'eux la
moitié qui leur est attribuée conjointement. Dans
cette moitié qui doit se diviser en deux parts
égales, l'une pour la ligne paternelle, l'autre

pour la ligne maternelle, les frères et sœurs germains prennent dans les deux lignes, et les frères et sœurs d'un seul côté ne prennent que dans une seule ligne; ensorte que, dans une succession qui est déférée, d'une part au père et à la mère du défunt, d'autre part à un frère germain et à un frère consanguin ou utérin, le père et la mère prennent quatre portions sur huit, le frère germain prend trois des quatre portions qui restent, et le frère consaguin ou utérin n'a qu'une huitième portion.

Mais, s'il n'y avait qu'un frère consanguin ou utérin, avec le père et la mère du défunt, il aurait, pour lui seul, la moitié de la succession, comme l'aurait eue un frère germain, parce qu'aux termes des articles précités, la division linéaire qui a lieu à l'égard des frères ou sœurs entr'eux, n'est point admise à l'égard des père et mère, dont les droits sont toujours déterminés à la moitié de la succession, pour tous les cas où le défunt a laissé des frères ou sœurs, même d'un seul côté.

Et tout ce qui vient d'être dit, s'applique également aux descendans des frères ou sœurs d'un seul côté, parce qu'ils sont placés dans la même classe que les frères et sœurs et qu'ils jouissent des mêmes droits.

Tableau XLIV.

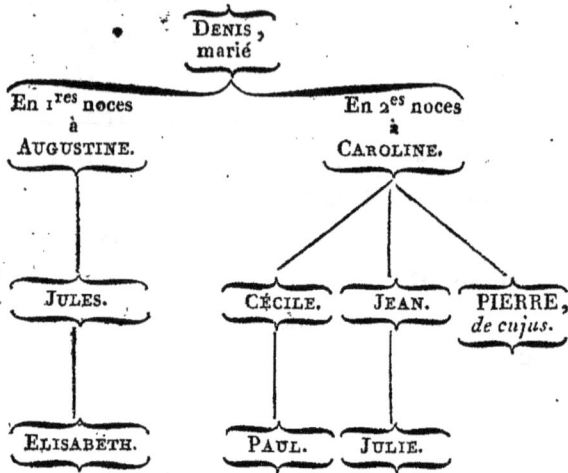

Pierre est mort sans postérité, laissant *Denis* et *Caroline*, ses père et mère, *Jean* son frère germain, *Cécile* sa sœur germaine et *Jules* son frère consanguin.

Dans sa succession que je divise en douze portions, *Denis* et *Caroline*, ses père et mère, prendront six portions, qui forment la moitié de la masse.

Les six autres portions, qui sont attribuées aux frères et sœurs conjointement, seront divisées, suivant la règle établie par l'art. 733, en deux parts égales, l'une pour les parens de la ligne paternelle, l'autre pour les parens de la ligne maternelle.

Ainsi, trois de ces portions appartiendront à *Jean* et à *Cécile*, qui se trouvent seuls dans la ligne paternelle de *Pierre*.

Les trois dernières portions seront partagées par tête entre *Jean*, *Cécile* et *Jules*, parce qu'ils sont tous les trois, et au même degré, de la ligne maternelle.

Il en résulte que, dans la masse de la succession, *Denis* et *Caroline* auront six portions sur douze; que *Jean* et *Cécile* auront cinq portions qu'ils diviseront entr'eux par tête; et que la douzième portion seulement appartiendra à *Jules*.

Julie aurait la même portion que *Jean*, s'il était décédé avant *Pierre*.

Paul aurait également la même portion que *Cécile* sa mère; *Elisabeth* la même portion que *Jules* son père, si *Cécile* et *Jules* étaient précédés.

Enfin, dans le cas où *Denis*, *Caroline* et *Jules* auraient seuls survécu à *Pierre*, toujours *Denis* et *Caroline* n'auraient que la moitié de la succession; *Jules* aurait seul l'autre moitié; et même si *Jules* était également décédé avant *Pierre*, sa fille *Elisabeth*, habile à le représenter, aurait aussi, pour elle seule, la moitié de la succession.

6. La disposition de l'art. 748 ne statue que sur le cas où le défunt a laissé, d'une part ses père et mère, d'autre part des frères, ou sœurs, ou des descendans deux.

Mais, si le défunt n'a laissé ni frères ni sœurs, ni descendans d'eux, les père et mère survivant n'auront-ils que la moitié de la succession, et l'autre moitié sera-t elle déférée, soit aux autres ascendans, soit aux parens collatéraux, qui ne sont pi frères ni sœurs du défunt, ni descendans de frères ou de sœurs?

La réponse à cette question se trouve dans la disposition de l'art. 746.

1° Suivant cet article, si le défunt n'a laissé ni postérité, ni frères ni sœurs, ni descendans d'eux, sa succession est déférée à ses ascendans; donc le père et la mère excluent tous les parens collatéraux, qui ne sont ni frères, ni sœurs du défunt, ni descendans de frères ou sœurs.

2° L'article ajoute que l'ascendant, qui se trouve au degré le plus proche, recueille la moitié affectée à sa ligne, à l'exclusion de tous autres.

Donc le père exclut tous les autres ascendans paternels, et la mère exclut également tous les autres ascendans maternels; ensorte qu'ils recueillent conjointement la totalité de la succession, si le défunt n'a laissé ni frères, ni sœurs, ni descendans d'eux.

ARTICLE 749.

Dans le cas où la personne morte sans postérité, laisse des frères, sœurs, ou descendans d'eux, si le père, ou la mère, est prédécédé, la portion qui lui aurait été dévolue, conformément au précédent article, se réunit à la moitié déférée aux frères, sœurs, ou à leurs représentans, ainsi qu'il sera expliqué à la section V du présent chapitre.

1. L'article 748 a prévu le cas où le père et la mère du défunt lui ont survécu l'un et l'autre : l'art. 749 statue sur le cas où l'un deux seulement a survécu à son enfant.

Suivant l'art. 748, lorsque le père et la mère viennent en concours avec des frères ou sœurs du défunt, ou avec des descendans de ces frères ou sœurs, ils ont chacun le quart de la succession de leur enfant décédé sans postérité.

Mais, si l'un deux était mort avant son enfant, à qui doit revenir le quart qui lui aurait été déféré, s'il eût survécu ?

Le survivant des père et mère, ne pourrait réclamer, par droit de représentation, la part qui aurait appartenu au prédécédé; car la représentation n'est pas admise en ligne directe ascendante.

D'un autre côté, le survivant des père et mère, n'étant pas de la même ligne que celui d'entr'eux qui est prédécédé, il ne peut profiter de la part que ce prédécédé aurait eue, lorsqu'il y a dans sa ligne des parens au degré successible : l'article 733 n'accorde la dévolution d'une ligne à l'autre, que lorsqu'il n'y a pas d'ascendant, ou de collatéral, dans l'une des deux lignes.

Si donc le défunt a laissé des frères ou sœurs, ou des descendans d'eux, c'est à eux qu'est déférée la portion qui aurait appartenu à celui des père et mère, qui est prédécédé : cette portion se réunit à la moitié qui déjà leur a été attribuée par l'art. 748.

Ainsi, le frère du défunt, qui vient en concours, ou avec le père seul, ou seulement avec la mère, prend les trois quarts de la succession ; et le même droit appartient à tous ses descendans.

Tableau XLV.

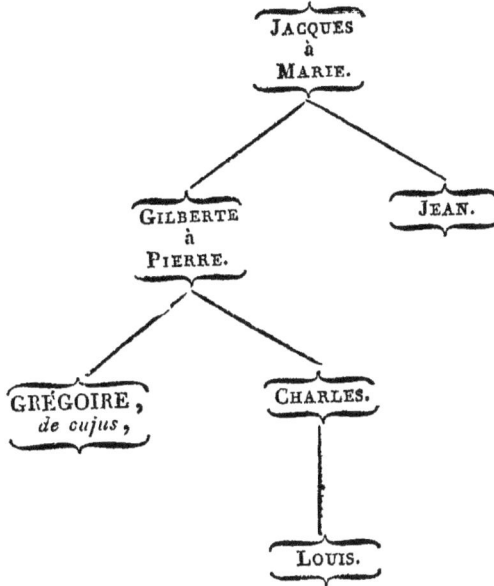

Si *Grégoire* est mort sans postérité, après *Gilberte* sa mère, le quart de sa succession appartient à *Pierre* son père, et les trois autres quarts appartiennent à *Charles* son frère, ou à *Louis* son neveu, en cas de prédécès de *Charles*.

Le quart qui aurait appartenu à *Gilberte*, si elle avait survécu a *Grégoire* son fils, ne sera pas déféré à *Pierre*, qui ne peut représenter *Gilberte*, et qui n'est pas de la même ligne.

Il ne sera pas déféré à *Jacques* et à *Marie*, père

et mère de *Gilberte*, parce qu'ils ne peuvent représenter leur fille, et que d'ailleurs, suivant l'art. 746, tous autres ascendans que les père et mère du défunt, sont exclus par les frères ou sœurs du défunt, et par les descendans de ces frères ou sœurs.

2. Il n'y a pas plus à distinguer sur l'art. 749, que sur l'art. 748, si les frères et sœurs survivans sont frères ou sœurs germains du défunt, ou seulement d'un seul côté. Les dispositions des deux articles sont également générales et sans exception.

Vainement on voudrait dire encore ici qu'en contravention à l'art. 733 une seule ligne aurait la totalité de la succession, si la mère se trouvait en concours avec un frère utérin du défunt, ou le père avec un frère consanguin.

J'ai déjà répondu à cette objection, dans le n° 4 des observations sur l'art. 748. Il ne peut plus y avoir de difficulté, d'après la disposition formelle de l'art. 752.

3. Il n'y a pas à distinguer, non plus, si les descendans de frères ou de sœurs jouissent, ou non, du droit de représentation.

On a vu dans le n° 3 des observations sur l'article 748, que la représentation n'est ni admise, ni nécessaire, pour le cas du concours avec les père et mère. Elle ne peut pas l'être d'avantage pour le cas du concours, ou avec le père seul, ou avec la mère seulement.

33.

4. Lorsque le défunt n'a laissé ni frères, ni sœurs, ni descendans d'eux, le survivant des père et mère ne doit il avoir que le quart de la succession?

On verra, sur l'art. 753 auquel je renvoie, que le survivant des père et mère doit avoir la moitié de la succession, dans tous les cas où le défunt n'a laissé ni postérité, ni frères, ni sœurs, ni descendans d'eux.

SECTION V.

[Des successions collatérales.

ARTICLE 750.

En cas de prédécès des père et mère d'une personne morte sans postérité, ses frères, sœurs, ou leurs descendans, sont appelés à la succession, à l'exclusion des ascendans et des autres collatéraux. Ils succèdent, ou de leur chef, ou par représentation, ainsi qu'il a été réglé dans la section II du présent chapitre.

1. La première partie de cet article contient deux dispositions qu'il refaut pas confondre.

L'une donne aux frères ou sœurs du défunt, ou à leurs descendans, le droit de succéder, à l'exclusion des ascendans du défunt ; l'autre leur donne le droit de succéder, à l'exclusion des autres collatéraux.

La première est une conséquence, ou plutôt une répétition de l'article 746, qui n'admet les ascendans à succéder que lorsque le défunt n'a laissé ni postérité, ni frères, ni sœurs, ni descendans de frères ou de sœurs,

Mais au nombre des ascendans exclus ne se trouvent pas compris les père et mère du défunt, car on voit, au commencement de l'article 750, qu'il ne statue que pour le cas de prédécès des père et mère, c'est-à-dire, pour le cas où le défunt n'a laissé ni son père ni sa mère : on a vu, d'ailleurs, dans les articles 748 et 749, que les père et mère du défunt concourent avec les frères ou sœurs, et avec les descendans de frères ou de sœurs.

La seconde disposition de l'article 750, qui appelle à la succession les frères, ou sœurs, ou leurs descendans, à l'exclusion des autres collatéraux, est générale et absolue. Elle prononce, au profit des frères, ou sœurs, ou de leurs descendans, l'exclusion de tous les autres collatéraux, sans aucune exception, sans aucune distinction quant aux degrés de parenté.

Mais il faut bien remarquer que l'article 750

commence par dénommer les frères, les sœurs et
leurs descendans ; qu'il parle ensuite des autres
collatéraux ; et qu'ainsi par ces mots, *les autres
collatéraux*, il n'entend désigner que ceux des
collaté aux, qui ne sont ni frères ou sœurs du
défunt, ni descendans de ces frères ou sœurs.

Sa véritable signification est donc que les frères
ou sœurs du défunt, ou les descendans de ces
frères ou sœurs, succèdent, à l'exclusion de tous
les collatéraux qui ne sont ni frères ou sœurs, ni
descendans de frères ou de sœurs.

Il n'a donc pour objet de régler les droits des
frères ou sœurs du défunt, ou de leurs descendans, qu'à l'égard des autres collatéraux seulement, mais non pas de régler les droits des frères
ou sœurs, ou de leurs descendans, *entr'eux*.

Pour sentir combien il était nécessaire de faire
remarquer cette distinction, il suffit de se repor-
ter aux nᵒˢ ı5 et ı8 des observations sur l'article 733, et au nᵒ 6 des observations sur l'ar.
ticle 734.

C'est par ces deux articles, et encore par les
articles 742 et 743, que sont réglés, entre les
frères et sœurs, ou leurs descendans, les droits
respectifs qui peuvent résulter, soit de la différence des lignes dont ils sont issus, soit de la
proximité des degrés de parenté, soit du bénéfice de la représentation.

2, il faut remarquer encore que la première

partie de l'art. 750 se borne à dire que les frères ou sœurs, ou leurs descendans, sont appelés, à l'exclusion des autres collatéraux et des ascendans au-dessus du degré de père ou de mère. Elle ne dit pas qu'après cette exclusion, les frères ou sœurs survivans, et les descendans d'autres frères ou sœurs prédécédés, sont toujours appelés conjointement, ni qu'ils succèdent de la même manière et pour des parts égales.

Mais le cas et le mode du concours sont indiqués dans la seconde partie de l'article, qui dispose que les frères ou sœurs, ou leurs descendans, succèdent, ou de leur chef, ou par représentation, *ainsi qu'il a été réglé par la section II du présent chapitre.*

En remontant à cette section, on y voit, dans les articles 742 et 743, que les frères ou sœurs survivans sont les seuls qui succèdent de leur chef; que, s'il y a des descendans de plusieurs frères ou sœurs, ils ne peuvent succéder, soit entr'eux, soit avec les frères ou sœurs survivans, que par représentation; que, dans les cas où tous les héritiers viennent de leur chef, le partage se fait par tête, et que, dans tous les cas où des héritiers sont admis par représentation, le partage s'opère par souches.

Ainsi, en combinant la première et la seconde partie, de l'art. 750, voici quels sont les résultats,

toujours en supposant que le défunt n'a laissé
ni postérité, ni père, ni mère.

1° Si le défunt a laissé des frères ou sœurs,
mais n'a laissé aucun descendant de frère ou de
sœur, les frères ou sœurs survivans succèdent de
leur chef, à l'exclusion des ascendans et des
autres collatéraux. Ils partagent entr'eux par tête
la totalité de la succession.

· 2° Si le défunt a laissé des frères, ou sœurs,
et des descendans d'autres frères ou sœurs, les
premiers viennent toujours de leur chef, et les
seconds ne peuvent venir que par représentation. Tous ils excluent les ascendans et les autres
collatéraux, et le partage s'opère entr'eux par
souche.

Mais si, parmi les descendans de frères ou de
sœurs, il s'en trouve qui, dans les cas prévus par
les art. 730, 744 et 785, ne puissent représenter. ils ne profitent pas de l'exclusion des ascendans ou des collatéraux, puisqu'ils sont eux mêmes
exclus par les frères ou sœurs survivans, ainsi
que par les descendans qui peuvent représenter :
dans ce cas, la totalité de la succession est déférée aux frères ou sœurs survivans, et aux descendans qui représentent d'autres frères ou sœurs
prédécédés.

3° Si le défunt n'a pas laissé de frères ou de
sœurs, mais seulement des descendans de plusieurs frères ou sœurs, ces descendans ne

peuvent succéder conjointement que par droit
de représentation, et le partage entr'eux doit
s'opérer par souche; en conséquence, si, parmi
eux, il s'en trouve qui ne puissent pas représenter, ils sont exclus par tous ceux qui représentent,
lors même que ceux-ci seraient personnellement
à des degrés plus éloignés.

Telles sont les règles que l'on trouve établies
dans la section II du chapitre III du titre *des
Successions ;* et le législateur a cru devoir les rappeler dans la deuxième partie de l'article 750,
afin que, de ces expressions générales qui se
trouvent dans la première partie, *les frères,
sœurs, ou leurs descendans, sont appelés à la succession, à l'exclusion des ascendans et des autres
collatéraux,* on ne put pas conclure que les
frères, les sœurs et leurs descendans devaient
toujours être appelés conjointement et de la
même manière.

3. Il est sans difficulté que les frères ou sœurs
germains, ou leurs descendans, excluent *dans
les deux lignes paternelle et maternelle,* soit
les autres collatéraux, soit les ascendans au-dessus
du degré de père ou de mère.

L'article 750, en les appelant à la succession,
ne fait pas de distinction entre les deux lignes;
et d'ailleurs, puisque les frères et sœurs germains, ainsi que leurs descendans, tiennent au
défunt par les deux lignes, il n'y aurait pas de

motif raisonnable pour qu'ils fussent préférés aux autres collatéraux et aux autres ascendans, dans l'une des lignes seulement, et qu'ils ne fussent pas également préférés dans l'autre.

L'art. 733 établit, en règle général, que les parens germains prennent part dans les deux lignes.

4. Mais les frères ou sœurs qui ne sont que consanguins ou seulement utérins avec le défunt, et les descendans de ces frères ou sœurs, excluent-ils également les autres collatéraux et les ascendans, non-seulement dans leur propre ligne, mais encore dans la ligne qui leur est étrangère, c'est-à-dire, dans celle par laquelle ils ne tiennent pas au défunt ?

Cette question a été controversée.

L'article 733, a-t-on dit pour la négative, dispose, *en règle générale*, que toute succession échue à des ascendans ou à des collatéraux, se divise en deux parts égales, l'une pour les parens de la ligne paternelle, l'autre pour les parens de la ligne maternelle; que les parens utérins ou consanguins ne prennent part que dans leur ligne, *sauf ce qui sera dit à l'art.* 752 *;* que les germains prennent part dans les deux lignes, et qu'il ne se fait aucune dévolution d'une ligne à l'autre, que l'orsqu'il ne se trouve aucun ascendant ni collatéral de l'une des deux lignes.

La disposition de l'article 750 serait donc une

exception à la règle générale établie dans l'article 733, si elle était interprétée dans le sens que les frères utérins ou consanguins, ou leurs descendans, excluraient; *même hors de leur ligne*, les ascendans et les autres collatéraux.

Mais l'article 733, après avoir établi la règle générale, n'a annoncé qu'une seule exception, et il l'a spécialement restreinte à ce qui serait dit dans l'article 752.

Il n'y a donc réellement d'exception, que pour le cas prévu dans l'article 752, et conséquemment le cas prévu dans l'art. 750, doit rester soumis à la règle générale, puisqu'il n'en a pas été excepté.

Il a été répondu à cette objection, que de la combinaison des art. 733, 746, 750 et 752, il résulte très-clairement que le législateur a voulu que les frères ou sœurs, même d'un seul côté, ainsi que leurs descendans, fussent, dans tous les cas, préférés, pour la totalité de la succession, à tous autres parens collatéraux, et à tous autres ascendans que les père et mère, qu'évidemment la disposition de l'article 750, qui est conçue en termes généraux, contient exception à la règle précédemment établie par l'article 733, et que, s'il en était autrement, il y aurait dans la loi une foule d'incohérences et de contradictions.

En effet, 1° d'après l'exception qui se trouve à la fin de l'art. 752, lorsque la mère du défunt est seule en concours avec un frère utérin, la ligne maternelle prend la totalité de la succession, puisqu'en ce cas cesse au profit du frère utérin le règle de la division entre les deux lignes. De même, si le père du défunt se trouve seul en concours avec un frère consanguin, la totalité de la succession est déférée à la ligne paternelle, à l'exclusion des ascendans et des collatéraux de l'autre ligne.

Pourquoi donc le législateur a-t-il voulu que, dans l'un et l'autre cas, une seule ligne eût tous les biens; que le frère, ou la sœur, d'un seul côté, recueillît les trois quarts de la succession, et que la division, au moins de ces trois quarts, ne fût pas faite entre les deux lignes, conformément à la règle établie par l'art. 733?

Il est certain que le législateur n'a disposé ainsi, que parce qu'il a pensé que, pour se conformer à l'ordre naturel des affections du defunt, il devait donner la préférence au frère ou à la sœur même d'un seul côté, ainsi qu'à leurs descendans, sur tous les autres collatéraux et sur tous les ascendans des deux lignes.

Or, ce motif ne s'applique-t-il pas nécessairement au cas où le défunt n'a laissé ni père ni mère, qui est le cas prévu dans l'art. 750? Les frères et sœurs, ainsi que leurs descendans, ne sont-ils pas toujours, dans ce cas comme dans le précédent,

les premiers dans l'ordre naturel des affections
du défunt?

Puisque, dans le cas où le défunt n'a laissé
que sa mère, le quart de la succession, qui aurait
appartenu au père, si ce père avait survécu, se
trouve déféré, par l'art. 752, au frère utérin du
défunt, et non pas aux ascendans ou collatéraux
de la ligne paternelle, pourquoi donc, par le
même motif et toujours en suivant l'ordre des
affections du défunt, l'autre quart qui se trouverait disponible, si la mère était aussi décédée, ne
serait-il pas également déféré au frère utérin?
Pourquoi serait-il, plutôt que le quart qui aurait
appartenu au père, déféré aux ascendans ou collatéraux de la ligne paternelle?

Le concours de la mère, dans le premier cas,
ne change rien à l'identité des motifs. Si, dans
l'ordre naturel des affections du défunt, le frère
utérin ne devait pas être généralement préféré à
tous les ascendans et à tous les collatéraux des
deux lignes, il ne devrait, en concourant avec
sa mère qui a le quart de la succession, prendre
lui-même qu'un autre quart, et l'autre moitié devrait être déférée à la ligne paternelle.

Mais le motif tiré de l'ordre naturel des affections du défunt, faisant, en ce cas, attribuer au
frère utérin les trois quarts de la succession, à
l'exclusion des ascendans et des collatéraux de la
ligne paternelle, le même motif doit également

faire attribuer à ce frère utérin la totalité de la
succession, sans aucun partage avec la ligne paternelle, lorsque le défunt n'a laissé ni père, ni
mère.

Il est évident qu'en admettant une distinction
entre ces deux cas, quoique les raisons de décider soient absolument les mêmes, ce serait
tomber dans une inconséquence réelle.

2° En admettant la distinction, il faudrait supposer encore que le frère d'un seul côté, qui aurait, en vertu de l'art. 752, les trois quarts de la
succession, lorsqu'il se trouverait en concours
avec le père ou avec la mère du défunt, n'aurait
cependant, en vertu de l'art. 750, que la moitié
de cette même succession, s'il ne se trouvait en
concours qu'avec un parent bien plus éloigné que
le père ou la mère; en sorte qu'il aurait plus de
bénéfice à concourir avec le père ou la mère du
défunt, qu'avec un aïeul, avec un grand-oncle,
avec un cousin au dernier des degrés successibles;
et que, d'autre part, cet aïeul, ce grand-oncle,
ou ce cousin, quoique d'une seule ligne, aurait,
en concours avec le frère utérin ou consanguin,
la moitié de la succession, pendant que le père,
ou la mère, qui certes mérite bien plus de faveur,
n'aurait cependant que le quart.

Mais peut-on croire à l'existence simultanée de
dispositions si contradictoires?

Supposer que la loi ait voulu donner une por-

tion plus forte à un parent très-éloigné, qu'au
père ou à la mère du défunt; supposer qu'elle ait
voulu donner plus au frère d'un seul côté, lorsque
le père ou la mère a survécu, que dans le cas où,
l'un et l'autre étant morts, il ne se trouve qu'un
arrière-petit-cousin au douzième degré, ne serait-ce pas évidemment prêter à la loi une injus-
tice et une absurdité choquantes?

Or peut-on, de bonne foi, adopter une opinion qui suppose la loi inconséquente, injuste
et même absurde, qui n'établit cette supposition
que sur une simple argumentation grammaticale,
et qui d'ailleurs se trouve repoussée par l'intention manifeste du législateur?

Non, sans doute; et ce n'est pas ainsi que l'on
interprète les lois.

Lorsqu'il y a dans une loi deux dispositions qui
peuvent paraître, d'après leur rédaction, n'être
pas d'accord entr'elles, c'est en les combinant
avec les autres dispositions sur la même matière,
c'est en les expliquant d'après le système général
de la loi, que l'on doit les concilier et en fixer le
véritable sens; on ne doit pas isoler l'une des dispositions et ne s'attacher minutieusement qu'à ses
expressions grammaticales, pour lui donner un
sens qui la mettrait en contradiction avec d'autres
dispositions précises, et qui introduirait dans le
système général des inconséquences et des ab-
surdités.

3º Les rédacteurs du premier projet de Code avaient inséré dans l'art. 49 du titre des *successions*, qui correspond à l'art. 750 du Code civil, une disposition ainsi conçue : « Si le défunt ne laisse ni descendans, ni père, ni mère, la succession est déférée, *en premier ordre et en entier*, aux frères et sœurs GERMAINS survivans, ou aux descendans d'eux, soit de leur chef, soit par représentation, dans le cas déterminé à la section 2 de la représentation. »

Si cette rédaction avait été adoptée, sans doute les frères ou sœurs d'un seul côté ne pourraient l'invoquer en leur faveur, puisqu'elle n'aurait pas été faite pour eux, mais seulement pour les frères et sœurs germains.

Mais en rédigeant l'art. 750, le législateur a supprimé dans la rédaction qui lui avait été proposée, le mot *germains*, et il n'a maintenu que ces expressions génériques, *frères, sœurs, ou leurs descendans*.

Or, il est évident que cette suppression du mot *germains*, ne peut avoir eu d'autre objet que de généraliser la disposition, et de l'étendre aux frères et sœurs d'un seul côté, comme aux frères et sœurs germains, ainsi qu'aux descendans des uns ou des autres, de manière qu'elle les comprît tous également, sans distinction et sans exception.

Tels sont les motifs qui ont rallié le plus grand

nombre des jurisconsultes, à l'opinion que j'ai professée dès le moment de l'émission du Code.

Elle a été notamment adoptée par M. de Malleville, dans ses observations sur l'art. 750, et par M. Toullier, tom. 4, pag. 223.

Elle a été confirmée par deux arrêts de la cour d'appel de Bruxelles, des 28 thermidor an 12 et 18 mai 1807; par un arrêt de la cour d'appel de Nancy, du 8 frimaire an 13; par un arrêt de la cour d'appel de Caën, du 25 frimaire an 14; et enfin par un arrêt de la cour de cassation, du 27 décembre 1809.

Je ne connais pas d'arrêt contraire.

Il faut donc tenir pour règle constante, d'après les art. 750 et 752 du Code civil, que la division entre les deux lignes n'a pas lieu, lorsqu'il y a des frères ou sœurs, d'un seul côté, ou des descendans d'eux, et qu'il ne se trouve pas conjointement d'autres frères ou sœurs germains, ou des descendans de frères ou sœurs germains; que, seulement dans les cas de l'art. 752, c'est-à-dire, lorsque les père et mère du défunt lui ont survécu, ou l'un d'eux, ces père et mère prennent d'abord la part qui leur est attribuée dans la succession; mais que le surplus des biens appartient aux frères ou sœurs d'un seul côté, ou à leurs descendans, sans division ni partage avec l'autre ligne; et que, si le père et la mère étaient prédécédés, les frères ou sœurs, même d'un seul côté, ou leurs descendans, prennent la totalité de la succession, à l'exclusion des autres ascendans et des autres collatéraux, des deux lignes.

En un mot, tel est le privilége de la classe des frères, des sœurs et de leurs descendans que, dans tous les cas, elle exclut tous les autres collatéraux de l'une et de l'autre ligne, et tous les ascendans, soit paternels, soit maternels, à l'exception seulement des père et mère du défunt.

Tableau XLVI.

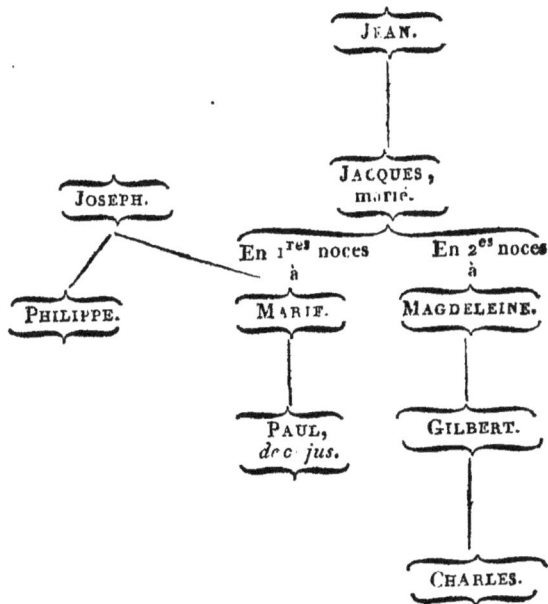

Paul est décédé, sans laisser de postérité, ni

père ni mère, ni frères ou sœurs germains, ni descendans de frères ou sœurs germains.

Son plus proche parent dans la ligne paternelle, est *Gilbert*, son frère consanguin.

Dans la ligne maternelle se trouvent *Joseph*, son aïeul, et *Philippe*, son oncle.

Il s'agit de savoir si *Gilbert*, frère consanguin, prendra seul, en qualité de frère, la totalité de la succession de *Paul*, ou bien s'il n'en aura que la moitié déférée à la ligne paternelle, et si l'autre moitié appartiendra à la ligne maternelle : de sorte que, dans cette dernière hypothèse, la succession serait divisée en deux parts égales, l'une pour *Gilbert*, et l'autre pour *Joseph*, ou pour *Philippe*, en cas de prédécès de *Joseph*.

Point de doute que la division ne dût se faire ainsi entre les deux lignes, s'il fallait suivre la règle générale établie par l'art. 733; mais, en vertu de l'exception qui se trouve dans la disposition sainement interprétée de l'art. 750, *Gilbert*, frère consanguin du défunt, quoiqu'il ne soit que de la ligne paternelle, prendra seul la succession ; il exclura l'ascendant et l'oncle maternels.

Charles, descendant de *Gilbert*, jouirait du même droit.

5. Il s'élève sur l'interprétation de l'art. 750, une autre question plus importante encore et qui se présentera fréquemment.

Elle consiste à savoir si, le défunt n'ayant laissé

34.

ni postérité, ni père ni mère, ni frère ni sœur,
mais seulement des descendans de frères ou de
sœurs, ces descendans, *lorsqu'ils ne peuvent, ni
les uns ni les autres, jouir du bénéfice de la représentation légale, et qu'ils ne viennent tous que de
leur chef*, excluent, 1° tous les autres collatéraux
qui se trouvent à un degré égal à celui de ces descendans, et ceux mêmes qui sont a un degré plus
rapproché; 2° tous les ascendans au-dessus du
degré de père ou de mère; si, en un mot, ils
peuvent se prévaloir, dans tous les cas, de la disposition générale de l'art. 750.

Pour que cette question soit bien comprise,
il faut la soumettre aux yeux par un tableau.

TABLEAU XLVII.

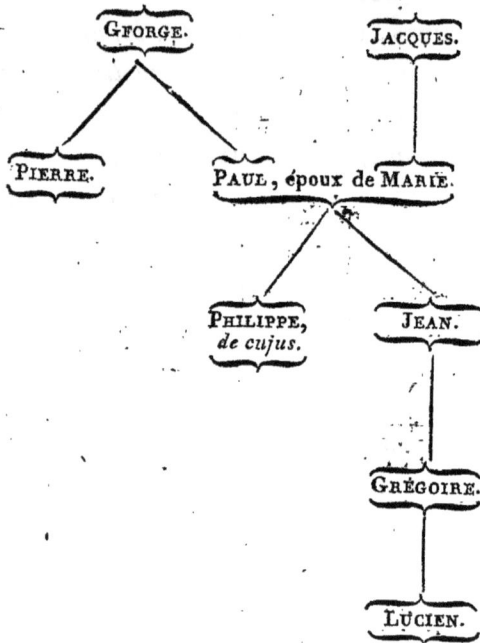

```
          GEORGE.                    JACQUES.

    PIERRE.      PAUL, époux de MARIE.

              PHILIPPE,        JEAN.
              de cujus.

                            GRÉGOIRE.

                             LUCIEN.
```

Philippe est décédé sans postérité : Pierre, Jacques, Jean et Lucien lui ont seuls survécu.

Aux termes de l'art. 746 du Code, Jean se trouvait seul héritier de Philippe son frère ; mais il a renoncé à la succession, ou il en a été déclaré indigne.

Lucien, son petit-fils, se présente pour réclamer cette succession, et il la réclame toute entière, à l'exclusion de Pierre et de Jacques.

Cependant ce n'est pas comme représentant un

fre.e du défunt, qu'il peut obtenir la préférence sur des parens qui sont plus proches que lui : on ne represente pas celui qui a renoncé, ou qui a eté déclaré indigne; il ne peut venir que de son chef.

Mais il soutient qu'en sa seule qualité de descendant d'un frère du défunt, en vertu de la disposition genérale de l'art- 750, et sans avoir besoin du secours de la réprésentation, il exclut tous les collatéraux qui ne sont ni frères ou sœurs du défunt, ni descendans de frères ou de sœurs, et qu'il exclut pareillement tous les ascendans, autres que les père et mère du défunt.

Pierre et *Jacques* soutiennent, au contraire, que les descendans de frères ou de sœurs du défunt, ne peuvent réclamer de privilége contre les autres collatéraux et contre les ascendans, que lorsqu'ils représententeffectivement ces frères ou sœurs; qu'en effet, s'ils sont privés du bénéfice de la représentation, ils ne peuvent venir que de leur chef; qu'ils restent au degré où ils se trouvent personnellement; qu'ils restent dans la classe générale des collatéraux; qu'en conséquence, ils ne peuvent être appelés, comme les autres collatéraux, qu'en suivant l'ordre de la proximité des degrés, et qu'ils sont exclus, comme les autres collatéraux, par tous les ascendans qui se trouvent dans leur ligne.

Ainsi, *Pierre,* oncle paternel de *Philippe de*

cujus, et conséquemment son parent au troisième degré, soutient que, dans la ligne paternelle, il doit exclure *Julien*, qui n'est parent qu'au quatrième degré, et qui, à défaut de représentation, ne peut monter à un degré plus proche.

D'autre part, *Jacques*, aïeul maternel de *Philippe*, soutient qu'en sa qualité d'ascendant, il doit exclure, dans sa ligne, *Julien* qui, ne représentant pas un frère ou une sœur du défunt, se trouve confondu dans la classe générale des collatéraux.

La question présente des difficultés ; je ne connais aucun arrêt qui l'ait décidée, aucun ouvrage où elle ait été traitée ; il me paraît donc nécessaire de donner quelques développemens à la discussion

Mon opinion est que les descendans de frères ou de sœurs du défunt, n'ont pas besoin du secours de la représentation , pour exclure, soit les autres collatéraux , soit les ascendans, autres que les père et mère; et cette opinion me paraît fondée, non-seulement sur le texte des articles 746, 750 et 753, et sur la combinaison de ces articles avec plusieurs autres dispositions, mais encore sur le système général de la loi et sur l'intention évidente du législateur.

Remarquons d'abord que les art. 746, 750 et 753 repoussent formellement, par leur texte et par leurs dispositions générales, la distinction que l'on veut faire admettre, à l'égard des descendans de frères ou de sœurs, entre ceux qui jouissent du bénéfice de la représentation et ceux qui n'en peuvent jouir.

L'article 746 porte que, « si le défunt n'a laissé « ni postérité, ni frère, ni sœur, ni *descendans* « *d'eux*, la succession se divise par moitié entre « les ascendans de la ligne paternelle et les ascen- « dans de la ligne maternelle. »

Ces expressions, *descendans d'eux*, sont géné- rales ; elles ne sont pas restreintes aux decendans qui ont telle ou telle autre qualité ; elles sont donc nécessairement applicables à tous les descendans de frères ou de sœurs du défunt, sans aucune exception, et conséquemment on ne peut pas disinguer entre ces descendans.

La même observation s'applique également à l'art. 750, qui dispose aussi, d'une manière géné- rale, que, « en cas de prédécès,d'une personne « morte sans postérité, ses frères, sœurs, *ou leurs* « *descendans*, sont appelés à la succession, à l'ex- « clusion des ascendans et des autres colla- « téraux. »

Elle s'applique encore à l'art. 753, qui porte qu'à défaut de frères ou sœurs, ou descendans d'eux, et à défaut d'ascendans dans l'une ou l'autre ligne, la succession est déférée pour moitié aux ascendans survivans, et, pour l'autre moitié, aux parens les plus proches de l'autre ligne.

Ainsi le texte pur, le texte formel des trois articles est incontestablement en faveur de tous les descendans de frères ou de sœurs du défunt, sans distinction entre ceux qui représentent et ceux qui ne peuvent pas représenter.

Mais on peut opposer qu'il résulte d'autres dispositions du Code, notamment des art. 730, 739, 742, 743 et 787, et plus spécialement de l'article 734, que la distinction doit être considérée comme sous-entendue, qu'elle doit être censée écrite dans les art. 746, 750 et 753.

A l'appui de cette objection, on peut dire que les descendans de frères ou de sœurs du défunt, ne jouissent des mêmes droits que les frères ou sœurs, qu'autant qu'ils les représentent dans les cas déterminés par la loi; qu'en effet, suivant l'art. 739, ce n'est que par le moyen de la représentation qu'ils peuvent entrer dans la place, dans le degré et dans les droits de frères ou de sœurs, et que, par l'art. 742, la représentation est formellement prescrite, pour qu'ils puissent venir au même rang et obtenir les mêmes droits que les frères ou sœurs ; et, de cette proposition, on voudra conclure que, si des descendans de frères ou de sœurs ne se trouvent pas dans les cas de représentation, ils ne font pas partie de la classe privilégiée des frères et sœurs; qu'ils ne peuvent donc réclamer les mêmes droits ; et que, restant à leur degré, ne pouvant succéder que de leur chef, ils sont exclus, soit par les ascendans, soit

par les autres parens collatéraux qui sont à des
degrés plus proches.

Je réponds que la proposition serait exacte ;
si on ne voulait l'appliquer qu'au cas où des descendans de frères ou de sœurs, voudraient *concourir* avec d'autres frères ou sœurs survivans,
ou avec des descendans d'autres frères ou sœurs
prédecédés, parce qu'*entr'eux* la représentation
est en effet nécessaire pour qu'il y ait concours,
pour qu'il y ait partage par souches ; mais qu'elle
est fausse et contraire à la loi, si on veut l'appliquer au cas où des descendans d'un frère ou
d'une sœur, ne se trouvent qu'avec des ascendans,
ou avec des collatéraux qui ne sont ni frères ni
sœurs, ni descendans de frères ou de sœurs,
parce qu'en ce cas la représentation n'est pas re-
quise par la loi, pour que les descendans d'un
frère ou d'une sœur *excluent* les ascendans et les
collatéraux, aux termes de l'art. 750.

C'est dans la distinction entre ces deux cas bien
différens, que se trouve la réponse à toutes les
objections, et l'on va voir que cette distinction
est établie sur le texte et sur l'esprit de la loi.

La loi présume qu'en général le défunt avait
plus d'affections pour ses ascendans que pour ses
parens collatéraux ; en conséquence, elle établit
en règle générale, que les ascendans succéderont,
à l'exclusion des collatéraux ; sauf la division entre

la ligne paternelle et la ligne maternelle (art. 746
et 753.)

Elle ne fait d'exception qu'à légard des frères
et sœurs du défunt, et des descendans de ces frères
ou sœurs.

Comme elle présume que le défunt avait pour
ses frères et sœurs, ou pour leurs descendans, la
même affection que pour ses père et mère, elle
ordonne que les frères et sœurs, ou leurs descendans, succéderont et partageront par moitié avec
les père et mère, et qu'ils auront les trois quarts,
si le père ou la mère seulement a survécu
(art. 748 et 749.)

Comme elle présume encore que le défunt avait
plus d'affection pour ses frères et sœurs, ou leurs
descendans, que pour ses ascendans au-dessus
du degré de père ou de mère, elle veut que ces
ascendans soient exclus par les frères et sœurs,
ou par les descendans de ces frères ou sœurs
(art. 746, 750 et 753.)

Voilà tous les rapports établis par la loi entre
les ascendans et les collatéraux, et il n'est dit dans
aucun des articles qui établissent ces rapports, que
les descendans des frères ou sœurs ne seront admis à succéder, ou concurremment avec les père
et mère, ou à l'exclusion des autres ascendans,
que lorsqu'ils se trouveront dans les cas de représentation. Ils y sont admis d'une manière générale, sans distinction, sans exception.

Voyons maintenant quels sont les rapports établis entre les divers parens de la ligne collatérale.

D'abord la loi présume que le défunt avait plus
d'affection pour ses frères et sœurs, ou pour les
descendans de ses frères ou sœurs, que pour tous
ses autres parens collatéraux ; en conséquence, ce
n'est qu'à défaut de frères et de sœurs, ou de descendans d'eux, qu'elle appelle aux successions les
autres collatéraux (art. 750 et 753.)

Ensuite la loi s'occupe particulièrement des
rapports entre les frères et sœurs survivans et les
descendans d'autres frères ou sœurs, et présumant
que le défunt avait pour les uns et pour les autres
une égale affection, elle établit entr'eux le cón-
cours et le partage par souches (art. 742 et 743.)

Cependant elle ne donne d'effet légal à cette
dernière présomption, que par la fiction de la représentation, c'est-à-dire, en feignant que les
frères et sœurs sont représentés par leurs descendans, et qu'ainsi ces descendans entrent, à l'aide
de la représentation, dans la place, dans le degré
et dans les droits des frères ou sœurs dont ils sont
issus (art. 739). On voit, en effet, dans l'article 742, que ce n'est que par le bénéfice de la
représentation, que les descendans de frères ou
de sœurs, sont admis à concourir, soit avec d'autres
frères ou sœurs survivans, soit avec des descendans d'autres frères ou sœurs ; et comme la loi
a refusé la représentation dans trois cas : 1° lors-

que l'héritier qu'on voudrait représenter, était vivant au moment de l'ouverture de la succession (art. 743) ; 2º lorsqu'il a été déclaré indigne de succéder (art. 730) ; 3º lorsqu'il a renoncé à la succession (art. 787); il s'ensuit que les descendans de frères ou de sœurs, lorsqu'ils se trouvent dans l'un de ces trois cas, ne sont pas admis à concourir, soit avec des frères et sœurs survivans, soit avec des descendans d'autres frères ou sœurs, habiles à représenter.

Voilà bien la loi toute pure, dans son esprit et dans son texte.

Or, qu'en résulte-t-il en définitif ?

Il en résulte, *en fait*, que la loi n'a admis et ordonné la représentation, que pour le concours, soit entre des frères et sœurs et des descendans d'autres frères ou sœurs, soit entre des descendans de plusieurs frères ou sœurs, à degrés égaux ou inégaux ; mais que la loi n'a pas également admis et ordonné la représentation, soit pour le concours entre les père et mère du défunt et les descendans de frères ou de sœurs soit pour la vocation de ces descendans, à l'exclusion, 1º des ascendans au-dessus du degré de père ou de mère, des parens collatéraux, 2º qui ne sont ni frères ni sœurs du défunt, ni descendans de frères ou de sœurs.

Il en résulte, *en droit*, que la loi n'ayant admis et ordonné la représentation, que pour un cas seulement, elle doit être censée n'avoir pas voulu la rendre également nécessaire pour les autres cas : *Qui de uno dicit, de altero negat.*

Pour échapper à ces raisonnemens, qui ne sont que l'application littérale, ou plutôt qui ne sont que la répétition même du texte de la loi, voudra-t-on faire encore une confusion de dispositions très-différentes entr'elles, de cas étrangers les uns aux autres, d'espèces tout à fait diverses ?

Dira-t-on que si, dans quelques articles où le législateur a voulu que, par le bénéfice de la représentation, les descendans de frères ou sœurs eussent les mêmes droits que les frères ou sœurs eux-mêmes, il n'a employé que le mot *descendans*, c'est qu'il avait établi, *dans les articles antérieurs*, que les descendans de frères ou de sœurs ne montaient au degré de frère ou de sœur, que par le bénéfice de la réprésentation : d'où il résulte bien clairement que, dans tous les cas où, *par des articles postérieurs*, les descendans de frères ou de sœurs ont été appelés à succéder au même rang et avec les mêmes droits que les frères et sœurs, il y a toujours eu la condition sous-entendue qu'ils seraient dans les termes de représentation ?

Ajoutera-t on que, notamment par l'art. 742, la représentation a été prescrite rigoureusement

pour que les descendans de frères ou de sœurs
puissent entrer dans la classe privilégiée des frères
et sœurs, pour qu'ils puissent jouir du même
privilége et des mêmes droits dont jouiraient les
frères ou sœurs qui auraient survécu, et qu'ainsi
ces descendans, lorsqu'ils sont privés du bénéfice
de la représentation, ne peuvent, en vertu des
articles postérieurs qui ne dérogent pas à l'art. 742,
réclamer contre aucune personne, ni contre les
collatéraux qui ne sont pas de la classe privilégiée, ni contre les ascendans à quelque degré
qu'ils soient, un privilége et des droits qui n'appartiennent qu'aux frères et sœurs, ou aux descendans qui les représentent ?

Pour répondre à cette objection, il n'y a
toujours qu'à rappeler la distinction qui a été
déjà faite ; c'est que, par les articles qui sont
antérieurs au 74e, au 750e et au 753e, la représentation n'a été admise et ordonnée pour les
descendans de frères ou de sœurs, *que dans leurs*
rapports avec des frères ou sœurs, ou *d'autres*
descendans d'autres frères ou sœurs, c'est-à-dire,
pour que le concours eût lieu *entre les uns et les*
autres ; mais qu'elle n'a pas été également admise
et ordonnée à l'égard des descendans de frères
ou de sœurs, *dans leurs rapports avec des ascen-*
dans, ou d'avec d'autres collatéraux que des
frères ou sœurs, ou des descendans de frères ou de
sœurs ; et qu'ainsi les règles précédemment éta-

blies pour la représentation , ne peuvent s'appliquer ni à l'art. 746, ni à l'art. 750, ni à l'art. 753,
puisque dans aucun de ces articles il ne s'agit de
concours entre des frères et sœurs et des descendans de frères ou de sœurs, ou entre des descendans, à degrés égaux ou inégaux, de frères
ou de sœurs, mais d'un cas bien différent, de la
vocation de descendans de frères ou de sœurs
soit contre des collatéraux qui ne sont pas de la
classe privilégiée , soit contre des ascendans.

Mais, puisqu'on insiste sur la disposition de
l'art. 742, il est bien facile d'établir encore que
cette disposition n'exige réellement la représentation, que pour des cas absolument étrangers à
celui qui nous occupe en ce moment.

L'art. 742 est ainsi conçu : « En ligne collatérale, la représentation est admise en faveur des
enfans et descendans de frères ou sœurs du défunt, soit qu'ils viennent à sa succession concurremment avec des oncles ou tantes, soit que,
tous les frères et sœurs du défunt étant prédécédés, la succession se trouve dévolue à leurs
descendans en degrés égaux ou inégaux. »

Distinguons bien les cas qu'embrasse cet article.

Le premier est celui où il existe des frères ou
sœurs du défunt, et des enfans ou descendans
d'autres frères ou sœurs. Si l'on suivait l'ordre
des degrés de parenté, les enfans ou descendans

de frères ou de sœurs, seraient exclus par les frères ou sœurs, qui se présentent pour être héritiers; et c'est pour que l'exclusion n'ait pas lieu contr'eux, c'est pour qu'ils puissent concourir avec les frères et sœurs, que l'art. 742 a admis en leur faveur la représentation.

Le second cas est celui où, les frères et sœurs du défunt étant tous prédécédés, les descendans des uns et des autres se trouvent entr'eux à des degrés inégaux. Les descendans plus éloignés auraient été exclus par les plus proches, et la loi les a rappelés par le bénéfice de la représentation.

Le troisième cas est celui où tous les descendans des frères ou sœurs, se trouvent entr'eux à degrés égaux. S'ils avaient été tous appelés de leur chef à succéder, quatre descendans issus d'un frère, se trouvant en concours avec deux descendans issus d'un autre frère, auraient eu les deux tiers de la succession; et c'est pour établir entre tous ces descendans le partage par souche, que le législateur a voulu qu'ils ne soient admis que par représentation, de manière que les descendans d'un frère, n'étant appelés que comme ses représentans, n'aient, entr'eux tous conjointément, que la même portion qu'il aurait eue lui-même, s'il avait survécu.

Mais ce n'est sur aucun de ces trois cas, que porte la disposition de l'art. 750; elle statue sur un autre cas tout à fait différent; c'est celui où, soit des frères ou sœurs, soit des descendans de frères ou de sœurs, se trouvent avec *d'autres* collatéraux, ou avec des ascendans au-dessus du degré de père ou de mère, et c'est contre ces ascendans, c'est contre ces collatéraux *qui ne sont ni frères ni sœurs, ni descendans de frères ou de sœurs*, que l'art. 750 prononce l'exclusion, en faveur des frères et sœurs, ou des descendans de frères ou de sœurs.

Il ne s'agit donc pas, dans cet article, comme dans l'art. 742, d'un *concours entre* des frères ou sœurs, ou des descendans de frères ou de sœurs, mais seulement d'une vocation de ces parens, à l'exclusion de parens d'un autre ordre, ou d'une autre classe.

On ne peut donc appliquer au cas qui a été réglé par l'art. 750, la disposition de l'art. 742, qui est relative à des cas différens, et dès-lors on ne peut pas dire que cette disposition, en ce qu'elle exige la représentation, doit être nécessairement sous-entendue et appliquée dans l'art. 750.

Remarquons, d'ailleurs, qu'il n'y a, dans le Code civil, aucun autre article qui exige la représentation, à l'égard des descendans de frères ou de sœurs, pour *d'autres* cas que ceux qui sont énoncés dans l'art. 742.

Il est donc certain que ce n'est qu'à l'égard des

descendans de frères ou de sœurs, *entr'eux*, ou *avec des frères ou sœurs survivans*, et seulement pour établir le concours entre les membres de la classe privilégiée de l'ordre des collatéraux, que la représentation est néeessaire; mais qu'elle ne l'est pas également entre des descendans de frères ou de sœurs, et d'autres parens qui ne sont pas même de la même classe.

Ainsi la disposition de l'art. 750, qui appelle indistinctement les descendans de frères ou de sœurs, à l'exclusion des ascendans au-dessus du degré de père ou de mère, à l'exclusion des collatéraux qui ne sont ni frères ni sœurs, ni représentans de frères ou de sœurs, ne se trouvant restreinte par aucun article du Code, elle reste dans ses termes généraux. On ne peut y ajouter une distinction, une exception, sur le fondement d'un autre article qui dispose sur des cas différens; la préférence qu'elle accorde aux descendans de frères ou de sœurs, profite donc également à tous ces descendans, soit qu'ils jouissent du droit de représentation, soit qu'ils s'en trouvent privés.

Cependant on pourrait faire encore, pour l'opinion contraire, une autre objection à laquelle il faut aussi répondre.

. Si la loi, peut-on dire, a admis les descendans de frères ou de sœurs, à concourir, soit entr'eux quoiqu'à degrés inégaux, soit avec des frères ou

35.

sœurs survivans, c'est qu'elle a présumé que le défunt avait pour les uns et pour les autres une affection égale; mais elle a pris soin de régler elle-même l'effet que devait produire cette présomption en faveur des descendans de frères ou de sœurs, et c'est par le moyen de la représentation qu'elle l'a reglé, c'est-à-dire, en admettant la fiction que tous les descendans de frères ou sœurs, se trouvent au même degré que les frères ou sœurs qu'ils sont admis à représenter : de là il résulte que, dans les cas où la représentation n'est pas admise par la loi, la fiction ne pouvant plus avoir lieu, la présomption de l'affection du défunt, quoiqu'elle puisse subsister *naturellement*, ne produit plus d'effet *légal;* qu'ainsi elle ne peut plus avoir d'influence sur le réglement des successions, et qu'ainsi en définitif, hors les cas de représentation, les descendans de frères ou sœurs ne peuvent, comme les autres collatéraux, invoquer la présomption de l'affection du défunt, qu'à raison de la proximité de leur degré.

Ces principes, ajoutera-t on, s'appliquent, par les mêmes motifs, au cas où des descendans de frères ou sœurs, se trouvent avec des ascendans, ou avec d'autres collatéraux qui ne sont ni frères ou sœurs, ni descendans de frères ou de sœurs. Si, en effet, ces descendans peuvent être admis, comme l'auraient été les frères ou sœurs dont ils

sont issus, à exclure les ascendans et les collatéraux, ce ne peut être que parce que la loi présume que le défunt avait pour ces descendans la
même affection que pour les frères ou sœurs;
mais cette présomption ne peut exister, comme
dans les cas prévus par l'art. 742, que par le
bénéfice de la représentation, c'est-à-dire, en
feignant que les descendans sont au degré de
frère ou de sœur, puisqu'autrement ces descendans, se trouvant à un degré plus éloigné, ne
pourraient plus être présumés avoir eu également
l'affection du défunt, dans le sens admis par la
loi d'où résulte nécessairement la conséquence
que, lorsqu'ils sont privés de la représentation,
ils ne peuvent, comme les frères et sœurs, exclure
les ascendans et les autres collatéraux, puisqu'il
n'y a plus en leur faveur d'autre présomption
qui produise d'effet légal, que celle qui peut résulter de la proximité de leur degré *personnel* de
parenté avec le défunt.

Je réponds qu'entre les deux cas que sans
cesse on voudrait confondre, et que toujours il
faut distinguer, ainsi que la fait la loi, il y a deux
raisons de différence, qui ne permettent pas de
leur appliquer les mêmes principes.

La première consiste en ce qu'il n'est pas exigé
par la loi, et conséquemment qu'il n'est pas nécessaire que les descendans de frères ou de sœurs
entrent dans la place et dans le degré de frère

ou de sœur, pour exclure, soit les ascendans qui
sont au-dessus du degré de père ou de mère, soit
les collatéraux qui ne sont ni frères ou sœurs, ni
descendans de frères ou de sœurs. La loi présume
que le défunt avait plus d'affection *pour toute la
descendance de ses frères ou sœurs*, que pour les
ascendans et les collatéraux qui viennent d'être
désignés, et voilà pourquoi elle préfère à ces
ascendans et collatéraux tous les descendans de
frères ou de sœurs; voilà pourquoi elle prononce
d'une manière générale, dans les art. 746, 750
et 753, que les descendans de frères ou de sœurs,
sans distinction, sans exception, excluent les ascendans et les autres collatéraux.

C'est donc, *en leur qualité personnelle*, comme
descendans de frères ou de sœurs, et sans avoir
besoin de représenter des frères ou sœurs, que
ces descendans sont appelés par les art. 746,
750 et 753.

Il ne pouvait en être de même pour le cas du
concours entre des frères ou sœurs survivans, et
des descendans d'autres frères ou sœurs, parce
qu'en effet, *entre parens de la même classe*,
l'ordre de la vocation se trouvant réglé, en général, par la proximité des degrés, les descendans
de frères ou de sœurs auraient été exclus par les
frères et sœurs, et même par d'autres descendans
à des degrés plus proches, et qu'en conséquence,
pour établir entr'eux le concours, il était bien

nécessaire de supposer, en admettant la fiction de la représentation, que tous les descendans de frères ou de sœurs entraient dans la place et dans le degré de frère ou de sœur.

Mais cette supposition, cette fiction, ne sont pas nécessaires pour régler la vocation entre parens, *qui ne sont pas de la même classe ou du même ordre*, parce qu'entre parens qui ne sont pas de la même classe et du même ordre, la vocation n'est pas réglée par la proximité du degré de chacun de ces parens, mais par la préférence qui est accordée à une classe sur l'autre, ou à un ordre sur l'autre.

Ainsi, c'est parce que la préférence est accordée à la classe des frères et sœurs du défunt et de leurs descendans, que les uns, comme les autres, excluent tous les collatéraux *qui ne sont pas de la même classe*, et qu'ils excluent aussi les ascendans *qui ne sont pas du même ordre*.

La seconde raison de différence que j'ai annoncée, consiste en ce que le principe de la représentation devait être admis, dans le cas de concours entre des frères et sœurs et des descendans d'autres frères ou sœurs, afin que le partage n'eût pas lieu entr'eux par têtes, mais par souches, et que ce motif ne peut pas exister pour rendre nécessaire la représentation, dans le cas où des parens sont appelés, non pas à concourir

avec d'autres parens, mais à les exclure entièrement.

La loi pouvait bien, en dérogeant à la règle de
la proximité des degrés, ordonner que les frères
et sœurs survivans et les descendans d'autres
frères ou sœurs prédécédés., seraient appelés
conjointement, et viendraient en concours ; mais
si elle l'avait ainsi ordonné purement et simplement, ils auraient tous partagé par tête, ce qui
n'eût pas été équitable ; c'est donc pour que les
descendans d'un frère ou d'une sœur, n'eussent
conjointement que la même part qu'aurait euë le
frère ou la sœur dont ils sont issus, que la loi a
établi, par fiction, le principe de la représentation, en sorte que les descendans étant censés
représenter un frère ou une sœur, et venant à sa
place et à son degré, ne peuvent avoir que ce
qu'aurait eu le frère ou la sœur qu'ils représentent, et c'est là ce qui opère le partage par
souches.

Mais on voit qu'aucun de ces motifs ne peut
s'appliquer au cas où il s'agit, non d'un partage à
faire entre divers parens, mais de la vocation des
uns, à l'exclusion des autres.

Ainsi, en définitif, soit que l'on considère le
texte ou l'esprit de la loi, soit que l'on considère
l'origine, la cause et l'objet de la représentation
ou les termes dans lesquels elle est établie, ou les
cas pour lesquels elle est prescrite, ou les motifs

qui l'ont fait admettre, ou enfin les circonstances qui peuvent la rendre nécessaire, tout se réunit pour démontrer que la fiction de la représentation ne s'applique réellement pas aux cas prévus par les art. 746, 750 et 753, et que, par les mêmes raisons, elle est également inapplicable aux cas prévus par les art. 748 et 749.

Quelle force pourrait avoir maintenant l'induction que l'on voudrait tirer de ce que, dans les art. 749 et 751, le législateur a employé le mot *représentans*, pour désigner les descendans de frères ou de sœurs?

Puisqu'il est établi que la représentation n'a été admise que pour le concours et le partage par souche, entre des frères ou sœurs et des descendans d'autres frères ou sœurs prédécédés, ou à l'égard de ces descendans entr'eux; puisqu'il est établi que la représentation serait inutile et né pourrait avoir d'objet, entre des descendans de frères ou de sœurs, et les ascendans et collatéraux désignés dans l'art. 750, il est bien évident que le mot *représentans*, employé dans les art. 749 et 751, doit être pris dans un sens général, et non pas dans le sens particulier *de la représentation légale*, telle qu'elle est définie par l'art. 739.

Déjà, dans l'art. 749, le législateur s'était servi du mot *descendans*; il est vraisemblable que, pour ne pas répéter de suite le même mot dans le même article, il aura pris le mot générique *représentans*, qui, dans le langage ordinaire et grammatical, n'emporte pas l'idée de la représentation légale, et ensuite il l'aura répété indifféremment dans l'art. 751.

Mais ce qui prouve, sans réplique, qu'il n'a pas entendu exprimer, par ce mot *représentans*, que les descendans de frères ou de sœurs devaient se trouver dans les cas de la représentation, c'est que, si telle avait été son intention, il aurait dû employer ce mot *représentans*, non pas seulement dans l'art. 751 et dans la deuxième partie de l'art. 749, mais encore dans la première partie de cet art. 749, et dans l'art. 746, et dans l'art. 748, et dans l'art. 750, et dans l'art. 753; cependant il ne s'est servi, dans tous ces articles, que du mot *descendans;* il n'a donc pas entendu attacher à ce mot *représentans*, la signification rigoureuse qu'on veut lui donner.

Et puis, de ce qu'on a employé dans la deuxième partie de l'art. 749, et dans la première partie de l'art. 751, le mot *représentans*, s'il fallait en conclure, *à la rigueur*, que la condition de la représentation est nécessaire pour le cas prévu dans la deuxième partie de l'art. 749, et pour le cas prévu dans la première partie de l'art. 751, il faudrait aussi conclure que cette condition de la représentation ne serait pas également nécessaire dans tous les cas des autres articles où

l'on ne trouve que le mot *descendans*, sans aucune
distinction. Car si l'un des termes doit être pris
à la lettre, l'autre doit être également pris *stricto
sensu*.

Or, s'il en était ainsi, il n'y aurait plus que
confusion, que contradictions dans la loi, on ne
saurait plus comment l'entendre, comment l'appliquer; les choses iraient jusqu'à l'absurde.

La première partie de l'art. 751, n'est que la
répétition littérale de l'art. 748; mais dans l'art.
748, on ne trouve que le mot *descendans ;* il y
est même répété deux fois, et dans la première
partie de l'art. 751, c'est le mot *représentans*, qui
a été employé. Que faudrait-il donc décider? à
laquelle des deux expressions faudrait-il s'attacher, si elles avaient réellement une signification
différente?

C'est vouloir abuser des termes d'une loi, que
de chercher à en forcer le sens d'une manière
absolument opposée à celui qui résulte évidemment de l'esprit général de la loi, et qui d'ailleurs
se trouve clairement fixé par une foule d'autres
articles.

« Pour entendre le sens d'une loi, dit Domat,
il faut en peser tous les termes, afin de juger de
ses dispositions par ses motifs et par toute la suite
de ce qu'elle ordonne, et ne pas borner son sens
à ce qui pourrait être différent de son intention,
ou dans une partie de la loi tronquée, *ou dans le*

défaut d'une expression ; mais il faut préférer à
ce sens étranger d'une expression défectueuse,
celui qui paraît d'ailleurs évident par l'esprit de
la loi entière. »

   *Prior atque potentior est quàm vox, mens
dicentis.*

Enfin quel argument pourrait-on tirer de la
disposition de l'art. 734?

Il n'y a rien dans cet article, qui puisse s'appliquer à la question entre les descendans de frères
ou de sœurs, et les *ascendans.*

L'article dit bien, en règle générale, que la
moitié dévolue à chaque ligne, *paternelle* ou
maternelle, appartient à l'héritier ou aux héritiers
les plus proches en degré, sauf le cas de la représentation.

Mais cette règle n'est pas établie pour l'ordre
des ascendans et pour l'ordre des collatéraux,
pris ensemble : elle n'est établie que pour chacun
des ordres, *pris séparément;* c'est-à-dire, qu'elle
ne doit pas être entendue en ce sens, que, dans
la ligne paternelle ou maternelle, l'ascendant le
plus proche en degré exclut le collatéral plus
éloigné, ou que le collatéral plus proche est
préféré à l'ascendant qui se trouve à un degré
plus éloigné; mais quelle ne doit être entendue
que dans ce sens, que dans sa ligne, paternelle
ou maternelle, l'ascendant le plus proche exclut
l'ascendant plus éloigné, et que de même le colla-

téral plus éloigné est exclu par le collatéral plus proche, sauf le cas de la représentation.

Ce qui prouve, en effet, que la règle de la proximité des degrés n'a pas lieu entre les parens des deux ordres, mais seulement entre les parens du même ordre, c'est qu'il est dit formellement, 1° dans les art. 748, 749 et 751, que les frères et sœurs du défunt, quoiqu'ils ne soient qu'au second degré, concourent avec les père et mère, qui sont au premier degré; 2° dans les art. 746, 750 et 752, que les frères ou sœurs, *même d'un seul côté*, excluent soit l'aïeul paternel, soit l'aïeul maternel, quoiqu'ils soient tous au même degré; 3° dans l'art. 746 et dans l'art. 753, que les collatéraux, qui ne sont ni frères ou sœurs du défunt, ni descendans de frères ou de sœurs, sont tous exclus, dans leur ligne, lors même qu'ils se trouveraient les parens les plus proches en degré, par les ascendans de la même ligne, à quelque degré que soient ces ascendans.

Il est donc certain que la disposition de l'art. 734, qui établit la règle de la proximité des degrés, ne peut être invoquée dans l'espèce particulière où il s'agit, non de concurrence entre des ascendans seulement, mais de concurrence entre des ascendans du défunt et des descendans de ses frères ou sœurs.

La disposition de l'art. 750, qui appelle les descendans de frères ou de sœurs, à l'exclusion des ascendans au dessus du degré de père ou de mère, n'est donc pas soumise à la règle de la proximité des degrés ; et comme il a été déjà démontré que le principe et les règles de la représentation n'ont été établis que pour le concours entre des frères ou sœurs survivans et des descendans d'autres frères ou sœurs, ou entre ces descendaas à degrés égaux ou inégaux, mais qu'ils ne s'appliquent point au cas où il s'agit de régler la vocation entre des descendans de frères ou sœurs et des ascendans, il s'ensuit définitivement que la disposition de l'art. 750, qui appelle les premiers à l'exclusion des seconds, ne se trouve restreinte ou modifié, ni par l'art. 734, ni par les art. 739 et 742, ni par aucun autre article du Code ; qu'elle reste générale et absolue, telle qu'elle a été rédigée, et qu'ainsi elle confère à tous les descendans de frères ou de sœurs, sans qu'il soit besoin, ni de la représentation légale, ni de la proximité des dégrés, le droit d'exclure tous les ascendans au-dessus du degré de père ou de mère.

6. Il résulte des solutions qui viennent d'être données dans les numéros 4 et 5, et que les descendans de frères ou de sœurs *utérins* ou *consanguins*, excluent aussi, et dans les deux lignes, quoiqu'ils ne puissent jouir du bénéfice de la représentation, 1° tous les autres collatéraux qui ne sont

ni frères ou sœurs, ni descendans frères de ou de
sœurs ; 2° tous les ascendans au-dessus du degré
de père ou de mère.

Puisqu'il a été établi, d'une part, dans le numéro 4, que la disposition de l'art. 750 comprend les frères et sœurs d'un seul côté, comme
les frères et sœurs germains, qu'elle comprend
également tous les descendans des uns ou des autres, et qu'elle donne, aux uns comme aux autres,
le droit d'exclure, dans les deux lignes, les autres
collatéraux et les ascendans au-dessus du degré
de père ou de mère ; et que, d'autre part, il a
été établi, dans le numéro 5, que les descendans
de frères ou de sœurs n'ont pas besoin du secours
de la représentation, pour profiter de la disposition de l'art. 750, la conséquence nécessaire de
ces deux propositions, est que les descendans de
frères ou de sœurs d'un seul côté, quoiqu'ils ne
puissent représenter, excluent, dans les deux
lignes, comme les descendans de frères ou sœurs
germains ; 1° tous les autres collatéraux, qui ne
sont ni frères ou sœurs du défunt, ni descendans
de frères ou de sœurs ; 2° tous les ascendans au-
dessus du degré de père ou de mère.

Tableau XLVIII.

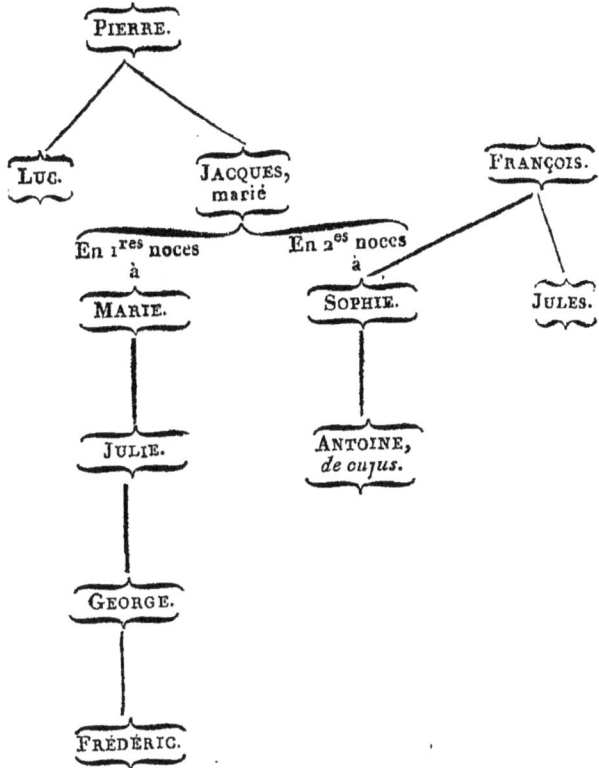

Antoine est décédé, ne laissant ni postérité, ni père, ni mère.

Julie, sa sœur consanguine, et *George*, son neveu, ont renoncé à sa succession, ou ont été déclarés indignes.

Frédéric, petit-neveu d'*Antoine*, lui succédera seul, parce qu'il est descendant de *Julie*, et quoiqu'il ne puisse, par le moyen de la représentation, monter à son degré, il exclura, dans la ligne paternelle, *Pierre*, qui est aïeul, et *Luc*, qui est oncle; et il exclura, dans la ligne maternelle, quoiqu'il soit étranger à cette ligne, *François* et *Jules*.

7. Mais si le défunt a laissé, d'une part, des frères ou sœurs germains qui aient été déclarés indignes de lui succéder, ou qui aient renoncé à sa succession, et, d'autre part, des descendans de frères ou de sœurs d'un seul côté, *qui ne puissent représenter*, ces descendans excluront-ils encore, dans les deux lignes, les autres collatéraux et les ascendans au-dessus du degré de père ou de mère?

Il faut distinguer si les frères ou sœurs germains ont laissé, ou non, des descendans.

Lorsqu'il y a des descendans de frères ou de sœurs germains, et des descendans de frères ou de sœurs d'un seul côté, et que tous sont privés du bénéfice de la représentation, c'est par la proximité des degrés de parenté, que doit être réglé entr'eux, dans chaque ligne, l'ordre de succéder, conformément à l'art. 734, et non par la disposition de l'art. 750, qui n'est relative qu'à l'ordre de succéder entre les frères, sœurs, ou leurs descendans, et d'autres collatéraux.

Si donc il y a des descendans de frères ou sœurs germains, et qu'ils se trouvent à un degré plus proche que les descendans de frères ou de

sœurs d'un seul côté, ils les excluent dans les deux
lignes, et ils profitent seuls de l'exclusion des
autres collatéraux et des ascendans au-dessus du
degré de père ou de mère : ils ont seuls la totalité
de la succession.

Si, au contraire, les descendans de frères ou
sœurs d'un seul côté, se trouvent au degré le plus
proche, ils excluent, mais dans leur ligne seulement, les descendans de frères ou de sœurs germains.

Cependant, en ce dernier cas, les uns et les
autres n'en excluent pas moins, suivant la disposition de l'art. 750, tous les autres collatéraux et
tous les ascendans au-dessus du degré de père ou
de mère, et la succession se divise entr'eux en
deux portions égales, l'une pour les descendans
des frères ou sœurs germains, l'autre pour les
descendans des frères ou sœurs d'un seul coté.

Mais si les frères ou sœurs germains, qui ont
renoncé à la succession, ou qui ont été déclarés
indignes de succéder, n'ont pas laissé de descendans, il est certain, d'après la disposition de
l'art. 750, que les descendans de frères ou sœurs
d'un seul côté, à quelque degré qu'ils se trouvent, et quoiqu'ils soient privés du secours de la
réprésentation, excluent, dans les deux lignes,
tous les autres collatéraux et tous les ascendans
au-dessus du degré de père ou de mère.

Aux termes de l'art. 785, l'héritier qui renonce

est censé n'avoir jamais été héritier, et il en est de même à l'égard de l'héritier qui a été déclaré indigne de succéder.

L'un et l'autre sont donc considérés, à l'égard de la succession, comme s'ils n'avaient pas existé, et conséquemment les descendans des frères ou sœurs d'un seul côté, sont censés avoir été seuls héritiers, dès le moment de l'ouverture de la succession.

Vainement on opposerait que, suivant l'article 786, la part du renonçant n'accroit qu'à ses cohéritiers; mais que les descendans de frères ou sœurs d'un seul côté, ne sont pas cohéritiers des frères ou sœurs germains qui ont renoncé, s'ils ne peuvent jouir du bénéfice de la représentation; qu'on ne peut donc leur appliquer que la seconde disposition de l'art. 786, qui dispose que, si le renonçant est seul; sa part est dévolue au degré subséquent; mais que la part du renonçant n'est dévolue au degré subséquent, *que dans la même ligne*, et, qu'en conséquence ce n'est que dans leur ligne seulement que les descendans des frères ou sœurs d'un seul côté, peuvent réclamer la part que les frères ou sœurs germains auraient eue dans cette ligne, sans leur renonciation, et non la part qu'ils auraient eue dans l'autre ligne.

Déjà j'ai répondu à cette objection, dans les numéros 4 et 5, que la distinction entre la ligne

36.

paternelle et la ligne maternelle, ne devait être
considérée qu'entre les parens du même ordre
ou de la même classe, *qui étaient appelés à titre
égal;* mais qu'elle n'était pas admise entre parens
de deux ordres différens, ou de. deux classes
différentes, qui n'étaient pas appelés au même
titre; qu'entre ces parens l'ordre de succéder
n'était pas réglé par la proximité des degrés de
parenté, soit dans les deux lignes, soit dans
l'une ou l'autre ligne divisément, mais par la
préférence que l'un des ordres, ou l'une des
classes, devait obtenir sur l'autre, à raison des
affections présumées du défunt, et que c'était
par cette raison, que l'art. 750 avait généralement admis les descendans de frères ou de sœurs,
sans aucune distinction entre les lignes, sans
aucune considération des degrés de parenté, à
succéder pour le tout, à l'exclusion , 1° de tous les
collatéraux, qui ne sont ni frères ou sœurs du
défunt, ni descendans de frères ou sœurs; 2° de
tous les ascendans au-dessus du degré de père ou
de mère.

TABLEAU XLIX.

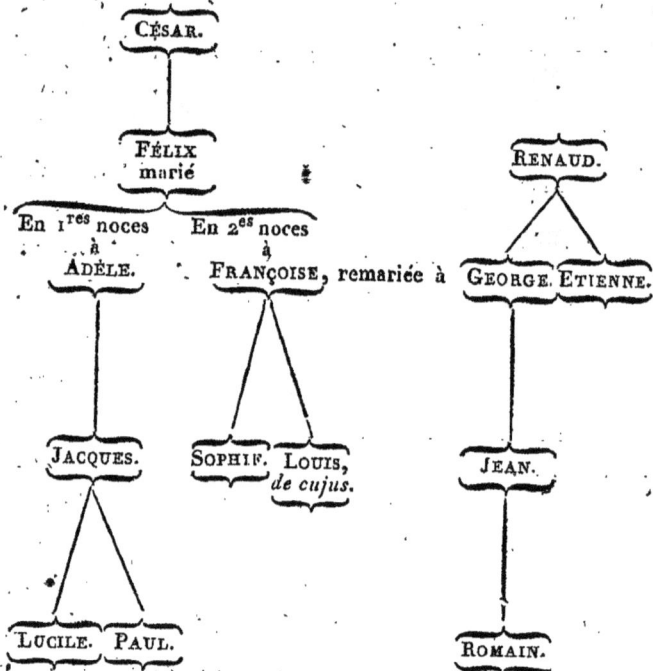

Louis est décédé sans postérité ni père, ni mère.

Sophie, sa sœur germaine, *Jacques*, son frère consanguin, et *Jean*, son frère utérin, ont renoncé à sa succession, ou ont été déclarés indignes de lui succéder.

Lucile et *Paul*, neveux consanguins, et *Romain*, neveu utérin, viendront de leur chef, et ils n'en excluront pas moins, dans les deux lignes, tous les autres parens; ils excluront *César*, aïeul paternel; ils excluront *Renaud* et *Étienne*, aïeul et oncle maternels.

Si *Lucile* et *Paul* avaient, comme leur père, renoncé à la succession de *Louis*, la succession toute entière appartiendrait à *Romain*, quoiqu'il ne puisse représenter *Jean*, et quoiqu'il ne soit parent de *Louis*, que dans la ligne maternelle.

8. Lorsque le défunt a laissé des descendans de frères ou de sœurs d'un seul côté, ces descendans, *s'ils ne peuvent représenter*, sont-ils exclus, aux termes de l'art. 750, par les frères ou sœurs de l'autre ligne, ou par les représentans de ces frères ou sœurs?

Déjà j'ai examiné cette question, dans le numéro 18 des observations sur l'art. 733.

Suivant la règle générale établie par cet article, les frères ou sœurs d'un seul côté ne peuvent prendre part que dans leur ligne, et n'ont rien à réclamer dans l'autre ligne à laquelle ils sont étrangers : or, leurs descendans, qui les représentent, ne peuvent avoir plus de droits.

Il est vrai que l'art. 750 contient une exception à la règle établie par l'art. 733; mais l'exception ne s'applique point au cas où il se trouve, dans les deux lignes, des frères ou sœurs, ou des descendans d'eux. L'art. 750 ne règle les droits des frères ou sœurs du défunt, et de leurs descendans,

qu'à l'égard des autres collatéraux seulement : il
ne règle pas les droits des frères ou sœurs, ou de
leurs descendans, *entr'eux.* (*V.* le n° 1 des
observations sur cet article.)

De ce que les descendans des frères ou sœurs
d'un seul côté, ne peuvent pas jouir du bénéfice
de la représentation, il ne s'ensuit pas qu'ils
soient exclus de la succession. Ils viennent de leur
chef, et, en cette qualité, ils excluent, *dans leur*
ligne, tous les collatéraux qui sont étrangers à
cette ligne ; ils excluent même, dans leur ligne,
soit les frères et sœurs de l'autre côté, soit
les représentans de ces frères ou sœurs, puisqu'entr'eux n'est pas applicable l'exception faite
par l'art. 750 à la règle générale qui veut que
toute succession collatérale soit divisée par moitié
entre les parens de la ligne paternelle et les parens
de la ligne maternelle, et que les parens utérins
ou consanguins ne prennent part que dans leur
ligne.

Dira-t-on encore ici que les descendans des
frères ou sœurs, lorsqu'ils ne peuvent jouir du
bénéfice de la représentation, ne sont plus compris dans la classe privilégiée des frères ou sœurs,
qu'ils rentrent dans la classe générale des collatéraux, qu'ils ne doivent plus être considérés et
traités que comme des collatéraux ordinaires, et,
qu'en conséquence, l'exception prononcée par
l'art. 750 leur est applicable? J'ai pleinement

répondu à cette objection, dans le numéro 5 des observations sur l'art. 730 : il serait inutile d'y revenir.

Ainsi, en remontant au tableau 49, si l'on suppose que *Jacques*, *Jean* et *Romain*, aient survécu à *Louis*, et que *Jean* ait renoncé à la succession , *Jacques* n'aura cependant que la moitié de la succession de *Louis*, parce qu'il n'est parent que dans la ligne paternelle, et l'autre moitié, qui appartient à la ligne maternelle , sera déférée à *Romain*, quoique *Romain* ne puisse représenter son père.

ARTICLE 751.

Si les père et mère de la personne morte sans postérité lui ont survécu, ses frères, sœurs, ou leurs représentans, ne sont appelés qu'à la moitié de la succession. Si le père ou la mère seulement a survécu, ils sont appelés à recueillir les trois quarts.

Cet article n'est qu'une répétition des art. 748 et 749.

Après avoir dit, dans la section 4, qui traite *des successions déférées aux ascendans*, que les père et mère du défunt ont droit à la moitié de la succession, s'il y a des frères et sœurs; ou des descendans d'eux, et que, si le père ou la mère seulement a survécu, le survivant n'a droit qu'au quart, le législateur a cru devoir répéter, dans la section 5, qui traite *des successions collatérales*, que les frères et sœurs du défunt, ou leurs représentans, ne sont appelés qu'à la moitié de la succession, si le père et la mère ont survécu, et qu'ils sont appelés aux trois quarts, si le défunt n'a laissé que son père ou sa mère seulement.

Je n'ai rien à ajouter aux observtions faites sur les art. 748, 749 et 750.

ARTICLE 752.

Le partage de la moitié ou des trois quarts dévolus aux frères ou sœurs, aux termes de l'article précédent, s'opère entr'eux par égales portions, s'ils sont tous du même lit; s'ils sont de lits différens, la division se fait par moitié entre les deux lignes paternelle et maternelle du défunt; les germains prennent part dans les deux lignes, et les utérins et consanguins chacun dans leur ligne seulement : s'il n'y a de frères ou sœurs que d'un côté, ils succèdent à la totalité, à l'exclusion de tous autres parens de l'autre ligne.

1. Le principal objet de cet article, est de régler comment doit s'opérer entre les frères ou sœurs, du défunt, le partage de ce qui leur est attribué par l'art. 751 ; c'est-à-dire, de la moitié de la succession, lorsque le père et la mère du défunt ont survécu l'un et l'autre, ou des trois quarts, si le père ou la mère seulement a survécu.

Lorsque tous les frères et sœurs sont du même lit, le partage s'opère entr'eux par égales portions. Puisqu'ils viennent tous de leur chef et à degrés égaux, puisqu'ils tiennent tous au défunt par les mêmes liens de parenté, il est évident qu'ils ont tous des droits égaux, et qu'en conquence ils doivent partager par tête.

Ainsi, lorsque les frères et sœurs qui sont appelés à succéder, sont *tous* frères ou sœurs *germains* du défunt, ou qu'ils sont *tous* ses frères ou sœurs *consanguins*, ou enfin qu'ils sont *tous* ses frères ou sœurs *utérins*, ils succèdent tous par égales portions et par tête.

2. Si les frères ou sœurs, qui sont appelés à recueillir la moitié ou les trois quarts de la succession, sont entr'eux de lits différens, alors, conformément à la règle générale établie par l'art. 733, la division doit se faire par moitié entre

la ligne paternelle et la ligne maternelle du défunt. Les frères et sœurs germains prennent part dans les deux lignes ; les utérins, ou consanguins, ne prennent part que dans leur ligne.

Mais, dans chaque ligne séparément, le partage s'opère par égales portions et par tête.

Ainsi, lorsque le défunt a laissé des frères ou sœurs germains, et des frères ou sœurs consanguins, les frères et sœurs germains prennent d'abord seuls la moitié qui est dévolue à la ligne maternelle, et ils partagent ensuite par égales portions et par tête, avec les frères et sœurs consanguins, l'autre moitié qui est dévolue à la ligne paternelle.

S'ils ne se trouvent en concours qu'avec des frères et sœurs utérins, ils prennent seuls la moitié qui est affectée à la ligne paternelle, et ils partagent par égales portions et par tête, avec les frères et sœurs utérins, l'autre moitié affectée à la ligne maternelle.

Lorsque le défunt n'a laissé que des frères ou sœurs consanguins et des frères ou sœurs utérins, chacun d'eux ne prend que dans sa ligne. Les frères ou sœurs consanguins partagent entr'eux, par égales portions et par tête, la moitié affectée à la ligne paternelle. Les frères ou sœurs utérins partagent entr'eux, par égales portions et par tête, la moitié affectée à la ligne maternelle.

On ne considère pas quelle est, dans chaque

ligne, le nombre des frères et sœurs, et tous ne sont pas admis indistinctement à partager par tête, dans la masse commune qui est déférée aux frères et sœurs. Ce n'est toujours que dans sa ligne, que chaque frère ou sœur est appelé à recueillir; en sorte que, s'il y a deux frères ou sœurs utérins et cinq frères ou sœurs consanguins, les deux frères ou sœurs utérins auront seuls la moitié de la portion que l'art. 751 attribue aux frères et sœurs en général, et les cinq frères ou sœurs consanguins n'auront ensemble que l'autre moitié.

Tableau L.

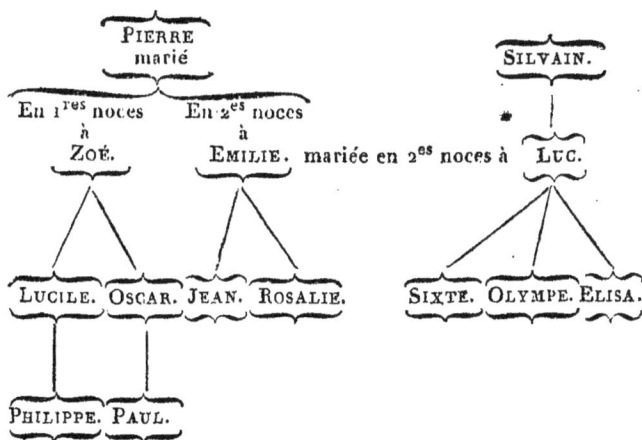

1° Supposons que *Rosalie* soit décédée sans postérité, et qu'elle ait laissé *Pierre* et *Émilie*, ses père et mère, *Jean*, son frère germain, *Oscar* et

Lucile, ses frère et sœur consanguins, *Sixte*, *Olympe* et *Élisa*, ses frère et sœurs utérins.

Pierre et *Émilie* prendront d'abord la moitié de la succession de *Rosalie*, leur fille, aux termes des art. 748 et 751.

L'autre moitié, qui est déférée aux frères et sœurs de *Rosalie*, sera partagée ainsi qu'il suit :

Jean, frère germain, partagera par égales portions et par tête, avec *Lucile* et *Oscar*, frère et sœur consanguins, le quart de la succession qui, d'après la subdivision entre les deux lignes, se trouve attribué à la ligne paternelle.

Jean partagera encore par égales portions et par tête, avec *Sixte*, *Olympe* et *Élisa* frère et sœurs utérins, l'autre quart attribué à la ligne maternelle.

Ainsi, en évaluant la succession de *Rosalie* à 24,000 fr., *Pierre* et *Émilie* auront chacun 6,000 fr.; *Jean* aura 2,000 fr., dans le quart appartenant à la ligne paternelle, et 1,500 fr. dans le quart appartenant a la ligne maternelle; *Lucile* et *Oscar* auront chacun 2,000 fr.; *Sixte*, *Olympe* et *Élisa* auront chacun 1,500 fr.

2. Supposons maintenant que *Pierre* soit décédé avant *Rosalie*, sa fille. *Émilie*, qui a survécu, n'ayant droit qu'au quart de la succession, aura 6,000 fr., et les 18,000 fr., formant les trois autres quarts de la succession, appartiendront

aux frères et sœurs, et seront divisés ainsi que je l'ai précédemment expliqué.

Jean aura 3,000 fr. dans la ligne paternelle, puisque la moitié des trois quarts, attribuée à cette ligne, est de 9,000 fr.; il aura, en outre, dans la ligne maternelle, 2,250 fr., qui forment le quart de la moitié attribuée à cette ligne.

Lucile et *Oscar* auront chacun 3,000 fr.; *Sixte*, *Olympe* et *Élisa* auront chacun 2,250 fr.

3. La dernière partie de l'art. 752 dispose que s'il n'y a de frères ou sœurs que d'un côté, c'est-à-dire, s'il n'y a que des frères ou sœurs consanguins, ou seulement des frères ou sœurs utérins, ils succèdent à la totalité des biens du défunt, à l'exclusion des autres parens de la ligne à laquelle ils sont étrangers.

C'est là, en faveur des frères et sœurs utérins ou consanguins, une nouvelle exception à la règle générale établie par l'art. 733, pour la division des biens par moitié entre la ligne paternelle et la ligne maternelle du défunt.

Cependant il faut bien remarquer que ces expression de l'art. 752, *s'il n'y a de frère ou sœur que d'un côté, ils succèdent à la totalité*, ne peuvent s'entendre que de la totalité de ce qui reste après la portion déférée aux père et mère par les art. 748, 749 et 751, c'est-à-dire, de la moitié, si les père et mère ont survécu, et des trois quarts, si l'un d'eux était prédécédé.

Autrement, en effet, les frères et sœurs d'un seul côté, s'ils avaient la totalité de la succession, en cas de survivance des père et mère du défunt, ou de l'un deux, seraient traités plus favorablement que les frères et sœurs germains, qui sont tenus, aux termes des art. 748, 749 et 751, de laisser la moitié de la succession aux père et mère, s'ils ont survécu l'un et l'autre, ou le quart, si l'un deux seulement a survécu.

Mais quand les père et mère ont pris la part qui leur est attribuée sur la succession de leur enfant décédé sans postérité, tout le reste de la succession appartient aux frères et sœurs d'un seul côté, s'il n'y a ni frères ou sœurs germains, ni descendans d'eux. Il ne se fait ni division ni partage avec les parens de l'autre ligne.

Ainsi, les frères et sœurs d'un seul côté excluent, *dans les deux lignes*, tous les ascendans, à l'exception seulement des père et mère, et tous les parens collatéraux qui, n'étant pas au degré de frère ou de sœur, ne peuvent pas y arriver par le bénéfice de la représentation.

Tableau LI.

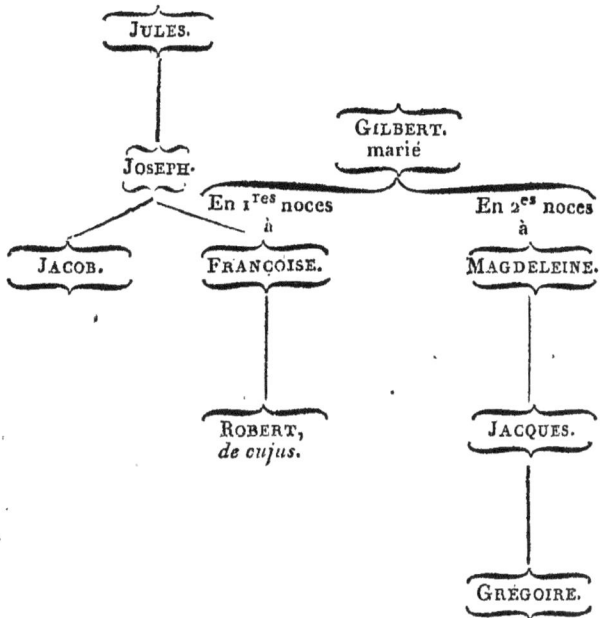

JULES.

GILBERT.
marié

JOSEPH·

En 1res noces
à

En 2es noces
à

JACOB.   FRANÇOISE.   MAGDELEINE.

ROBERT,
de cujus.   JACQUES.

GRÉGOIRE.

Robert étant mort après *Françoise* sa mère, le quart de sa succession est dévolu à *Gilbert,* son père ; les trois autres quarts appartiennent à *Jacques,* son frère consanguin.

Si, d'après la règle générale établie par l'article 733, la succession se fut divisée en deux parts égales, l'une pour les parens paternels, de *Robert*, l'autre pour ses parens maternels, *Jacques,* qui n'est parent que dans la ligne paternelle, n'aurait eu que le quart de la succession, puisque

l'autre quart, qui appartient à la ligne paternelle, est dévolu, en premier ordre, au père du
défunt, et que l'autre moitié de la succession,
qui se serait trouvée affectée à la ligne maternelle, aurait été déférée à *Jules*, aïeul maternel
de *Robert*, à son défaut, à *Jacob*, oncle mater-
ternel.

Mais on a vu que l'art. 733, en établissant la
règle générale de la division entre les deux lignes,
a annoncé une exception pour l'art. 752 ; et,
cette exception, en faveur des frères et sœurs d'un
seul côté, leur donne le droit d'exclure entièrement de la portion, qui n'appartient pas aux père
et mère survivans, tous les parens *de l'une et
de l'autre lignes*, qui ne sont pas frères ou sœurs
du défunt, ou descendans de frères ou de sœurs.

Ainsi, *Jacques*, frère d'un seul côté, exclut
l'aïeul et l'oncle maternels, quoiqu'ils ne soient
pas de la même ligne, et prend, à lui seul, les
trois quarts de la succession, c'est-à-dire, la totalité de ce qui reste après le prélèvement du quart
en faveur du père.

On voit, dans cet exemple, que la ligne paternelle prend toute la succession, et que la ligne
maternelle n'a rien, puisque le quart est déféré
au père, et les trois autres quarts au frère consanguin ; mais, s'il est juste que le père exclue tous
les parens, autres que les frères et sœurs, ou descendans d'eux, il est juste aussi que les frères et

sœurs, même d'un seul côté, obtiennent la préférence sur tous les parens, autres que les père
et mère, parce qu'il est dans l'ordre de la nature
que nos frères et sœurs soient, après nos père et
mère, les premiers objets de nos affections, et,
qu'en conséquence ils doivent succéder, à l'exclusion de tous autres parens.

4. Les descendans des frères ou sœurs du défunt ne sont pas dénommés dans l'art. 752 ; mais
il ne faut pas en conclure que les dispositions de
cet article ne leur soient pas applicables.

En effet, ou ils sont habiles à représenter les
frères ou sœurs prédécédés, ou ils sont privés
du bénéfice de la représentation, et, dans l'un
comme dans l'autre cas, il résulte des art. 739,
742, 750 et 751, qu'ils ont le droit, comme
l'aurait eu leur père ou mère, d'exclure, dans l'espèce prévue par l'art. 752, tous les parens de la
ligne à laquelle ils sont étrangers.

Distinguons les deux cas:

1º L'art. 742 ayant admis la représentation
en faveur des descendans des frères et sœurs du
défunt, et l'art. 739 ayant dit que la représentation fait entrer les représentans dans la place,
dans le degré et dans les droits du représenté,
il en résulte nécessairement que tous les droits
qui sont attribués aux frères ou sœurs du défunt,
appartiennent également à leurs descendans,

lorsque rien ne s'oppose à ce que ces descendans jouissent du bénéfice de la réprésentation.

La règle établie par les art. 739 et 742, étant générale, elle s'applique à tous les cas particuliers pour lesquels il n'y a pas d'exception, et l'art. 752 ne contient ni exception, ni dérogation.

D'ailleurs, puisque l'art. 751 appelle, non-seulement les frères ou sœurs du défunt, mais encore leurs représentans, à recueillir, soit la moitié de la succession, soit les trois quarts, suivant qu'ils se trouvent en concours, ou avec le père et la mère du défunt, ou avec l'un d'eux seulement, il est bien évident que l'art. 752, qui ne fait autre chose, dans ses premières dispositions, que de régler les partages de la moitié, ou des trois quarts, dont il s'agit dans l'article précédent, s'applique aux descendans des frères ou sœurs, comme aux frères et sœurs eux-mêmes,

Il y a les mêmes motifs pour que les descendans des frères ou sœurs d'un seul côté, recueillent, par droit de représentation, comme auraient recuilli les frères ou sœurs prédécédés, la totalité des biens du défunt, dans le cas prévu par la dernière disposition de l'art. 752.

Et, toujours par les mêmes motifs, quoiqu'il soit dit dans cette dernière disposition, que les frères et sœurs d'un seul côté succèdent à la totalité des biens, à l'exclusion de *tous autres parens* de l'autre ligne, il ne faut pas comprendre au

37.

nombre de ces parens exclus, les descendans d'autres frères ou sœurs qui seraient d'un autre côté, puisque ces descendans sont appelés par la règle générale, à représenter les frères ou sœurs.

Ainsi, de ce que le mot *descendans* n'a pas été inséré dans l'art. 752, on ne doit en conclure, ni que les descendans des frères ou sœurs d'un seul côté, ne puissent pas jouir, dans les cas divers prévus par cet article, des mêmes droits que ceux qu'ils représentent; ni que les descendans des frères ou sœurs germains, soient exclus par les frères ou sœurs d'un seul côté.

Encore une fois, le principe de la représentation étant établi d'une manière générale, on ne peut s'en écarter dans aucun des cas pour lesquels il n'y a pas d'exception formelle, et il était inutile de répéter ce principe, à chaque article de la loi.

2° Si l'on suppose maintenant qu'il n'y ait de descendans de frères ou de sœurs, que d'un seul côté, et que ces descendans soient privés du bénéfice de représentation, parce que les frères ou sœurs auraient renoncé ou auraient été déclarés indignes, ces descendans n'auront pas moins le droit d'exclure, dans le cas prévu par la dernière disposition de l'art. 752, tous les ascendans et tous les collatéraux, même de la ligne à laquelle ils sont étrangers. Ils ne sont pas, il est vrai, parti-

culièrement dénommés dans l'art. 752; mais on
a vu précédemment que, d'après la disposition
générale de l'art. 750, les descendans de frères
ou sœurs prédécédés ont, dans tous les cas et
lors même qu'ils sont privés du bénéfice de représentation, le même droit qu'auraient eu les
frères ou sœurs, d'exclure les ascendans et les
collatéraux dans les deux lignes; il était donc
inutile de le répéter dans l'art. 752, et il suffit
que cet article n'ait pas dérogé, quant aux descendans des frères ou sœurs, à la règle générale
etablie par l'art. 750, pour que cette règle doive
être appliquée au cas prévu par l'art. 752, comme
pour tous les autres cas à l'égard desquels il n'y a
pas eu de dérogation.

Ainsi, en se reportant au tableau 51, il faudrait
décider que, si *Jacques* avait renoncé à la succession de *Robert*, son frère consanguin, *Grégoire*,
son fils, après avoir partagé la succession de
Robert avec *Gilbert*, aurait seul la moitié qui
lui est déférée par l'art. 750, et exclurait tous les
parens maternels de *Robert*, en supposant que
Françoise fut prédécédée.

ARTICLE. 753.

A défaut de frères ou sœurs, ou de
descendans d'eux, et à défaut d'ascendans dans l'une ou l'autre ligne, la

succession est déférée pour moitié aux
ascendans survivans; et pour l'autre
moitié, aux parens les plus proches de
l'autre ligne.

S'il y a concours de parens collatéraux
au même degré, ils partagent par tête

---

1. On a vu, dans l'art. 746, que, si le défunt
n'a laissé ni postérité, ni frères ou sœurs, ni descendans de frères ou de sœurs, les ascendans
excluent tous les autres collatéraux.

Mais on a vu aussi dans l'art. 733, que toute
succession échue à des ascendans ou à des collatéraux, se divise en deux parts égales, l'une pour
les parens de la ligne paternelle, l'autre pour les
parens de la ligne maternelle, et qu'il ne se fait
aucune dévolution d'une ligne à l'autre, que
lorsqu'il ne se trouve aucun ascendant ni collatéral, de l'une des deux lignes.

Il résulte du rapprochement et de la combinaison de ces deux articles :

1° Que, si le défunt n'a laissé ni postérité, ni
frères ou sœurs, ni descendans de frères ou de
sœurs, les ascendans, *s'il y en a des deux lignes*,
recueillent la *totalité* de la succession, à l'exclusion des parens collatéraux ;

2° Que, s'il n'y a d'ascendans que *dans une
ligne seulement*, ils ne prennent que la moitié

qui est affectée à leur ligne', et que l'autre moitié appartient *aux parens collatéraux de l'autre ligne;* qu'ainsi, ce n'est que dans leur propre ligne, que les ascendans excluent les collatéraux, et non dans la ligne à laquelle ils sont étrangers; mais qu'ils prennent la moitié des biens, quels que soient respectivement leur nombre et celui des collatéraux de l'autre ligne, parce que la division ne s'opère pas par tête entre les divers parens des deux lignes, mais par moitié entre chaque ligne.

Voilà ce que dit expressément l'art. 753. Prévoyant le cas où le défunt n'a laissé d'ascendans que dans une seule ligne, et n'a laissé d'ailleurs ni postérité, ni frères, ni sœurs, ni descendans de frères ou de sœurs, il dispose que la moitié seulement de la succession appartient aux ascendans qui ont survécu, et l'autre moitié aux parens les plus proches de l'autre ligne.

2. L'art. 753, comme l'art. 746, parle des ascendans en général; l'un et l'autre s'appliquent donc au père et mère du défunt, comme aux autres ascendans plus éloignés.

Ainsi, lorsque le défunt n'a laissé que son père ou sa mère seulement, celui des deux qui lui a survécu, ne prend que la moitié de la succession Il ne peut exclure les collatéraux de la ligne à laquelle il est étranger, c'est-à-dire, que, si c'est le père qui a survécu, il ne prend que la moitié attribuée à la ligne paternelle, et n'a aucun droit sur l'autre moitié qui est affectée à la ligne maternelle ; de même que, si c'est la mère qui a survécu à son enfant, elle ne prend que la moitié attribuée à la ligne maternelle, et ne peut rien prétendre sur l'autre moitié affectée à la ligne paternelle.

A quelque degré que se trouvent les collatéraux de l'autre ligne, pourvu que ce soit à un degré successible, ils prennent la moitié de la succession, et le survivant des père et mère ne prend qu'une portion égale, parce qu'il est établi, en règle générale, qu'il n'appartient à chaque ligne que la moitié des biens.

Suivant les novelles 118 et 127, et suivant l'art. 69 de la loi du 17 nivôse an 2, lorsque le défunt n'avait laissé ni postérité, ni frères, ni sœurs, ni descendans d'eux, sa succession appartenait entièrement à celui de ses père et mère, qui lui avait survécu ; le survivant des père et mère n'était pas obligé de partager avec des collatéraux éloignés, et l'on ne peut s'empêcher de convenir que la disposition de ces lois était plus conforme à la présomption de l'affection du défunt, plus conforme au vœu et à l'ordre de la nature, qui appellent les héritiers les plus proches, soit de leur chef, soit par représentation.

Mais j'ai déjà dit plusieurs fois que les rédacteurs du Code civil, consultant les anciennes habitudes d'une trè-grande partie de la France, ont cru devoir établir la division des biens entre les deux lignes, pour ménager les intérêts respectifs des deux familles du défunt, pour que les biens qui proviennent de l'une, ne soient pas entièrement enlevés au profit de l'autre, pour maintenir enfin l'union entr'elles, en les appelant conjointement au droit de succéder à leur parent commun.

Il n'a pas été fait d'exception en faveur des père et mère du défunt, lors même qu'il ne se trouve que des collatéraux très-éloignés. Seulement il a été établi par l'art. 754, que le survivant des père et mère aurait, outre la moitié de la succession, l'usufruit du tiers des biens dévolus à l'autre ligne.

3. C'est donc une règle générale et sans exception, que tous les ascendans, qui ne sont que d'une ligne, n'excluent que dans leur propre ligne les parens collatéraux, et ne peuvent réclamer, quel que soit leur nombre, que la moitié de la succession.

Mais aussi, quand il n'y aurait qu'un seul ascendant, il prendrait seul la moitié, quoique dans l'autre ligne il y eût plusieurs parens, même à un degré plus proche que celui de l'ascendant.

Il ne faut pas oublier, au reste, qu'il ne s'agit toujours ici que du cas où le défunt n'a laissé ni

postérité, ni frères, ni sœurs, ni descendans de
frères ou de sœurs.

Tableau LII.

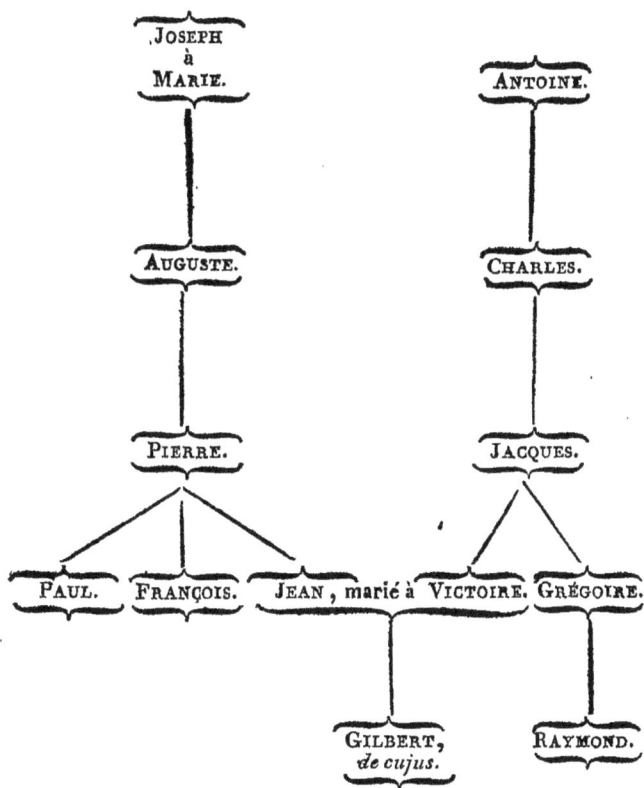

Gilbert est décédé sans postérité : ni frères, ni
sœurs, ni descendans de frères ou de sœurs.

Si *Jean* et *Victoire*, ses père et mère, lui ont

survécu, ils auront la totalité de la succession. Le père prendra la moitié affectée à la ligne paternelle; la mère prendra la moitié affectée à la ligne maternelle.

Chacun deux exclura dans sa ligne, conformément à l'art. 746, soit les autres ascendans qui sont à des degrés plus éloignés, soit les parens collatéraux. *Jean* exclura *François* et *Paul*, oncles paternels de *Gilbert ; Victoire* exclura *Grégoire*, oncle maternel.

Si *Victoire* a seule survécu à *Gilbert*, et qu'il n'y ait pas d'ascendans dans la ligne paternelle, *Victoire* aura la moitié de la succession, et l'autre moitié appartiendra à *François* et à *Paul*, oncles paternels.

Si c'est *Jean* qui seul a survécu, il n'aura également que la moitié de la succession, et l'autre moitié appartiendra, soit à *Grégoire*, soit à *Raymond.*

Ce qui vient d'être dit à l'égard des père et mère, s'applique à chacun des autres ascendans. *Antoine*, bisaïeul maternel de *Gilbert*, aura seul la moitié de la succession, s'il n'y a pas d'ascendans plus proches dans sa ligne, et l'autre moitié appartiendra à *Paul* et à *François*, s'il n'y a pas d'ascendans dans la ligne paternelle. *Paul* et *François* n'auront ensemble que la moitié, parce qu'il n'ont droit qu'à la portion qui appartient à leur ligne.

De même *Joseph*, et *Marie*, trisaïeuls paternels, n'auraient que la moitié de la succession, si, à défaut d'autres ascendans dans les deux lignes, ils se trouvaient en concours avec *Raymond* cousin germain maternel de *Gilbert*.

4. La moitié des biens, qui est attribuée aux parens collatéraux, dans la ligne où il ne se trouve pas d'ascendans, est déférée aux parens les plus proches dans cette ligne. Il est dans l'ordre de la nature, que les parens les plus proches du défunt soient préférés aux parens les plus éloignés dans la même ligne, lorsqu'il n'y a pas lieu à représentation.

Il est aussi dans le vœu de la nature, que, s'il y a concours de parens collatéraux au même degré, dans la même ligne, le partage de la succession se fasse entr'eux par tête. Comme on doit présumer naturellement que chacun d'eux avait une part égale dans les affections du défunt, la loi devait donner à chacun d'eux une part égale dans la succession.

Tableau LIII.

Marc.

Joseph.

Gilbert à Rose.

Paul. Luc. Charles.

Louise à Léon. Palmire. Lucile. Jean. Philippe

Agathe.

Jacques. Pierre.

Julie.

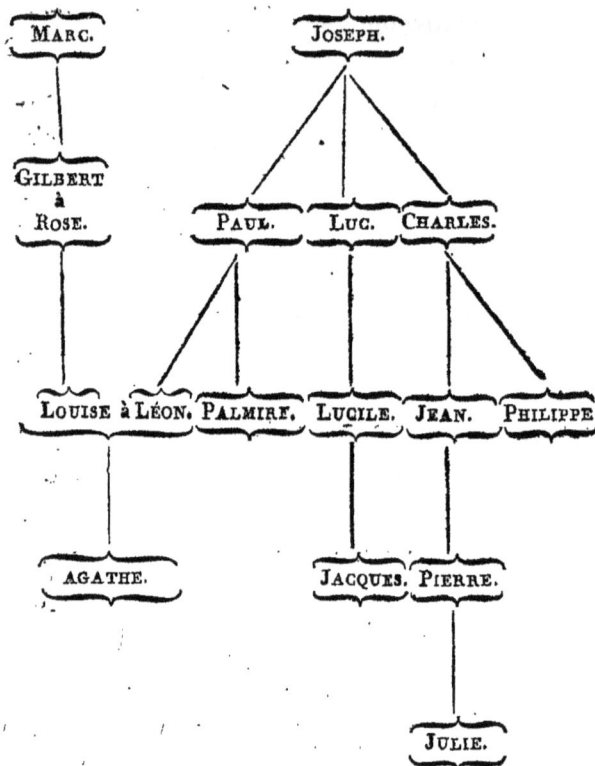

La moitié de la succession d'*Agathe*, qui est déférée à la ligne paternelle; appartiendrait à *Palmire*, si *Léon*, *Paul* et *Joseph*, ascendans, étaient décédés avant *Agathe*. *Palmire*, qui est tante d'*Agathe*, est à un degré plus proche que tous les autres parens qui se trouvent dans la ligne paternelle.

Si *Palmire* était prédécédée, *Luc* exclurait *Jean*, *Philippe*, *Pierre* et *Julie* : il est à un degré plus proche.

Par le même motif, *Charles* exclurait *Lucile* et *Jacques*.

Dans le cas de prédécès de *Léon*, de *Paul*, de *Joseph* et de *Palmire*, on voit que *Luc* et *Charles* concourraient à un degré égal, puisqu'ils sont l'un et l'autre, grands-oncles d'*Agathe*, et dans la même ligne.

De même, *Lucile*, *Jean* et *Philippe* partageraient par tête, parce qu'ils sont tous les trois au même degré.

Jean et *Philippe* ne pourraient prétendre qu'en représentant *Charles*, leur père, ils doivent avoir la même portion qu'il aurait eue lui-même, s'il avait concouru avec *Luc*. Ils ne peuvent invoquer le bénéfice de la représentation, puisqu'ils ne sont pas descendans d'un frère ou d'une sœur du défunt.

5. Mais il ne faut pas oublier que, suivant la règle générale établie par l'art. 753, le collatéral le plus proche n'exclut que dans sa ligne, paternelle ou maternelle, le collatéral plus éloigné, et qu'il n'exclut ; dans l'autre ligne, aucun parent au degré successible.

C'est dans chaque ligne *séparément*, que le plus proche exclut le plus éloigné.

Ainsi, le plus proche dans la ligne maternelle

et le plus proche dans la ligne paternelle, sont également appelés à la succession, lorsque le défunt n'a laissé ni descendans, ni ascendans, ni frères ou sœurs, ni descendans de frères ou de sœurs. (*Voyez* les tableaux XV et XVI qui se trouvent dans les observations sur l'art. 733.)

ARTICLE 754.

Dans le cas de l'article précédent, le père ou la mère survivant a l'usufruit du tiers des biens auxquels il ne succède pas en propriété.

1. Ce n'est là qu'un très-faible avantage accordé par la loi, au survivant des père et mère, lorsqu'il se trouve en concours avec un parent collatéral très-éloigné dans l'autre ligne. Appelé seulement à succéder à la moitié des biens, il n'a de plus que le collatéral, qu'un simple usufruit du tiers de la moitié à laquelle il ne succède pas.

On voit que les rédacteurs du Code ont tenu bien rigoureusement à la division des successions, entre la ligne paternelle et la ligne maternelle du défunt.

2. Ce n'est que dans le cas de l'art. 753, que l'usufruit est accordé par l'art. 754, au survivant des père et mère.

Le cas prévu par l'art. 763, est celui où il n'y a d'ascendans que dans une seule ligne.

Il en résulte que ce n'est qu'à l'égard des collatéraux, et non pas à l'égard des ascendans, que le survivant des père et mère peut réclamer l'usufruit conféré par l'art. 754.

Ainsi, lorsque le père du défunt se trouve en concours avec le trisaïeul maternel, il n'a droit qu'à la moitié de la succession, et n'a pas d'usufruit sur l'autre moitié.

3. lorsque le survivant des père et mère se trouve, soit à titre particulier, soit à titre universel, donataire ou légataire de son enfant, il n'en a pas moins droit à l'usufruit sur la moitié des biens *dont il n'y a pas eu de disposition*, quoiqu'il prennent encore la moitié de ces biens, à titre d'héritier.

Dans ce cas, le survivant des père et mère a deux titres, qui sont distincts et qui ne se confondent pas.

Comme donataire ou légataire, il prend ce qui lui a été donné ou légué; comme héritier *ab intestat*, il prend tout ce qui lui est déféré, en cette qualité, par les art. 753 et 754.

Ce dernier article n'a soumis à aucune exception le droit d'usufruit qu'il a conféré au survivant des père et mère.

4. Le survivant des père et mère est tenu de toutes les obligations qui sont imposées à *l'usu-*

fruitier, par la section 2 du tit. 3 du liv. 2ᵉ du Code civil.

Quelque favorable que soit l'usufruit qui lui est conféré, je ne pense pas qu'il puisse être dispensé de fournir la caution de jouir en bon père de famille.

Cette caution est prescrite d'une manière générale par l'art. 601 du Code; il eût fallu conséquemment que l'art. 754 en dispensât formellement le survivant des père et mère.

Il est bien vrai que l'art. 601 en a dispensé les père et mère, qui ont l'usufruit *légal* des biens de leurs enfans.

Mais il ne s'agit pas ici d'un usufruit sur le bien d'un enfant; il s'agit d'un usufruit sur un bien qui a appartenu à un enfant, mais dont la propriété se trouve transmise par la loi, à un *tiers*.

Il n'eût pas été dans les convenances qu'un père fût soumis à donner à son enfant caution d'un simple usufruit; on a dû présumer qu'un père jouirait, en bon père de famille, du bien de son enfant.

Mais il n'y a plus les mêmes motifs pour dispenser le père d'un enfant décédé, de donner caution à un étranger, pour la conservation de la propriété que cet étranger a recueillie dans la succession de l'enfant.

5. L'art. 754 ne confère l'usufruit qu'au père

ι.　　　　　　　　　　38

ou à la mère, qui a survécu ; les autres ascendans ne peuvent donc réclamer cet usufruit.

Article 755.

Les parens au-delà du douzième degré ne succèdent pas.

A défaut de parens au degré successible dans une ligne, les parens de l'autre ligne succèdent pour le tout.

1. La faveur qui est due à la famille, a fait prolonger jusqu'au douzième degré de parenté inclusivement, le droit de succéder.

Mais en l'étendant plus loin, on se serait exposé à une foule d'embarras et de contestations sur les preuves de parenté.

Après le douzième degré, il y a un si grand éloignement de parenté, qu'on ne peut plus guère supposer des sentimens de famille et d'affection.

D'ailleurs, il est assez rare que le défunt laisse des parens qui soient au-delà du douzième degré.

S'il s'en trouve, ils ne pourront lui succéder, et les biens de la succession seront déférés aux enfans naturels, au conjoint survivant ou à l'état.

Vainement on dirait que les parens, même

au-delà du douzième degré, méritant plus de faveur que le fisc, doivent lui être préférés. L'article. 755 leur refuse, dans tous les cas, le droit de succéder, parce qu'ils ne sont plus considérés comme de véritables parens.

Ils n'auraient donc pas même le droit, quoique la succession ne fût pas réclamée par l'état, d'agir contre des tiers détenteurs ou débiteurs d'objets appartenant à la succession.

2. La seconde disposition de l'art. 755 se trouve suffisamment expliquée par les observations qui ont été faites sur l'art. 733.

Il suffira d'ajouter que c'est au parent le plus proche dans l'une des lignes, et qui déjà est appelé à succéder, que doit appartenir la portion affectée à l'autre ligne dans laquelle il n'y a pas de parens au degré successible.

Alors, il se trouve seul héritier pour le tout, et un autre parent de sa ligne, mais à un degré plus éloigné, ou qui ne se trouve pas dans le même ordre pour succéder, n'a pas le droit de réclamer la part de la ligne défaillante, sous prétexte que l'héritier dans une ligne ne peut avoir plus que la moitié attribuée à cette ligne.

Lorsque la dévolution a lieu d'une ligne à une autre, la ligne qui en profite, se trouve saisie de la totalité de la succession, et conséquemment la succession toute entière doit être réglée dans cette ligne, d'après l'ordre établi par la loi. Il ne peut pas y avoir de motif pour que le parent le plus proche soit exclu, par un parent plus eloigné, de la moitié qui accroît à leur ligne par la défailliance de l'autre ligne.

Note. Ce volume contient un grand nombre d'explications, de développemens et de tableaux, qui peut-être ne seront utiles que pour des élèves en droit, et qui, en effet, n'ont eu pour objet que de rendre *plus faciles* à ces élèves l'intelligence et l'application des dispositions principales de la loi *sur les successions*.

Chargé de l'inspection des écoles de droit, j'ai cru devoir rédiger mon ouvrage de la manière qui pourrait être la plus utile aux jeunes gens qui suivent ces écoles, et j'ai voulu d'ailleurs leur donner une nouvelle peuve du vif intérêt que je prends à leurs études et à leurs succès.

Mais les jurisconsultes trouveront aussi dans ce volume, ainsi que dans les deux autres, des discussions approfondies sur une foule de questions importantes et difficiles, qui méritent de fixer particulièrement leur attention.

FIN DU PREMIER VOLUME.

www.ingramcontent.com/pod-product-compliance
Lightning Source LLC
Chambersburg PA
CBHW031723210326
41599CB00018B/2485